MÉMOIRES,

CORRESPONDANCE ET MANUSCRITS

DU GÉNÉRAL

LAFAYETTE.

LAFAYETTE.

IMPRIMERIE DE H. FOURNIER ET COMP.

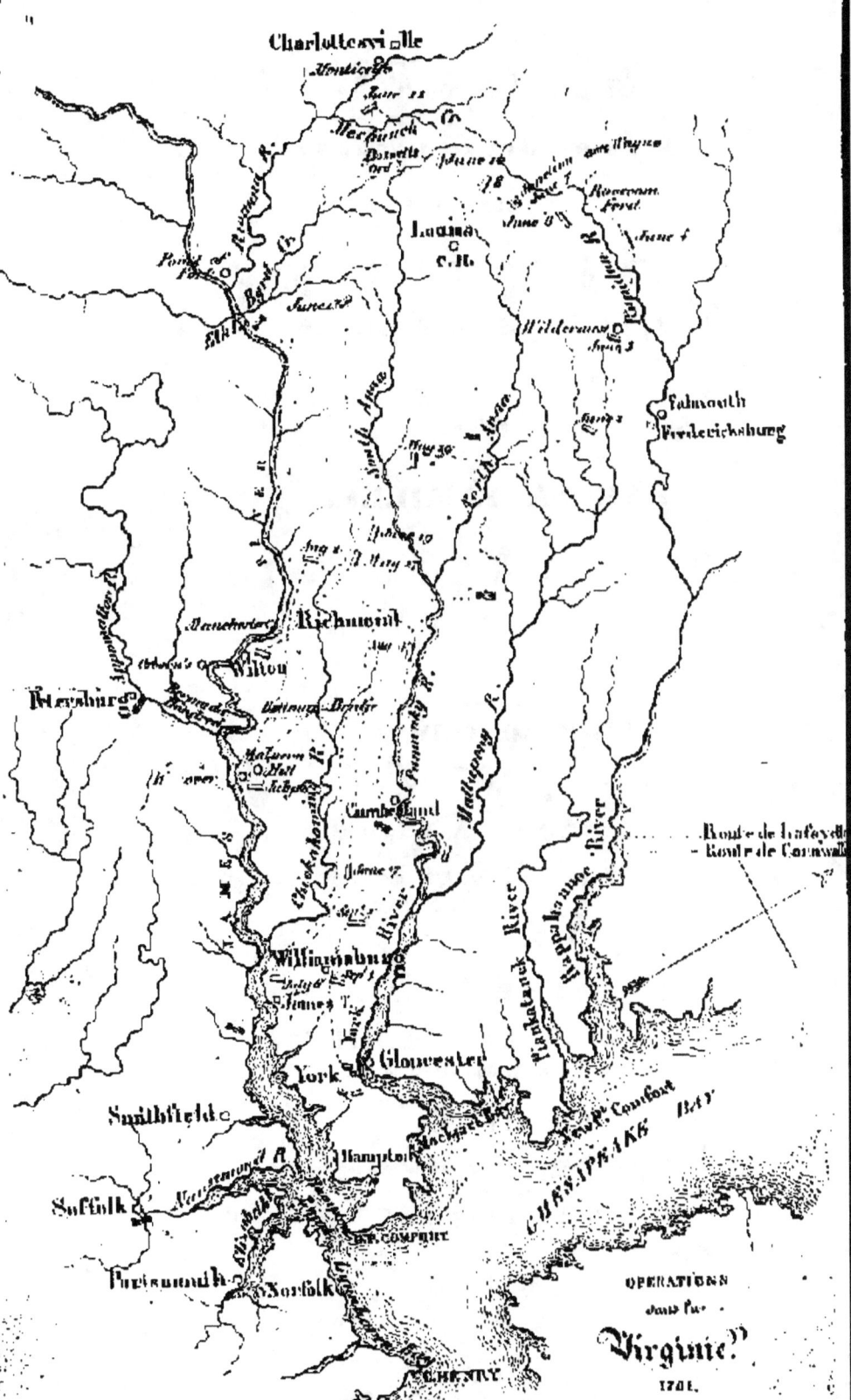

MÉMOIRES,

CORRESPONDANCE ET MANUSCRITS

DU GÉNÉRAL

LAFAYETTE,

PUBLIÉS

PAR SA FAMILLE.

TOME QUATRIÈME.

PARIS,

H. FOURNIER AINÉ, ÉDITEUR,
RUE DE SEINE-ST.-GERMAIN, N° 16.

A LEIPZIG,
Brockhaus & Avenarius.

M DCCC XXXVIII.

AVERTISSEMENT
DES ÉDITEURS.

On trouvera, au commencement de ce quatrième volume, un recueil de Notes sur divers ouvrages relatifs à la révolution française. Elles interrompent l'ordre chronologique observé jusqu'ici, et l'on voit que leur auteur ne les destinait pas à l'impression lorsqu'il en adressait la plus grande partie à ses amis politiques, alors occupés d'une exposition de leurs principes ou de l'explication des évènemens auxquels ils avaient pris part. Cependant, comme ces Notes renferment de nouveaux documens sur les quatre premières années de la révolution française, sur des votes ou des actes dont le général Lafayette n'a point rendu compte dans la *Collection de ses discours*, et enfin des pièces justificatives de ses opinions, nous les avons placées ici comme le complément des récits qui précèdent.

La suite de la vie publique du général Lafayette est ensuite reprise, sans interruption, dans la correspondance de ses deux premières années de captivité. — Nous croyons devoir déclarer encore que la tâche des éditeurs de cet ouvrage se réduit à un simple classement ainsi qu'à un petit nombre de notes explicatives, sans aucun jugement personnel et toujours en dehors du texte où, comme on l'a vu, le général Lafayette parle indifféremment de lui-même, tantôt à la première, et tantôt à la troisième personne. Toutes les notes qu'il a écrites à côté de ce texte sont accompagnées de son nom. Les autres doivent être attribuées à sa famille.

RÉVOLUTION FRANÇAISE.

NOTICE SUR LA VIE DE SIEYES,

MEMBRE DE LA PREMIÈRE ASSEMBLÉE NATIONALE ET DE LA CONVENTION;
ÉCRITE EN MESSIDOR, 2ᵉ ANNÉE DE L'ÈRE RÉPUBLICAINE (JUIN 1794);

A Paris, chez Maradan, l'an III; 66 pages in-8º (1).

Cette notice sur la vie de Sieyes lui est attribuée et il ne la désavoue pas. Elle est antérieure au temps où la convention nationale, après avoir rejeté le projet constitutionnel de Sieyes, adopta la constitution de l'an III (2). J'ai trouvé dans ce petit ouvrage plusieurs erreurs, la plupart volontaires, et

---

(1) La classe des Sciences morales et politiques, dont Sieyes était membre, lui a récemment attribué la notice ainsi intitulée, et le 28 décembre 1836, M. Mignet dans une assemblée publique, citait plusieurs passages de cet opuscule à l'appui d'un éloge funèbre de son confrère, mort la même année. Les notes du général Lafayette sur Sieyes ont été écrites de 1797 à 1800, ainsi que la plupart des notes ou commentaires sur les ouvrages de Mirabeau, de MM. Necker, Mounier, Malouet, de Bouillé, Carnot, Bertrand de Molleville et madame Roland.

(2) La constitution, dite de l'an III, fut proclamée le 23 septembre 1795. Dès le 10 octobre 1792, Sieyes avait été nommé membre du *comité de constitution*, et le 24 mars 1795 il avait déclaré que la constitution de 1793, ayant obtenu les suffrages des assemblées primaires, était inattaquable comme loi suprême de la république. Ce

quoique une agression injuste pût excuser une réplique sévère, je me contenterai de rétablir modestement quelques faits.

La dédicace *à la Calomnie* est évidemment écrite par l'auteur (1). Je ne puis m'empêcher de gémir avec lui sur la situation des hommes dévoués au ministère d'une religion à laquelle ils ne croient pas, et lorsqu'après avoir passé *les dix plus belles années de sa vie* dans cet état de sulpicien et de théologien qui lui paraît si triste, un philosophe *passionné pour la vérité et indépendant*, accepte, non seulement le caractère de prêtre et l'existence de chanoine, mais la place la plus ecclésiastique du clergé, celle de grand-vicaire, il faut convenir qu'il a été bien à plaindre (2).

Plusieurs patriotes français avaient eu l'occa-

pendant, au mois d'avril de cette dernière année, il fit partie d'une commission chargée de préparer de nouvelles lois organiques. Le 20 juillet il proposa à la convention un partage des principales fonctions de l'état entre quatre pouvoirs : 1° *le tribunat*; 2° *le gouvernement*; 3° *la législature*; 4° *une jurie constitutionnaire*, chargée de proposer tous les dix ans des réformes dans la constitution, et d'annuler, en appel, les actes inconstitutionnels des autres pouvoirs. *La jurie*, appelée aussi par son auteur *le jury constitutionnaire*, fut la seule partie de ce projet que la convention entreprit de discuter, avant de la rejeter à l'unanimité, dans la séance du 12 août 1795. (*Moniteur.*)

(1) « C'est donc à la calomnie que nous offrons ce tableau sommaire « d'une vie fidèlement déroulée et toute simple. La dédicace, du moins, « paraîtra neuve. Si quelqu'un veut reconnaître l'auteur, ce qui ne « sera pas bien difficile, nous lui répondons d'avance : Que vous im-« porte ? vous n'en avez été que mieux servi par l'exactitude scrupu-« leuse des faits. » (P. 4 de la *Notice*.)

(2) « Le jeune Sieyes fut envoyé à Paris au séminaire de Saint-Sulpice. « — Il se laissa aller aux événemens, comme on est entraîné par la « loi de nécessité. Mais dans une position si contraire à ses goûts « naturels, il n'est pas extraordinaire qu'il ait contracté une sorte de

sion de manifester leurs sentimens et leurs intentions avant l'ouverture des états-généraux; et cette manifestation, dangereuse pour eux, utile à la patrie, avait contribué à arracher au gouvernement la convocation après laquelle d'autres patriotes se distinguèrent aussi par leurs opinions et par leur courage; mais on doit reconnaître qu'à cette époque de la fin de 1788 et du commencement de 1789 (1), Sieyes publia d'excellentes brochures. Celle qui est intitulée *Qu'est-ce que le Tiers?* la dernière des trois et la plus forte, tient le premier rang dans cette foule d'écrits alors publiés. Cependant, puisque Sieyes convient de l'utilité d'éclairer l'esprit public, il ne devrait pas donner, en passant, un témoignage de haine à deux réunions fort occupées de discuter des opinions politiques et de répandre, aux frais de plusieurs de leurs membres, des pamphlets populaires, et nommément celui de Sieyes, avec beaucoup d'autres, qui, sans être aussi bons, ont eu de l'influence dans les provinces.

« Ces sociétés, dit-il, étaient l'une et l'autre l'ouvrage de la minorité de la noblesse, c'est-à-dire de quelques hommes de robe et de finance avec qui le ministère avait dernièrement refusé d'entrer en négociation, mais principalement de cette portion d'hommes de cour qui, négligés par la reine, se fatiguaient de jalousie et d'intrigues contre les possesseurs heureux du crédit et des grâces (2). »

« mélancolie sauvage, accompagnée de la plus stoïque indifférence sur
« sa personne et son avenir. — Il fut successivement vicaire-général,
« chanoine et chancelier de l'église de Chartres. » (P. 6 et 11 de la Notice.)

(1) P. 17 et 18 de la Notice.
(2) P. 18 de la Notice. Voyez aussi, sur les réunions qui eurent lieu chez M. Duport, les pages 239, 249 et 360 du deuxième volume de cet ouvrage.

Je suis persuadé qu'il pouvait y avoir des mécontens dans ces clubs; mais pour ne parler que de la société moins nombreuse qui s'assemblait chez Duport, je ne vois pas que cette description soit applicable aux noms que j'y retrouve de La Rochefoucauld, Lacretelle, Latour-Maubourg, Dupont, Target, Lenoir, Tracy, etc., et la plaisanterie :

« Qu'ils plaidaient pour la double représentation du tiers, après qu'elle avait été accordée (1), »

est d'autant plus inexacte, qu'il est aisé de vérifier que leur réunion sur cet objet avait eu lieu avant l'assemblée des notables, avant 1788, et ensuite pendant cette assemblée appelée pour décider les formes de la convocation des états-généraux.

Les opinions et les écrits de cette société concoururent à ce mouvement d'opinion publique qui, d'après l'aveu de M. Necker lui-même, le détermina à proposer au roi, le 2 novembre 1788, d'accorder la double représentation.

Sieyes a raison de dire « que la convocation des états-généraux fut une suite forcée de la dilapidation des finances (2), » à quoi il aurait dû ajouter le refus des parlemens, des pays d'état, des notables, de se prêter aux vues financières du gouvernement; et comme des actes arbitraires du gouvernement et des insurrections contre lui furent la suite de cette résistance, qui força réellement la cour à convoquer les états-généraux, il n'est pas exact de passer sous silence ces causes principales, et il n'est pas juste de

---

(1) P. 20 de la Notice.
(2) P. 25.

n'attribuer aucun mérite aux hommes qui montrèrent alors de l'énergie et coururent des dangers.

Il a raison aussi de rendre hommage à la conduite de l'assemblée nationale vers le milieu de juin 89, car, quoiqu'elle n'eût pas encore *dépouillé la toute-puissance royale des droits usurpés sur le peuple* (1), il est sûr qu'elle en avait déjà réclamé quelques-uns, et entre autres, celui de n'être pas séparée par la force. Ce fut le 20 juin que les communes, sous la présidence de Bailly et sur la motion de Mounier, prêtèrent le serment du jeu de paume. Ce fut le 23 juin qu'après la séance royale, Mirabeau répondit au grand-maître des cérémonies qui venait séparer l'assemblée : « *Retournez à votre maître*, etc.; » et il nous sera permis de remarquer qu'au même moment, la minorité de la noblesse s'était réunie près de la salle pour défendre les communes ou périr avec elles. Le 17 juin, les communes s'étaient constituées en *assemblée nationale*, dénomination proposée par M. Legrand et qui fut préférée à celle de *représentans du peuple français*, proposée par Mirabeau, et à celle de *représentans connus et vérifiés de la nation française*, proposée par Sieyes (2). Mais il est étrange de compter pour rien,

(1) Citation de la Notice, p. 25.
(2) Le 15 juin 1789, Sieyes proposa la dénomination d'*assemblée des représentans connus et vérifiés de la nation française*, et Mirabeau celle de *représentans du peuple français*. Le 16, à la séance du matin, M. Legrand, avocat à Châteauroux et député du Berry, présenta un projet avec les mots d'*assemblée nationale*. A la séance du soir, le même jour, Sieyes amenda sa première motion d'après les termes indiqués par M. Legrand, et le 17, la dénomination d'*assemblée nationale*, fut adoptée à la majorité de 491 voix contre 90. — Voyez sur ces mots d'*assemblée nationale* employés par le général Lafayette, en 1787, dans l'assemblée des notables, la p. 177 du 2ᵉ vol.

dans cet aperçu de la première révolution, la motion pour l'éloignement des troupes faite par Mirabeau le 8 juillet et appuyée par Lafayette, *la déclaration des droits* présentée le 11 juillet, les évènemens, les publications de ces quatre journées mémorables des 12, 13, 14 et 15 juillet, la réunion des électeurs à l'Hôtel-de-Ville, etc.; et en reconnaissant avec Sieyes que « l'insurrection qui survint à Paris « le 14 juillet et se propagea, comme par un coup « électrique, dans toutes les provinces, nécessitée par « l'esprit rebelle et les tentatives criminelles du con- « seil royal, ne peut pas se séparer de la confiance due « à l'assemblée nationale; » nous aimons à ajouter avec lui : « Ce fut bien véritablement le peuple fran- « çais qu'on vit prêtant force à la loi et venant au « secours de ses représentans (1). » Sieyes prétend qu'après la révolution du 14 juillet 1789, « il n'y « avait plus qu'à établir dans le gouvernement le « système représentatif, » et que « c'était son avis; « celui de la majorité des communes, mais que la « minorité de la noblesse, en s'asseyant à gauche, « gâta tout (2). » — Cette phrase n'est pas claire : veut-il parler de l'abolition de la royauté? Mais la majorité des communes, ou plutôt l'unanimité était pour la monarchie limitée, et nous verrons que Sieyes lui-même pensait encore ainsi en 1791 (3). S'agit-il de la représentation législative? mais tout le monde était de cet avis. S'agit-il de la forme de repré-

(1). P. 28 de la Notice.
(2) P. 26 et 27 de la Notice.
(3) Voy. plus loin, p. 31 et 32 de ce vol., les lettres de Sieyes extraites du *Moniteur* du 6 et du 16 juillet 1791.

sentation? mais tandis que la constitution anglaise était proposée par un orateur des communes, Mounier, et principalement soutenue par deux autres orateurs des communes, Bergasse et Malouet, tandis que d'autres députés souhaitaient la forme américaine de deux conseils, dans le genre de celle qui a été établie par la constitution de l'an III, l'avis de Sieyes, qui prévalut, celui d'une chambre unique, fut soutenu par des hommes de l'ancienne minorité de la noblesse qu'il accuse avec le plus d'animosité; il le fut aussi par les plus exagérés de l'ancienne majorité de la noblesse, qui crurent y entrevoir un moyen futur de destruction. Enfin Sieyes, parce qu'il y eut quelques anciens membres de la chambre de la noblesse, fondateurs des jacobins et dévoués à la cause nationale, mais en même temps très énergiquement opposés aux désorganisateurs; veut-il nous persuader que la plupart des patriotes ci-devant nobles, empêchaient l'organisation constitutionnelle de la France? pourquoi cherche-t-il dans le prétendu avilissement des communes, leurs dispositions bienveillantes pour des hommes qui, ayant eu plus de risques à courir et plus d'avantages personnels à sacrifier, avaient quelques occasions de plus de montrer leur désintéressement? Qu'a de commun l'estime qu'on avait pour quelques patriotes de ce genre avec les intrigues reprochées à MM. de Lameth?

Sieyes nous dit qu'il se forma deux factions, la *Laméthique* et la *Fayettiste* (1); mais il a pu

(1) « Les membres des communes, il faut le dire en gémissant,

voir que ce qu'il appelle le parti *fayettiste* était composé de la garde nationale, des municipalités, des administrations, de la presque universalité des citoyens honnêtes et patriotes, même dans le club jacobin ; que le parti Lameth était en général composé de désorganisateurs, soutenu par les orléanistes ; et il est inexact de représenter cette grande et cette petite section du parti populaire « comme deux « troupes de soldats rangés sous des chefs qui n'ont « d'autre objet que de se donner bataille et de pro- « longer la révolution. » — Prolonger la révolution !... Et c'est à Lafayette et à ses amis que ce reproche serait fait... par Sieyes ?....

Serait-ce des chefs jacobins qui succédèrent à MM. de Lameth que Sieyes veut parler lorsqu'il dit avec tant de raison :

« Heureuse encore la France, si les agens subalternes de ces premiers perturbateurs, devenus chefs à leur tour par un genre d'hérédité ordinaire dans les longues révolutions, avaient renoncé à l'esprit dont ils furent agités si long-temps ! »

« Le noyau des fayettistes, dit-il encore, passa trop long-temps pour honnête et pur. »

Il est vrai qu'on a eu long-temps cette idée des La Rochefoucauld, Latour-Maubourg, Lafayette, etc.

« Mais ce noyau se rendit tout-à-fait criminel, dès le commencement de 1791, par ses intelligences avec le tyran (1). »

---

eurent la faiblesse de se partager à leur suite, moins entraînés par la confiance que par les avilissantes habitudes de la vieille superstition nobiliaire. — On peut se représenter la *faction Laméthique* comme une troupe de polissons méchans, toujours en action, criant, intriguant, s'agitant au hasard et sans mesure ; puis, riant du mal qu'ils avaient fait et du bien qu'ils empêchaient de faire. » (P. 28 de la Notice.)

(1) P. 29 de la Notice.

Je n'examine pas si le mot de *tyran* adressé en 1795 au roi constitutionnel de 1791, dans la situation où était Louis XVI, est d'une justesse bien philosophique ; je ne m'occupe que de la criminelle intelligence dénoncée par Sieyes.

Or, il n'y a pas un seul des plus intimes amis de Lafayette qui ait eu, pendant la révolution, le moindre rapport direct ou indirect avec la cour. La situation personnelle du commandant-général exigeait qu'il eût de fréquentes relations de ce genre; tout le monde les a connues, Sieyes autant que qui que ce soit; mais le moment choisi par celui-ci pour une intelligence coupable de Lafayette avec la cour est d'autant plus malheureux, qu'il a été prouvé depuis la publication de cette Notice, qu'au commencement de 1791, c'était avec Mirabeau et Bouillé, tous deux alors ennemis de Lafayette, que la cour s'entendait pour royaliser la constitution et perdre le général patriote (1).

Il est vrai qu'à cette époque, Lafayette ne fut pas étranger à un projet de négociation avec la cour. Appelé chez Condorcet, où se trouvaient Sieyes et Mirabeau, tous les trois lui représentèrent l'utilité d'obtenir de l'assemblée le rapport du décret qui interdisait le ministère à ses membres (2), et d'obte-

(1) Voyez les Mémoires de MM. Bertrand et de Bouillé; voy. aussi les p. 64 et 65 du troisième volume de cet ouvrage.

(2) Le 7 novembre 1789, l'assemblée constituante avait décrété qu'aucun de ses membres ne pourrait accepter de place dans le ministère, pendant toute la durée de la session. (Voyez page 370 du deuxième vol.) Les conférences dont parle ici le général Lafayette, comme ayant eu lieu chez M. de Condorcet, au commencement de 1791, précédèrent, de peu de temps, la mort de Mirabeau (2 avril

nir ensuite du roi la nomination de ministres dont cette petite société ferait le choix. On convint unanimement que Condorcet devait accepter un ministère; Mirabeau dit que pour sa part il y renonçait, et qu'en le déclarant à l'assemblée, son opinion en aurait plus de poids. Sieyes déclara aussi qu'il ne voulait pas être ministre; mais d'après les instances de la société, il parut avoir moins d'objections à une place qu'on aurait créée sous le nom de *ministère de la sanction*. On indiqua plusieurs bons choix, et Lafayette ayant parlé de Thouret, fut vivement repoussé par Sieyes et Condorcet qui haïssaient ce député. On trouva que dans ces conférences, Lafayette ne montrait pas assez de chaleur. Il en parla toutefois au château. Comme la reine correspondait secrètement avec Mirabeau, à l'insu de Lafayette, il paraît qu'elle rendit un compte inexact de la manière dont celui-ci s'était exprimé devant elle sur les projets de ces Messieurs. Lafayette n'y avait peut-être pas mis assez de zèle, mais certainement aucune malveillance, et cependant la société, qui avait cru nécessaire de l'amener à ses idées, trompée sans doute par quelques insinuations calomnieuses, fut très mécontente de lui. Je dois néanmoins rendre justice à un très bon procédé de Condorcet : Lafayette fut averti par lui, que lorsqu'il avait occasion de voir la

1791). Un nouveau décret du 7 avril de la même année, ne permit plus aux membres de l'assemblée d'être ministres que quatre ans après la fin de la session. On voit encore (p. 178 du 3ᵉ vol.; lettre du 4 mai), que le général Lafayette aurait désiré le rejet de cette interdiction. Des changemens dans le ministère, eurent lieu au mois de novembre, de décembre 1790, et de mai 1791. (Voy. les p. 149 et 157 du troisième volume.)

reine, non seulement ses paroles, mais son air et son accent devenaient l'objet de récits minutieux, adressés, on l'a su depuis, à Mirabeau. Condorcet le lui prouva en lui rapportant ce qui s'était dit dans un tête-à-tête fort insignifiant. Lafayette en fut frappé, et sans nommer personne en parla à quelques amis; mais de même que Sieyes n'avait eu alors que le désir d'entourer le roi d'un ministère patriote, la part encore moins active que Lafayette prit à cette affaire ne peut pas être représentée comme une intelligence criminelle avec la cour.

« Les auteurs des deux premiers mois de la révolution, dit Sieyes, restèrent indépendans en petit nombre, et avec peu de crédit; la légèreté française trouvait qu'ils avaient de l'humeur (1). »

« A peine une corruption commune, ajoute-t-il (2), eut-elle rétabli un point de contact entre les deux factions fayettiste et laméthique, qu'elles se recherchèrent. Les meneurs, de part et d'autre, s'étaient entendus clandestinement au mois d'avril 1791, au sujet d'un voyage du roi à Saint-Cloud et plus loin, sur lequel on avait indignement trompé les autorités constituées de Paris. La résistance des patriotes, quoique tardive, arriva à temps et fut vigoureuse. »

On est bien aise d'apprendre que c'est au mois d'avril 1791 que Lafayette, La Rochefoucauld, Latour-Maubourg, Émery, Dupont, Bureaux de Pusy, etc., furent *corrompus*. Quant aux mesures *tardives, mais vigoureuses*, des patriotes, Sieyes voudrait-il parler de la mercuriale qu'après la démis-

---

(1) P. 29 de la Notice.
(2) P. 30.

sion de Lafayette (1), et malgré l'avis du président La Rochefoucauld, le Directoire du département fit au roi pour lui reprocher de n'avoir pas pu faire respecter la loi dans cette émeute (2)? Quoi qu'il en soit, le fait d'un rapprochement entre Lafayette et MM. de Lameth, à cette époque d'avril 1791, est absolument faux; et comme il ne porte sur aucune probabilité, il n'y a d'autre moyen de le réfuter que par une dénégation absolue. On voit même dans les Mémoires de M. de Bouillé, que c'était alors avec lui que MM. de Lameth voulaient se coaliser.

Il est vrai que la veille même du départ du roi, le 21 juin, Lafayette avait reçu, dans un bureau de l'assemblée, de la part de quelques chefs jacobins, des témoignages de dispositions pacifiques envers lui. Je crois que cinq ou six jours auparavant, et pas plus tôt, il y avait eu quelques ouvertures de leur part sur ces dispositions, et le jour même de ce départ, Barnave eut pour Lafayette, dénoncé à l'assemblée, un procédé patriotique et généreux. Il est vrai que lorsque MM. de Lameth cessèrent d'être en hostilités ouvertes avec l'ordre public, la municipa-

(1) Après l'émeute du 18 avril contre le voyage à Saint-Cloud. (Voyez les p. 65 et 66 du troisième volume.)

(2) Le jour même de l'émeute du 18, le conseil de cette administration, dont Sieyes était membre, présenta au roi une adresse où l'on remarquait les passages suivans : « Les ennemis de la liberté ont craint votre patriotisme, et ils se sont dit : « Nous alarmerons sa conscience. » — Ce sont là, Sire, les hommes dont vous êtes entouré, etc. » On voit avec peine que vous favorisez les réfractaires. » Cependant, en vertu d'un arrêté du 11 avril, dont les principales dispositions furent ensuite confirmées par l'assemblée constituante, le directoire du département de Paris avait autorisé l'exercice public du culte catholique non-assermenté, pourvu qu'il eût lieu dans des édifices particuliers sur lesquels devait être placée une inscription.

lité et le commandant-général cessèrent d'être en hostilités avec eux; mais Lafayette ne participa en quoi que ce soit, Sieyes le sait mieux que personne, aux rapports confidentiels de MM. de Lameth avec la cour; et sans vouloir, ni justifier, ni blâmer ces rapports, il est constant, eux-mêmes l'ont dit, que la première condition que la reine mit à sa confiance pour eux, c'est qu'ils n'en auraient aucune pour Lafayette.

C'est avec raison que Sieyes s'honore d'avoir énoncé de bonne heure l'observation suivante :

« Comment ne veut-on pas voir qu'après l'échec de la puissance royale, il n'y a plus de ressource que dans la puissance révolutionnaire pour nous empêcher de fonder une constitution sur les bons principes? Comment ne voit-on pas que les révolutionnaires contre l'ordre représentatif doivent se montrer plus révolutionnaires qu'il ne faut, jusqu'au jour où, devenus les maîtres, ils se hâteront d'abjurer la révolution elle-même (1)? »

Tel a été le motif de l'opposition constante de Lafayette et de ses amis à toutes les intrigues, à toutes les entreprises révolutionnaires qui ont suivi la révolution de juillet 1789, « la seule, comme dit « Sieyes, où l'on vit véritablement le peuple fran- « çais prêtant force à la loi et venant au secours de « ses représentans. »

Sieyes accuse de dégénération et de lâcheté le club de 1789 (2), parce qu'il ne conserva pas son ancienne affection pour son fondateur. Lafayette ne fut dans ce club que cinq ou six fois, et pendant le temps où Sieyes en était le membre le plus zélé; mais beau-

(1) P. 31 de la Notice.
(2) P. 32.

coup d'excellens patriotes s'y réunissaient, et il est assez simple que ceux-ci, qui avaient entendu Sieyes déclamer ouvertement contre le club des Jacobins et les dangers de cette institution, fussent surpris de le voir tout-à-coup, au commencement de 1791, se jeter avec Condorcet aux jacobins, sans motif connu, sans changement dans les principes et la conduite de l'autre club. Les inconvéniens d'une telle inconséquence leur furent représentés le jour même où ils firent cette démarche. Ils avaient voulu entraîner avec eux Lafayette sans en prévenir La Rochefoucauld; mais ces deux amis se rendirent ensemble chez Condorcet pour discuter le parti subit que Sieyes et lui prenaient, et pour leur dire qu'ils ne les imiteraient pas.

Pourquoi Sieyes, à qui Lafayette et ses amis rendirent, comme il en convient lui-même, les hommages dus à son génie et à tout ce qu'il a fait pour la liberté, *sans que jamais ils se soient tués à colporter qu'il était un scélérat* (1), ce qui, s'il le croit ainsi, pourrait expliquer, non ses assertions, mais le sentiment qui les a dictées; pourquoi, dis-je, Sieyes *se tue-t-il* à présenter le refroidissement graduel entre eux et lui, comme le *machiavélisme* de je ne sais quelle coalition intime avec MM. de Lameth? — Nous ne nous mêlons de ses reproches au parti Lameth,

---

(1) « Avant la coalition, la faction Laméthique faisait de ridicules efforts pour l'appeler aristocrate; après, elle s'est épuisée à l'appeler républicain régicide. La faction Fayettiste, avant la même époque, le recherchait, le louait, le caressait à l'excès; il était l'homme juste par excellence, le propagateur éclairé et solide des vrais principes: après, elle se tuait à soutenir qu'il était un scélérat. » (P. 32 de la Notice.)

que pour observer que s'ils l'ont appelé *aristocrate*, ils ont dit une ridicule absurdité, car le principe de l'égalité n'a pas de plus sévère ami que Sieyes. Mais lorsqu'il se plaint d'avoir été appelé par eux, *républicain régicide*, il ne peut s'offenser que du premier mot, à cause de ses déclarations de 1791, et non du second, puisqu'il vota la mort dans le procès de Louis XVI.

Quelque éloigné que je sois naturellement de rapetisser les événemens de la révolution par le mesquin et dégoûtant tableau de certaines tracasseries de société, je dois dire néanmoins que trop souvent on attribua à de grandes combinaisons ou à de grands principes, ce qui fut l'effet de répugnances personnelles, d'ambitions trompées, d'amours-propres blessés, et quelquefois d'une simple insociabilité de caractère; et puisque le philosophe à qui l'on a le plus reproché ce dernier défaut, nous ramène sans cesse aux liaisons et aux brouilleries de MM. Lameth, de Lafayette et de lui-même, et que le long intervalle, les terribles circonstances qui nous séparaient en 1795, de ces anciens objets de rancune, ne les ont pas effacés de son cœur et de ses publications; puisque d'autres écrits, à son exemple, semblent y mettre une grande importance, en même temps que beaucoup d'erreurs sont sans cesse répétées par des hommes alors éloignés des principales affaires de la révolution, je suis forcé, une fois pour toutes, d'éclaircir ici la nature de ces liaisons et de ces brouilleries dont on a voulu ennuyer le public, et sur lesquelles il faut du moins, en l'ennuyant, ne pas le tromper.

Après avoir été réunis dans les mêmes sentimens de liberté, à l'époque de l'ouverture des états-généraux, Duport, Barnave, Alexandre Lameth et Lafayette cessèrent de s'entendre quand celui-ci, après les évènemens d'octobre, eut expulsé le duc d'Orléans et refusé, malgré le désir de ces messieurs, de contribuer à un changement de ministère qui eût amené la démission de M. Necker. Duport, jusqu'alors étroitement lié avec Lafayette, et Barnave, d'abord disciple et ami de Mounier, se rapprochèrent de MM. de Lameth, qui entreprirent de diriger contre toutes les autorités constituées, et contre le commandant-général de la garde nationale en particulier, les provocations continuelles du club des jacobins, les calomnies et les agitations d'une autre société appelée *le Sabbat* (1).

Cependant, dans l'intervalle d'octobre 1789 au 20 juin 1791, il y eut, à des distances éloignées, quelques propositions de rapprochement entre Lafayette et les jacobins, ou pour mieux dire, leurs chefs. La première fut faite par Pétion. Lafayette profita une autre fois de l'influence que Montmorin venait d'acquérir sur Danton (2), pour engager celui-ci à ramener les chefs jacobins, avec qui il était intimement lié, à des idées d'union et d'ordre public. Lafayette, dans un autre temps, les reçut une ou deux fois chez lui, avec quelques amis; une autre fois, ils se rencontrèrent chez Thouret, où Alexandre Lameth dit « qu'une de ses objections était la crainte qu'on ne voulût rompre l'*unité de chambre*, » à quoi Lafayette ré-

---

(1) Voyez, p. 369-371 du deuxième volume de cet ouvrage, quelques documens sur les relations du général Lafayette, avec MM. de Lameth et leurs amis, ainsi que sur la société du *Sabbat*.

(2) Voyez la p. 85 du troisième volume, sur Danton.

pondit que, « quoiqu'il préférât le système américain « de *deux chambres électives*, il connaissait trop la dé- « termination de l'assemblée pour y entamer cette ques- « tion. » Dans les diverses propositions, Lafayette exi- gea l'abandon des mesures jacobines, des assurances d'un retour éclatant à l'ordre public, et d'une disposi- tion sincère à maintenir la dignité royale; car, quelque républicain qu'il fût dans le cœur, il ne négligea jamais, dans le peu de rapports qu'il eut avec les jaco- bins, ce qu'il devait à l'autorité constitutionnelle du roi, à sa situation personnelle avec la famille royale.

Le parti de MM. de Lameth, fort supérieur aux calculs personnels d'une basse corruption, mais am- bitieux de pouvoir dans les affaires et d'influence à la cour, craignit toujours que sa séparation d'avec les jacobins ne lui fît perdre les moyens d'arriver à son but. Non-seulement, jusqu'à l'époque de la fuite du roi, il n'y eut aucune réunion entre eux et La- fayette; mais leur acharnement contre lui, comme on peut le voir par les papiers dont ils disposaient le plus, tels que le journal de Camille Desmoulins, l'*Orateur du peuple*, etc., ne fit que redoubler et fut plus actif que jamais à l'époque même choisie par Sieyes pour une prétendue coalition.

Mais lorsqu'au moment de la fuite du roi, Barnave défendit généreusement Lafayette; lorsque M. de La- meth, après avoir publiquement défié les jacobins de citer une occasion où, dans l'intimité de la con- fiance, il eût élevé des doutes sur la sincérité du patriotisme de Lafayette, rompit lui-même avec ce club, et déclara qu'il ne voulait plus avoir rien de commun avec les désorganisateurs; lorsque Lafayette et ses amis, voulant s'opposer aux violences contre l'assemblée constituante et à l'assassinat du roi, trouvèrent ces mêmes dispositions dans MM. de Lameth et leurs amis, il dut en résulter entre ces hommes qui avaient été liés, non seulement des rapports politiques, mais des rapports de société, qui cependant n'allèrent jamais jusqu'à la confiance sur les nouvelles liaisons de MM. de Lameth avec la cour, ni même jusqu'à aucune communauté confidentielle dans la préparation des travaux constitutionnels; ce que je dis, non pour inculper ces messieurs, mais pour réfuter une assertion inexacte. Il y a plus: quand la reine, en revenant de Varennes, parla pour la première fois à Barnave, Latour-Maubourg, membre avec lui de la commission envoyée par l'assemblée nationale, et intime ami de Lafayette, ne sut pas même que cette princesse avait causé avec son collègue; et Barnave, ayant nommé Lafayette, fut surpris d'entendre la reine se récrier à ce nom, eut de la peine à lui persuader de vaincre sa répugnance dans ce qui aurait rapport à sa sûreté, mais lui promit de ne jamais confier à Lafayette les secrets dont MM. de Lameth et lui pourraient être dépositaires.

On sait, au reste, que trois mois après ce retour, Lafayette partit pour le lieu de sa retraite où il n'eut de rapports avec aucun chef de parti. Barnave lui-même se retira bientôt après en Dauphiné, et il serait injuste de l'associer aux reproches qu'on a faits depuis à MM. de Lameth.

On m'a assuré que sa correspondance la plus intime n'indiquait aucune disposition à royaliser la constitution; sa mort a été digne d'un des premiers chefs de la révolution, et dans son éloquente défense, il a parlé avec éloge de l'homme qui avait presque toujours été opposé à son parti (1).

Quant à Siéyes, Lafayette causa pour la première fois avec lui à Versailles, chez cet Adrien Duport dont il a dit depuis tant de mal. Ce fut aussi dans la société de d'Aiguillon, Duport et Lameth, qu'il dîna pour la première fois avec lui, dans le temps des premiers mouvemens de Paris, qui avaient été l'objet de cette réunion patriotique. Siéyes s'était trouvé depuis avec Lafayette dans des comités sur l'adresse de Mirabeau, et pour la rédaction de quelques décrets vigoureux; il était, dans les célèbres nuits des 12, 13 et 14, un des secrétaires de l'assemblée, et l'un des membres de la députation envoyée le 15 à l'Hôtel-de-Ville. Lafayette le vit plusieurs fois à Paris dans les mois suivans; et quoique les projets du duc d'Orléans, avec qui Siéyes était alors soupçonné d'avoir des liaisons, fissent ombrage au commandant-général, ces deux amis de la liberté et de l'égalité parurent, dans toutes ces occasions, parfaitement contens l'un de l'autre, et se témoignèrent mutuellement estime et confiance.

Lorsque, après le 6 octobre, l'assemblée vint à Paris, Sieyes fut quelque temps occupé de l'idée de placer *Monsieur* à la tête du conseil, ce qui l'éloignait naturellement de Lafayette; bientôt après, il s'en rapprocha aussi intimement qu'il pût se rap-

(1) M. Barnave fut condamné à mort avec M. Duport-Dutertre, le 28 novembre 1793.

2.

procher d'un homme dont il était accueilli avec empressement, écouté avec égards, mais que ni lui ni personne ne dirigeait.

On défie les amis de ce philosophe de citer une seule occasion où Lafayette ait hésité de rendre hommage à ses talens, de soutenir une opinion de Sieyes favorable à la liberté, de le défendre contre les aristocrates et les désorganisateurs. Dans les momens d'humeur les plus marqués et les moins fondés, Sieyes a quelquefois lui-même reconnu cette vérité. Il est vrai qu'à l'époque du 21 juin, Sieyes ne pardonna pas à Lafayette de se montrer différent, pour MM. de Lameth anti-jacobins, de ce qu'il avait été pour eux lorsqu'ils conduisaient le club, et Lafayette, qui avait cessé de voir Condorcet, n'était plus à portée de rencontrer Sieyes chez celui-ci; mais les opinions que Sieyes avait publiées après le 21 juin, l'approbation qu'il donna à la répression de l'émeute du Champ-de-Mars, les occasions qui lui restaient de voir de près la conduite de Lafayette et de causer avec lui, doivent faire trouver bien étranges ses assertions contre son ancien collègue, prisonnier de la coalition des rois.

Voyons à présent ce qui se passa lorsque Lafayette, rappelé de sa retraite à l'armée, reparut sur le théâtre des affaires.

Lameth et Duport étaient, comme nous l'avons dit, les confidens secrets de la cour; Sieyes était lié avec Condorcet, avec Brissot qu'il considérait pourtant *comme un instrument*, et quelques chefs du club dont lui-même était toujours membre. La brouillerie de Condorcet avec la famille La Rochefoucauld, complétée en l'absence de Lafayette, avait entraîné celle de Sieyes; Lafayette partageait trop les principes et les sentimens de cette respectable société pour rechercher les anciens amis qu'elle avait cessé de voir, et avec lesquels les affaires ne lui donnaient aucun rapport; mais Sieyes, par des amis communs, pouvait facilement savoir que La Rochefoucauld et Lafayette n'avaient aucun tort, ni envers la chose publique, ni envers lui (1). Il est vrai que, pendant le temps que les trois généraux passèrent à Paris dans cet hiver de 1791 à 1792, Lafayette reçut, de la part de Condorcet et d'autres députés amis de

(1) Condorcet avait sollicité du roi, par l'entremise de Mirabeau, alors attaché à la cour, une place de commissaire de la trésorerie. Celui-ci étant mort, les sollicitations de M. et de madame de Condorcet se tournèrent vers M. de Montmorin, qui en parla au roi dans son conseil. Louis XVI observa en accordant la place, « *que cette faveur était une dette envers la mémoire de Mirabeau.* » Cependant environ deux mois après, à l'époque du 21 juin, Condorcet se hâta d'écrire en faveur de la république. Son pamphlet fut suivi de procédés fâcheux à l'égard de La Rochefoucauld et décida du reste de sa vie. Il paraît néanmoins qu'il crut pouvoir se raccommoder avec la cour, car il fit ensuite sonder quelques personnes influentes aux Tuileries, pour savoir si on lui conserverait sa place. M. Alexandre de Lameth répondit « *que le roi n'était pas obligé de maintenir dans les grâces dépendans de lui, ceux qui avaient voulu sa déchéance.* » Quoique l'opinion de Condorcet lui fût personnelle, puisque son intime ami Sieyes publiait, dans le même temps, des lettres monarchiques, il est probable que des membres de la société La Rochefoucauld se sont expliqués sévèrement sur Sieyes, à qui, par un sentiment bien excusable, on attribuait une partie des torts d'un plus ancien ami; mais La Rochefoucauld n'a eu personnellement que celui de ne plus inviter Sieyes chez lui, et Lafayette celui de ne pas aller faire une visite à Sieyes. Ces sujets de plainte sont un peu disproportionnés avec le ressentiment qui fait calomnier deux amis après l'assassinat de l'un et pendant la captivité de l'autre; car à qui peuvent s'adresser les odieuses imputations dirigées contre le *noyau Fayettiste*, si ce n'est à Lafayette et à La Rochefoucauld?

(*Note du général Lafayette.*)

Sieyes, et chefs du club jacobin, plusieurs propositions de rapprochement auxquelles il fit exactement les mêmes réponses qu'il avait faites les années précédentes à MM. de Lameth, alors chefs de ce club, et chargea le député D....., qui était venu l'attendre chez lui à minuit, de dire à Condorcet, pour qui il avait encore ces sentimens douloureux, ces souvenirs d'une ancienne amitié que La Rochefoucauld a conservés jusqu'à sa mort, « qu'il ne « pourrait croire à sa bonne foi, que lorsqu'il le ver- « rait revenir à la doctrine de liberté civile et reli- « gieuse, aux opinions sur les dangers du jacobi- « nisme, dont il lui avait si souvent paru pénétré. » Quant à Sieyes, il était à cette époque totalement engoué de Dumouriez, et tellement engoué que, lorsque dans une conférence à Givet, entre Lafayette, Latour-Maubourg, Narbonne et Tracy, d'une part, et de l'autre part Rœderer, ami des girondins (1), on eut prouvé à celui-ci la conduite équivoque du ministre Dumouriez, il déclara qu'il croyait impossible de détromper l'abbé Sieyes à son égard. Mais ce qui prouve que Lafayette n'avait aucune objection à travailler au bien public de concert avec les girondins, ce sont les propositions remises à

---

(1) Cette conférence eut lieu au mois de juin 1792. (Voy. les p. 427 et 525 du troisième volume.) Le général Lafayette, d'après le discours de M. de Pasy (p. 354 du 3ᵉ vol.), quitta, le 4 juin 1792, le camp de Rancennes sous Givet, pour aller prendre celui de Maubeuge où M. Rœderer dit qu'il fut envoyé par M. Servan. Si M. Rœderer ne s'était pas d'abord rendu à Givet, il est probable qu'il y a, soit dans ses souvenirs, soit dans le récit du général Lafayette, une erreur peu importante sur le lieu de la conférence.

Dumouriez par La Rochefoucauld et Jaucourt, et dont j'ai déjà parlé; c'est cette conversation même avec Roederer, qui était venu la demander, et qui en sortant exprima son admiration pour le patriotisme et la sincérité de Lafayette; c'est enfin la lettre prise sur madame de Lafayette lors de son arrestation (1), épanchement tout confidentiel sur le parti de la gironde et sur celui avec lequel Sieyes prétend que Lafayette était alors *criminellement coalisé*.

Quant aux rapports de Lafayette pendant son séjour à Paris, avec MM. de Lameth, il dîna une fois avec eux chez Dumas, qui lui avait été du plus grand secours pour l'institution de la garde nationale, car pendant une longue rupture avec les amis de cet officier, il n'a jamais cessé de le recevoir et de l'aimer. Il dînait une autre fois avec MM. de Lameth chez Duport, où une discussion sur la constitution anglaise fut brusquement interrompue par ces mots de Latour-Maubourg: « Il est bien étrange qu'après avoir voulu
« faire mettre à la lanterne Mounier et Lally, qui
« étaient d'honnêtes gens, on vienne nous reparler,
« après trois ans de désordres, de ce qu'ils ont pro-
« posé quand nous avons juré tout autre chose. »
Un de ces messieurs vint aussi le prier de ne pas montrer d'humeur à de Grave, successeur de Narbonne, et lui reprocha, dans cette entrevue, des projets républicains, qui réellement n'existaient pas, car Lafayette ne voulait que maintenir la constitution. Dans l'assemblée législative, personne ne l'ignore,

---

(1) Voy. les p. 307 et 428 du 3e vol.

ses amis personnels, et entre autres Jaucourt et Ramond, montrèrent constamment une grande défiance contre MM. de Lameth. Narbonne, du moment où il manifesta de l'attachement pour Lafayette, fut irrémissiblement brouillé avec ces derniers. Enfin Lafayette, depuis le jour où il partit pour les montagnes d'Auvergne, jusqu'à celui où, en juin 1791, il dénonça les jacobins et vint à Paris, n'avait eu, ni directement ni indirectement, aucun rapport confidentiel avec la cour, à moins qu'on ne compte pour tel le désir qu'il fit témoigner par un ministre, de voir appeler au ministère Barthélemy et Dietrich, et une communication du roi lui apprenant qu'il avait cru devoir, sans le consulter, nommer un ministère jacobin (1).

Mais lorsqu'au mois de juin, Lafayette vit les lois ouvertement violées, de plus grands attentats se préparer évidemment, et la famille royale menacée par les poignards des factieux, il chercha tous les moyens constitutionnels de sauver et la constitution et la personne du roi. Six semaines auparavant, ayant rencontré au camp de Maubeuge Alexandre Lameth, maréchal-de-camp dans l'armée de Flandre que Lafayette ne commandait pas alors, Lameth lui avait dit, de la manière la plus expresse, « qu'il n'y avait de « sûreté pour la chose publique, et pour le roi lui-« même, que dans le maintien littéral et fidèle de la con-« stitution. » Les mêmes sentimens lui furent témoignés par tous les hommes de ce parti à l'époque du 10 août.

Je demanderais pardon de cette digression si la no-

(1) Voy. la p. 306 du 3ᵉ vol.

tice que j'examine, et tant d'autres écrits, ne l'avaient pas nécessitée; revenons à la notice : l'auteur distingue « trois intervalles dans sa carrière politique « depuis l'ouverture des états-généraux jusqu'à celle « de la convention. Le premier va jusqu'au jour où « il laissa échapper ces paroles : Ils veulent être libres « et ils ne savent pas être justes! Elles tombèrent, ces « paroles, dans l'oreille de la passion; la haine, l'es- « prit de faction les recueillirent avidement; la mau- « vaise foi se chargea des commentaires; sous leurs « efforts ce qu'on appelait mal à propos son influence « disparut (1). » — Il n'est pas exact de dire que ce fut cette phrase, mise en épigraphe à une opinion de Sieyes sur la dîme ecclésiastique, qui dépopularisa ce législateur. Nous n'entrerons pas ici dans la discussion des vues de Sieyes à cet égard; mais il n'est pas moins vrai que ce fut son opinion pour la conservation de la dîme, et non son épigraphe qui, tombant dans l'assemblée constituante, dans la capitale, dans les provinces, toutes fort empressées de voir détruire la dîme ecclésiastique, fit comparer, injustement sans doute, son opposition avec l'empressement de plusieurs autres députés à supprimer les abus dont ils avaient jusqu'alors profité, et dont le patriotique abandon leur assura de l'influence.

Quant à la seconde époque désignée par Sieyes (2), je me contenterai de dire que, de toutes les propositions qu'il a faites pour le bien public, il n'y en a pas

---

(1) P. 32 de la Notice.
(2) « Sa détermination, assez prompte, fut de négliger les sots propos, de profiter des défiances pour se donner moins de peine, de

une seule sur laquelle il ait eu à se plaindre de Lafayette et de ses amis; mais comme il la termine *par un fait personnel*, où le nom de Lafayette n'est pas tout à fait étranger, nous allons l'examiner ici.

Il est vrai qu'au mois de juin 1791, Tracy porta de la part de Sieyes à Lafayette, chez Émery, un écrit à la signature duquel Sieyes, son auteur, attachait, dit-on, beaucoup de prix. Celui-ci s'était mis, pour les députés, à la tête des signataires; le nom de Condorcet devait représenter tous les citoyens français non députés. Voici l'art. 2 de cette déclaration volontaire (1):

Sur l'unité du corps des représentans.

« Je reconnais que la loi, dans une société politique, est
« l'expression de la volonté générale des associés, et ne peut
« pas être autre chose;

paraître peu à la tribune, à laquelle d'ailleurs il ne se sentait pas propre; mais il continua à travailler utilement dans les comités. — Il eut, de cette manière, une part plus ou moins considérable dans les grands travaux et les questions importantes qui ont occupé l'assemblée, quoiqu'il soit bon d'ajouter, qu'on n'a adopté aucun de ses plans sans le tronquer et le mêler d'alliage plus ou moins hétérogène. — Ses écrits, ses actions, ses conseils, ses plaintes même sur l'empirisme des comités et l'esprit de l'assemblée, manifestées peut-être avec trop d'amertume; voilà ce qui compose la seconde période de sa vie politique. Elle finit en juin 1791, époque marquée à son égard par une des infamies les plus caractérisées qu'il ait essuyées dans tout le cours de la révolution. » (P. 33 et 34 de la Notice.)

(1) Sieyes dit (p. 35, 36 et suiv. de sa Notice) que cette déclaration fut dénoncée solennellement le 19 juin 1791, au club des jacobins, comme contenant le projet de ressusciter la noblesse et d'instituer deux chambres législatives. « Or, c'étaient, ajoute-t-il, les véritables
« soutiens de la noblesse et des deux chambres qui avaient tramé la
« dénonciation et conduisaient tous les détails de cette étrange hosti-

« Qu'en France, cette volonté doit être énoncée par le corps
« des représentans de la nation, et ne peut l'être par toute autre
« assemblée, corps ou individu, sauf seulement la condition de
« la sanction royale, telle qu'elle a été réglée par la constitution ;
« que le corps des représentans étant essentiellement *un*, ne
« peut pas se diviser de manière à former plusieurs *tous* ou
« chambres exerçant un *veto* l'un sur l'autre, soit qu'on attribue
« à ces chambres les mêmes ou différentes fonctions relative-
« ment à la loi ; que dans le cas où le pouvoir constituant, d'a-
« près son ajournement de la question des deux sections, les ju-
« gerait utiles à la meilleure formation de la loi, on ne peut at-
« tribuer à ces deux sections ou comités aucun droit, aucun ca-
« ractère qui tende à les confondre avec le système des deux
« chambres, et qu'ainsi, par exemple, les deux sections n'au-
« raient point de *veto* l'une sur l'autre ; qu'établies pour dis-
« cuter et délibérer séparément, elles ne pourraient jamais se
« considérer comme formant deux *tous*, deux corps à part, mais
« seulement comme deux fractions d'un *tout* unique ; que par
« conséquent il ne pourrait être permis ni à l'une ni à l'autre de
« prendre une résolution ou un vœu à la majorité, mais que les
« suffrages devraient, de toute nécessité, y être comptés indi-
« viduellement, afin que par le recensement fait ensuite de toutes
« ces voix individuelles recueillies dans l'une et l'autre section,
« on pût connaître en résultat la véritable majorité, et par con-
« séquent le vœu unique du corps total et *un* des représentans de
« la nation, de la même manière précisément que si tous avaient
« voté ensemble dans un seul et même lieu.

« Et pour éviter toute obscurité dans ce point, que je regarde
« comme d'une suprême importance, je répète, en d'autres
« termes, que s'il venait à être décrété par la constitution que
« les députés discuteront et délibéreront en deux sections, bien
« entendu *homogènes*, placées dans deux lieux séparés, le prin-
« cipe fondamental de l'unité de chambre exige que l'unique et

« ité. Remarquez surtout que le roi devait s'enfuir le lendemain, et
« que les maîtres de la convulsion jacobinique étaient complices de
« cette fuite ! »

« véritable majorité, qui seule fait la loi, ne se compose point
« des deux vœux partiels ou sectionnaires pris à la majorité,
« mais de la balance des suffrages individuels recueillis sur la
« totalité des votans dans les deux sections, rapprochés ensuite
« suivant des règles fixes, comme on a coutume de faire le re-
« censement général des votes dans le cas où un scrutin trop
« nombreux se partage en plusieurs scrutins partiels.

« Après avoir ainsi reconnu les caractères essentiels qui dis-
« tinguent le système inconstitutionnel des deux chambres, de
« celui de deux sections ou comités homogènes d'une chambre
« unique, je déclare que je m'opposerai de toutes mes forces à
« toute tentative qui serait faite pour établir en France plusieurs
« chambres législatives, soit qu'on voulût leur assigner les
« mêmes fonctions ou des fonctions différentes. »

Lafayette objecta à ce projet que, son opinion étant favorable à un système de deux chambres électives, dont la France, selon lui, reconnaîtrait bientôt la nécessité, il lui répugnait de s'interdire la faculté d'en représenter l'importance; mais il ajouta que si c'était réellement un moyen de réunir tous les amis de l'égalité et de prévenir l'introduction d'une chambre héréditaire, il était personnellement disposé à sacrifier sa répugnance, pourvu que cette opinion fût partagée par ses amis auxquels il en parlerait le plus tôt possible. Il en réunit plusieurs à l'hôtel de La Rochefoucauld. Ils trouvèrent tous qu'un tel projet n'était propre qu'à exciter la jalousie contre les deux premiers signataires, à créer de nouvelles divisions dans le parti populaire, et qu'il se présentait avec tous les inconvéniens des formulaires sans avoir aucune utilité réelle. On en était là, lorsqu'un député apporta une liste imprimée où figuraient, à la suite de la déclaration sur laquelle on délibérait encore, les noms de Lafayette et de ses amis. Lafayette et Émery se rendirent sur-le-champ chez Sieyes qui leur dit que c'était par erreur qu'on avait imprimé leurs noms sur cette liste, et il parut renoncer à son idée, réellement fort mal calculée, puisqu'on voit par le récit même de Sieyes, qu'elle excita de la fermentation aux jacobins, du mécontentement dans le parti populaire et à l'assemblée. Sieyes, d'ailleurs, s'il avait réussi, contre la volonté de tous les partis, à se procurer quelques signataires, ne se serait-il pas interdit d'avance la faculté d'applaudir à la formation du corps législatif de la constitution de l'an III, composé de deux chambres formant deux *tous*, *deux corps à part*, et dont l'une a le *veto* sur l'autre ?

Je ne veux pas nier que sa déclaration n'ait été le prétexte de dénonciations absurdes et malveillantes contre lui ; celles qui furent faites aux jacobins portaient ce double caractère, et il est aussi ridicule d'accuser Sieyes d'avoir voulu établir une chambre des pairs que d'accuser Lafayette et La Rochefoucauld d'être entrés dans une coalition ayant le même objet, eux dont on a toujours connu l'aversion insurmontable pour le système de la pairie anglaise. Je pourrais observer aussi qu'il n'est pas plus exact à Sieyes d'accuser ses ennemis d'avoir calculé, pour l'évasion du roi, sur la dénonciation dont il parle, qu'il ne fut exact à ceux-ci de l'accuser d'avoir calculé, pour cette évasion, l'époque de sa déclaration ; mais comme Lafayette et ses amis n'ont rien de commun avec ces accusations réciproques, je reprends avec Sieyes *la suite des faits*.

« Sieyes s'aperçut, dit-il, qu'il était poussé à ce poste (d'évêque de Paris) par amis et ennemis; mais ses opinions seules lui faisaient un devoir de ne pas accepter (1). »

Pourquoi Sieyes suspecte-t-il les intentions des amis qui l'y portaient et qui ne pouvaient pas supposer que ses opinions, à moins de changement, interdiraient l'acceptation de cette place à celui qui avait été si long-temps *grand-vicaire*? La preuve que ses ennemis ne l'y portaient pas, c'est que Mirabeau ayant eu l'imprudence de dire : « Nous avons « déjà pour nous le maire, le président du dépar- « tement, le général, et nous allons avoir l'évêque, » ce propos, rapporté par quelques jacobins à MM. de Lameth et par eux à Danton, occasiona la phrase de celui-ci au club des électeurs : « Vous voulez, dit- « il, choisir Sieyes : est-ce comme dévot? il ne croit « pas en Dieu; est-ce comme patriote? il a défendu « la dîme. » L'impression que fit cette méchanceté ne détruisit pas l'espérance des amis de Sieyes, et la plupart des électeurs auraient voté pour lui, s'il n'avait pas, au dernier moment, déclaré son refus.

Venons au 10 août :

« Quoique ce grand évènement ne l'étonna point et qu'on dût s'y attendre, il était dans une profonde ignorance de ce qui se passait entre les *huit à dix députés de sa société* et les patriotes ardens de la capitale, et c'est dans une campagne éloignée de plus de soixante lieues, qu'il apprit la journée du 10 août, qu'il appela dès-lors la *révolution des patriotes* (2). »

En effet, pourquoi aurait-il concouru à cette révolution? eût-ce été pour détruire la monarchie? Voici ses principes à cet égard :

(1) P. 40 de la Notice.
(2) P. 42 de la Notice.

Lettre de M. l'abbé Sieyès imprimée dans le Moniteur du mercredi, 6 juillet 1791, sous le titre Variétés.

« J'ai cru que je pourrais passer ma vie sans répondre jamais
« ni aux injures, ni aux inculpations sans preuves. Quant aux
« injures, je ne sens pas encore le besoin d'y faire attention,
« quelque riche que fût ma moisson en ce genre, si je m'amu-
« sais à la recueillir. Il peut en être autrement des inculpations;
« il y a des circonstances où il est utile de les repousser. Par
« exemple, on répand beaucoup que je profite en ce moment de
« notre position pour tourner au républicanisme; on dit que je
« cherche à faire des partisans à ce système. Jusqu'à présent on
« ne s'était pas avisé de m'accuser de trop de flexibilité dans
« mes principes, ni de changer facilement d'opinion au gré du
« temps. Pour les hommes de bonne foi, les seuls à qui je puisse
« m'adresser, il n'y a que trois moyens de juger des sentimens
« de quelqu'un : ses actions, ses paroles et ses écrits. J'offre
« ces trois sortes d'épreuves; elles ne sont point cachées, elles
« datent d'avant la révolution, où je suis sûr de ne m'être jamais
« démenti; mais si l'on préfère de s'en rapporter aux alléga-
« tions de la calomnie, il ne reste qu'à se taire. Ce n'est ni pour
« caresser d'anciennes habitudes, ni par aucun sentiment super-
« stitieux de royalisme, que je préfère la monarchie. Je la pré-
« fère parce qu'il m'est démontré qu'il y a plus de liberté pour le
« citoyen dans la monarchie que dans la république. Tout autre
« motif de détermination me paraît puéril. Le meilleur régime
« social est, à mon avis, celui où, non pas un, non pas quel-
« ques-uns seulement, mais où tous jouissent tranquillement de
« la plus grande latitude de liberté possible. Si j'aperçois ce ca-
« ractère dans l'état monarchique, il est clair que je dois le vou-
« loir par-dessus tout autre. Voilà tout le secret de mes prin-
« cipes, et ma profession de foi bien faite. J'aurai peut-être
« bientôt le temps de développer cette question; j'entrerai en
« lice avec les républicains de bonne foi; je ne crierai point
« contre eux à l'impiété, à l'anathème; je ne leur dirai point
« d'injures; j'en connais plusieurs que j'honore et que j'aime de

« tout mon cœur ; mais je leur donnerai des raisons, et j'espère
« prouver, non que la monarchie est préférable dans telle ou
« telle position, mais que dans toutes les hypothèses, on y est
« plus libre que dans la république. Actuellement je me hâte
« d'ajouter, pour qu'on ne s'y trompe pas, que mes idées à cet
« égard ne sont pas tout-à-fait celles que se forment de la mo-
« narchie les amis de la liste civile. Par exemple, je ne pense
« pas que la faculté de corrompre et de conspirer soit un élé-
« ment nécessaire de la véritable royauté ; je crois, au contraire,
« que rien n'est plus propre à la gâter et à la perdre, etc......

« Emmanuel Sieyes. »

Et lorsque le républicain Thomas Payne, par sa lettre publique du 8 juillet 1791, entre en discussion sur la différence de leurs opinions politiques, Sieyes dans sa note explicative, (voyez le *Moniteur* du 16 juillet 1791), lui répond : « M. Payne se déclare ou-
« vertement contre le gouvernement monarchique ;
« j'ai dit que le gouvernement républicain me parais-
« sait insuffisant pour la liberté. » Et après un éloge des talens de son adversaire, où Sieyes dit :

« Que les républicains tels que M. Payne et lui, sont d'accord sur les principes, mais qu'ils diffèrent sur le mode de couron- ner le gouvernement, M. Payne voulant qu'il le soit par un pouvoir exécutif confié à plusieurs représentans élus, amovibles à époques fixes, et M. Sieyes pensant qu'il doit l'être par un pouvoir exécutif unique, irresponsable, inviolable, ayant sous lui et à sa nomination des représentans agissant pour l'exécution, amovibles à sa volonté et responsables. Ce pouvoir exécutif sera-t-il éligible ou héréditaire ? »

Sieyes ne balance pas à déclarer « qu'en principe
« il devrait être éligible, mais que l'histoire fournit

« tant de preuves des dangers d'une pareille élection,
« qu'il croit l'hérédité préférable, etc. »

En vain les adversaires de Sieyes, trompés par l'opinion publique, et voulant lui disputer la nullité qu'il réclame dans l'affaire du 10 août, voudraient-ils m'objecter que, sans abandonner ses principes monarchiques, il aurait pu participer aux mesures de cette journée, de concert avec ses amis girondins dont la plupart ne se proposaient alors que de diriger l'exercice du pouvoir royal sans le détruire entièrement. Des mesures de ce genre, quel qu'en fût l'objet, étaient incompatibles avec les principes de la déclaration volontaire dont nous avons parlé plus haut, proposée *aux patriotes* des quatre-vingt-trois départemens, le 17 juin 1791, et signée *Sieyes* et *Condorcet*. En voici l'article 3 :

Sur la soumission à la loi et les moyens légitimes de la faire réformer.

« Je reconnais enfin et je déclare que, quelle que puisse être
« mon opinion particulière sur quelques-uns des décrets de l'as-
« semblée nationale acceptés ou sanctionnés par le roi, je m'y
« soumettrai entièrement et en toute occasion, comme on doit
« se soumettre à la loi, tant qu'ils ne seront pas révoqués ou
« modifiés par le corps législatif constitutionnel.

« Je jure que, pour faire réformer les lois qui ne sont pas con-
« formes à mon opinion, je ne me permettrai d'employer d'au-
« tres moyens que ceux que la loi elle-même indique, savoir :
« le raisonnement, les écrits, les pétitions paisibles, l'influence
« de mon suffrage dans le choix, soit des électeurs, soit des dé-
« putés à l'assemblée nationale, si je suis moi-même électeur ;
« enfin la force quelconque de mon opinion au milieu des repré-
« sentans de la nation, si j'y suis appelé par le vœu de mes
« concitoyens.

« Je jure, de plus, de m'unir à tous les bons citoyens pour
« repousser de toutes nos forces les hommes criminels qui ten-
« teraient de renverser la loi en tout ou en partie, ou l'attaque-
« raient par des actes de violence, etc. »

Cet écrit ne prouve-t-il pas qu'au mois de juin 1791 la république était impossible? La gauche, en effet, n'en voulait pas; MM. de Lameth étaient réconciliés avec la cour; les bas-côtés, sous d'André et quelques chefs, auraient cru qu'on leur parlait du sabbat. Sieyes en était plus éloigné que tout autre, puisqu'il agissait *d'après des principes fixés dans sa tête depuis long-temps*, et que ce philosophe ne prononçait pas légèrement ses opinions politiques.

Il faut pourtant avouer que le titre de *révolution des patriotes*, décerné à celle du 10 août, ne s'accorde pas exactement avec les sentimens exprimés ci-dessus. J'ajouterai même que, quelles que soient les opinions sur la journée du 18 fructidor, les deux partis conviennent également que les mesures auxquelles on eut alors recours étaient peu conformes à la déclaration de Sieyes, et j'aurais souhaité qu'étant le principal membre du comité qui, par l'organe de Boulay, proposa le 16 octobre 1797 une loi pour la déportation des nobles (1), Sieyes, avant que

---

(1) En vertu d'un coup d'état dont il sera parlé dans cet ouvrage, le 4 septembre 1797 (18 fructidor an v), deux directeurs de la république et cinquante-trois députés des deux conseils venaient d'être condamnés sans jugement à la déportation, lorsque, le 16 octobre, M. Boulay (de la Meurthe), membre du conseil des cinq-cents, proposa au nom d'une commission de sept membres, y compris Sieyes, d'expulser de la république une partie des nobles non émigrés, d'exclure les autres des fonctions publiques, et de ne reconnaître comme citoyens que ceux qui avaient donné des preuves d'attachement à la révolution. Ce projet, d'après *le Moniteur*, avait été adopté

cette loi fût amendée par l'indignation publique et celle des conseils, eût rappelé au comité l'épigraphe de son opinion sur la dîme : *Ils veulent être libres et ne savent pas être justes !*

Mais mon objet étant la défensive la plus modérée et la rectification de quelques erreurs, je reviens à la partie de la Notice où Sieyes déclare « qu'il a si-« gnalé le premier la distinction des ordres dans une « nation, comme une monstruosité politique (1), » ce qui ne me paraît pas très-exact, car, sans parler des ouvrages de Rousseau et des opinions énoncées très-publiquement sur cet objet, nommément par La Rochefoucauld à la cour des pairs, au parlement de Paris, aux notables de 1787, on connaît plusieurs écrits, non-seulement étrangers, mais français, très explicites en faveur de l'égalité, et M. d'Antraigues (2) lui-même a écrit dans un livre publié en 1788 : « *La noblesse héréditaire est le plus grand fléau que le ciel, dans sa colère, ait envoyé aux hommes.* » Quoique l'anéantissement de la noblesse paraisse avoir été le principal objet de la révolution pour Sieyes, il ne prit pas de part personnelle au célèbre décret du 17 juin 1790.

Qu'il me soit permis, à cette occasion, de relever une autre erreur de Sieyes, qui lui est échappée dans son opinion sur la constitution présentée à la convention nationale, le 2 thermidor, l'an III de la république (20 juillet 1795).

à l'unanimité par les commissions, quatre jours après, il fut convertie en loi avec quelques amendements.

(1) P. 34 de la Notice.

(2) M. de Launey, comte d'Antraigues, député de la noblesse de la sénéchaussée de Villeneuve-de-Berg aux États-Généraux.

« Une idée saine et utile, dit-il, fut établie en 1788 : c'est la division du pouvoir constituant et des pouvoirs constitués. Elle comptera parmi les découvertes qui font faire un pas à la science; elle est due aux Français (1). »

Qui ne sait que, plus de deux ans avant 1788, les Américains, non-seulement avaient eu cette idée, mais l'avaient appliquée dans des conventions d'état; que les constitutions de ces divers États furent changées et rechangées par des pouvoirs constituans séparés des pouvoirs constitués; que la constitution commune et fédérative de 1787 fut aussi faite par une convention nationale, et que, non seulement cette idée ne fut point une découverte des Français qui en parlèrent en 1788, mais que les Français, bien loin de *faire faire* sur ce point *un pas à la science*, l'ont plutôt fait rétrograder par le mélange des fonctions constituantes et législatives dans l'assemblée constituante et dans la convention nationale, tandis qu'en Amérique elles ont toujours été distinctes?

Il n'appartient point à mon sujet d'examiner la troisième époque de la vie politique de Sieyes (2). Je suis encore plus loin de chercher à attaquer ses moyens de justification, et je me suis contenté d'admirer les pages éloquentes où il nous peint le règne

(1) Ce passage se trouve dans le discours de Sieyes à l'appui de son projet de constitution et de *jurie constitutionnaire*. Voyez la note ci-dessus, p. 1 de ce vol. et le *Moniteur* du 7 thermidor an III, ou 25 juillet 1795. Voyez aussi la p. 192 du 2ᵉ vol. sur la convention américaine de 1787, qui avait été précédée, dès 1785, par une convention composée des députés de trois États, réunis à Annapolis.

(2) «Durant toute la tenue de l'assemblée législative jusqu'à l'ouverture de la Convention, il est resté complètement étranger à toute action politique. C'est le troisième intervalle. » (P. xv de la Notice.)

de l'anarchie et de la terreur. A Dieu ne plaise que je cherche à appuyer l'horrible accusation de complicité avec Robespierre, dont il est si justement indigné; à Dieu ne plaise que je me permette d'y croire; mais il est une observation que je dois faire, parce qu'elle est commandée par mon amour inaltérable pour la liberté, par le sentiment profond que j'ai des devoirs d'un citoyen, et surtout d'un représentant français. L'accusation dont on a voulu souiller Sieyes est inique; elle est fausse, et néanmoins il a mérité qu'on la fît. Je ne parle pas de cet ancien propos : « *Ce n'est pas la noblesse qu'il faut détruire, mais les nobles,* » propos que la calomnie peut avoir inventé; je ne parle pas d'autres inductions, peut-être aussi mensongères, que la haine, la jalousie, et même le malheur, peuvent avoir ou controuvées ou exagérées; je parle de sa *simple assiduité aux séances* qui, bien loin d'être *utile* (1), ne put qu'être funeste à la chose publique, lorsque le silence d'un homme tel que lui, semblait autoriser les décrets contre lesquels il ne s'élevait pas. Vingt-deux girondins, la plupart ses amis, ont péri sur l'échafaud pour s'être opposés à ces décrets. Plusieurs autres; et nommément Condorcet, ont expié des torts précédens par une proscription cruelle, fruit de leur résistance, et par une mort plus cruelle encore. Il n'y a pas jusqu'à Danton et Desmoulins qui n'aient eu

---

(1) Après un tableau du règne de la terreur, Sieyes ajoute : « Que « faire, encore une fois, dans une telle nuit? attendre le jour. Cepen-
« dant cette sage détermination n'a pas été tout-à-fait celle de Sieyes.
« Il a essayé plusieurs fois d'être utile, autrement que par sa simple
« assiduité aux séances. » (P. 51 de la Notice.)

l'honneur de mourir pour s'opposer à Robespierre (1), Tallien et Bourdon, en parlant contre l'infâme loi du 22 prairial, ont mérité les bénédictions attachées à la journée du 9 thermidor (2); et Sieyes, le Sieyes de 1789, constamment assis pendant toute la durée de la Convention à deux places de Robespierre, a, par son timide et complaisant silence, mérité..... *d'en être oublié!*

(1) Soixante-quatre députés ont été long-temps emprisonnés, d'autres obligés de fuir, pour se soustraire à la vengeance et aux soupçons du *tyran*; car ici le mot tyran est mieux placé que dans la Notice. (*Note du général Lafayette.*)

(2) La loi du 22 prairial (10 juin 1794), destinée à accélérer les jugemens du tribunal révolutionnaire. « *Le délai pour punir les ennemis de la patrie*, dit Couthon, rapporteur de cette loi, *ne doit être que le temps de les reconnaître; il s'agit moins de les punir que de les anéantir.* » (*Moniteur.*) La journée du 9 thermidor (27 juillet 1794) arriva quelques semaines après de violens débats soutenus par Tallien et Bourdon (de l'Oise) contre Robespierre.

COLLECTION COMPLÈTE DES TRAVAUX DE MIRABEAU A L'ASSEMBLÉE NATIONALE, ETC.

par un auteur inédit.

(A Paris, impr. de la veuve Lejay, 1791.)

Cette collection a le double défaut d'exagérer la part de Mirabeau dans la révolution, et de le présenter comme un homme irréprochable. Cependant, comme le fond de l'ouvrage est la réunion de ses éloquens et lumineux discours, il reste dans l'esprit du lecteur la plus haute idée de ce génie extraordinaire. Tout en lui rendant justice, nous avons essayé de donner une idée plus nette et plus sincère de ce qu'il fut réellement (1). Voici maintenant quelques pages qui ont fixé notre attention :

« Un ordre héréditaire venait d'être établi sous le titre de *Cin-*
« *cinnatus...* Mirabeau s'afflige de cette création aristocratique.
« — Il écrit ; ce qu'il veut fortement, il le fait désirer aux au-
« tres. L'ordre des *Cincinnati*, réprouvé par l'opinion publique,
« l'est bientôt aussi par ses propres instituteurs. » (Tom. I, p. 1,
Introduction de M. Méjan.)

Ce paragraphe est fort inexact. Les *Considérations* de Mirabeau *sur l'ordre de Cincinnatus*, renferment beaucoup d'erreurs de fait, et n'ont point été connues en Amérique. Ce fut l'opinion des Américains eux-mêmes qui engagea les officiers à renoncer à l'*hérédité*. Lafayette fut un de ceux qui donnèrent ce conseil à leurs frères d'armes (2).

---
(1) Voy. sur Mirabeau, le chap. VIII, p. 369, du deuxième volume.
(2) Voy. la p. 26 du deuxième volume.

« Mirabeau sortait un jour de l'assemblée nationale. A ses
« côtés, était M. l'abbé Sieyes. — Au milieu de la terrasse des
« Feuillans, le peuple environne Mirabeau, l'applaudit, et le
« salue de ces cris de reconnaissance et de joie : *Vive à jamais
« l'Hercule de la liberté !* » — « *Voilà Thésée*, » répond Mirabeau, et du geste il indique son illustre ami. » (P. 26 de l'*Introduction*.)

C'est peut-être par humeur contre ce mot qui le désignait comme disciple, que Sieyes en répondit un autre assez peu flatteur à Mirabeau. Celui-ci s'était arrangé une petite apothéose à la Comédie française, et même un des agens de ce mouvement spontané vint demander à Lafayette s'il n'y avait pas d'inconvéniens à remplir les intentions de Mirabeau. Il n'y en avait aucun. Voilà donc Mirabeau, que le public, à la représentation de *Brutus*, fait venir des quatrièmes loges au balcon. Il s'en vantait à Sieyes, qui lui dit : « *Quand on jouera Catilina, on vous mettra sur le théâtre.* »

« Mirabeau paraît (à la séance du 26 juillet 1789). Les re-
« présentans du peuple attendent avec une sorte de respect
« involontaire, sans doute, car enfin Mirabeau n'est qu'un
« homme. » (P. 32 de l'*Introduction*.)

Bien loin d'avoir tant de respect, les représentans n'avaient pas alors la juste considération due à ses sublimes talens. C'est à force de génie qu'il gagna peu à peu la confiance; encore ce ne fut pas sans exceptions.

« Gentilhomme possédant fief, j'ai pensé qu'en remplissant
« des fonctions publiques, je devais, avant tout, être le conci-

« toyen des bons citoyens. » (P. 85, Lettre de Mirabeau à la nation provençale, 11 février 1789.)

Il suffit de lire les lettres de Mirabeau, publiées par Manuel, pour voir qu'il était peu démocrate. Les circonstances le rendirent tel. Le décret du 17 juin 1790, pour l'abolition des titres, lui déplut; mais il ne parla ni pour, ni contre. Quant à la clause secondaire et très déplacée sur les noms patronymiques, on sait ce que répondit Mirabeau aux journaux qui affectaient de ne l'appeler que *Riquetti*: « *Ces gens-là, avec leurs changemens de noms, ont désorienté l'Europe!* »

« Les députés des différens ordres sont députés à une seule et même assemblée, *l'assemblée nationale.* » (P. 208, Discours de Mirabeau, le 28 mai 1789.)

Cela fut dit, en effet, le 28 mai, par Mirabeau. Il proposa ensuite, à la séance du 15 juin, la qualification de *représentans du peuple français*, que les communes rejetèrent (et cela n'est pas à leur honneur) parce qu'elles ne la trouvèrent pas assez noble (1).

« Une déclaration des droits, si elle pouvait répondre à une
« perfection idéale, serait celle qui contiendrait des axiomes
« tellement simples, évidens et féconds en conséquences, qu'il
« serait impossible de s'en écarter, et qu'on en verrait sortir
« toutes les constitutions. Mais les hommes n'y sont pas assez
« préparés dans cet empire, et nous ne vous offrons qu'un très
« faible essai que vous améliorerez sans doute. » (T. II, p. 19,
« discours de Mirabeau, le 17 juillet 1789.)

Ce paragraphe est ce que Lafayette avait dit dès le 11 juillet; et après que Sieyes, Mirabeau et plusieurs autres, eurent fait tout ce qu'ils pouvaient pour

---

(1) Voyez la page 5 de ce volume.

prendre une autre *déclaration des droits*, on revint aux bases de celle de Lafayette (1).

« Voulez-vous deux chambres? — Je réponds que je veux
« deux chambres si elles ne font que deux sections d'une seule,
« et que je n'en veux qu'une, si l'une doit avoir un *veto* sur
« l'autre. » (P. 125. Discours de Mirabeau, séance du 9 septembre 1789.)

On voit là une grande erreur politique de Mirabeau. Elle est curieuse à citer, pour montrer combien les hommes les plus éclairés de l'assemblée nationale étaient éloignés de vouloir deux chambres réelles, c'est-à-dire avec le *veto* réciproque de l'une sur l'autre. Il paraît que Mirabeau avait alors l'idée qui fut reproduite par Sieyes en 1791 (2).

« Je propose donc que l'assemblée décrète que les ministres
« de Sa Majesté seront invités à venir prendre, dans l'assemblée,
« voix consultative, jusqu'à ce que la constitution ait fixé les
« règles qui seront suivies à leur égard. » (P. 431. Proposition de Mirabeau à la suite d'un discours sur les finances, le 6 novembre 1789.)

Mirabeau travaillait de tout son pouvoir, pour attirer M. Necker dans l'assemblée. « *Ah! si jamais je puis l'y tenir!* » disait-il quelquefois (3). M. Necker sentit le piége et ne s'y exposa pas.

(1) Voy. plus loin, la p. 45 de ce vol.
(2) Le 7 septembre 1789, deux jours avant le discours où Mirabeau se prononça ainsi contre l'établissement de deux chambres, Sieyes avait proposé d'attribuer à l'assemblée nationale elle-même, divisée en trois sections périodiquement renouvelées, le *veto* qu'on voulait réserver pour le roi. — Voy. p. 40 de ce vol. sur la déclaration de Sieyes en 1791.
(3) Voy. sur les relations de Mirabeau avec M. Necker la note de la p. 360 du deuxième volume.

« Ses adversaires se montrèrent plus âpres, plus assassins
« que la veille, etc... » (P. 452.)

Il semble que M. Méjan partage la grande colère de Mirabeau contre MM. Blin et Lanjuinais, qui firent rejeter la proposition de donner aux ministres voix consultative dans l'assemblée. C'est le garde-des-sceaux, M. Champion de Cicé, qui eut de l'influence sur la motion de Lanjuinais (1). Lafayette y fut tout-à-fait étranger.

« Je n'ignore pas que je suis l'objet des plus noires imputa-
« tions, que les gens qui les répandent font circuler, en ce mo-
« ment même, que je suis l'instigateur des troubles de Mar-
« seille. J'ai vu ces gens dire que la procédure du Châtelet
« n'existe que pour m'illuminer de crimes (2)... — Pourquoi le 5
« octobre ne serait-il pas coupable ici, et le 30 avril serait-il
« coupable à Marseille? » (P. 287 et 288. Discours de Mirabeau
sur les troubles de Marseille, le 2 mai 1790.)

Lafayette avait exigé de Mirabeau qu'il ne parlerait pas pour la municipalité de Marseille ; et Mirabeau avait obtenu de Castellanet et des autres députés qu'ils ne diraient rien non plus, si on se contentait d'improuver cette municipalité. Mais M. de La Rochefoucauld ayant proposé que les officiers municipaux fussent mandés à la barre, Mirabeau crut qu'on voulait le brouiller avec la ville de Marseille. Il fit une exclamation qu'Alexandre Lameth saisit avidement : « Allons, dit celui-ci, le réveil du lion, Mirabeau! » C'est à ce mal-entendu qu'il faut attribuer la sortie contre la procédure relative aux attentats des 5 et 6 octobre.

(1) Voy. sur cette motion la p. 270 du deuxième volume.
(2) Voy. sur la procédure du Châtelet, les p. 360, 362 ; et sur les troubles de Marseille, la p. 399 du deuxième volume.

« Le créateur de la révolution américaine, Franklin, est
« mort. Le congrès américain charge M. de La Rochefoucauld
« d'en instruire Mirabeau... » (P. 392.) (Motion de Mirabeau,
le 11 juin 1790, pour que l'assemblée porte pendant trois jours
le deuil de Franklin.)

Lafayette avait prié la veille Mirabeau de se charger de cette motion. Franklin, sans être le *créateur* de la révolution américaine, y avait joué un glorieux et principal rôle. Le congrès n'avait point écrit à M. de La Rochefoucauld, et il est ridicule de supposer qu'il eût chargé celui-ci d'annoncer en cérémonie à Mirabeau la mort de Franklin. Mirabeau était venu, avec son bandeau sur l'œil, au comité La Rochefoucauld, où on s'entendit pour la motion.

« Ne l'oubliez jamais, vous avez reconnu que la liberté con-
« siste à faire tout ce qui ne nuit pas aux autres ; que l'exercice
« des droits naturels de l'homme n'a de bornes que celles qui
« assurent aux autres membres de la société la jouissance des
« mêmes droits. Cette théorie n'est pas seulement applicable à
« l'état social. Elle doit former aussi le code de votre industrie. »
(P. 429. Séance du 28 juin 1790, discours sur le commerce de
l'Inde.)

Vous remarquerez que les hommes mêmes qui, comme Mirabeau, ne voulaient pas une énonciation de principes avant que la constitution ne fût faite (1),

---

(1) A la séance du 18 août 1789, Mirabeau, après avoir fait le 17 un rapport sur un projet de *déclaration des droits*, au nom d'un comité qui en avait été chargé, proposa d'ajourner la discussion jusqu'au temps où les autres parties de la constitution seraient entièrement fixées. Le 19, le travail présenté par Mirabeau fut rejeté. On décida que les autres projets seraient mis aux voix pour être adoptés, sauf discussion des articles, à la pluralité simple ; les trois qui eurent le plus de suffrages, furent celui du général Lafayette qui servit de texte et de base à tous les autres, celui de l'abbé Sieyès ; et enfin le projet du troisième bureau. Ce dernier l'emporta.

sont obligés d'en revenir eux-mêmes à la *déclaration des droits*, toutes les fois qu'ils ont un point constitutionnel ou une loi importante à traiter.»

« Lettre du président du comité des rapports, chargé de la pro-
« cédure contre les attentats des 5 et 6 octobre, et discours de
« Mirabeau à la séance du 31 août 1790... » (T. II, p. 88.)

Mirabeau était fort lié, à l'époque du 5 octobre, avec le parti d'Orléans qui dirigea les troubles; mais on allégua contre lui des détails dénués de fondement. Lafayette, qui était en quelque sorte partie, aurait eu tort de paraître à la séance où il fut question de cette affaire, et d'ailleurs on décida que les députés assignés comme témoins ne pourraient prendre part à la délibération.

Nous devons, cependant, observer que, le 3 septembre 1790, c'est sur la proposition de Mirabeau que fut rendu le décret par lequel l'assemblée remerciait ou approuvait les autorités, les officiers, les gardes nationales et les troupes de ligne qui avaient concouru à la répression de l'insurrection de Nancy. (T. IV, p. 93.)

« Considérant la funeste probabilité que des conseillers per-
« vers contraindraient le roi à se rendre à Metz, je dis à M. de
« La Mark (dans la soirée du 5 octobre) : « La dynastie est
« perdue si *Monsieur* ne reste pas, et ne prend pas les rênes du
« gouvernement. » Nous convînmes d'avoir sur-le-champ une
« audience du prince, si le départ du roi s'exécutait. C'est ainsi
« que je me préparais à faire M. d'Orléans lieutenant-général du
« royaume. » (T. IV, p. 196, Discours de Mirabeau contre la
procédure relative aux attentats d'octobre, séance du 2 octobre 1790.)

Mirabeau croyait donc que le roi, en partant, n'emmènerait pas son frère?

« Savez-vous que ce peuple, dans son ressentiment contre
« l'homme (M. de Castries) qu'il regarde comme l'ennemi d'un
« de ses plus utiles amis (M. de Lameth), savez-vous qu'au mi-
« lieu de la destruction, nul n'osera dire la dilapidation des
« effets de cette maison proscrite, le peuple s'est religieusement
« arrêté devant l'image du monarque? Savez-vous que ce peuple
« irrité a montré à madame de Castries, respectable par son âge,
« intéressante par son malheur, la plus tendre sollicitude? »
(T. IV, p. 313. Discours de Mirabeau, à la séance du 13 novembre
1790, sur le bris de l'hôtel de Castries) (1).

M. Méjan a grand tort (p. 312) de louer ici Mirabeau. M. de Lameth avait eu, dans cette affaire, au moins autant de torts que M. de Castries. Quant aux tendres égards témoignés à madame de Castries pendant qu'on dévastait l'hôtel, elle n'était pas même en France. Le portrait du roi avait été sauvé par Giles, agent du comité de MM. de Lameth, et plus tard d'un autre comité dirigé par M. Bertrand de Molleville. Rien ne fut plus indécent que ce discours.

« Nos monnaies ne pèchent pas seulement par l'empreinte;
« elles sont encore incommodes dans leurs valeurs numériques.
« La multiplication et la division, par le calcul décimal, sont les
« règles les plus faciles à exécuter. — Il paraît qu'on est d'ac-
« cord qu'une monnaie de 10, 20 livres serait d'un usage plus
« facile que des monnaies de 6, 12 livres, etc. » (T. V, p. 84-85.
Discours de Mirabeau sur la constitution monétaire, décembre 1790.)

On voit qu'une idée du calcul décimal, appliqué aux diverses estimations, remonte à l'assemblée constituante.

(1) Voyez sur cette dévastation à la suite d'un duel entre M. de Castries et M. de Lameth, où celui-ci fut blessé, la p. 53 du 3e vol., et sur le nommé Giles, ce qui le concerne, plus loin, dans les notes écrites sur les Mémoires de M. Bertrand de Molleville.

« Si vous faites une loi contre les émigrans, je jure de n'y
« obéir jamais. » (Murmure à l'extrémité gauche de l'assemblée.) « Il ne suffit pas de compliquer deux ou trois propositions
« et de les développer... » (Ces mêmes murmures recommencent.) « Silence aux trente ! » (P. 404 et 405. Discours de
Mirabeau, le 28 février 1791, contre une loi sur les émigrations.)

Mirabeau ne fut jamais plus grand que dans cette
discussion.

Les trente factieux étaient MM. de Lameth et leurs
amis qui furent véritablement leur parti dans l'assemblée ; mais ce parti, en s'unissant aux orléanistes,
en dirigeant les jacobins, et surtout avec des émeutes
et de la tactique, avait quelquefois la majorité. M. Vernier venait de demander à cette séance du 28 février,
que la loi contre les émigrans fût ajournée jusqu'à
ce que tous les comités réunis eussent donné leur
avis : Mirabeau proposa, par un très joli amendement, « *de décréter la cessation des émeutes jusqu'à
l'expiration de l'ajournement.* » Il était alors chef
de l'intrigue de la cour, et il est assez remarquable
que ce fut à l'époque même du projet de ministère
agité par Condorcet (1).

A la séance du 21 mars (p. 425), le discours de Mirabeau sur les mines, n'a de remarquable que d'avoir
contribué à la mort de ce prodigieux orateur. M. de
La Mark, son intime ami, avait un grand intérêt à la
question. Mirabeau était malade et se força pour
parler. Il est probablement mort victime de l'amitié.
D'autres personnes disent qu'il avait été empoisonné ;

(1) Voy. à la p. 9 de ce volume, les conférences auxquelles le général Lafayette assista chez M. de Condorcet, avec Mirabeau et Sieyes.
D'après ce passage, elles auraient eu lieu au mois de février 1791.

il serait plus simple de supposer qu'un homme qui n'a jamais rien refusé à ses passions, a été emporté par une maladie. L'acte de complaisance pour M. de La Mark est néanmoins très-vrai.

Le 3 avril 1791, le lendemain de la mort de Mirabeau, M. de La Rochefoucauld vint, au nom de l'administration du département de Paris, proposer l'établissement du Panthéon et son ouverture par l'admission de Mirabeau. Le caractère de La Rochefoucauld ajoutait beaucoup à un tel honneur; mais La Rochefoucauld fut assassiné par les patriotes du 10 août, et l'on porta Marat au Panthéon !

SUR PLUSIEURS OUVRAGES MONARCHIENS.

M. NECKER (1).

Parmi les ouvrages qui exigent, de notre part, un examen critique, se trouvent au premier rang ceux des *monarchiens*, autrement dits *impartiaux*. Les mensonges des jacobins sont dégoûtans, ceux des aristocrates sont absurdes ; mais les royalistes modérés demandent d'autant plus d'attention que leurs opinions ont un air d'impartialité et de sagesse. Ils blâment les aristocrates forcenés, peignent les constitutionnels comme des démagogues coupables ou insensés ; à les en croire, eux seuls ont eu raison : il ne fallait, pour éviter les maux de la révolution, que suivre leur avis, et le seul moyen de terminer cette grande crise serait d'adopter la constitution anglaise, sous un roi de la maison de Bourbon.

MM. Necker, Mounier, Malouet, Lally, Mallet-du-Pan, sont les principaux auteurs qui ont écrit dans ce sens. Leur caractère personnel, à l'exception de Mallet-du-Pan, mérite les plus grands égards. M. Mallet-du-Pan, lui-même, doit être traité avec une sévère politesse. Il faut pourtant rappeler que, de tout

(1) Ces observations générales, qui devaient précéder la critique des ouvrages de MM. Necker, Mounier, Malouet, de Lally, Mallet-du-Pan, ont été écrites de 1797 à 1800.

temps, on le vit l'avocat des oppresseurs contre les opprimés. Il était pour les colons contre les nègres; pour l'Angleterre contre les Américains; pour le prince d'Orange contre les patriotes; pour M. Hastings contre les princes de l'Inde. Lorsque, avant le 10 août, Louis XVI le chargea de commissions pour les princes coalisés, non seulement il eut un tort envers sa patrie, en se mêlant de pareilles intrigues, mais il en eut un très grave envers Louis XVI, en le compromettant en Suisse, par son extrême vanité (1).

Il y a dans ces publications beaucoup d'assertions et de prophéties que le temps a rendues ridicules. L'emploi actuel de M. Mallet-du-Pan auprès du gouvernement anglais, comme directeur-général de tous les écrits contre la France, les déclamations de son journal, où il va jusqu'à nier le talent militaire de Bonaparte, fourniraient de quoi réduire à sa juste valeur cet orgueilleux publiciste dont on fait en pays étranger beaucoup trop de cas.

M. Necker est un habile écrivain, homme d'esprit, et qui sait colorer ses idées. Le critique doit les apprécier, non en s'engageant dans des discussions méta-

---

(1) M. Mallet-du-Pan rédigeait, dans les premières années de la révolution de 1792, le *Mercure politique*. Il fut dénoncé à l'assemblée en 1792 pour un article inséré dans ce journal. Le 21 mai de la même année, il se rendit à Francfort, chargé par Louis XVI d'une mission secrète auprès des princes émigrés, du roi de Prusse et de l'empereur d'Autriche. Après un séjour de quelques années en Suisse où il était né, il se retira en Angleterre et y mourut dans l'année 1800. Il composa en 1793 un ouvrage intitulé: *Considérations sur la nature de la révolution de France*. Nous n'avons pas trouvé dans les manuscrits du général Lafayette les notes qu'il se proposait de faire sur cet écrit, et sur diverses publications de M. de Lally-Tolendal. (Voy. p. 372 du 3ᵉ volume.)

physiques; mais en n'annonçant d'autre prétention que celle de rectifier les faits. M. Necker soutient qu'il a eu très peu d'influence sur la révolution, cela est vrai; qu'il ne consentit même au doublement du tiers que parce qu'il y fut forcé par l'opinion publique, cela est vrai aussi. Donnons à M. Necker toute satisfaction sur ce point, et après avoir rapporté toutes ses excuses, convenons que ce ministre n'influa qu'en trois circonstances : 1° en publiant le compte rendu des finances ; et ce mérite lui appartient entièrement ; 2° en doublant la représentation des communes : il crut par là augmenter les pouvoirs du gouvernement aux états-généraux, mais il cédait à l'opinion dont les amis de la liberté eurent soin de l'environner, et cette mesure fut gâtée par toutes les complaisances qu'il eut pour l'aristocratie, dans les détails de convocation, et à l'ouverture des états-généraux ; 3° par son renvoi après la séance du 23 juin 1789. M. Necker fut heureux dans cette occasion : ce qu'il voulait faire dire par le roi eût suffi pour déplaire aux communes ; ses adversaires dans le conseil, y ajoutèrent des dispositions nouvelles ; il s'y opposa et ne parut point dans la séance, ce qui lui valut un renvoi et un rappel honorable. Alors M. Necker quitta secrètement le royaume, de peur d'y causer le moindre trouble ; il se montra, en revenant, ce qu'on avait toujours reconnu, un ministre des finances habile et intègre, mais non un homme propre ni à préparer, ni à conduire une révolution ; il n'avait aucune habitude de parler en public ; et la crainte de choquer les partis ne lui permettait pas d'y prendre de l'influence. C'est donc bien à tort que les aristocrates le regardent comme un instigateur et un des chefs de la révolution. Il faut lui rendre justice complète à cet égard, et nous y ajouterons des hommages pour ses talens et ses vertus, tout en convenant que si l'assemblée constituante a été réellement ingrate envers lui, il y a pourtant trop d'amertume dans ses écrits. Nous n'avons point à juger les opinions, mais à rétablir des faits dénaturés par des préjugés ou des intérêts personnels; et, par exemple, nous devons montrer que M. Necker a très habilement cherché à confondre la doctrine des constitutionnels avec celle des anarchistes, et a répondu presque toujours à ce que les premiers n'ont pas dit.

DE LA RÉVOLUTION FRANÇAISE, PAR M. NECKER (1).

PREMIÈRE PARTIE, PREMIÈRE SECTION.

La première section offre un tableau rapide, sincère et intéressant, de la situation des affaires avant l'ouverture des états-généraux : il y a (p. 52) une phrase heureuse :

« Il n'est de juges inexorables que parmi cette classe d'hommes dont la prescience s'organise après les évènemens, et qui, sans aucune distinction, prennent tous les antécédens pour des causes. »

On y trouve une dénonciation de quelques abus d'administration, très adoucie, mais suffisante pour démontrer qu'on devait désirer sur ce point une régénération totale, et que, d'après les oppositions de toutes les aristocraties qui existaient alors, on ne pouvait pas faire réussir *l'innovation la plus raisonnable* (2). M. Necker eût reconnu qu'il en était de même de toutes les autres parties, jurisprudence, etc., s'il avait voulu les examiner en détail.

(1) Tomes IX et X des œuvres complètes de M. Necker, publiées par M. le baron de Staël, son petit-fils. (A Paris, chez Treuttel et Würtz, 1820.) Les notes du général Lafayette sont écrites sur la première édition.

(2) « On n'a pu connaître que par expérience la contexture embarrassée et l'enchevêtrement du gouvernement français dans ses rapports avec l'administration intérieure. — Il fallait livrer mille petits combats pour faire réussir l'innovation la plus raisonnable. » (P. 47.)

Il démontre que ce furent les parlemens, les notables, les corps de noblesse dans les pays d'état, les gens même de la cour, dont les résistances à tout ce qui blessait leur intérêt nécessitèrent les états-généraux; et que dans les premiers temps les communes étaient plus favorables à l'autorité royale, quoique très opposées aux abus. M. Necker fait ressortir encore cette grande vérité: que la convocation des états-généraux, le doublement du tiers, tout ce que le gouvernement parut alors faire pour la liberté et la cause populaire, fut le produit de la *nécessité*.

Enfin il n'y a que la plus aveugle fureur qui puisse, après avoir lu cette apologie de M. Necker, l'accuser d'avoir influé sur la révolution française. Ministre des finances intègre et habile, il mérita la bienveillance et la confiance de la nation; mais ses idées étaient si éloignées de celles qui ont prévalu depuis en France, que, dans son *Mémoire au roi sur les assemblées provinciales* (1), il se proposait d'augmenter l'autorité royale en se passant des parlemens, et que dans sa formation des deux assemblées qui furent créées par lui en Berry et en Haute-Guyenne, il s'obstina à rejeter toute idée d'élection des membres de ces assemblées par le peuple, ne voulant absolument pas y admettre le système de représentation (2).

(1) M. Necker fut appelé, en 1776, par M. de Maurepas à l'emploi de directeur du trésor, conseiller-adjoint au contrôleur-général. L'année suivante il fut nommé directeur-général des finances. En 1778, il essaya l'établissement des assemblées provinciales dans le Berry et le Rouergue seulement.

(2) « Le roi, à l'époque où il jugea à propos de les former (en 1778), nomma seize propriétaires les plus connus, dont trois étaient pris

Renvoyé du ministère par le refus que fit M. de Maurepas de l'introduire au conseil, et par l'impunité d'un homme dont il avait eu fortement à se plaindre, il ne fit que publier son excellent ouvrage sur les finances (1). Rappelé en 1788 comme une espèce de premier ministre, il démontre que tout était fait, que tout était devenu *nécessaire*, lorsqu'il accepta la direction du gouvernement. *S'il était venu plus tôt*, dit-il, *rien de tout ce qui a été ne serait arrivé*; mais les états-généraux étaient indispensablement promis, l'opinion publique formée; que pouvait-il faire de mieux pour le parti aristocrate que de consulter les notables (2)? Et lorsque le conseil fut réduit par l'opinion publique la plus prononcée à doubler le tiers-état, de peur qu'il n'en vînt encore un plus grand nombre, n'est-il pas clair que M. Necker ne peut pas avoir, aux yeux des aristocrates, le tort même de la rédaction du rapport de l'arrêt du con-

---

dans le clergé, cinq dans l'ordre de la noblesse, et huit parmi les habitans des villes et des campagnes. — On ne les a point instituées pour traiter avec le souverain, comme fondées de pouvoir de la part de ses sujets; mais c'est le souverain qui les a chargées de veiller sur les intérêts des contribuables. » (P. 54 et 55 du tom. V.)

(1) M. Necker ne put s'entendre pour la comptabilité maritime avec l'ancien lieutenant de police, M. Sartine, que M. de Maurepas avait nommé secrétaire-d'état de la marine. Il quitta le ministère en 1781, après avoir publié son *compte rendu*. Dans sa retraite, il composa, en 1784, un autre ouvrage sur *l'administration des finances*. Avant le retour de M. Necker aux affaires, en 1788, M. de Brienne, premier ministre, avait décidé que des *assemblées provinciales* auraient lieu avec des suffrages recueillis *par tête* et non *par ordre*, et, le 8 août de la même année, un arrêt du conseil avait prononcé la convocation des états-généraux.

(2) La seconde assemblée des notables qui exprima son vœu contre le doublement du tiers, décidé par l'arrêt du conseil du 27 décembre 1788. (Voy. les p. 183 et 184 du deuxième volume.)

seil, puisque les ministres étaient convenus de donner au roi, le mieux qu'on pourrait, le mérite de ce qu'il ne pouvait empêcher, et de taire le grand mot qui donnait l'explication de tout l'arrêt du conseil, *la nécessité?* En un mot, tous les partis doivent à M. Necker confiance dans ses talens en finances, admiration pour ses talens littéraires, estime pour son caractère personnel, reconnaissance pour avoir toujours voulu le bien, cherché l'opinion publique, et de plus ils ne peuvent l'attaquer sur une révolution à laquelle il a pris la part la moins active qu'il a pu. On doit reconnaître la vérité de cette déclaration qu'il fait dans la première section et qu'il répète plus loin.

DEUXIÈME SECTION.

Cette section me paraît excellente. M. Necker a cependant tort de croire que la majorité de la ci-devant noblesse française préférât la chambre des pairs à l'égalité (1).

TROISIÈME SECTION.

Le rapprochement de l'insurrection du 14 juillet et de la séance royale du 23 juin prouve que même ce que M. Necker avait mis dans sa déclaration était devenu impossible (2); l'on voit, par les articles

(1) « On eût vu le ciel ouvert, si le monarque eût porté le nombre des pairs héréditaires à deux ou trois cents, s'il eût adjoint à ces pairs héréditaires cinquante magistrats d'élite, etc. Je vis l'éloignement du roi pour tout ce qui pouvait ressembler aux institutions politiques de l'Angleterre. » (P. 132 et 133.)

(2) Le 10 juin 1789, les députés du tiers-état avaient invité les deux ordres privilégiés du clergé et de la noblesse à se rendre dans la salle commune pour y procéder à la vérification des pouvoirs. Le 17, le

mêmes qu'il rapporte, qu'il attribuait au roi une autorité incompatible avec les droits de la nation. Cependant le projet de M. Necker était infiniment préférable à celui qui lui fut substitué. Il paraissait extravagant à la cour de vouloir à cette époque aller encore au-delà; mais si M. Necker avait porté sa propre déclaration, il eût été lui-même dépopularisé le 23 juin. Dans ce dernier effort pour les prétentions de l'autorité royale, si M. Necker avait fait le plus possible, et beaucoup trop pour le conseil, on doit remarquer à quel point les intrigues aristocratiques

---

titre d'*assemblée nationale* venait d'être adopté et la majorité du clergé s'était prononcée pour la vérification en commun. Le 20, les députés du tiers, repoussés de leur salle sous prétexte de préparatifs pour la séance royale qui devait avoir lieu le 23, prêtèrent, dans le jeu de paume, le serment de se réunir en assemblée nationale partout où les circonstances l'exigeraient. M. Necker avait proposé un projet de déclaration royale dont les bases furent changées, et en conséquence il s'abstint de paraître à la séance du 23. D'après cette déclaration adoptée d'abord par Louis XVI et son conseil, il était enjoint aux trois ordres de délibérer en commun sur toutes les affaires générales; le roi se réservait de rejeter ou d'approuver les dispositions civiles et politiques présentées par les états-généraux, sans interdire à ceux-ci l'examen des questions constitutionnelles, ainsi que les perfectionnemens de l'organisation législative, pourvu qu'ils fussent fondés sur une composition d'*au moins deux chambres*; tous les priviléges en matière d'impositions étaient abolis; la permanence du droit législatif des états-généraux sous la sanction du monarque était admise; tous les citoyens, indistinctement, devaient être appelés aux emplois civils et militaires; en même temps, les prérogatives honorifiques attachées aux personnes et les droits appartenant aux terres, ne pouvaient être modifiés sans l'avis des trois ordres pris séparément, et le pouvoir exécutif, dans sa plénitude, appartenait au roi. Mais la déclaration royale, telle qu'elle fut modifiée au dernier moment, en annulant toutes les délibérations antérieures du tiers-état, ne maintenait pas seulement la division par ordres; elle ne permettait aucune délibération en commun sur la constitution même des états-généraux. (Voy. la p. 310 du deuxième volume de cet ouvrage.)

et les sociétés de la cour ont pris soin d'étouffer toutes les chances qui pouvaient servir le roi.

SECONDE PARTIE. — PREMIÈRE SECTION.

Tous les gens à portée de juger les événemens de ce temps-là doivent à M. Necker la justice de dire qu'il mit dans sa retraite un désintéressement personnel, un sentiment d'égards pour le roi, une crainte de devenir une occasion de trouble, qui prouvent la mauvaise foi de ses détracteurs (1). Sa conduite dans cette circonstance fut respectable et touchante, et ce n'est pas qu'il manquât de soutiens. Lafayette, entre autres, lui avait fait dire « que si on le renvoyait, « trente mille Parisiens le ramèneraient à Versailles; » car il regardait son renvoi comme le signal de la dissolution violente de l'assemblée, et lorsqu'il le revit à l'Hôtel-de-Ville (2) il lui dit : « Je ne vous en « avais promis que trente mille; en voici cent mille « au moins. »

(1) « Ce fut le 11 juillet que le roi m'écrivit de quitter le ministère, et la cour et la France. — J'étais à trente lieues de Paris, que personne à Versailles n'était instruit de mon départ; et sans courrier, sans passeports, sans me faire connaître, je fus d'un trait de Versailles à Bruxelles. » (Tom. IX, p. 226 et 229.)

(2) M. Necker était à Bâle lorsqu'il reçut le 23 juillet la lettre du roi qui le rappelait au ministère et celle de l'assemblée nationale qui le pressait de se rendre au désir du roi. Dès son retour à Versailles, il fut invité à se rendre à l'Hôtel-de-Ville de Paris, où il fut accueilli le 29 juillet par le maire, les représentans de la commune, le commandant-général de la garde nationale et les applaudissemens d'une foule immense.

DEUXIÈME SECTION.

M. Necker convient (p. 274),

« Que notre parti conciliait ses vues, ou si l'on veut ses erreurs démocratiques, avec un sentiment de respect pour le monarque et pour son autorité. »

En parlant des évènemens du 5 et du 6 octobre 1789, il rend justice à Lafayette avec toute la loyauté de son caractère ; il est simple qu'il n'ait pas connu tous les détails que nous avons donnés (1).

« Les plus intimes amis de Lafayette lui ont dit que celui-ci ne se consolait pas de n'avoir pas veillé lui-même dans l'intérieur du château (2). »

Cependant ce n'est pas sur *des seconds*, qui étaient à leur poste, que le commandant-général se reposa trop ; l'irruption eut lieu du côté des gardes qu'il ne commandait pas, et quoiqu'il ait pu s'affliger de n'avoir pas été dans les appartemens dans ce moment, il est clair que son poste n'était pas là. Quant au procès, M. Necker confond la procédure

---

(1) Voy. les deux récits du deuxième volume, p. 329 et 346.

(2) « Il se reposa trop sur des seconds ; mais la méchanceté la plus calomnieuse a pu seule imputer à M. de Lafayette de l'indifférence aux devoirs qu'il avait à remplir, et dès l'aube du jour on le vit s'exposer de sa personne et avec le plus grand abandon pour sauver des gardes-du-corps poursuivis par une bande de furieux ; et ses plus intimes amis m'ont souvent assuré qu'il ne pouvait se consoler de n'avoir pas veillé lui-même dans l'intérieur du château. » (Tom. IX, p. 280.)

avec le rapport de Chabroud et la délibération de l'assemblée (1).

« Le gouvernement d'Angleterre était là pour servir d'exemple à l'assemblée constituante ; mais elle aspirait à l'honneur d'une invention. » (T. IX, p. 298.)

Je voudrais bien que les partisans du gouvernement anglais s'entendissent entre eux. Charles Fox, qui le connaît bien, assure que la nation anglaise n'est point représentée et que le parlement a besoin d'une réforme qui réellement en change la nature. M. Pitt, dans sa motion sur *l'égalisation de représentation* et dans une *Lettre à la Cité de Londres*, en dit autant (2). M. Necker déclare aussi « que la constitution « anglaise exige des modifications, non-seulement « dans son application à la France, mais en elle-même. » Il en était de même des projets de M. Mounier; cependant MM. Mounier, Necker, Pitt et tous les autres partisans de cette constitution (j'excepte ici M. Fox et les autres membres du parti patriote), prétendent « que le chef-d'œuvre de l'esprit humain, pour se « balancer, doit rester tel qu'il est. » Accordez-vous donc. Est-ce la constitution anglaise telle qu'elle est que vous voulez ? les chefs des deux partis en Angleterre vous ont dit que la liberté et les droits de la nation sont incompatibles avec cet état de choses.— Est-ce la constitution démocratisée ? mais vous prétendez que le moindre changement nuit à l'é-

---

(1) Voy. la note de la p. 362 du deuxième volume.
(2) M. Pitt fit la motion d'une réforme parlementaire au mois de mai 1782, et renouvela ensuite plusieurs fois la même demande.

quilibres, que l'autorité royale sera perdue, parce que pour la conserver il faut que la nation n'ait qu'une représentation illusoire; il vous faut tout, même la corruption, ingrédient nécessaire aussi, suivant vous, au maintien de la royauté.

« J'ai trouvé des torts à tout le monde, comment ne m'en aurait-on pas cherché? Je ne suis pas à l'abri, dans ma retraite, du contre-coup de toutes les inimitiés que j'ai encourues dans la carrière de l'administration. » (P. 323, 325, t. IX.)

Il faut avouer franchement qu'un des plus grands torts de l'assemblée constituante fut son ingrate indifférence envers M. Necker. Plusieurs membres influens souhaitèrent lui en faire honte, mais craignirent d'attirer à M. Necker un désagrément. Son arrestation en route fut un tour des jacobins, et nommément de Danton (1). Il fut d'autant plus infâme à la convention de lui voler, avec tout le reste, ses deux (2)

(1) M. Necker quitta le ministère le 4 septembre 1790, pour retourner en Suisse. Il fut arrêté à Arcy-sur-Aube, le 9 septembre, par la municipalité qui écrivit à l'assemblée qu'elle avait pris cette mesure pour assurer l'application du principe de la responsabilité des ministres. Le 11, l'assemblée répondit par un décret ordonnant le libre passage de M. Necker et par une lettre particulière du président à l'ex-ministre.

(2) M. Necker avait déposé cette somme au trésor public en 1776 pour donner un exemple de confiance dans l'administration financière et les ressources du gouvernement. Le 8 juillet 1793, la convention décréta que le paiement des intérêts des deux millions de M. Necker serait suspendu à raison de sa gestion ministérielle. Le séquestre mis sur ses biens fut levé par arrêté du directoire en l'an VI; mais on ne remboursa le capital qu'il avait déposé, que sous le règne de Louis XVIII.

millions, qu'il avait généreusement prêtés au trésor public.

« Il n'est plus là, cet ami qui s'associait à ma vie; il n'est plus là cet ami que j'invoquais et contre les attaques de mes censeurs et contre mes propres méfiances, etc. » (P. 330, t. IX.)

Je ne connais rien de plus touchant que ces regrets. Madame Necker mérite bien de tels hommages (1).

« Dès les premiers jours de novembre 1792, l'assemblée législative rendit un décret qui séquestrait les biens des émigrés français, etc. Tout homme attentif aurait jugé que le roi voulait réussir et que l'assemblée ne le voulait pas. » (T. IX, p. 350.)

Il est vrai que les jacobins ont exaspéré l'émigration; mais sans l'émigration les jacobins n'auraient pas eu le pouvoir.

Les calculs de dilapidation, dans cette partie de l'ouvrage, sont fort curieux. Que de choses on aurait faites pour le bonheur du peuple avec le quart de cette somme!

M. Necker a raison de dire (p. 50):

« Que ce n'était pas l'esclavage de la France, mais un danger personnel qui rendit le courage aux hommes du 9 thermidor.
« La constitution de 93 fut placée dans l'arche sainte; on

(1) Madame Necker mourut au mois de mai 1794. Une note de M. Necker indique que son ouvrage fut écrit à la fin de 1795.

expulsa la constitution de 91, et la triomphante a été chassée de même à l'apparition de la constitution de 95, etc. » (T. X, p. 117.)

Ici, le raisonnement de l'auteur ressemble à celui d'un chrétien qui dirait : « A quoi bon l'Évangile ? l'Évangile est violé tous les jours ! » Et ne dites-vous pas vous-même :

« Qu'il faut chercher la véritable représentation des volontés d'un peuple dans les principes immuables de la justice et de la raison ! » (T. X, p. 163.)

Ces principes ne sont pas contraires aux droits imprescriptibles des hommes et des nations. Les observations de M. Necker sur la constitution de l'an III sont d'ailleurs judicieuses, et, par exemple, ce qu'il dit du droit de pétition est fort juste (1).

Plus loin, il observe avec raison qu'aucune puissance militaire ne peut être comparée avec notre système des gardes nationales.

Réflexions sur le chapitre intitulé : De l'Égalité, dans ses rapports avec l'Ordre public et la Liberté.

M. Necker a terminé son ouvrage sur la révolution française par des réflexions philosophiques sur l'éga-

---

(1) M. Necker critique (p. 193) un article de la constitution de l'an III qui ne permet de *pétitions collectives* que celles des autorités constituées, et *seulement pour des objets propres à leur attribution*. « Une telle restriction, dit-il, exclut tous les objets généraux qui, pour être hors du cercle d'une administration particulière, intéresseraient d'autant plus gravement le destin de l'état ou la liberté nationale. »

lité. Il croit pouvoir annoncer « qu'il nous présente
« des idées qui n'ont jamais été développées d'une
« manière précise (p. 381), et qu'il les a retrou-
« vées en entier dans les archives indestructibles de
« la sagesse et de la raison (p. 382). » J'aurais
souhaité qu'il eût été encore plus *précis* dans le mélange (plus commode pour lui que pour un réfuta-
teur, si jamais il s'en présentait un) des principes de
l'égalité politique et des extravagances de l'égalité
jacobite.

Je crois bien qu'un être intelligent qui ne connaî-
trait rien et à qui l'on annoncerait (p. 360) « que le
« système féodal et nobiliaire était un système har-
« monieux, un des plus admirables résultats de l'es-
« prit humain, l'ouvrage du temps et du génie, dont
« la seule pensée étonnait l'entendement, et qu'un petit
« nombre de fanatiques a conçu le projet de détruire
« tout cela et l'a exécuté en un instant, pourrait, ne
« fût-ce que pour commencer à s'instruire, faire
« quelques questions sur les mœurs, les usages, la
« langue et les vêtemens de ces gens-là (1); » mais
quand on lui prouverait la nécessité de la royauté
et de la noblesse héréditaire par les inégalités physiques de la nature, comme on a voulu prouver
l'avantage d'un roi sur une assemblée nationale par
l'argument usé et peu respectueux de l'unité de
Dieu opposée à une *convention divine*, il pourrait

---

(1) ..... « Si cet être intelligent étant rentré dans la solitude, on venait lui annoncer qu'un petit nombre de fanatiques a détruit, presque en un moment, l'ouvrage du temps et du génie, cet ordre social dont la seule pensée étonnait l'entendement, il demanderait le nom de ces barbares; il ferait des questions sur leurs mœurs, leurs usages, leur langue et leurs vêtemens. » (P. 361, tom. IX.)

être moins sensible à ces métaphores religieuses, si au lieu de lui dire que les idées d'égalité sont absolument nouvelles, on lui montrait qu'elles furent consignées, il y a dix-huit cents ans, dans un livre divin, *l'Évangile de Jésus-Christ*.

M. Necker emploie son esprit à déguiser la question, non seulement par de nobles images, mais par une confusion faite avec art, du vrai, du spécieux et du faux. Voici comme il argumente : « Un peuple ne peut être gouverné sans magistrats ; donc il faut un roi et une chambre des pairs. Tout le monde ne peut pas recevoir la même éducation ou en profiter également ; donc on a tort de détruire la noblesse héréditaire. » Il cite la législation anglaise dont le bail est de sept ans ; mais en regardant comme destructive de tout ordre public la brièveté de service d'un législateur français, il oublie qu'en Amérique un membre de la chambre des représentans n'est que deux ans en place ; qu'un président peut n'y être que quatre ans, etc. Il regarde comme une folie que tous les Français puissent parvenir aux mêmes emplois ; et il oublie qu'il a voulu lui-même que *l'admission aux emplois fût commune à tous les Français* (1). Il y a plus ; il se défend ailleurs (2) d'avoir demandé aucune propriété pour l'admission aux états-généraux, « *parce que*, ajoute-t-il, *le royaume aurait été privé par là des représentans les plus distingués du tiers-état.* » et cependant, la constitution de 89 et celle de l'an III

(1) Voy. plus haut ce principe, dans le projet de déclaration pour la séance du 23 juin 89, note de la p. 57.
(2) P. 91 du neuvième volume des œuvres complètes de M. Necker.

ont fixé pour les électeurs des conditions de propriété auxquelles M. Necker lui-même n'avait pas pensé.

Mais ce qui scandalise le plus M. Necker, c'est la monstrueuse extravagance de *la souveraineté nationale et des droits de l'homme.* — « *Il y a bien loin,* dit-il, *de ces deux principes à un gouvernement cadencé.* » La question n'est pas de savoir s'il y a loin ou près, mais si la société civile d'un peuple réuni en état de nation a ou n'a pas le droit de se donner un gouvernement, et si les pouvoirs doivent plus naturellement émaner d'ailleurs que de là; en quoi il faudra que M. Necker, pour prouver que notre principe est folie, abandonne les Américains, dont il a si souvent loué la sagesse. — La question est de savoir si la meilleure règle, pour juger si la liberté et la justice se trouvent dans cette forme de gouvernement, est de la comparer sans cesse à certaines vérités incontestables, contenant ces droits imprescriptibles et évidens des hommes et des sociétés, qu'il serait absurde de nier, qu'il serait impie de croire incompatibles avec l'ordre de la nature et le bonheur de chacun; ou bien s'il est plus modeste et de meilleure foi à un homme d'État de se jeter dans le vide de ses imaginations, dans les combinaisons de son amour-propre et de ses préjugés, et de croire que Dieu a voulu que nous jetions un voile sur les vérités de notre organisation sociale.

Certes, il est plus raisonnable de rendre un hommage constant à nos principes que de se faire, comme M. Necker, une divinité de l'opinion publique, faute dont l'excès est funeste à tout homme d'État, surtout dans des temps de révolution, en le faisant flotter au hasard, au milieu d'une mer agitée. Cette opinion publique elle-même, ne reçoit-elle pas souvent sa direction de ceux qui ont le courage de braver les rumeurs éphémères plutôt que d'abandonner quelques principes éternels?

M. Necker, après avoir blâmé les Français, « *parce qu'ils ont adopté plus de trois cents articles constitutionnels, au lieu d'imiter les Anglais qui s'en tiennent à un petit nombre de principes*, trouve mauvais dans un autre endroit, *qu'on n'ait donné au même peuple qu'un petit nombre de principes qui, s'appliquant à tout, ont un effet funeste.* » Ne valait-il pas mieux avouer tout simplement qu'il n'y a rien de plus sensé que la méthode adoptée par les Américains et les Français? Un petit nombre de principes tenant aux droits naturels et imprescriptibles de l'homme, et dont la société elle-même ne peut pas priver les citoyens; un système d'organisation sociale que les autorités ordinaires ne peuvent pas altérer, mais que la nation peut revoir et perfectionner par des assemblées nommées *ad hoc*, lorsque la volonté nationale à cet égard s'est bien prononcée; enfin des lois ordinaires que les législateurs peuvent changer. Nous croyons qu'il faudrait bien des plaisanteries, des exclamations et des images, avant de prouver que cette méthode est inférieure aux expédiens employés jusqu'ici.

Il y a dans l'ouvrage de M. Necker une erreur très remarquable sur les Américains. Comme la république française s'est déclarée indivisible, il fallait bien admirer la division des États-Unis en républiques fédérées. Je n'examine point ici le fond de la question politique ; il ne s'agit que de rectifier un fait. M. Necker, dont l'enthousiasme pour les constitutions américaines est fort récent, a l'air de regarder l'Amérique comme un territoire unique, que les derniers législateurs américains ont divisé en plusieurs États (1). Point du tout, les colonies anglaises avaient d'autant moins de rapports entre elles que le principe de la mère-patrie avait toujours été conforme à l'adage *divide et impera*. Pendant toute la révolution, il y eut un Congrès général pour former l'union entre les nouveaux États ; mais le congrès n'avait guère d'autres pouvoirs que ceux de recommandation. Enfin, en 1787 (2), la convention fédérale proposa cette constitution que M. Necker admire avec raison, mais dont le principal caractère fut de resserrer l'union à peine commencée entre les États, de tendre à la division des États trop considérables à mesure qu'ils se peupleraient, ce qui rentre dans l'idée de la division des grandes provinces en départemens.—Assurément cette constitution est fédérative, et je conviens qu'elle est excellente, la mieux combinée peut-être qui ait encore paru ; mais enfin il n'est pas vrai

---

(1) « Il fallait apercevoir les inconvéniens d'un gouvernement purement représentatif, et, loin d'adopter cette idée dans sa simplicité théorique, loin de la réunir au principe exalté de la souveraineté du peuple, et au principe encore plus dangereux de l'égalité parfaite et au principe de l'indivisibilité de l'autorité suprême, on aurait dû prévoir que l'union inconsidérée des principes les plus simples n'était pas moins hasardeuse en politique qu'en chimie. Ce n'est pas ainsi que se sont conduits les Anglais et les Américains. Les premiers ont divisé la représentation nationale entre divers pouvoirs ; les autres ont divisé le pouvoir entre un grand nombre d'États. » (Tom. X, p. 432.)

(2) Voy. la note de la p. 192 du deuxième vol.

que les législateurs américains aient, de propos délibéré, divisé l'Amérique en plusieurs États, puisqu'il leur a été absolument impossible d'en faire une république indivisible et que les travaux de la convention de 1787 se sont plutôt dirigés dans le sens de l'indivisibilité que dans celui de la séparation. En effet, les fédéralistes français ont été regardés comme des gens qui voulaient séparer une république unique en plusieurs républiques indépendantes ; les fédéralistes américains, au contraire, étaient ceux qui voulaient que les républiques indépendantes se réunissent à quelques égards sous la dépendance d'un congrès général.

Puisque M. Necker s'appuie de l'opinion des Américains, il trouvera dans le docteur Ramsay (1), écrivain aussi sage qu'habile, que l'égalité est bien loin de nuire au déploiement des talens ; car on a remarqué que le Connecticut, avant et pendant la révolution, était une démocratie plus complète qu'aucune autre des États-Unis (*has produced an unusual proportion;*) et quant à l'égalité religieuse, M. Ramsay fait voir, contrairement à l'assertion de M. Necker, que c'est seulement depuis qu'il n'y a plus de *partial establishments* que la tranquillité a été rétablie.

Au reste, si M. Necker a seulement voulu nous prêcher contre l'égalité telle que la voulaient des anarchistes jacobins, nous serons volontiers de son avis, et il n'y aura pas plus de mérite à gagner cette bataille d'opinion qu'il y en avait, en 92, aux jacobins, de

---

(1) Le docteur Ramsay, auteur de l'*Histoire de la révolution d'Amérique*, publiée en 1789. Voy. la p. 67 du 1ᵉʳ vol.

se mettre en fureur contre le despotisme royal, et aux anti-jacobins de prouver, après le 9 thermidor, la tyrannie de Robespierre. Mais si M. Necker attaque l'égalité, telle qu'elle est expliquée par ses vrais amis, qu'il la dégage d'abord de ce mélange de jacobinisme dont il est si commun de se servir pour combattre les principes de la liberté. *La première déclaration des droits*, celle de Lafayette, bien loin de proscrire les distinctions de magistratures, a donné pour base *unique* aux distinctions *nécessaires* entre les hommes, l'*utilité commune*. Les modifications de celle qui précède la constitution de 91 ne présentent rien qui détruise les distinctions de magistratures. Il y a plus; cette constitution établissait, non-seulement les règles d'éligibilité, mais, pour l'utilité commune, une seule magistrature, héréditaire, inactive, à la vérité, par elle-même, et en quelque sorte réduite à un état fictif par la responsabilité des agens. — La constitution de l'an III, en maintenant, comme celle de 89, des distinctions de magistratures, a effacé cette hérédité unique qu'on avait laissé exister dans la première; mais il y a, à quelques égards, des distinctions plus prononcées dans les parties vraiment actives du gouvernement. Tout ce que dit M. Necker de l'égalité absolue n'est donc pas plus applicable à cet état de choses qu'aux constitutions américaines qui paraissent, à présent, avoir trouvé grâce devant lui. Mais si les regrets de M. Necker se portent sur la royauté héréditaire, sur la suppression d'un corps de noblesse privilégiée, d'un corps de magistrats achetant à chaque génération le droit exclusif de juger leur prochain, d'un corps d'évêques opulens, de gros bénéficiers, etc., etc.; s'il déplore le malheur de n'avoir pas substitué à ces établissemens l'heureuse modification d'une chambre des pairs héréditairement législateurs dans tous les cas, et juges dans quelques-uns; s'il croit la France perdue parce que tout le monde pourra parvenir aux emplois publics; il rentre dans la grande querelle des aristocrates et des rois contre les amis de la véritable égalité, de l'égalité qui veut que la loi soit égale pour tous, la protection et la liberté assurées à tous, les emplois publics ouverts à tous, si ce n'est immédiatement, du moins d'après certaines conditions auxquelles il ne soit physiquement impossible à personne d'atteindre; le champ de l'industrie ouvert sans distinction à tous, etc.; il combat enfin l'opinion qui n'admet, dans un État libre et parfaitement ordonné, que les inégalités politiques dont les droits naturels et imprescriptibles de l'homme n'ont pas à souffrir, quand d'ailleurs la souveraineté nationale, *inintelligible* pour ceux-là seulement qui ne veulent pas la comprendre, a jugé ces inégalités nécessaires à l'utilité commune.

M. MOUNIER (1).

Mounier est un des principaux professeurs de la doctrine anglicane.

On trouve dans les querelles du Dauphiné les principes d'insurrection et de résistance, les émeutes populaires, les désobéissances excitées parmi les troupes, enfin tout ce qu'il condamne si sévèrement ailleurs; on y voit même des excès, tels que la tentative d'assassiner le commandant, M. de Tonnerre, et il aurait été aussi impossible à Mounier de les empêcher, qu'à d'autres chefs démocrates de prévenir des attentats du même genre (2). On le regardait

---

(1) Notes écrites en 1800.

(2) Lorsque, le 8 mai 1788, on eut enlevé aux parlemens le droit d'enregistrement pour le conférer à une cour unique, formée par le roi, sous le nom de *cour plénière*, (voy. la note de la p. 229 du deuxième vol.) le parlement de Grenoble, où M. Mounier exerçait les fonctions de juge royal, et celui de Rouen, déclarèrent *traîtres au roi et à la nation* quiconque irait prendre place à ce nouveau tribunal. Le 7 juin de la même année, il y eut une émeute contre le duc de Tonnerre, commandant dans le Dauphiné, qui avait fait distribuer aux membres du parlement de cette province des lettres de cachet, leur enjoignant de s'exiler dans leurs terres. On saccagea l'hôtel du commandant, qui fut réduit à révoquer ses ordres. Alors, la ville de Grenoble demanda une assemblée de ses notables où M. Mounier fit adopter une adresse au roi, dans laquelle on sollicitait le rappel du parlement, la restauration des états de la province, composés des trois ordres délibérant ensemble *par tête*, et avec leurs anciens droits. L'archevêque de Sens accorda à la demande des notables du Dauphiné une assemblée des états sur les bases de ceux de Provence, qui tint sa première séance à Vizille, le 21 juillet. M. Mounier en fut le secrétaire et le principal orateur.

comme le principal rebelle du Dauphiné. C'est à tel point qu'on fit le grave reproche à Lafayette, alors en Auvergne, d'avoir correspondu, par un courrier, avec ce parti. A l'assemblée, Mounier fut un des plus zélés champions du suffrage *par tête*, qui devait indispensablement détruire l'influence des deux premiers ordres. Ce fut lui qui fit la motion de l'immortel serment du jeu de paume; et quoiqu'il ait dit depuis qu'il ne l'avait faite que pour servir l'autorité royale, il faudrait croire ses vues politiques bien peu étendues pour supposer qu'il n'avait pas prévu l'effet de la résistance des provinces, de la délibération par tête, les communes étant doublées. Depuis le serment du jeu de paume, il prit part à toutes les mesures de l'assemblée constituante dont il était un des secrétaires, sous la présidence de l'archevêque de Vienne et de Lafayette, à l'époque du 14 juillet. Ce n'est qu'après ces évènemens que, n'ayant pas réussi à faire adopter ses idées de constitution anglaise, il forma une opposition de quelques patriotes de son avis et d'aristocrates modérés (1). Sa conduite en certaines circonstances prouve qu'avec

---

Le 1ᵉʳ septembre, après quelques difficultés suscitées par le ministère, une seconde réunion des états du Dauphiné eut lieu à Romans. M. Mounier y proposa *le doublement du tiers* et diverses mesures que réclamèrent à leur tour un grand nombre de villes et d'autres provinces. L'année suivante, il fut nommé député aux états-généraux du royaume et y vota de nouveau pour les délibérations par tête et non par ordre.

(1) Le jour même de la prise de la Bastille, M. Mounier fut nommé membre d'un comité de constitution avec MM. de Talleyrand, Siéyes, de Clermont-Tonnerre, de Lally-Tolendal, l'archevêque de Bordeaux, Chapelier et Bergasse. Dans les séances du 31 août et 4 septembre 89, il fit, au nom de ce comité, un rapport contenant le projet de la divi-

de bonnes intentions sans doute, il se trompait sur les moyens de faire le bien, et qu'il était facilement la dupe des intrigans; mais on doit lui reprocher quelques assertions fort inexactes qu'il faut peut-être attribuer à un peu d'orgueil blessé. Son meilleur ouvrage est intitulé : *Recherches sur les causes qui ont empêché les Français d'être libres* (1). Il parut peu de temps avant le 10 août; voici plusieurs passages qui m'ont frappé :

Recherches sur les causes qui ont empêché les Français d'être libres.

M. Mounier déclare dans son avertissement, « que « le sens qu'il attache au mot de liberté ne saurait « paraître dangereux qu'aux seuls défenseurs de la « tyrannie populaire. » — Celui que nous y attachons peut paraître dangereux aux défenseurs de toutes les tyrannies.

« Après les crimes du 5 et du 6 octobre 1789, et la captivité
« du roi dans la ville de Paris, je crus qu'il était temps de me
« séparer d'une assemblée coupable, de ne rien négliger pour
« susciter dans les provinces une résistance qui pût arrêter le
« mal, rétablir le trône et sauver la liberté publique. Les in-

---

sion du pouvoir législatif en deux chambres et le principe du *veto absolu* du roi. Contrairement à ces conclusions, l'assemblée nationale vota le 10 septembre pour l'unité de chambre et le lendemain pour le *veto suspensif*. MM. Mounier, de Lally-Tolendal et Bergasse donnèrent alors leur démission de membres du comité de constitution; mais M. Mounier accepta le 28 septembre les fonctions de président de l'assemblée; il les exerça pendant les événements du 5 et du 6 octobre, et donna le 8 sa démission de député.

(1) Deux vol. in-8°, à Paris, chez Guiguet, 1792.

« trigues et les calomnies des factieux me suivirent en Dau-
« phiné, y rendirent mes efforts inutiles. Après huit mois de
« séjour, des persécuteurs, qui livraient à des dangers cer-
« tains ma famille et mes amis, me contraignirent à quitter le
« royaume. » (P. 13 de l'Introduction.)

La tyrannie de notre gouvernement, après le 6 octobre, ne fut pas si grande que Mounier le prétend,
puisque ce député, justement célèbre, déclarant l'assemblée coupable, le roi captif, notre régime tyrannique, a passé huit mois en Dauphiné, à ne rien
négliger pour soulever les provinces; et que ce n'est
qu'au bout de ces huit mois, pendant lesquels les
factieux s'étaient contentés de rendre ses efforts
inutiles, qu'il crut devoir quitter le royaume (1).

Quelle que soit l'attention de Mounier pour adoucir,
comme il en convient (p. 23), le tableau de l'ancien
gouvernement, on peut voir par ce qu'il en dit, ce
qu'étaient les parlemens, les prétentions de la cour,
et des autres nobles, les impôts, etc. (2); il reconnaît
que les états-généraux furent non accordés, mais
forcés; qu'il fallait choisir entre le despotisme absolu
ou une révolution.

(1) Après avoir donné sa démission, M. Mounier se rendit en Dauphiné où il essaya inutilement de réunir une assemblée des états de la
province et d'organiser des milices contre les décrets de l'assemblée. Il
ne quitta la France que le 22 mai 1790. Après divers voyages en
Suisse, en Angleterre et en Allemagne, il obtint en 1801, que son
nom fût rayé de la liste des émigrés; en 1802, il fut nommé préfet
d'Ille-et-Vilaine, et plus tard conseiller d'état. M. Mounier est mort
en 1806.

(2) « Depuis l'extinction du régime féodal, la noblesse de la naissance
« n'avait jamais procuré de si grands avantages qu'elle en donnait en France
« depuis cinquante ans. — Dans toutes les parties de l'administration dirigées par
« le conseil-d'état et confiées aux intendants, les décisions étaient presque tou-
« jours arbitraires. — Ceux qui subsistaient de leur travail étaient si fréquem-

« Je me rappelle encore, avec la plus vive émotion, cette
« assemblée de Vizille, ce concours de Dauphinois qui s'avan-
« çoit avec un courage intrépide vers une sage liberté, etc. »
(P. 45.)

Le tableau de l'assemblée de Vizille, tracé par Mounier, devrait le rendre plus indulgent sur les autres du même genre. Il est difficile de croire que les intrigues des ministres aient le plus contribué à soulever le peuple. Ce fut la résistance des patriotes qui électrisa tous les Dauphinois, les troupes, les officiers. On n'obéit plus au roi; des brigands allèrent plus loin, et voulurent assassiner le commandant. Les patriotes honnêtes en furent indignés, mais ne le furent ni du soulèvement du peuple, ni de la désobéissance des troupes. On accusa le parti contraire d'en être la première cause, et cela était en partie fondé. C'est ainsi qu'on enseignait ce que *peut la force d'une multitude effrénée*. Le roi fut *contraint de se rétracter*(1). En un mot, cela ressemble fort à ce qu'on a blâmé depuis.

« Plusieurs personnes avaient soutenu que nous n'avions pas
« encore une constitution fixe. Elles reconnaissaient cependant
« plusieurs maximes fondamentales; mais où elles n'aperce-
« vaient point une constitution, c'était dans l'incertitude des
« limites de la puissance royale, dans le défaut absolu de règles
« précises pour distinguer les droits du prince, du peuple et
« même ceux des tribunaux. » (P. 63.)

Ces bons anglicans sont bien embarrassés : ils ne

ment opprimés! — *La plupart des contrôleurs-généraux aggravant sans cesse l'oppression du régime féodal, cent fois plus tyrannique qu'il ne l'a jamais été sous aucun gouvernement*, etc. » (P. 20, 21, 22 et suiv.)

(1) Expressions de M. Mounier (p. 45), en parlant de la révocation des ordonnances contre le parlement de Grenoble.

veulent pas du principe de la souveraineté nationale ; ils ne disent point que la royauté est de droit divin ; ils ne savent où poser le pied. C'est un plaisir de leur proposer ce dilemme.

On peut se servir de l'autorité de Mounier pour démontrer la justice du décret qui a défendu de prendre des titres :

« Car si c'était si condamnable de les porter sans la permission du roi ; si lui seul avait le droit de la décerner ; si c'était ignorer ou trahir les intérêts du souverain que de le souffrir. »

On doit trouver que ce n'était pas seulement de la part de l'assemblée constituante, une occasion de plaire, que d'avoir interdit cette usurpation des titres, qui désignaient des droits territoriaux et des distinctions que la constitution avait abolies. Mounier s'élève avec beaucoup de raison (pag. 146) contre la division de la nation en deux castes, et les pages 159 et 162 contiennent des choses excellentes à cet égard.

Les aristocrates et les royalistes s'accordent tous à vouloir l'abolition de la république ; mais peut-être leur rendrait-on service en les priant de s'expliquer avec franchise, car leurs subdivisions sont à l'infini ; et pour commencer par les aristocrates, on sait que les grands seigneurs, les ducs et pairs, les nobles de race, les anciens anoblis, les nouveaux anoblis, ont tous des prétentions opposées. Il existe dans le ci-devant ordre de la noblesse une telle *démocratie nobiliaire*, si je puis m'exprimer ainsi, qu'en 1792 tous les émigrés furent en fermentation contre le premier pair de France, duc d'Uzés, qui avait osé signer le premier un mémoire, parce qu'on lui supposa l'audacieuse prétention de croire la pairie supérieure aux lettres de noblesse d'un secrétaire du roi (1). Cependant tous les anoblis, tous les nobles mêmes, non possesseurs de fiefs, seraient exclus de tous droits politiques, par les nobles de race, qui eux-mêmes seraient combattus dans leurs prétentions d'égalité avec les pairs. Mais je suppose tout cela arrangé entre les aristocrates qui ont pris une part active contre la révolution; de quel œil verront-ils les ci-devant nobles qui n'ont pas porté les armes, ceux surtout qui sont restés dans leurs foyers? Les services mêmes auprès du roi constitutionnel, tels que ceux du ci-devant prince de Poix et de tant d'autres, bien loin d'assimiler ces personnes aux contre-révolutionnaires émigrés dans les premiers temps, ne devenaient-ils pas, en proportion de la fidélité et de la constance dont elles avaient fait preuve, un titre de proscription aux yeux des aristocrates et du prétendant frère de ce roi? Je veux bien pourtant regarder toutes ces subdivisions comme s'étant réunies sans haine, sans disputes, sans effusion de sang, sous la même bannière d'une seule aristocratie.

Voyons maintenant les royalistes : parmi les gens qui disent : « Nous voulons un roi, » les uns veulent le roi de Blankenbourg (2), d'autres son neveu, et ceux-là aiment mieux n'avoir point de roi, que d'in-

(1) Le duc d'Uzès, pair de France et lieutenant-général en 1814, émigra l'un des premiers. Ce fut à lui que le gouvernement des Pays-Bas, voulant alors éviter la guerre, signifia en 1791 l'ordre de cesser les enrôlemens de l'émigration. (Voy. la p. 288 du troisième vol.)

(2) En l'an v, *Monsieur*, depuis Louis XVIII, habitait le château de Blankenbourg, dans les états de Brunswick.

terrompre la divine ligne de succession. Les autres, qui, depuis tant d'années, n'ont travaillé que pour porter la branche d'Orléans au trône, perpétueraient l'anarchie pendant trente ans, plutôt que de souffrir qu'un prince de la branche aînée les frustrât de leurs espérances. Bien des gens, las des Bourbons, pensent à un prince étranger, et ne manqueraient pas d'argent pour appuyer cette idée; quelques-uns préféreraient, pour l'honneur national, un Français. Voilà de quoi faire trois ou quatre guerres civiles avant d'avoir fixé son choix. Supposons qu'il soit fait, et que les simples royalistes ne forment qu'un parti.

Mais les aristocrates et les royalistes s'entendent-ils? Non, les vrais aristocrates veulent une chambre de noblesse toute puissante, et sont plus ennemis, par leur essence, de l'autorité royale que les démocrates eux-mêmes. Les courtisans, au contraire, ennemis de la noblesse inférieure, de la noblesse de province, et même de la haute noblesse, veulent tout dominer par la cour. Les royalistes éclairés veulent une chambre des pairs qui réduise à l'état de roture tous les nobles non pairs, tandis que les plébéiens, comme l'observe Mounier, seraient journellement élevés à la pairie. Ainsi l'ordre de la noblesse ne trouverait de différence, dans ce système, avec le décret du 17 juin, que le désagrément de n'être plus une caste distinguée, et d'avoir cent cinquante familles de supérieurs. Et que l'on ne prétende pas que les nobles pourraient compter avec la couronne! Il est clair que les royalistes de cour, ou les royalistes absolus, veulent le despotisme pur, sans la moindre apparence de représentation nationale, tandis que les royalistes modérés, ceux qui admirent la constitution anglaise, pensent comme Mounier (page 164) :

« Que le seul espoir que puissent donner aux amis de l'humanité des assemblées politiques formées par diverses représentations de nobles et de plébéiens, est celui de leur destruction, que doit causer le choc de ces parties incohérentes. »

Et ils croient que dans un pareil gouvernement il est du devoir du roi, comme de son intérêt, de tout tenter pour s'emparer de l'autorité absolue.

En dernière analyse, ils sont obligés d'opter entre *l'autorité absolue* et la *constitution anglaise*; car il faut un roi, et toute représentation différente du système anglais ne vaut rien ni au-dessus, ni au-dessous. Ce n'est pourtant pas aux vices de la constitution de 1789 dans son organisation spécifique, qu'il faut attribuer les malheurs subséquens, car Mounier avoue que la chambre des pairs n'a pas suffi du temps de Charles Ier, parce que, dit-il (page 194) :

« Dans les temps malheureux où l'opinion publique est corrompue, tels que les temps de Henri III et de Charles Ier, la meilleure forme de gouvernement ne saurait maintenir l'ordre public. »

Il est donc à croire que, si l'on avait adopté la constitution de Mounier, la barrière des pairs eût été rompue comme sous Charles Ier. Mais il résulte de toutes ces différences d'opinions et de vues entre les ennemis du gouvernement républicain (et la constitution de 1789 est regardée avec assez de raison par eux comme républicaine), il en résulte, dis-je, que si les démocrates les laissaient les maîtres, nous n'aurions à attendre d'eux que la guerre civile, et chacun, au défaut de son système particulier, préférerait à tout autre *l'autorité absolue*.

« Je pensai que les inconvéniens d'une seule chambre, pour
« les états-généraux de 1789, seraient tempérés par l'amour et
« la reconnaissance qu'inspiraient alors les vertus et les sacri-
« fices du roi. — Je crus que les troupes, les tribunaux, tous
« les agens de l'ordre public étant sous sa direction, on crain-
« drait de lutter contre lui avec des forces inégales. On m'a
« blâmé d'avoir pu croire qu'une seule chambre consentirait à
« en établir deux, etc. » (P. 230.)

Au lieu de dire franchement que ceux mêmes qui
voulaient une constitution avec deux chambres,
pensaient que pour la conserver, il fallait d'abord
n'en former qu'une pour détruire et pour modifier,
Mounier prétend n'avoir agi dans tout cela qu'en
royaliste, et cherche des excuses ridicules pour avoir
tant souhaité la délibération *par tête*.

« Nous n'avions pas fait entrer dans nos calculs les impru-
« dences, les faiblesses, les variations du conseil du roi, et la
« profonde scélératesse de quelques factieux. » (P. 236.)

Si Mounier avoue qu'il n'a fait entrer dans ses calculs, ni ce que ferait la cour, ni ce que feraient les
autres partis; il ne doit pas être si sévère sur l'im-
prévoyance de son prochain : « Si j'avais été plus
« instruit ou plus habile, ajoute-t-il, j'aurais déclaré
« qu'il fallait se soumettre au despotisme (1). » Au
reste, ne regrettons pas que Mounier ait eu cette im-
prévoyance; ses idées n'auraient pas plus été adoptées dans ce cas, que dans les systèmes limités, et
ceux-ci ne sont pas très regrettables, puisqu'il dit
ailleurs que « lorsqu'on les aurait mieux recueillis,

(1) Même page 236.

« la force des choses aurait produit les mêmes maux. »

« La pluralité des cahiers de chaque ordre, aux états-géné-
« raux, contenait tout ce qui était nécessaire pour restreindre
« l'autorité du roi dans de sages limites. — On reconnaissait
« l'autorité du roi comme préexistante. » (P. 248 et suivantes.)

La plupart des cahiers contenaient plusieurs articles très contraires à l'autorité qu'il était nécessaire de conserver au roi ; il n'est peut-être aucun principe opposé au gouvernement monarchique qui ne fût renfermé dans quelques uns de ces cahiers. Les députés devaient les suivre exactement. Les cahiers nobles voulaient qu'on délibérât *par ordre*, les cahiers des communes *par tête*. Il paraît que Mounier aurait désiré que le roi tranchât la question, malgré le respect pour les cahiers. Il dit ailleurs, « qu'on aurait dû
« les renvoyer aux communes ; » mais il ne dit pas que cette idée avait été celle de plusieurs chefs de la révolution, qui, voyant que la cour était déterminée à s'opposer par tous les moyens à la liberté, auraient souhaité être renvoyés dans les provinces pour les mieux disposer à la résistance ; et Mounier fut un de ceux qui, dans les comités, s'opposèrent le plus à cette idée de recours aux commettans.

« Au commencement de l'année 1789, on distingua les écrits
« d'un puritain, qui depuis eut beaucoup d'influence sur les in-
« stitutions nouvelles. Il disait que le tiers-état était tout, puis-
« qu'il contenait 25 millions d'hommes, et la noblesse seulement
« 200,000. Il voulait que le tiers-état s'assemblât à part,
« formât seul une assemblée nationale, etc... » (P. 272, 273.)

Ce puritain est Rabaut de Saint-Étienne, député de Nimes.

« On comptait tout au plus dans les communes vingt ou
« trente ennemis du trône. Ils déguisaient encore leurs projets.
« Ils profitaient de tous les moyens de discorde. Ils formaient
« un *club* à Versailles, où, sous divers prétextes, ils attiraient
« les députés qui leur paraissaient susceptibles de se laisser em-
« porter par l'enthousiasme, etc... » (P. 289.)

Le mot *club* paraît troubler M. Mounier, et sans doute il trouve bien coupables ces réunions de députés. Mais n'ont-elles pas lieu en Angleterre? N'a-t-il pas lui-même fait des réunions en Dauphiné? N'a-t-il pas assisté à la plupart des comités de députés?

« Combien je me reproche aujourd'hui de l'avoir proposé !
« (le serment du jeu de paume...) » (P. 296.)

Quoi, M. Mounier, vous vous repentez d'avoir proposé le serment? Est-ce pour adoucir *l'amertume de ce souvenir* que vous attribuez cette action de votre part « au désir de reprendre sur le parti populaire
« le crédit que vous aviez perdu; à l'espérance que la
« réunion des ordres, qui vous paraissait inévitable
« et prochaine, vous procurerait une majorité favo-
« rable à l'autorité du roi (1)? » Vous êtes injuste envers vous-même : vous avez voulu l'insurrection du Dauphiné, la réunion des ordres, une constitution malgré le roi s'il le fallait; vous proposâtes le serment du jeu de paume; vous fûtes indigné de la déclaration du 23 juin; votre parti fut le plus chaud à dénoncer le renvoi de M. Necker; vous concourûtes aux décrets de l'assemblée qui prévenaient sa disso-

---

(1) Même page 296.

lution, aux décrets sur la responsabilité des conseillers du roi; vous vous êtes réjoui de l'insurrection qui força le roi d'éloigner ses troupes, de la prise de la Bastille; vous n'avez pas même été fâché de la nuit du 4 août; en un mot, vous fûtes un sincère patriote; mais vous vouliez le *veto absolu*, et la *constitution anglaise*, et vous vous regardiez comme chef de ce parti. Les démocrates ne vous secondant pas, vous cherchâtes, pour avoir la majorité, à recruter des aristocrates. Le 5 octobre arriva dans ces entrefaites, vous partîtes, et ce fut une grande faute; elle est le germe des injustices que vous avez commises depuis envers ceux qui restèrent à leur poste pour maintenir, autant qu'il était en eux, la liberté et l'ordre public (1).

(1) Voyez, dans la correspondance du deuxième vol. de cet ouvrage, la lettre du général Lafayette à M. Mounier, p. 415.

M. MALOUET.

LETTRES INTÉRESSANTES SUR LA RÉVOLUTION FRANÇAISE EXTRAITES DES CÉLÈBRES
OUVRAGES DE M. MALOUET, MEMBRE DE L'ASSEMBLÉE CONSTITUANTE,

Traduites par M. William Clarke.

Cet ouvrage parut à Londres en 1795. Le traducteur et éditeur, William Clarke, ancien professeur d'anglais et de belles-lettres au collège d'Alais, en Languedoc, y a joint une dédicace, une introduction et des notes de sa composition. M. William Clarke injurie beaucoup et raisonne peu.

Il annonce à tous les hommes qui ont participé à la révolution française, « que leur postérité, en lisant « son pamphlet, rougira de leur ignorance, de leur « folie ou de leur obstination pour n'avoir pas suivi « le sentier infaillible que M. Malouet avait illuminé « des rayons de la justice et la raison » (p. 8). Nous n'aurions pas remarqué cet éloge un peu exclusif, s'il n'était précédé par celui de « n'avoir pas été inti- « midé par l'épée menaçante des assassins, continuel- « lement suspendue sur la tête de ceux qui refusaient « de flatter la frénésie et les erreurs d'une multitude « égarée. » M. Malouet était très-capable de braver des dangers ; mais il est faux qu'il en ait couru, je ne dis pas continuellement, mais dans aucun moment, depuis le jour de l'arrivée de l'assemblée constituante à Paris, jusqu'à celui de sa dissolution. Il est faux que M. Malouet, ni aucun membre de cette assemblée, ait couru le moindre risque pour aucune de leurs opinions, quelque contre-révolutionnaires, quelque provoquantes pour le peuple qu'elles aient pu être. Il est de toute vérité que la garde nationale et son chef veillèrent toujours efficacement à la liberté des délibérations, et que lorsque des membres du côté droit, par une tactique à laquelle M. Malouet était fort loin de participer, cherchèrent à provoquer la garde nationale ou même à se faire insulter par le peuple pour en prendre acte, ils trouvèrent dans tous les hommes chargés de l'ordre légal, dans tous les citoyens armés pour le maintenir, le zèle, le respect et l'assistance qui leur étaient dus. M. Clarke rapporte un discours de M. Malouet, entièrement opposé à la constitution qui venait d'être terminée (1). Courut-il des dangers pour l'avoir proféré? pas plus que M. d'Esprémenil lorsque celui-ci, pour gagner le pari qu'il avait fait avec quelques amis, vint proposer à la tribune un plan de contre-révolution (2). M. Malouet fut dénoncé une fois à l'assemblée sur une lettre qui lui était attribuée. L'assemblée repoussa

---

(1) Le 20 février 1790, lorsque l'assemblée nationale s'occupait de réprimer les troubles de plusieurs provinces, M. Malouet appuya la motion de M. Cazalès qui demandait que le roi fût investi pour trois mois de la dictature. Dans la séance du 8 août 1791, il prit part avec M. d'Esprémenil à la révision des décrets constitutionnels pour en contester les bases et attaquer *la déclaration des droits*.

(2) Le 29 septembre 1790, à l'occasion du projet de loi sur le papier-monnaie, M. d'Esprémenil, le même qui avait provoqué en 1788 les résistances du parlement contre *la cour plénière* et les *grands bailliages*, proposa une série de décrets qui annulaient tous ceux de l'assemblée nationale depuis le commencement de la révolution.

unanimement la dénonciation (1); son élection fut dénoncée une autre fois, comme irrégulière, car il avait été élu, contre le règlement, par acclamation; mais quoique la forme n'eût pas été remplie, il était évident que l'intention avait été d'élire M. Malouet (2). L'assemblée, à l'unanimité, le maintint dans le poste où il fortifiait la minorité par ses talens et par son caractère personnel; et voilà qu'on voudrait faire croire aux étrangers, que pour dire son opinion à la tribune, il fallait que M. Malouet bravât tous les jours le fer assassin suspendu sur sa tête !

M. Clarke, après avoir parlé de la convocation des états-généraux comme si elle eût été un effet du libre choix du roi, affectant d'oublier qu'elle était forcée par le désordre des finances, par l'impossibilité de subvenir non-seulement aux besoins de l'état, mais à des dilapidations bien plus indispensables encore pour une cour avide, et toujours croissantes, malgré

---

(1) Le 21 novembre 1790, M. Malouet ayant accusé le comité des recherches de plusieurs actes arbitraires, le rapporteur de ce comité répondit en insinuant que M. Malouet lui-même était inculpé pour une lettre adressée à un personnage puissant et dans laquelle plusieurs membres de l'assemblée étaient dénoncés comme des scélérats. La lettre fut lue devant l'assemblée; elle était adressée au comte d'Estaing, commandant de la garde nationale de Versailles, à qui M. Malouet demandait seulement protection contre des menaces d'assassinat confiées à son domestique par un parfumeur.

(2) Le 10 juillet 1789, M. Goupil de Préfeln proposa, au nom d'un comité, l'annulation de l'élection de M. Malouet comme député du bailliage de Riom aux états-généraux. L'assemblée rejeta cette conclusion après un discours de M. de Lally-Tolendal, qui soutint qu'il n'y avait pas de lois fixes pour les nominations aux états-généraux, et que l'absence de toute réclamation sur celle de M. Malouet faisait supposer le consentement de ses commettans.

les bonnes intentions du roi depuis son avènement au trône, enfin par le refus d'enregistrement et de paiement, avoue cependant que l'opposition du parlement et des deux premiers ordres de l'État à l'autorité royale, était telle que le ministre se crut obligé, pour garantir celle-ci, de donner plus de force à la représentation populaire; il avoue que la haute et la petite noblesse étaient opposées l'une à l'autre, et il a grande raison. La noblesse ancienne arriva aux états-généraux, avec le projet de rejeter dans les communes tout ce qui n'était pas *noble d'extraction*; la nouvelle noblesse avec le projet d'établir dans cet ordre une égalité parfaite entre ses membres, depuis les Montmorency, les La Tremoille, etc., jusqu'à l'anobli de la veille; et ces deux noblesses se proposaient de détruire la pairie. On doit conclure de ces dispositions qu'il n'eût pas été facile ni au roi, ni au peuple, de s'arranger avec ces messieurs pour une constitution telle que M. Malouet paraît l'avoir désirée. M. Clarke en conclut, lui, qu'on pouvait prévoir que la petite noblesse se mettrait avec le peuple contre la noblesse ancienne; et en cela, il ne montre pas le talent de prophète, même le plus aisé de tous, celui de prophète après coup; car, au contraire, les nouveaux nobles se sont montrés les plus attachés aux distinctions, et l'on trouvait dans le parti populaire une plus grande proportion de nobles anciens. Il ajoute (page 12) que dans un grand État, *où les mœurs étaient arrivées au dernier degré de la corruption*, on devait attendre....... devinez quoi? « que même dans la haute noblesse il y aurait
« des hommes qui, soit par le pur amour de la liberté,

« soit par opposition à la cour, soit par l'amour des
« nouveautés ou le désir de se rendre populaires,
« abandonneraient l'étendard de leur ordre, c'est-à-
« dire, leurs priviléges personnels, pour se joindre
« aux représentans des communes. » Voilà ce que
M. le professeur regarde comme la conséquence naturelle du dernier degré de corruption dans les mœurs.

M. de Lally fut un des premiers nobles qui passèrent à la salle commune pour y délibérer par tête ; s'il y eût proposé la délibération en deux ou trois chambres, on lui eût objecté que lui-même, en quittant la chambre de la noblesse, avait décidé la question ; d'un autre côté, il n'eût pas été appuyé par M. Malouet, qui était de la chambre des communes (1). Il est vrai que dans les débats antérieurs à la réunion des ordres, M. Malouet eut des opinions mitoyennes entre celle des privilégiés et celle de la nation, à peu près unanime alors sur la question du vote *par tête* ; mais il se dépopularisa par ses discours dès les premiers temps de l'assemblée, ce qui ne l'empêcha pas d'être fort peu d'accord avec M. Mounier ; puisqu'il s'opposait à l'opinion la plus prononcée qu'ait jamais eue ce député dont l'existence politique était fondée sur l'avis du vote *par tête*. M. Mounier, en effet, avait établi aux états du Dauphiné cette manière de voter ; c'est lui qui avait rédigé les instructions par les-

---

(1) Le 6 mai 1789, lendemain de la séance d'ouverture des états-généraux, M. Malouet proposa d'envoyer aux deux ordres privilégiés une députation, pour les inviter à se réunir au lieu de l'assemblée générale. Il fut combattu par M. Mounier, qui voulait qu'on attendît le résultat des délibérations du clergé et de la noblesse.

quelles il était ordonné aux députés de cette province de se retirer des états-généraux, si l'on y délibérait *par ordre*; c'est lui qui soutint son opinion à Versailles avec le plus de chaleur, disant avec raison que pour ceux mêmes qui préféraient une constitution à l'anglaise, il était absurde de vouloir que l'assemblée, chargée de faire cette constitution, délibérât autrement que *par tête*. M. Malouet, en avouant, comme il l'a fait souvent et comme son panégyriste le fait ici, qu'il n'y avait moyen d'amener les premiers ordres à aucune composition, n'a-t-il pas aussi reconnu qu'on n'aurait pu faire une constitution supportable, dans une assemblée divisée en deux chambres, et arrêtée par le *veto absolu* de celle qui eût été formée des deux premiers ordres, à moins qu'on eût employé les violences de la révolution anglaise contre la chambre des pairs, au lieu de maintenir la liberté dont l'assemblée constituante a toujours été assurée (1).

Il est ridicule à M. Clarke, après avoir déploré la *catastrophe* du 14 juillet 1789, et blâmé la faible et intempestive résistance de ceux qui ne voulaient admettre aucun changement dans les anciennes constitutions (page 14), de diviser l'assemblée de cette manière-ci : les députés de la gauche, auxquels il n'attribue que des projets destructeurs et anarchiques; les royalistes, qui consentaient à la réforme de quelques abus les plus choquans, sans permettre de changemens essentiels dans l'ancien

---

(1) M. Malouet vota, le 7 septembre 1789, pour deux chambres, la permanence du corps législatif, et le *veto suspensif* du roi.

système; et un petit nombre d'hommes, où il place avec raison M. Malouet, royalistes sincères qui ne voulaient ni les innovations des factieux, c'est-à-dire des députés du côté gauche, ni la résistance des aristocrates. En vérité, ce que ces royalistes voulaient n'a jamais été bien clair depuis que Mounier quitta l'assemblée; et celui-ci avait voulu la constitution anglaise, que ne voulaient ni le roi, ni le clergé, ni la noblesse, ni le peuple. Mais il eût été plus exact de diviser l'assemblée ainsi : 1° les jacobins; 2° les amis de la liberté, de l'égalité, de l'ordre public, et par conséquent les vrais constitutionnels; 3° les aristocrates, avec lesquels siégeaient toujours, et votaient le plus souvent, quelques hommes connus sous le nom de *monarchiens* ou *impartiaux*. Ceux-ci n'étaient pas un parti, c'étaient quelques individus, la plupart fort estimables, mais peu influens à l'assemblée, et n'ayant pas la moindre influence au dehors; encore M. Clarke convient-il que ce petit nombre de députés était divisé par des nuances sur lesquelles ils ne s'entendaient point. Il est un peu dur, pour faire une meilleure place à son ami, de refuser toute pureté d'intention et tout sens commun aux hommes qui, tels que Bailly, La Rochefoucauld, Lafayette, Dupont, Émery, Maubourg, Pusy, Tronchet, etc., etc., n'avaient pas eu le bonheur d'attraper, parmi les dissentimens des *impartiaux*, la nuance la plus agréable à M. Clarke. Par exemple, sur la question du commerce des noirs, M. Malouet avait écrit une défense du commerce et de l'esclavage des nègres, ne différant de l'opinion des aristocrates que pour des recommandations de bon traitement; La Rochefoucauld, Lafayette et leurs amis pensaient qu'on devait supprimer la traite et s'occuper d'un affranchissement graduel des esclaves, suite indispensable de la suppression de ce commerce. Eh bien ! cette différence d'opinion doit-elle faire regarder comme anarchiste et absurde en politique, l'avis de l'abolition de la traite, le seul sur lequel M. Pitt et M. Fox soient d'accord, et dont M. Pitt a dit, l'année passée (1), qu'il était absolument imposé par la politique et par le véritable intérêt des colonies ?

Les constitutionnels ne demandaient pas mieux que de s'entendre avec tous ceux qui n'auraient pas été contraires aux principes de la liberté et de l'ordre légal. Il est très-vrai qu'à cette époque, M. Malouet eut une conférence à l'hôtel de La Rochefoucauld, avec La Rochefoucauld, Lafayette et quelques uns de leurs amis; cela suffit, sans doute, pour le rendre suspect aux membres de son parti; car il jugea à propos de publier un compte-rendu de cette conversation, ce qui fut même blâmé comme un procédé peu obligeant pour ceux avec lesquels il l'avait eue, et dont il ne demanda point l'agrément préalable. Qu'on recherche dans les papiers du temps cette conversation; on y verra quels étaient les sentimens de ceux que M. Clarke désigne, sans les nommer, comme « ayant voulu sauver leurs adversaires de leur « propre ruine, et la nation de l'anarchie. »

---

(1) C'est au mois de mars 1799 que M. Pitt appuya, dans la chambre des communes, la motion de M. Wilberforce, pour l'abolition de la traite des noirs. On voit par cette date que les notes du général Lafayette sur M. Malouet et son éditeur, ont été écrites en 1800.

« Il est connu à présent, dit M. Clarke (page 87), que le duc
« d'Orléans, Mirabeau et l'abbé Sieyes furent les instigateurs
« de l'insurrection du 14 juillet. »

Ils ne le furent ni plus, ni moins, que les autres membres principaux du parti populaire; et quand on pense que M. d'Orléans se tint caché, on pourrait dire qu'il le fut un peu moins que les autres. Mounier, que M. Clarke a raison de citer comme un patriote éclairé, montra bien plus de zèle pour la résistance à la cour, et d'énergie contre le nouveau ministère, que M. d'Orléans : celui-ci, pendant que le vice-président Lafayette et les secrétaires Sieyes, Mounier, Chapelier, etc., rédigeaient le décret pour rendre personnellement responsables tous les conseillers du roi, écrivait au baron de Breteuil une lettre d'excuse (1).

M. Clarke dit (p. 87) que ce fut le 14 juillet que la garde nationale fut ainsi nommée; cela n'est pas exact. Lafayette, élu le 15 commandant de la garde bourgeoise de Paris, et voulant nationaliser l'armement des citoyens, proposa à l'Hôtel-de-Ville, et fit adopter ce nom de garde nationale. Ce ne fut point la multitude qui choisit les chefs de la garde nationale; ils le furent très régulièrement par les districts, où se rendirent tous les bons citoyens, comme on peut en juger par la plupart des choix. Mirabeau et l'abbé Sieyes n'ont pas eu de part essentielle à cette institution ; elle fut formée à l'Hôtel-de-Ville de Paris par Lafayette qui avait appelé auprès de lui un comité militaire nommé par les districts, auquel il pro-

(1) Voyez la p. 355 du 2ᵉ vol.

posa son plan d'organisation dont chaque article fut adopté sans difficulté. Mathieu Dumas, principalement employé par lui pour la rédaction de ce plan, Gouvion, Lajard, d'Arblay et quelques autres officiers furent aussi ses coopérateurs. Toutes les gardes bourgeoises des provinces qui correspondaient avec le général de Paris, qu'elles regardaient aussi comme le leur, adoptèrent la même organisation, et il n'y en eut pas d'autre jusqu'au dernier temps de l'assemblée constituante. Le décret constitutionnel sur la garde nationale fut fait par le comité militaire dont on connaît les membres. Il n'est donc pas vrai, comme le dit M. Clarke (p. 87), que Sieyes et Mirabeau aient fait cette organisation.

Les opinions et les lettres de M. Malouet rapportées dans cet ouvrage, renferment des détails assez curieux sur le début de Mirabeau aux états-généraux (p. 52). Le paragraphe qui finit la p. 55 doit aussi être remarqué : M. Malouet paraît dire que c'est à cause du 6 octobre que tant de députés sont partis, tandis qu'il n'y en eut à cette époque qu'un très petit nombre. Il avoue « que plusieurs aristocrates se réjouissaient « des entreprises qui leur faisaient espérer que l'ab- « surdité et les crimes des innovateurs ne manque- « raient pas de ramener l'ancien régime. »

Quelques écrivains, sans être amis du despotisme, ont condamné les constitutionnels, et ce fut une tactique des *impartiaux* de faire composer par l'abbé Raynal une lettre à l'assemblée qui contraste de la manière la plus étrange avec les propres maximes de cet auteur (1).

(1) Le 31 mai 1791, M. Raynal, alors âgé de 80 ans, adressa à

Il suffirait pour la réfuter de la mettre en opposition avec une douzaine des plus violentes phrases de l'*Histoire philosophique* et d'ajouter qu'on ne doit pas plus de confiance à l'opinion d'un vieillard, instrument de ses amis, qu'on n'en doit aux maximes désorganisatrices et incendiaires que les vrais patriotes du parti constitutionnel n'adoptèrent jamais; quoique l'abbé Raynal ait été loué comme un philosophe par ceux qui trouvent incendiaire *la déclaration des droits*. Nous croyons même qu'on trouverait une semblable contradiction dans les expressions de la motion de M. Malouet à l'assemblée constituante, en faveur de l'abbé Raynal (1).

l'assemblée nationale une lettre dans laquelle il déplorait la désolation de l'église, la tyrannie des clubs, la faiblesse du pouvoir laissé à la royauté, etc. L'assemblée passa à l'ordre du jour. M. André Chénier répondit à cette lettre dans *le Moniteur* du 5 juin; tout en s'élevant aussi contre les persécutions religieuses et les fautes commises, il rappelait divers passages de l'*Histoire philosophique* de M. Raynal : « Vous « avez appelé à grands cris, disait M. Chénier, un libérateur *qui mit le* « *fer à la main des opprimés de l'Amérique, vous avez tressailli de joie* « *en prévoyant le jour où les champs américains s'enivreront avec* « *transport du sang européen.* (Tom. VI, p. 221.) L'église de France « vous arrache des larmes. Je ne conçois pas en quoi son destin peut « vous paraître si lamentable, à vous qui aviez le courage de nous dire : « *Si cette religion existait, n'en faudrait-il pas étouffer les ministres sous les* « *débris de leurs autels?* (Tom. VI, p. 303.) *S'il existait dans un recoin* « *d'une contrée soixante mille citoyens enchaînés par les vœux de chasteté, de* « *pauvreté, et d'obéissance, qu'aurait de mieux à faire le souverain que de* « *s'y transporter avec un nombre suffisant de satellites armés de fouets, et de* « *leur dire : Sortez, canaille fainéante, sortez : aux champs, aux ateliers, à* « *la milice?* (Tom. X, p. 145.) Mais je n'oublie pas le précepte sage et « humain d'un législateur antique : Lève-toi devant la tête blanchie et « honore la présence du vieillard! J'espère que l'auteur de la lettre à « l'assemblée nationale m'excusera d'oser citer Moïse à l'auteur de « l'*Histoire philosophique*. »

(1) La lettre de l'abbé Raynal fut soumise à ses amis et en particulier

L'examen des ouvrages de M. Malouet et de ses amis politiques nous paraît être d'une grande importance pour la justification des constitutionnels, et pour celle des principes vraiment républicains qui nous distinguent du parti anglican, autrement dit *monarchien*. Il n'y a de logique rigoureuse que parmi les contre-révolutionnaires et les hommes attachés à nos principes de souveraineté nationale, c'est-à-dire aux droits positifs de l'humanité. Dans l'intervalle on ne fait que divaguer. Cependant, les opinions des *monarchiens* ne tranchant tout-à-fait avec aucun parti, ils se prétendent les seuls sages ; leur système n'ayant point été essayé, ils assurent que celui-là seul aurait évité nos maux et les réparerait encore ; beaucoup de gens concluent que si Louis XVIII ou son neveu pouvait devenir *monarchien*, ou faire semblant de l'être, il n'y aurait plus qu'à les recevoir. Toutes ces belles paroles ne tiennent pas contre une analyse un peu serrée et certains rapprochemens.

Ils conviennent que les abus étaient énormes et

à M. Malouet, qui avait demandé à la séance du 15 août 1790, que l'assemblée intervînt en faveur de cet écrivain pour supplier le roi d'annuler un arrêt du parlement de Paris, en date du 26 mai 1781, décrétant de prise de corps, l'auteur de l'*Histoire philosophique et politique des deux Indes*. M. Malouet disait pour soutenir sa motion : « Per- « sonne n'ignore qu'il fut un temps où les terreurs du despotisme « précédant ou suivant les progrès de la raison, préparaient pour les « hommes de génie des chaînes que ceux-ci ne se lassaient pas de « rompre ou de braver. Parmi les ouvrages immortels que nous leur « devons, on distinguera long-temps, malgré les reproches qu'on peut « lui faire, l'*Histoire philosophique des deux Indes*. Ce vaste dépôt de faits « et de lumières présente les droits des peuples, les devoirs des princes, « les fautes de tous les gouvernemens, les véritables intérêts de toutes « les sociétés politiques, etc. »

radicaux; que la noblesse, le clergé, les parlemens voulaient une révolution et l'avaient commencée par des émeutes et des désobéissances auxquelles une partie des *monarchiens* a pris part; qu'il y avait résistance du gouvernement et des privilégiés aux réformes nécessaires; qu'il fallait par conséquent vaincre cette résistance ou l'enchaîner; que la nation devait user de son droit de souveraineté, mais qu'il ne fallait pas lui dire qu'elle eût ce droit; que la royauté n'est pas de droit divin, que cependant la nation n'a le droit ni de la détruire, ni de la modifier au-delà de ce que M. de Lolme a cru convenable (1); et puis ce que les *monarchiens* voulaient établir était-il plus agréable au roi, à la noblesse, au clergé, au peuple? Tout au contraire. Y aurait-il eu, après l'établissement, moins d'opposition? Un peu davantage, avec quelques moyens de plus de la faire valoir. Étaient-ils d'accord entre eux? Point du tout. Clermont-Tonnerre et Mounier avaient été pour la délibération *par tête*; Malouet et Necker pour un parti mitoyen; celui-ci voulait un veto suspensif; d'autres un veto absolu. Il ne faut donc pas qu'ils disent : « si on avait fait ce que nous avions voulu; » mais que chacun dise : « si on avait fait ce que je « voulais... et cela, non d'après des principes déter-« minés et évidens, mais d'après mes opinions per-« sonnelles sur une matière dans laquelle je n'ai pas « plus d'expérience qu'aucun autre. »

(1) *Constitution d'Angleterre, ou État du gouvernement anglais*, par J.-L. de Lolme, publiciste genevois. (Amsterdam, 1771.)

MÉMOIRES DU MARQUIS DE BOUILLÉ,

LIEUTENANT-GÉNÉRAL DES ARMÉES DU ROI, GOUVERNEUR DE DOUAI, MEMBRE
DES DEUX ASSEMBLÉES DES NOTABLES, ET GÉNÉRAL EN CHEF DE L'ARMÉE DE
MEUSE, SARRE ET MOSELLE.

(Édition de MM. Barrière et Berville, chez Baudouin frères,
Paris, 1821, 427 pages in-8°.)

C'est contre moi que cet ouvrage est dirigé, et cependant, à travers toutes les contradictions de l'auteur, le résultat de ses Mémoires ne m'est pas défavorable. Je vais noter quelques passages (1) :

« Lorsque le désordre des finances contraignit le roi d'assem-
« bler les notables, cette assemblée ne put produire aucun bien.
« Les états-généraux, qu'on leur substitua, ne pouvoient en
« produire davantage. — L'ambition dominoit dans la magis-
« trature; l'esprit de prétention se montroit dans le clergé; celui
« d'insurrection dans la noblesse; l'insubordination dans l'ar-
« mée, principalement parmi les chefs; la licence dans le pu-
« blic, la misère dans le peuple, un luxe effréné parmi les
« riches; le gouvernement était sans force, la cour dans le mé-
« pris, les grands dans l'avilissement; l'irréligion et l'immora-
« lité avaient corrompu les premiers rangs; etc. — Il y avoit en
« France à peu près 80,000 familles nobles. — Dans cette nom-
« breuse noblesse, il existait environ mille familles dont l'origine
« se perdoit dans les temps reculés de la monarchie. On remarquoit
« encore quelques grands noms à la cour, mais qui trop souvent
« étoient avilis par les vices de ceux qui en avoient hérité. — Les

(1) Ces notes sur l'ouvrage de M. de Bouillé ont été écrites de 1797 à 1800. Nous avons suivi, dans les citations, l'ordre des pages de l'édition de 1821, parce que les renvois indiqués par le général Lafayette désignaient une première édition anglaise que nous n'avons pu nous procurer.

« nobles n'étaient plus distingués des autres classes de citoyens
« que par les faveurs arbitraires de la cour, et par des exemp-
« tions d'impôts moins utiles pour eux-mêmes, qu'onéreuses pour
« l'État et choquantes pour le peuple. — A Paris et dans les
« grandes villes, la bourgeoisie était supérieure en richesses, en
« talens et en mérite personnel. Elle avait dans les villes de pro-
« vinces la même supériorité sur la noblesse des campagnes.
« Cependant, elle était partout humiliée; elle se voyait exclue
« des emplois dans l'armée, le haut clergé, la haute magistra-
« ture, etc. » (P. 20, 50, 53.)

M. de Bouillé justifie ainsi la révolution. Plus loin (p. 58), il en accuse les intrigues de l'aristocratie. Sur quatre-vingt mille familles nobles, il en met soixante-dix-neuf mille de côté; il convient qu'ils n'avaient rien pour se distinguer des autres citoyens, si ce n'est des abus, et il fait, à leurs dépens, l'éloge du tiers-état.

« La question concernant les droits de l'homme ayant été
« mise en délibération dans les trente bureaux qui divisaient
« l'assemblée, vingt-huit la rejetèrent. »

Si ce fait était vrai, il prouverait que les communes n'étaient pas aussi avancées que le dit l'abbé Sieyes.

« Telle était ma situation et mon incertitude, lorsqu'une per-
« sonne assez marquante dans la révolution, le marquis du
« Châtelet, qui m'avait été long-temps attaché, qui m'avait des
« obligations, et qui était l'ami et l'aide-de-camp de M. de La-
« fayette, m'écrivit la lettre suivante (1). » (P. 83.)

Je connaissais peu M. du Châtelet qui, au contraire, était l'ami de M. de Bouillé. Je crus que celui-ci l'avait chargé de me sonder. M. du Châtelet, comme on le voit

(1) M. de Bouillé dit qu'il était disposé à abandonner son commandement de Metz et à quitter la France, lorsque M. du Châtelet lui écrivit, comme chargé par le général Lafayette de lui proposer une réunion d'efforts pour la défense du roi et de la constitution. On voit

7.

dans sa lettre même du 20 novembre, publiée par M. de Bouillé, n'était point mon aide-de-camp. Dans le cours de trois ans, il a été patriote, monarchiste, aristocrate, républicain, jacobin, suivant que son amour-propre ou son ambition l'ont conduit, et il était peu en état de juger son prochain. Sans doute il pensa se donner de l'importance, en intervenant entre M. de Bouillé et moi. Jugez combien il est probable que j'aie été dirigé par M. du Châtelet dans les partis que j'ai pris. Sa lettre à M. de Bouillé est d'autant plus ridicule, qu'il avoue que je n'ai pas suivi ses conseils et se vante de son influence.

« Mon rôle était de conserver mon armée et les places fortes « qui étaient sous mon commandement, de me maintenir à « Metz, d'y attendre les évènemens. — Je prêtai donc mon « serment entre les mains des officiers municipaux, ce qui me « popularisa un peu, etc. — Mon seul objet était de servir le « roi, et de soutenir, autant que je le pourrais, la monarchie qui « s'écroulait. Je ne voulais entrer dans aucun parti, à moins qu'il « ne fût dirigé vers le même but; mais je devais ménager celui « qui régnait alors et qui était le moins scélérat de tous. » (P. 96 et 97.)

Ces aveux sont curieux. Il est plaisant que M. de Bouillé, qui se vante de m'avoir trompé et trahi, me reproche d'avoir manqué de franchise et de confiance à son égard. *Le moins scélérat de tous* est un mince éloge dans l'intention de l'auteur; mais, en réalité, je le trouve plus grand que je ne mérite,

dans une seconde lettre du 20 novembre 1789, également publiée par M. de Bouillé, que M. du Châtelet conseille au général Lafayette, après le 6 octobre, d'écarter ses ennemis et de se charger de la constitution comme de la révolution. « Mais sa tête, ajoute-t-il, n'était pas assez grosse pour un tel projet, etc.... »

puisque les La Rochefoucauld, Bailly, Pusy, Latour-Maubourg, étaient de notre parti.

« M. de Lafayette, d'un des chefs de la révolution, devint
« celui de la constitution. Tous ceux qui lui étaient attachés,
« sous le nom de constitutionnels, formèrent un parti appuyé
« par la majorité de l'assemblée, par le roi lui-même, du moins
« en apparence. La majorité du peuple était attachée à ce parti,
« ainsi que presque toutes les municipalités du royaume et les
« gardes nationales. » (P. 98.)

L'autre parti, selon M. de Bouillé, était celui qui fut poussé aux 5 et 6 octobre avec l'intention de massacrer la famille royale...... Lafayette et les constitutionnels étaient donc les défenseurs de la vie du roi.

Il avoue que sa politique était de semer la zizanie entre le peuple et les soldats :

« Je cherchais, dit-il, à les éloigner les uns des autres et à les
« mettre en rivalité... » (P. 108.)

Ces provocations expliquent le refroidissement dont parle M. de Bouillé, page 112 :

« Soit par maladresse, soit par humeur, je m'étais brouillé à
« Metz avec les partisans de M. de Lafayette. Je savais qu'il
« voulait m'ôter mon commandement, que je ne voulais quitter
« qu'en sortant du royaume, environ deux mois après, etc. »

On voit aussi par les passages suivans que Lafayette veillait sur la conduite de M. de Bouillé :

« J'ai eu depuis des raisons très fortes de croire que M. de
« Lafayette avait d'abord engagé Sa Majesté à me donner l'or-
« dre de me rendre à Paris, et qu'elle avait consenti seulement
« à m'y engager. » (P. 114.) « Je dus établir un nouveau plan
« de conduite pour servir utilement le roi, conséquemment me
« rapprocher des constitutionnels et de M. de Lafayette ; mais,
« pour me servir de l'expression du ministre, M. de La Tour-
« du-Pin (en parlant de celui-ci), quoique ne craignant pas les

« griffes du lion, je devais cependant m'en défier. » (P. 118.)

M. de Bouillé démontre ailleurs comment, pour royaliser la France, il fallait affaiblir le parti de Lafayette :

« Mais, si je reproche à M. de Lafayette ses fautes politiques, je peux gémir sur celles que j'ai faites moi-même. Une fois que j'eus consenti à obéir à la constitution nouvelle, j'aurais dû me former un grand parti parmi les constitutionnels même. — J'aurais dû, le 4 mai, accepter le commandement de la fédération des provinces des Évêchés et de Lorraine. Je devais alors aller à Paris sonder M. de Lafayette, lui inspirer, si ce n'est de la confiance, au moins de la sécurité... Le roi devait laisser marcher le parti constitutionnel; sa conduite n'inspirant plus de méfiance, la crainte qu'on avait des aristocrates n'aurait plus existé, et le parti constitutionnel ne se serait pas réuni à celui des jacobins. Le roi affaiblissait M. de Lafayette dans le sien, etc. » (P. 119, 120, 121.)

Cependant, ma lettre du 20 mai 1790 à M. de Bouillé, montre que je profitais de toutes les circonstances pour l'engager à servir la cause constitutionnelle (1).

« M. de Ternant, son ami intime, auquel il m'engageait à parler avec confiance, étoit un intrigant qui avait fait fortune par toutes sortes de moyens, etc. » (P. 124.)

M. de Ternant n'est point un intrigant; il n'a pas fait fortune, et la révolution ne lui a été d'aucun profit (2).

« Dans cette circonstance (l'affaire de Nancy), nous voyons les constitutionnels agir de concert avec le roi et conséquemment avec les royalistes modérés. » (P. 138.)

Ces royalistes n'ont jamais regardé les constitutionnels comme du même parti qu'eux.

---

(1) Voy. cette lettre, p. 46, du deuxième volume.
(2) Voy. sur M. de Ternant, les p. 60, 80, 86 du troisième vol.

« Deux mille hommes de gardes nationales des départemens
« voisins, rassemblés quelques jours avant par l'aide-de-camp
« de M. de Lafayette, aux environs de Nancy, avaient cédé aux
« invitations du peuple et de la garnison de cette ville, et s'y
« étaient joints. » (P. 148.)

Parmi les gardes nationales que mon aide-de-
camp (1) avait réunies et dont une partie seulement
fut séduite à Nancy, il y avait pourtant M. de Gouvion
qui fut tué sous M. de Bouillé (2).

« La lettre du roi à cette occasion (la répression des troubles
« de Nancy, le 31 août 1790), celle de M. de Lafayette lui-
« même, celle du président de l'assemblée, confirmeront au
« moins que j'ai agi au nom de la loi et par la loi... » (P. 160.)

Il est très-vrai qu'il agit légalement et rendit un
grand service; aussi l'on voit avec quel empressement
je cherchai à le soutenir dans cette occasion.

« Je dois ajouter que, par un sentiment d'humanité, je m'é-
« tais écarté, dans cette circonstance, des principes politiques
« que je croyais devoir adopter pour garantir la France des plus
« grands maux dont elle était menacée. — J'éteignis les pre-
« mières étincelles de la guerre civile; j'y étais cependant bien
« préparé. J'aurais rassemblé une armée purement royaliste,
« qui plus tôt formée et en activité, aurait eu sans doute les pre-
« miers succès, etc. » (P. 161.)

Aveu précieux : M. de Bouillé réprima malgré lui
l'insurrection de Nancy et s'en repentit. Cette insurrection eût mené à la guerre civile que les aristocrates désiraient. M. de Bouillé ajoute (p. 162) :

« Le roi crut que je lui avais rendu un grand service, lorsque,
« malgré moi, je lui avais fait perdre une des seules occasions

(1) M. Desmottes.
(2) M. de Gouvion, qui fut tué à Nancy, était frère de M. de Gouvion,
major-général de la garde nationale, emporté par un boulet, le 11
juin 1792.

« qui s'étaient présentées depuis la révolution, pour remonter
« sur son trône. »

Plus loin, cependant, M. de Bouillé dit dans une lettre en réponse aux félicitations de l'assemblée nationale par l'organe de son président :

« Mon honneur et la dignité de mon caractère sont, devant la
« nation, devant l'Europe entière, les plus sûrs garans de mon
« respect et de ma soumission aux lois, ainsi que de l'inviola-
« bilité de mes sermens. » (P. 168.)

N'est-il pas inconcevable qu'il ose ainsi rappeler que son honneur répondait de l'observation de son serment constitutionnel? Vous remarquerez qu'après avoir dit qu'il se repent de ce qu'il fit à Nancy, il avoue que cela prévint, pour quelque temps, la destruction de son pays :

« On donna de grands éloges à ma conduite ; il semblait que
« j'eusse sauvé la France, tandis que je n'avais été que l'instru-
« ment aveugle de la Providence qui en avait arrêté la destruc-
« tion. » (P. 169.)

« Depuis la fédération du 14 juillet, la puissance de Lafayette
« avait diminué graduellement ; sa jalousie et sa méfiance de moi
« avaient augmenté. — J'ai cru que son aide-de-camp Desmottes,
« qui m'avait accompagné dans ses tournées, avait pu deviner
« mes vrais sentimens et l'en avait instruit. » (P. 178.)

On conviendra que M. de Bouillé n'a pas à se plaindre de mes soupçons. M. Desmottes, que je lui avais envoyé, fut blessé dans l'affaire de Nancy, et il a été tué sous mes ordres, dans une reconnaissance en avant de Longwy (1).

(1) Voy. la lettre du 4 août 1792, p. 457 du troisième volume.

« Mirabeau avait déjà fait proposer ses services au roi, etc.
« — Ils furent refusés alors, acceptés depuis, mais trop tard. »
(P. 180.)

Ainsi, dès 1790, Mirabeau se serait offert au roi. — Ceux qui, dans l'automne de la même année, m'accusaient de complaisance pour la cour, trouvent réponse dans le passage suivant :

« Le roi m'envoya M. d'Agoult, évêque de Pamiers, avec une
« lettre de sa main, pour l'accréditer auprès de moi. — L'évê-
« que de Pamiers me fit le tableau de la situation malheureuse
« de ce prince et de la famille royale, situation que la rigueur
« et la dureté de Lafayette rendaient de jour en jour plus in-
« supportable. (P. 181.)

« M. d'Agoult m'assura que l'empereur Léopold, ainsi que
« les autres alliés du roi, exigeaient sa sortie de Paris et son
« entière liberté, avant que de faire aucune disposition en sa
« faveur. » (P. 182.)

Les intrigues du roi avec l'Empereur ont donc précédé le 21 juin. M. de Bouillé reconnaît (p. 184) que

« Le club des jacobins, influencé et dirigé même par Mira-
« beau et les Lameth, n'était occupé qu'à détruire le crédit de
« Lafayette, et se réunissait au duc d'Orléans, qui avait une
« vengeance terrible à exercer. »

Mais il se trompe en m'attribuant l'emploi des dépenses secrètes dont M. de Montmorin était chargé :

« Le roi donnait sur la liste civile quelque argent à Lafayette,
« qui le flattait de lui procurer des partisans, mais qui répandait
« cet argent sur la plupart de ces écrivains (Brissot, Camille
« Desmoulins, etc.), plutôt pour se soutenir lui-même que pour
« servir la cause du roi. » (P. 185.)

Quand M. de Bouillé dit ensuite que ma popularité tenait à de pareils moyens, il répète une absurdité que probablement Mirabeau ou d'autres gens mieux instruits que M. de Bouillé ne l'était, avaient imaginée dans l'espoir qu'il en resterait quelque chose. Ces dépenses, dont je n'entendis jamais parler qu'indirectement, furent souvent dirigées contre moi. Le roi a gaspillé de la sorte des sommes énormes dont l'usage devint de plus en plus inconstitutionnel, quoique ce fût assurément le moindre des dangers de la liberté publique; mais je défie qui que ce soit de citer une seule occasion où non-seulement un journaliste ait été payé par moi, mais même où il ait reçu la plus légère invitation pour parler en ma faveur, depuis le commencement de la révolution jusqu'au jour de ma captivité. Je ne puis croire que ces fausses assertions de M. de Bouillé soient volontaires. Il se plaint encore (p. 186) de ma méfiance à son égard. Je n'ai jamais rien fait contre lui personnellement, et je me suis attiré beaucoup d'ennemis en défendant ce qu'il a fait de bien.

« Lafayette dirigea, je pense, le choix du ministre de la
« guerre, (16 novembre 1790); ce fut un M. Duportail, ancien
« officier du génie, qui avait servi avec lui pendant la guerre
« d'Amérique et paraissait lui être fort attaché. » (P. 190.)

Je fis nommer M. Duportail, qui, bientôt après, craignant les jacobins, se livra à l'influence de MM. de Lameth.

« À la fin de janvier 1791, le roi m'écrivit qu'il espérait pou-
« voir effectuer son départ de Paris dans le mois de mars ou
« d'avril. — Sa Majesté me mandait, qu'au surplus, elle avait
« une promesse formelle de l'Empereur de faire marcher un
« corps de douze à quinze mille hommes à sa première réquisi-
« tion... » (P. 192.)

Encore un complot avec l'Empereur. Pourquoi

aviez-vous prêté le serment et répondu à l'assemblée de votre fidélité?

« Le roi aurait pu faire un arrangement convenable avec l'as-
« semblée; plusieurs membres principaux (Mirabeau, Duport,
« même les Lameth) le désiraient. — Mirabeau avait enfin été
« acheté par le roi. » (P. 194.)

Et Lafayette (p. 195) est toujours soupçonneux, mais envers la cour seulement, car :

« L'extravagance et la sécurité de Lafayette sur ses ennemis
« les jacobins, ses projets, ses espérances, étaient dans sa tête
« et dans son cœur; la constitution était une chimère qu'il sui-
« vait toujours avec la même ardeur. » (P. 205.)

Ainsi quand j'ai attaqué les jacobins, il n'y avait pas de haine personnelle. — Plus loin, le sens des paroles d'Émery est assurément perverti :

« Émery convint de tous les vices de la constitution; il m'as-
« sura que l'assemblée avait été entraînée par les factieux, etc... »
(P. 206.)

Mirabeau rencontra une fois, chez Émery, Lafayette (1), et n'eut garde, comme on le pense bien, de confier à celui-ci ses intrigues avec la cour et avec M. de Bouillé, qui paraît croire que Lafayette n'avait dans la révolution d'autre affaire que le commandement de Metz.

« Lafayette fut obligé, à la fin de février, de combattre, à
« Vincennes, les sans-culottes, commandés par Santerre. »
(P. 212.)

Ce mot sur l'affaire de Vincennes, montre que M. de Bouillé était souvent assez mal instruit. Les

(1) Voy. la p. 364 du deuxième vol.

clubs dont il parle ont presque toujours été les instrumens des projets aristocratiques.

« Un décret de l'assemblée défendait aux troupes d'assister
« aux clubs, et aux membres de les y recevoir. Il avait été rendu
« dans les premiers jours du mois de septembre précédent, après
« l'insurrection générale de l'armée; mais le ministre de la guerre,
« Duportail, qui agissait alors moins par l'impulsion de Lafayette
« que par celle des Lameth et des jacobins, écrivit à l'assemblée
« pour en demander la révocation. » (P. 220.)

Je ne fus pour rien dans la très-mauvaise démarche relative aux clubs, et mes amis votèrent contre elle.

« Des bruits, adroitement répandus, sur la rentrée des émi-
« grés suivis des armées étrangères, s'accréditaient d'autant
« plus facilement que les émigrés semblaient, par leurs indis-
« crétions, les confirmer encore. Les nobles, les prêtres, même
« les bourgeois honnêtes qui ne montraient pas d'exagération,
« étaient exposés aux menaces du peuple. — Je craignais sur-
« tout les grands du royaume qui en étaient sortis, etc... »
(P. 223 et 224.)

Il avoue le mal que les émigrés faisaient à la royauté constitutionnelle et à la cause royaliste.

« Les Lameth, ennemis de Lafayette, m'avaient fait faire des
« propositions de réunion et d'association avec eux; j'y avais ré-
« pondu brutalement. » (P. 226.)

Ces dispositions de MM. de Lameth se font voir dans toutes les occasions (1).

« Le duc de Biron vint me voir à Metz dans les premiers
« jours d'avril (1791). — Il me dit: « Si le duc d'Orléans est fai-
« ble, je le suis encore plus que lui, et sa faiblesse l'a mis à la
« discrétion des hommes les plus dangereux, qui en ont abusé;
« mais croyez que c'est notre parti qui sauvera le roi et la
« France. » (P. 227 et 228.)

(1) Voy. la p. 12 de ce volume.

Cette anecdote a de l'importance; elle se lie au projet de Dumouriez de donner mon armée à Biron (1).

« Le duc de Biron retourne à Paris, accompagné du général
« Heyman, commandant sous moi à Metz, qui était son ami et
« le mien. Celui-ci demanda une audience à la reine, qui la lui
« accorda. Il proposa un plan concerté avec le duc de Biron
« pour faire sortir le roi et la famille royale de Paris. — La reine
« lui dit qu'elle prendrait les ordres du roi, qui fit remercier le
« général Heyman en l'assurant qu'il ne voulait pas quitter
« Paris. (P. 230.)

Heyman était aussi à M. d'Orléans.

« Après l'arrestation du roi à Varennes, l'émigration, qui
« avait été peu considérable jusqu'alors, devint presque géné-
« rale... — Les chemins, en France, étaient couverts d'hommes,
« de femmes et d'enfans qui craignaient d'être ensevelis sous les
« ruines de la monarchie, etc.... On vit les hommes les plus dis-
« tingués, les femmes mêmes, braver la mort et la recevoir
« sans effroi. (P. 268, 270.)

Ne dirait-on pas qu'il parle des temps de Robespierre? Quels sont les hommes et les femmes qui, en 1791, ont eu occasion de mourir ainsi?

« Je reçus une lettre du roi de Suède (Gustave), qui était
« alors à Aix-la-Chapelle. — Je me rendis auprès de lui; il ne
« me fut pas difficile de faire connaître à ce monarque l'état vé-
« ritable de la France... » (P. 271, 273.)

C'était deux têtes bien sages ensemble que le roi de Suède et M. de Bouillé. Celui-ci venait d'écrire du Luxembourg « qu'il ne laisserait pas pierre sur pierre à Paris. »

« Je cherchais à le convaincre (le roi de Suède) de l'opinion

(1) Voy. la p. 318 du troisième vol.

« ou j'étais qu'il n'y avait plus d'autres ressources que l'inter-
« vention des puissances alliées du roi, soutenues par des armées
« nombreuses ; que l'invasion était moins difficile dans ce mo-
« ment où l'armée, abandonnée par ses officiers, était entière-
« ment désorganisée ; où la plupart des places frontières
« étaient dans un grand délabrement, ce qui était constaté par
« l'examen que j'en avais fait récemment par ordre du roi,
« d'où il résultait que les seize places de première ligne exi-
« geaient plus de onze millions de dépense, etc... » (P. 273, 274.)

Quel abus de confiance !

« Il a fallu toute l'énergie, tout l'art et tout le fanatisme du
« jacobinisme, ainsi que les talents extraordinaires du général
« que les jacobins avaient choisi au commencement de cette
« guerre, non-seulement pour obtenir de tels succès, mais
« pour réunir même l'armée, pour la former et l'employer. »
(P. 275.)

Remarquez la tendre partialité de MM. Bertrand et de Bouillé pour Dumouriez qui, par parenthèse, bien loin d'assembler et de former l'armée, avait, autant qu'il dépendait de lui, empêché qu'elle ne le fût. M. de Bouillé convient d'ailleurs (p. 278) que

« La fuite de Varennes augmenta le pouvoir des jacobins et
« de la faction orléaniste.

« Le seul point sur lequel je me trompais, était le peu de ré-
« sistance que je supposais que les Français opposeraient aux
« armées étrangères, ce qui sera toujours mon étonnement. »
(P. 291.)

La seule chose sur laquelle il se trompa fut précisément la seule qu'il aurait fallu savoir avant de conseiller l'attaque de la France. Cette résistance l'aurait moins étonné s'il avait eu plus de confiance dans les prédictions de son cousin (1).

(1) Voy. la p. 167 du 2ᵉ volume.

« Léopold voulait faire en sorte de terminer les affaires de
« France par la voie de la négociation. Il désirait que toutes les
« puissances de l'Europe formassent une ligue générale ; qu'elles
« environnassent le royaume de leurs armées ; qu'on proposât
« alors au gouvernement français de rendre la liberté au roi et
« à la famille royale, de rétablir la monarchie sur des bases rai-
« sonnables, etc... » (P. 297.)

Ce plan de Léopold est le système du comité autrichien dont les intrigues sont ainsi confirmées (1).

« Il se passa en France des événemens que je n'avais pas
« prévus, et qui me causèrent beaucoup de surprise et de peine.
« L'assemblée constituante, après avoir achevé la nouvelle con-
« stitution, l'avait présentée au roi, qui l'avait acceptée (le 13
« septembre 1791) sans aucun changement. Cette assemblée
« s'était séparée après avoir décrété l'élection de nouveaux dé-
« putés pour former une assemblée nationale permanente, qui
« devait désormais représenter le peuple français... » (P. 306.)

Est-il probable que le roi ait aussi trompé M. de
Bouillé qui n'avait pas prévu que l'assemblée constituante se séparerait et serait remplacée par une autre
assemblée législative ?

« Le roi de Suède était alors persuadé que l'Empereur et le
« roi de Prusse déclareraient la guerre à la France ; tandis que la
« nation française la déclara au contraire à toute l'Europe. »
(P. 304.)

Ils la firent déclarer par les jacobins.

« J'appris en même temps que l'Impératrice me savait très
« mauvais gré de m'être engagé avec le roi de Suède, au mo-
« ment où je traitais avec elle. » (P. 305.)

(1) Voy. sur le comité autrichien, la préface du 3ᵉ vol.

Quelle étourderie ! Puis il convient (p. 308) que dans leur aimable projet de Varennes, le roi, la reine et lui, qui m'avaient donné leur parole d'honneur, ne doutaient guère que je ne fusse massacré. Il est vrai qu'aujourd'hui M. de Bouillé répare ces procédés en reconnaissant ma générosité, lorsque je fis adopter une amnistie générale après l'acceptation de l'acte constitutionnel.

« L'anarchie augmentait chaque jour en France, ce qui n'é-
« tait que trop prouvé par la foule des émigrans. » (P. 310.)

Il prend ici l'effet pour la cause; mais il ajoute avec raison :

« On les armait (les émigrés), on les enrégimentait sur les
« bords du Rhin, etc... Ces mesures réveillaient la fureur du
« peuple et servaient les projets des jacobins et des anarchistes. »

Enfin M. de Bouillé fait voir que c'est malgré l'Empereur et le roi lui-même que les émigrés ont perdu celui-ci.

« Le roi envoya aux princes ses frères, MM. de Vioménil et
« de Coigny, qui leur témoignèrent, de sa part, sa désapproba-
« tion sur l'armement de la noblesse française, auquel l'Empe-
« reur mit tous les obstacles possibles, mais qui continua d'a-
« voir lieu. » (P. 310.)

Comment les sentimens de la reine devaient-ils (p. 313) faire marcher l'Empereur *en le forçant dans son dernier retranchement*, tandis que (à la p. 315) M. de Bouillé affirme que

« Les vues de Léopold étaient dirigées vers la paix par l'in-
« fluence de Louis XVI et de la reine ? »

Sans doute parce que les plans du comité autrichien étaient que l'armée autrichienne menaçât seulement la frontière pour donner de la force au roi.

« Le roi envoya M. Mallet-du-Pan auprès des princes ses
« frères. — M. Mallet-du-Pan étoit en outre chargé d'une mis-
« sion secrète auprès de l'empereur, de la part du roi et de celle
« de la reine. » (P. 317.)

M. Mallet-du-Pan devait sans doute obtenir alors un manifeste dans le sens du comité autrichien.

« L'électeur de Mayence, qui avait des relations très intimes
« avec le cabinet de Vienne, me dit, quand les Français décla-
« rèrent la guerre, après la mort de Léopold : « Vous êtes bien
« heureux que les Français soient les agresseurs, car, sans cela,
« la guerre n'auroit pas eu lieu. » Il la regardait comme néces-
« saire pour le rétablissement de l'ordre en France, et pour la
« tranquillité générale de l'Europe. » (P. 320.)

On voit encore ici qu'une partie de la coalition avait grand besoin que la guerre fût décidée par quelques jacobins, et craignait beaucoup qu'elle ne se fît pas. Parmi les causes principales qui ont rendu les armées françaises supérieures à celles de leurs ennemis (p. 324), M. de Bouillé oublie que les gardes nationales avaient été organisées et préparées pendant trois ans. Il oublie aussi *l'établissement de l'égalité* qui permit à tous les talens de parvenir ; le débarras des maîtresses, favoris, généraux de cour, etc.

« Le roi de Suède fut assassiné la nuit du 16 au 17 mars 1792 ;
« ses projets s'éteignirent avec lui. — Les idées chevaleresques
« de ce prince réveillèrent l'animosité des mécontens, qui, au
« désir de vengeance que leur inspiraient la suppression des pré-
« rogatives de la noblesse, l'extension de la puissance royale,
« le désordre des finances, joignaient la crainte d'une expédi-

« tion où l'on voyait toutes les ressources de la Suède s'engloutir
« inutilement. » (P. 326 et 330.)

Il est assez simple que l'adoption des projets de M. de Bouillé par Gustave III, qui n'y avait que faire, ait irrité les Suédois, et son conseiller a bien raison de dire que ce ne sont pas les démocrates qui ont conduit le malheureux prince à sa perte.

« À la fin d'avril, les Français déclarèrent la guerre à l'empe-
« reur sans la déclarer à l'empire, qui la leur fit peu de temps
« après. Leur politique fut sans doute mauvaise ; ils auraient
« pu, dans ce premier moment, envahir facilement les électo-
« rats du Rhin, les états héréditaires de l'Autriche, situés sur
« ce fleuve, s'emparer de quelques places fortes alors sans dé-
« fense, etc.... » (P. 344.)

Oui, mais ce n'était pas le compte du ministère qui avait déclaré la guerre.

M. de Bouillé est souvent si mal instruit, qu'il croit que c'est Dumouriez et non Luckner qui succéda à Rochambeau (p. 345). Il ne voulait qu'amener ici l'assertion que si je n'ai pas eu d'échecs comme les autres, j'ai eu le tort d'être trop circonspect.

« Je fus mandé par le roi de Prusse, le 27 mai 1792, à Mag-
« debourg, pour donner quelques détails sur les plans des
« opérations des armées combinées de l'empereur, de l'em-
« pire et de la Prusse. — J'indiquai la Champagne, comme la
« partie la plus faible de la frontière, et l'attaque par Longwy,
« Sedan et Verdun, comme la plus facile. » (P. 346.)

J'avais mandé au ministre de la guerre que, d'après ce qui était échappé à M. de Bouillé, dans sa tournée avec mon aide-de-camp Desmottes, pour préparer des mesures défensives, si M. de Bouillé était consulté, il entrerait en France par Longwy, Sedan et Verdun. C'est une des raisons qui me décidèrent à me porter à l'extrémité de ma droite, au camp retranché de Sedan, à faire travailler à Longwy et à Verdun pendant le peu de temps que je commandai dans cette partie. Je pressai les ministres de ne pas regarder Verdun comme une place de troisième ligne, et je fis les mêmes recommandations à Luckner lorsque Longwy et Verdun furent dans le commandement de celui-ci (1). — L'on voit que le duc de Brunswick a l'obligation de son plan de campagne à M. de Bouillé.

« Lafayette ne doit-il pas être séparé de ces hommes atroces? « Élevé à l'école de la révolution en Amérique, il s'est livré « aveuglément à cet enthousiasme de liberté qui avait embrasé « son ame pendant les six années qu'il passa auprès du célèbre « Washington. Qu'on se représente un jeune homme à qui la « nature a donné un cœur chaud, une ame sensible et fière, etc. » (P. 383 et 384.)

Lafayette a voulu défendre la constitution, et par conséquent ne peut répondre à l'invitation que M. de Bouillé lui fait, tout doucement, après ces éloges (p. 385), de s'unir au parti royaliste.

« Philosophes modernes, ou plutôt malheureux sophistes, « par le faux éclat des lumières que vous avez répandues, vous « avez fait commettre plus de crimes et verser plus de sang, « dans un petit nombre d'années, que la politique, le fanatisme « et l'ignorance barbare de nos pères, dans le cours de plusieurs « siècles! » (P. 387.)

(1) Voy. à l'appui de cette note, les p. 344, 435, 441, 446, 449 du troisième vol. de cet ouvrage.

8.

Après avoir employé les premières pages de ces Mémoires à prouver que les malheurs de la révolution ne provenaient que des sottises des aristocrates et des royalistes, il est un peu tard pour en accuser la philosophie à laquelle on voit que M. de Bouillé *ne voudrait pas laisser pierre sur pierre !*

En tout, son ouvrage est rempli d'erreurs et d'inconséquences. Parmi les faits que raconte M. de Bouillé, il faut distinguer ceux qu'il n'a connus que par de faux rapports, d'après des notions imparfaites, et qu'il a vus à travers les préjugés d'un caractère plus passionné que réfléchi, d'un esprit plus actif que juste et étendu. Cependant, une grande partie des faits qu'il raconte lui étant connus personnellement, il mérite créance sur ces objets, car M. de Bouillé a mis plus de sincérité dans ses écrits que dans sa conduite. Quand les sentimens fâcheux qui percent en vingt endroits, égarent l'auteur, peut-être s'est-il persuadé réellement ce qu'il tâche ensuite de persuader aux autres ? On le croirait volontiers lorsqu'on voit qu'il lui arrive de contredire, en traçant le portrait de Lafayette, plusieurs traits par lesquels il a cherché à le noircir ou à le déprécier.

Dans la correspondance de M. de Bouillé avec son cousin, il est facile de remarquer tous les soins de celui-ci pour conserver à la France et à la constitution un ancien de grade, un homme sur la bienveillance duquel il était loin de compter. Et cependant, quoique, en général, Lafayette ait mérité le reproche de trop de confiance dans les hommes, de négligence sur des personnes et des choses insignifiantes à son gré, mais qui finissaient par nuire, il faut reconnaître que ce défaut n'a pas été poussé aussi loin, à l'égard de M. de Bouillé, que le public l'avait cru. En même temps que Lafayette risquait sa popularité pour le soutenir dans ce qu'il avait fait d'utile, il veillait sur sa conduite avec une grande attention, et en lui réservant les moyens de servir la cause constitutionnelle, lui ôtait ceux de la compromettre. On ne s'étonnera plus de l'importance que Lafayette mettait à l'affaire de Nancy lorsqu'on verra, par le témoignage même de M. de Bouillé, à quel point il importait au succès de la révolution et de l'ordre légal, qu'en dépit des aristocrates et des jacobins, cette insurrection fût réprimée.

MADAME ROLAND.

APPEL A L'IMPARTIALE POSTÉRITÉ, PAR LA CITOYENNE ROLAND, FEMME DU MINISTRE DE L'INTÉRIEUR.

Un volume in-8°, à Paris, chez Louvet.

———

Ces Mémoires d'une femme d'esprit sont un plaidoyer des girondins contre les constitutionnels. En accordant que les premiers ont eu dans les derniers temps une bonne morale et d'honorables intentions, il n'est pas moins vrai que si, en 1792, ils avaient raison, leurs adversaires avaient tort. Les girondins ont beaucoup calomnié les constitutionnels et surtout Lafayette. Il n'y a donc qu'un juste droit de défense dans nos observations sur leur conduite; elles doivent être franches et sans réticences. Nous rendons justice à ce qu'ils ont fait et dit de bien; mais comme chaque fraction des jacobins a successivement repoussé l'oppression dont elle devenait victime en invoquant trop tard les principes de la *déclaration des droits*, il faut qu'on apprenne à distinguer, dans la révolution, les hommes qui, dans tous les temps et dans toutes les vicissitudes, ont prêché et pratiqué la même morale et n'ont ainsi à rougir d'aucune anecdote, ni d'aucune citation qu'on puisse opposer, soit à leurs paroles, soit à leurs actes d'un autre temps. C'est là le point caractéristique qu'il est important de saisir.

Les conspirations échouées, reprises, avortées, toujours suivies, aboutirent enfin à l'insurrection du 31 mai 1793, où le bon peuple de Paris, très décidé à ne massacrer personne, fit d'ailleurs tout ce que voulurent bien lui dicter ses audacieux directeurs, son insolente commune et le comité révolutionnaire de messeigneurs les jacobins devenus fous, enragés ou stipendiés par les ennemis. (P. 4.)

Ce que madame Roland dit de l'insurrection du 31 mai, ne pourrait-il pas se dire du 10 août, plus les massacres?

Le jour de l'insurrection (du 31 mai), lorsque deux heures avant que le son du tocsin ait cessé de frapper les airs, quarante mille hommes en armes environnent la Convention, et que des pétitionnaires menacent ses membres à la barre; l'assemblée n'est pas permanente! elle est donc entièrement subjuguée? Elle a donc fait tout ce qu'on lui a ordonné? — « Citoyens, dis-je à quelques sans-culottes groupés près d'un canon, les départemens seront-ils bien aises de voir leurs représentans... » — « Qu'appelez-vous? les Parisiens ne font rien que d'accord avec les départemens. » — « Pour savoir leurs voeux, il aurait fallu des assemblées primaires. » — « Est-ce qu'il en a fallu au 10 août?» (P. 9.)

Ce qui se passait à cette époque est, en effet, la répétition de ce que les girondins ont dit et fait au 10 août.

J'entends frapper chez moi... Il était minuit environ. Une nombreuse députation de la commune se présente et me demande Roland. — « Nous venons, citoyenne, vous mettre en état d'arrestation et apposer les scellés. » — « Où sont vos pouvoirs? » — « Les voici, dit un homme, en tirant de la poche un mandat du comité d'insurrection, du 31 mai, sans motif d'arrestation, pour me conduire à l'Abbaye. » (P. 12.)

N'est-ce pas là la municipalité illégale du 10 août, les arrestations nocturnes de Pétion, les ordres de Roland à des commissaires arbitraires? Ils avaient fait défendre alors, *sous peine de mort*, d'entraver la marche du pouvoir exécutif, ces hommes qui se plaignaient du despotisme du pouvoir exécutif constitutionnel; et Roland chargeait, non les administrateurs, mais des agens à lui, de faire les arrestations.

L'erreur et le crime l'ont emporté; la représentation nationale est violée; tout ce qu'il y avait de remarquable par la probité unie au talent est proscrit; la commune de Paris commande au corps législatif; Paris est perdu; l'ennemi va profiter de nos divisions. (P. 22.)

Encore une imprécation fort applicable au 10 août!

C'est le meilleur des humains, confiant jusqu'à l'imprudence, gai, naïf, ingénu comme on l'est à quinze ans, fait pour vivre avec des sages et pour être la dupe des méchans. (P. 36.)

Ceci est un plaisant éloge de Brissot, qui n'était ni aussi ingénu, ni aussi dupe que l'assure madame Roland.

Il fut arrangé que l'on viendrait chez moi quatre fois la semaine dans la soirée, parce que mon appartement se trouvait placé de manière à n'être fort éloigné d'aucun de ceux qui composaient nos petits comités. — Il n'y avait plus qu'un petit nombre d'hommes qui osaient combattre pour les principes, et sur la fin, il se réduisait presque à Buzot, Pétion et Robespierre. Celui-ci me paraissait alors un honnête homme. — Il venait de temps en temps me demander à dîner. (P. 38, 39.)

Robespierre était en 1791, comme on voit, un intime ami de ce comité (1).

J'avais été frappé de la terreur dont Robespierre parut pénétré le jour de la fuite du roi à Varennes; je le trouvai l'après-midi chez Pétion, où il disait avec inquiétude que la famille royale n'avait pas pris ce parti sans avoir dans Paris une coalition qui ordonnerait la Saint-Barthélemy des patriotes. Pétion et Brissot disaient, au contraire, que cette fuite du roi était sa perte et qu'il fallait préparer les esprits à la république. Robespierre, ricanant à son ordinaire et se mangeant les ongles, demandait ce que c'était qu'une république! — Il y avait derrière la toile un intéressé que les aristocrates accusaient trop vivement pour que les patriotes ne fussent pas tentés de lui pardonner, tant qu'ils n'apercevraient que des choses qu'on pouvait tourner au profit commun. — En révolution, on saisit avidement ce qui peut servir, et l'on perd la faculté de prévoir ce qui pourra nuire. — De là cette indélicatesse, si je puis m'exprimer ainsi, dans la concurrence d'agens qu'on n'estime pas, mais qu'on laisse faire parce qu'ils semblent aller au même but. D'Orléans n'était sûrement pas à craindre isolément, mais son nom, ses alliances, sa richesse et son conseil, lui prêtaient de grands moyens; il avait certainement une part secrète à toutes les agitations populaires; les hommes purs le soupçonnaient; mais cela leur paraissait un ferment nécessaire pour soulever une masse inerte. (P. 39, 40, 41.)

Ces passages nous paraissent peu adroits et assez clairs.

Les jacobins proposèrent une pétition à l'assemblée pour lui demander le jugement du traître qui avait fui, ou l'inviter à recueillir le vœu du peuple sur le traitement qu'il pouvait mériter. Laclos, dévoué à d'Orléans et puissant dans son conseil,

(1) M. Roland était alors chargé d'une mission relative aux dettes de la commune de Lyon. Il ne s'établit à Paris qu'au mois de décembre 1791 et fut nommé ministre de l'intérieur environ trois mois après (le 9 mars 1792).

fit cette proposition aux jacobins, qui l'accueillirent, et près de qui elle fut appuyée par un détachement de quelques centaines de motionnaires et de coureuses, tombés du Palais-Royal dans le lieu de leur séance, à dix heures du soir. Je les y vis arriver. La société délibéra avec cette foule, qui donna aussitôt son suffrage; elle arrêta les bases de la pétition, et nomma pour la rédiger des commissaires, au nombre desquels étaient Laclos et Brissot; ils travaillèrent dans la nuit même. — Laclos, prétextant un mal de tête, pria Brissot de tenir la plume, et il proposait comme dernier article, je ne sais plus quelle clause qui rappelait la royauté et ménageait une porte à d'Orléans; Brissot, étonné, la repoussa vivement. (P. 41, 42.)

Quand Laclos et Brissot arrangeaient ensemble le rassemblement du Champ-de-Mars, il était donc évident, pour celui-ci et ses amis, qu'il s'agissait de porter le duc d'Orléans au trône. Vous reconnaissez qu'il est criminel de servir de tels projets et vous les servez néanmoins. — Madame Roland appelle (p. 42) *proclamation inopinée et brusque exécution*, l'application de la loi martiale qui eut lieu huit heures après les premiers assassinats du Champ-de-Mars, sans compter le coup de fusil raté sur le commandant général; le coup de pistolet tiré sur le maire, des pierres, etc. (1).

Certaine rumeur qui n'est point encore l'opinion publique, mais qui la précède et l'annonce, s'élevait contre Bonne-Carrère, que Dumouriez avait fait directeur-général du département des affaires étrangères. — Le bruit se répandait de je ne sais quelle place accordée ou quelle affaire arrangée par Bonne-Carrère, au prix de cent mille livres dont partie devait être remise à madame de Beauvert. C'était la maîtresse de Dumouriez, vivant chez lui au grand scandale des amis des mœurs et de la liberté.

(1) Voy. la p. 104 du troisième vol.

Madame de Beauvert, sœur de Rivarol, était environnée de suppôts de l'aristocratie, etc. (P. 49.)

Cependant cet homme dont la maîtresse, sœur de Rivarol, faisait des affaires d'argent et s'environnait des suppôts de l'aristocratie, cet homme que sa conduite devait rendre suspect, et que plusieurs personnes de son parti croyaient un traître, Dumouriez ne fut pas seulement l'introducteur du ministère girondin, par l'intermédiaire de M. de La Porte, intendant de la liste civile; les girondins le préconisèrent jusqu'à leur brouillerie avec lui.

« Me voilà aussi chassé, » m'annonça mon mari en revenant; — « J'espère, lui répliquai-je, que c'est encore mieux mérité de votre part que de celle de personne ; mais c'est bien le cas de ne pas attendre que le roi l'annonce à l'assemblée ; et puisqu'il n'a pas profité des leçons de votre lettre, je ne vois rien de plus conséquent au courage de l'avoir écrite, que la hardiesse d'en envoyer copie à l'assemblée. » (P. 52.)

On verra plus loin, (p. 11 de la deuxième partie,) que M. Roland emprunta la plume de sa femme pour rédiger sa fameuse lettre au roi; mais peu importe. Ce qu'il faut remarquer, c'est qu'en écrivant sur ce qui se passait dans l'intérieur du conseil, il avait dit que cela resterait entre le roi et lui, ce qui ne l'empêcha pas d'envoyer sa lettre aux journaux et à l'assemblée (1).

« On avait senti le besoin de balancer l'influence de la cour, de l'aristocratie, de la liste civile et de leurs papiers. Un journal placardé en affiches, parut propre à cette fin. Il fallait trouver

(1) Voy. la note de la p. 324 du troisième vol.

un homme sage et éclairé pour en être le rédacteur. Il fallait aussi des fonds ; c'était une autre affaire. Pétion lui-même n'en avait point pour la police ; et cependant dans une ville comme Paris, c'était absolument nécessaire. Il eût été difficile d'en obtenir de l'assemblée ; on imagina que Dumouriez qui avait, aux affaires étrangères, des fonds pour dépenses secrètes, pourrait remettre une somme par mois au maire de Paris pour la police, et que sur cette somme seraient prélevés les frais du journal que surveillerait le ministre de l'intérieur. Telle a été l'origine de *la Sentinelle*. (P. 54 ; 55.)

Puisque Roland, Pétion, et tous les girondins ont reconnu la nécessité d'avoir des fonds secrets pour la police de Paris, et de prendre ces fonds sur les dépenses secrètes des affaires étrangères, ils n'avaient rien à reprocher, à cet égard, à M. de Montmorin, en admettant que ce ministre ait donné aussi, sur les fonds des affaires étrangères, quelque chose à la police de Paris, ou même en supposant, ce que je n'ai jamais su, qu'il ait payé des journaux comme les girondins payaient *la Sentinelle*. M. de Montmorin aurait même sur eux un avantage, car probablement ses journaux étaient dans le sens de la constitution, tandis que les affiches rédigées par Louvet tendaient à la détruire. Madame Roland le prouve assez (même page 55), quand elle rapporte les mots de Barbaroux à son mari encore ministre et les réflexions qu'ils firent naître :

Il ne fallait pas retomber dans l'esclavage, mais tout tenter pour établir quelque part un gouvernement libre. « Ce sera notre ressource, disait Barbaroux, si les Marseillais que j'ai accompagnés ici ne sont pas assez bien secondés par les Parisiens pour réduire la cour ; j'espère cependant qu'ils en viendront à bout, et que nous aurons une convention qui donnera la république à toute la France. » — Nous jugeâmes bien, sans qu'il s'expliquât davantage, qu'il se préparait une insurrection.

Ce qui suit est également fort instructif :

Il est vrai qu'à l'époque des révolutions, il se trouve toujours, particulièrement chez les peuples corrompus et dans les grandes villes, une classe d'hommes privés des avantages de la fortune, avide de ses faveurs et cherchant à les extorquer à tout prix. — Sans doute beaucoup de gens de cette trempe s'étaient jetés dans le parti populaire contre la cour, prêts à servir celle-ci pour son argent, puis à la trahir si elle devenait plus faible. Les vrais patriotes laissaient aller cette meute bruyante comme des chiens d'arrêt, et peut-être n'étaient pas fâchés de s'en servir comme d'enfans perdus qui se livrent à l'ennemi. (P. 56, 57.)

Voilà (p. 61 et 62) un curieux détail de voleries et dilapidations :

Dès que l'assemblée eut donné au conseil deux millions pour dépenses secrètes, Danton se pressa de toucher cent mille écus dont il fit ce que bon lui sembla ; ce qui ne l'empêcha pas d'obtenir de Servan soixante mille livres ; de Lebrun davantage, sur les fonds secrets de leurs départemens, sous divers prétextes. — Jamais il n'a rendu de compte. C'est ainsi que Servan me l'a répété. Le conseil, interrogé par l'assemblée, sur la question de savoir si Danton avait rendu des comptes, répondit simplement que oui ; mais Danton avait acquis tant de puissance, que ces hommes timides craignaient de l'offenser.

On avait imaginé, comme l'une des premières mesures à prendre pour le conseil, l'envoi dans les départemens de commissaires chargés d'éclairer sur les événemens du 10 août, etc. Dès qu'il fut question de leur choix en même temps que de la proposition de leur envoi, Roland demanda jusqu'au lendemain pour réfléchir aux sujets qu'il pouvait indiquer. « Je me charge de tout, s'écria Danton, la commune de Paris nous fournira d'excellens patriotes ! » — Le lendemain il arrive au conseil avec les commissions toutes dressées ; il ne s'agit plus que de les remplir des noms qu'il présente et de signer. On examine peu, on ne discute point, et on signe. Voilà donc un essaim d'hommes peu connus, intrigans de sections ou brouillons de clubs, patriotes par exaltation et plus encore par intérêt, mais très dévoués à Danton, leur protecteur, et facilement épris de ses mœurs et de sa doctrine licencieuse; les voilà représentans du conseil exécutif dans les départemens! (P. 64.)

Quelle vertu que celle d'un ministre de l'intérieur qui n'exige pas même que l'on examine et discute de tels choix, et signe par complaisance l'envoi dans les départemens de tous les scélérats nommés par Danton!

« (Massacres de septembre, p. 74.) Tout Paris laissa faire... Je n'espérais plus que la liberté s'établît parmi des lâches, froids spectateurs d'attentats que le courage de cinquante hommes armés aurait facilement empêchés. — La santé de Roland en fut altérée, etc. »

Croyez-vous que Bailly et La Rochefoucauld se seraient contentés de pouvoir dire que leurs santés en avaient été altérées et d'écrire à l'assemblée, le lendemain, quand le crime était consommé. La durée de quatre jours étonne madame Roland... Elle devait être étonnée en effet, puisqu'elle croyait à la vertu de Pétion, de Roland et des membres influens de l'assemblée.

Vous dites « que les massacreurs n'étaient que deux « cents, mais que la force publique était mal orga« nisée. » Qui donc s'était efforcé de la désorganiser avant le 10 août et y avait réussi après cette journée, en désarmant, emprisonnant, poursuivant les meilleurs citoyens de la garde nationale? Il est tout simple que les brigands aient craint d'être entravés par l'ordre public; mais ceux qui ont toléré de si grands attentats ne doivent pas s'étonner si, comme le raconte madame Roland (p. 75) :

L'or, l'argent, les portefeuilles, des prisonniers furent pillés ; si des dilapidations bien plus considérables furent faites, par les membres de la commune, après le 10 août, soit au château des Tuileries, soit dans les maisons royales des environs, où elle envoya des commissaires, soit chez les particuliers, dits suspects, où elle avait fait apposer les scellés.

(P. 82.) Les brigands de Paris calomniaient toujours et ne prouvaient jamais. — *On voulait perdre Roland ; on a tenté de l'arrêter lors de l'insurrection du 31 mai, époque de l'avilissement complet de la représentation nationale*, etc.

C'était bien comme cela qu'on s'y était pris envers les constitutionnels; mais il y avait long-temps que la représentation nationale était avilie. Madame Roland a raison de dire (p. 86) : « que Pétion fut un maire « prudent et qu'il ne conjura pas les orages. »

Elle ajoute (p. 87.) :

On a vu que durant le premier ministère patriote, il avait été arrangé que le ministre des affaires étrangères prendrait sur les fonds attribués à son département, pour dépenses secrètes, quelques sommes qu'il remettait au maire de Paris, tant pour la police que pour des écrits, etc. — Dumouriez ayant quitté ce département, il fut question du même objet pour la police seulement avec d'Abancourt, qui ne voulut rien faire de lui-même, et prétendit que c'était une chose à faire goûter au roi. Le roi répondit, en propres termes, qu'il ne donnerait pas des verges pour se fouetter. Mais peu de jours après, Lacroix, ce collègue actuel de Danton, avec lui déprédateur de la Belgique, Lacroix qui siégeait alors à l'assemblée législative, et qu'on savait aller au château, se rendit chez Pétion pour lui assurer la libre disposition de trois millions, s'il voulait en user de manière à soutenir Sa Majesté. Cette proposition fut rejetée malgré l'accueil très particulier qu'il reçut du roi dans le même temps. Il fut introduit dans son cabinet, et Louis XVI lui prodigua des témoignages d'affabilité, même ces petites cajoleries aimables, etc. — Le léger bruit d'un froissement d'étoffe de soie derrière la tenture, persuada à Pétion que la reine était présente sans être visible, etc. Pétion resta ferme et honnête.

Si M. d'Abancourt, qui avait juré la constitution, refusa de donner de l'argent pour la détruire, il ne fit que son devoir; et si le roi fit dire à Pétion qu'il lui confierait trois millions si celui-ci promettait de travailler au maintien de la royauté constitutionnelle, il n'y aurait eu là que trop de bonhomie. Au reste, Lacroix était tel que madame Roland le dépeint, et lorsque la cour donna ses voix à Pétion pour la mairie, il est probable qu'elle voulait en tirer parti; mais ne voit-on pas que les *petites cajoleries aimables* du pauvre Louis XVI et le *froissement d'étoffe de soie*, sont des platitudes racontées par un homme qui a voulu se faire valoir?

Guadet eut des instans brillans dans les deux assemblées législative et conventionnelle (p. 95).

Un des plus brillans instans de Guadet fut sans doute sa motion du 14 janvier 1792 (1).

DEUXIÈME PARTIE.

Les quatre premières pages de cette seconde partie

(1) La motion qui fut suivie du décret déclarant traître à la patrie tout Français qui pourrait prendre part directement ou indirectement à un projet dont le but serait une modification de la constitution. (Voy. la p. 307 du troisième vol.)

sont curieuses. On y parlé de la correspondance des jacobins où Roland se trouva immiscé sans s'en douter ; à peu près de la même manière qu'il devint ministre. Il prévoyait peu les évènemens, et au fond n'avait pas de méchanceté. Cependant sa femme a tort de le peindre comme tellement étranger à l'intrigue, *encore plus que Brissot*, suivant elle. Madame Roland a tort aussi de se plaindre (p. 7) de *la disette d'hommes*, ce qui n'est pas exact. Il y eut beaucoup d'hommes de talent dans les trois ou quatre partis de l'assemblée constituante, dans les trois partis de l'assemblée législative, dans les armées; et l'on doit s'étonner qu'après tant de massacres et de proscriptions, il en soit tant resté.

Le choix d'un envoyé aux États-Unis fut dirigé avec sagesse. Brissot cita Genest qui venait de passer cinq ans en Russie. Cette proposition fut réfléchie, toutes les considérations possibles l'appuyèrent, et Genest fut choisi. (P. 27.)

Nous savions déjà que Genest avait été envoyé en Amérique par la Gironde et nommément par Brissot. Sous l'ancien régime, les ambassadeurs de Louis XVI n'avaient donné aucun sujet de plainte aux États-Unis. Sous la constitution, Otto, Ternant, s'y étaient fait aimer et considérer. Le 10 août arrive, et les girondins se hâtent, en destituant Ternant, d'envoyer un homme expressément chargé de désorganiser l'Amérique, de séparer les patriotes en deux partis, ce qui rapprochait de l'Angleterre un grand nombre d'hommes les plus respectables et les plus liés à la

France depuis le commencement de la révolution. C'est Genest ou plutôt la Gironde qui a créé dans ce pays la distinction fâcheuse des partis anglais et français. Gérard, frère de Renneval, avait été sur le point, en 1778, de commettre cette faute; mais La Luzerne et Marbois qui le remplacèrent, ne cherchèrent qu'à unir les patriotes. La Luzerne, digne neveu de Malesherbes, disait : « Je ne me ferais pas scrupule d'em-
« ployer en Allemagne les moyens reçus dans la di-
« plomatie; mais je me reprocherais d'en faire usage
« parmi ces hommes honnêtes et ce peuple tout neuf. »
Genest, au contraire, avait ordre de semer la division; on eut la maladresse d'y ajouter celui de dépopulariser Lafayette, ce qui ne fit aucun tort à celui-ci, mais au parti français qui employait Genest. L'ambassadeur girondin avait pris des gens à sa solde pour insulter ceux qui n'étaient pas de son avis, comme l'ambassadeur russe en avait à Constantinople, pour insulter ceux qui portaient la cocarde nationale. Si l'on voulait connaître la conduite de Genest, qui n'était pas homme à se comporter de la sorte sans instruction, il suffirait de lire la lettre sévère qui lui fut écrite par M. Jefferson, alors ministre des affaires étrangères (1). On ne peut soupçonner M. Jefferson ni d'aristocratie, ni d'anglomanie.

(1) Memoir, correspondence, and miscellanies from the papers of Ch. Jefferson, (vol. 3, lettre à M. Genest, p. 296 et 299.) Voyez aussi dans le t. 1, p. 391, des Mélanges politiques et philosophiques de M. Jefferson, traduits par M. Conseil, une lettre à M. Gouverneur-Morris, datée de Philadelphie, 1793.

Les jacobins et cordeliers ne cessaient de répéter, dans leur tribune, qu'il fallait faire un 10 août contre Roland, dans les derniers jours de son ministère, comme on avait fait contre Louis XVI. (P. 43.)

Ils avaient été approuvés dans la violation des lois et ne voyaient aucune raison pour ne pas recommencer.

Custine, dont j'ai ouï dire aux princes de Linange qu'il était le plus redouté d'entre eux par les Autrichiens, est menacé de perdre la tête ! (P. 47.)

Nous avons appris que Custine fut caressé par les girondins et qu'ils lui firent proposer de venir à leur secours. Custine partageait leur confiance avec Dumouriez lorsqu'ils proscrivaient Lafayette; mais il profita des leçons données à celui-ci par les girondins et les refusa avec les lieux communs qu'ils avaient débités contre l'intervention du général constitutionnel.

Et voilà les régisseurs de l'empire ! un Collot, comédien de profession, etc. — Collot se crut frustré en voyant appeler Roland à l'intérieur, où lui avait porté ses vues. Dès lors, la puissance clubiste fut dirigée contre Roland. (P. 50.)

Madame Roland a tort de tant s'indigner de la concurrence du comédien Collot-d'Herbois avec son mari, lorsque M. de La Porte, intendant de la liste civile, et Dumouriez formèrent le ministère jacobin. On ne faisait pas encore toutes les distinctions qui ont eu lieu depuis. Dumouriez, en arrivant au ministère, s'occupait d'employer Collot-d'Herbois et le dit à Lafayette. Il est vrai que Collot se jeta ensuite du côté de Robespierre; mais il avait été soutenu par les girondins et fort vanté dans leurs journaux, à l'époque du triomphe des Suisses de Château-Vieux. Brissot l'exaltait alors avec beaucoup de zèle, et enfin le concurrent de M. Roland fut l'organe de tous les jacobins, quand il dénonça Lafayette au corps législatif (1).

Pétion ne pouvait, par sa place, marcher à la tête de l'insurrection du 10 août. Il fallait qu'il fût consigné et qu'on lui liât les bras, afin qu'il n'agît point contre elle. Les étourdis de la commune oubliaient de le faire, et je me souviens que Lanthenas alla deux fois de la mairie à l'Hôtel-de-Ville pour dire que l'on mît donc à son hôtel une force imposante. (P. 58.)

N'est-ce pas l'aveu d'une étrange conduite pour le maire de Paris?

Il paraît que Lafayette, d'abord entraîné par des principes que son esprit adoptait, n'eut pas la force de caractère nécessaire pour les soutenir quand la lutte devint difficile; ou que peut-être, effrayé des suites d'un trop grand ascendant du peuple, il jugea prudent d'établir une sorte de balance. Le fait est que, professant même le républicanisme, dans le particulier, Brissot fut long-temps encore à le croire coupable, lorsqu'il était devenu tel aux yeux des plus ardens. (P. 59.)

Cette phrase échappée à l'auteur doit être conforme à la véritable opinion des girondins sur Lafayette.

(Affaire du champ de mars, 17 juillet 1791.) L'assassinat matinal des invalides, fait pour ainsi dire à la dérobée, servit de prétexte pour fusiller le peuple réuni après le dîner. (P. 60.)

On eut la patience d'attendre jusqu'au soir, car le

---

(1) Voy. la p. 350 du troisième vol.

rassemblement ne discontinua pas, quoique madame Roland veuille, par une phrase louche, faire entendre ici que les factieux réunis le soir n'étaient pas les mêmes que ceux du matin.

Les sages désiraient que le roi sentît la nécessité de faire marcher la constitution, et se décidât à reprendre, pour les conserver, des ministres qui voulaient sincèrement la faire exécuter. (P. 61.)

Autre aveu : Le rappel forcé des ministres girondins fut le principal motif de toutes les entreprises de leur parti à cette époque, y compris le 20 juin et le 10 août, où ils montrèrent peu le désir sincère de faire exécuter la constitution.

Dans les mouvemens révolutionnaires, les gens les plus actifs ne sont pas toujours les plus purs : combien d'êtres ne se mettent en avant que pour devenir quelque chose ! Il faut laisser faire ceux-là avec les autres; mais l'objet du mouvement rempli, il faut se dépêcher d'établir l'ordre pour éviter la dissolution. (P. 62.)

Après avoir fait l'attaque avec ces êtres impurs, contre toutes les lois de la constitution et de la morale, on devait s'attendre qu'ils n'en laisseraient pas le profit aux girondins tout seuls.

On a fait un crime à Roland de la découverte de l'armoire de fer, et l'on est bien aise de supposer qu'il en ait retiré quelque chose. Mais Roland avait des témoins, et Roland ne s'est point contredit. Un serrurier, nommé Gamin, établi à Versailles, dénonça, qu'il avait été employé par Louis XVI à construire une petite cache dans son appartement aux Tuileries. Roland avait l'inspection des Tuileries, elles étaient confiées à sa surveillance, ainsi que tout ce qu'elles renfermaient; il prend avec lui Gamin et Heurthier, l'architecte, se rend dans l'appartement du roi, où Gamin lève un panneau de boiserie et découvre une petite porte de fer. Roland la lui fait ouvrir, appelle un domestique, fait apporter une serviette, tire les liasses pour les défaire, jette un coup d'œil sur les titres qui annonçaient des correspondances avec les généraux et autres, les place dans la serviette, toujours en présence de Heurthier et de Gamin, fait prendre le paquet à son domestique, et se rend à la convention, où il les dépose authentiquement. Il faut dire qu'en mettant le château sous la responsabilité du ministre de l'intérieur, la convention avait en outre créé une commission de quelques-uns de ses membres pour examiner les pièces qui s'y étaient trouvées lors de l'invasion. Les membres de cette commission furent fâchés que le ministre ne les eût pas appelés à la découverte. Roland n'a point de tort réel dans cette affaire; mais il y a une faute de conduite et de précaution. Ajoutez que parmi les membres de la commission au château, était un certain Calon, personnage que Roland méprisait, avec lequel il avait quelquefois des difficultés parce que ces députés commissaires voulaient étendre leur pouvoir et bouleverser le château à leur gré, tandis que Roland, naturellement rigide, s'opposait souvent à leurs entreprises. (P. 67.)

Toute cette histoire est présentée avec fort peu d'adresse, et il est facile de voir pourquoi l'on ne trouva rien dans l'armoire de fer qui compromît les girondins. Mais si M. Roland eut le temps de prendre les précautions qui convenaient à ses amis, on peut voir (p. 225 du recueil des pièces de l'armoire de fer) qu'il laissa des billets où il n'y a que les initiales du nom de madame de Condorcet (1).

Le soin de ne pas se faire des ennemis est le premier caractère de l'homme ambitieux déjà parvenu dans une république. Voyez Roland au contraire, dénonçant rigoureusement les abus qu'il ne pouvait réprimer, ne pliant jamais devant la force ou le préjugé du jour. (P. 69.)

(1) Voy. la note de la p. 21 de ce volume.

Nous avons vu que M. Roland, malgré son grand courage, laissait son collègue Danton envoyer officiellement des ordres d'assassinat dans les départemens. M. Roland dit un jour à madame d'Ayen : « que « les assassinats s'organisaient dans le conseil (1). »

Rien de plus touchant (p. 101 et 102) que la relation des derniers momens de madame Roland. Rien de plus noble que sa conduite. C'est un hommage que nous aimons à lui rendre.

« L'égalité est le résultat nécessaire de la justice et de la liberté. » (Réponse de madame Roland, dans son interrogatoire par Dulaure, le 21 juin 1793, p. 104.)

Cette réponse est excellente.

TROISIÈME SECTION.

On trouvera (p. 49) dans le recueil de ses lettres, que madame Roland, et par conséquent M. Roland, avaient d'abord adopté les principes et les hommes de l'anarchie qu'elle a combattue ensuite avec tant de courage.

Loustallot est mort, dit-elle, dans sa lettre du 27 septembre 1790; et nous avons pleuré sa perte avec amertume. Desmoulins aurait sujet de reprendre sa charge de procureur-général de la lanterne. Mais où est donc l'énergie du peuple ? (P. 136.)

Loustallot était, comme on sait, le rédacteur des *Révolutions de Paris*, chez Prud'homme, ouvrage

(1) Lorsque madame de Lafayette eut reçu au mois d'octobre 1792, la permission de retourner dans sa demeure de Chavaniac, prisonnière sur sa parole, madame d'Ayen sa mère alla trouver M. Roland afin d'obtenir de lui une liberté complète; M. Roland en parlant, des obstacles que ses bonnes intentions rencontraient, répondit les mots ici rapportés.

aussi calomnieux et aussi incendiaire qu'aucune des feuilles de Marat. C'est celui dont MM. de Lameth firent porter le deuil aux jacobins. On voit que si madame Roland eût été à Paris, elle eût dès-lors provoqué les émeutes, et il n'est pas gracieux à une femme de souhaiter qu'on reprenne la place de *procureur-général de la lanterne.*

Il est important que la postérité et les étrangers ne s'imaginent pas que les véritables promoteurs de la liberté ont partagé ces dispositions et que c'était là, ce qui, parmi eux, s'appelait du patriotisme.

RÉPONSE DE CARNOT

AU RAPPORT FAIT SUR LA CONJURATION DU 18 FRUCTIDOR, AU CONSEIL DES CINQ-CENTS, PAR J.-CH. BAILLEUL, AU NOM D'UNE COMMISSION SPÉCIALE.

(8 floréal an VI, mai 1798 (1).)

Cette défense de Carnot renferme des éclaircissemens très curieux: on y verra (pages 157, 166, 191) qu'il est bien convaincu de l'existence d'un complot orléaniste, quoiqu'il soit encore nié par beaucoup de gens (2). Les menaces de cette faction expliquent en grande partie la conduite de Lafayette, de ses amis, de leurs adversaires, et le témoignage d'un homme qui a eu tous les secrets du comité de salut public et du Directoire est précieux; on doit en faire usage.

---

(1) Carnot était membre du directoire exécutif de la république, à l'époque du 18 fructidor. Lorsqu'il se fut soustrait à la déportation que les auteurs du coup d'état de cette journée avaient résolu de lui faire subir, il publia le mémoire ainsi intitulé, en réponse aux accusations dirigées contre lui dans le conseil des cinq-cents.

(2) « La haine que me portaient plusieurs membres du directoire, et Barras surtout, prenait sa source dans des évènemens bien antérieurs à sa formation. Barras était d'une faction que j'ai toujours eue en horreur, de cette faction qui voulut d'abord porter d'Orléans sur le trône; qui, n'ayant pu réussir, imagina de travailler pour son propre compte, et qui finit par se diviser elle-même en deux autres; l'une Dantonienne dominant aux cordeliers, l'autre Robespierrisme dominant aux jacobins et à la commune de Paris; de cette faction, d'abord si contraire au système républicain, qui en porta ensuite les principes jusqu'à l'exaltation, lorsqu'elle vit qu'elle pouvait en profiter pour se mettre elle-même à la tête de la république. » (P. 157 du Mémoire de Carnot.)

Mais comme Carnot n'était point dans les affaires au commencement de la révolution, ce qu'il dit demande explication, du moins pour les premières années.

Robespierre n'était point un chef de la faction orléaniste ; il en fût l'instrument comme il fut celui de tous les gens intéressés à l'anarchie. Dans l'assemblée constituante, Robespierre était lié avec Pétion, organe de Brissot qui lui dictait sa conduite et ses discours, et avec Barrère qui avait aussi des liaisons orléanistes ; mais tous ces hommes, quoique employés par la faction, n'étaient pas dans ses intérêts secrets. A l'époque de l'évasion du roi, Robespierre se trouva aussi remplir les vues de la faction orléaniste qui faisait parler de république et de procès du roi, comme elle le fit le 10 août 1792, pour se frayer le chemin au trône. Danton, Brissot, Robespierre et Pétion furent les chefs apparens du rassemblement du 17 juillet 1791 (1) ; ils étaient conduits par des hommes plus associés qu'eux aux véritables secrets de la faction et qui ne se montrèrent pas. Cependant Robespierre, dans l'intervalle de l'acceptation de la constitution (le 13 septembre 1791) jusqu'au 10 août, suivit des erremens différens de ceux de Pétion, Brissot, et de ceux qui prirent alors le nom de girondins ou *hauts jacobins*. Il est assez remarquable qu'à l'époque où ceux-ci voulaient la guerre et où la cour, ou pour mieux dire le *comité autrichien*, voulait maintenir la paix et faire peur de la guerre à la nation, pour la rendre plus

---

(1) Au Champ-de-Mars. — Voy. la p. 121 de ce volume et la p. 104 du troisième.

souple aux changemens projetés, Robespierre et d'autres anarchistes, croyaient s'opposer à l'influence de la cour en ne lui donnant pas les avantages de la guerre que les girondins au contraire souhaitaient pour pouvoir perdre Louis XVI, ou, ce qu'ils eussent mieux aimé, pour s'emparer de sa confiance volontaire ou forcée. On peut voir dans les journaux du temps qu'à cette époque, Robespierre et les siens ne parlaient que de paix, et c'est ce qui faisait croire à Lafayette que plusieurs de ces gens-là étaient ou payés ou dirigés, sans s'en douter, par les conseillers intimes de la cour (1).

Quant à Danton, bien supérieur à Robespierre, il fut complètement et sciemment dans le parti orléaniste, jusqu'après le 6 octobre. Il eut bien plus la confiance du parti que Robespierre, et il la méritait par des talens distingués comme par sa monstrueuse immoralité. On trouve dans nos matériaux une scène assez curieuse au district des cordeliers, où l'arrivée de Lafayette déjoua, dans les premiers temps de la révolution, le projet qu'il avait déjà déjoué plusieurs fois, de donner à M. d'Orléans la garde de Louis XVI (2). Lorsque M. d'Orléans passa en Angleterre, Danton se lia avec MM. de Lameth, directeurs du club jacobin, et toutes leurs mesures furent concertées entre eux. Cela ne l'empêcha pas de recevoir dans la suite des sommes d'argent considérables que le roi lui fit donner pour endormir sa rage, et ne l'em-

(1) Voy. la p. 301 du troisième volume.
(2) Voy. la p. 272 du deuxième vol., sur le projet mis en avant par Danton, de donner au duc d'Orléans le commandement des gardes françaises.

pêcha pas non plus de conserver des liaisons avec le parti d'Orléans. Aussi se déclara-t-il, au 21 juin 1791, contre le roi, quoique MM. de Lameth se fussent déclarés pour lui. Mais, après l'acceptation de la constitution, il continua à recevoir de l'argent du roi, devint aux jacobins l'espion et l'agent du gouvernement, en continuant de faire le démagogue. Nommé ministre de la justice, il commanda les meurtres de septembre et paya les meurtriers qui par erreur avaient été tout sanglans demander leur argent à Roland. Probablement, son arrière-pensée, depuis le 10 août, fut de servir la faction d'Orléans avec laquelle il avait conservé d'intimes rapports; cependant il eut aussi quelque velléité de rétablir le roi. Il était évidemment dans la conspiration de Dumouriez ; mais il est bien sûr que sa première et principale affection a toujours été orléaniste; ce qu'il voulait le moins c'était la république (1). MM. de Lameth ont eu des relations avec le parti d'Orléans, sans être orléanistes, puisque leur but a toujours été de se faire de gré ou de force ministres de Louis XVI. Ils se servaient de la faction orléaniste pour effrayer la cour, et pour attribuer à leur propre crédit l'importance qu'elle donnait aux chefs jacobins, tandis que la faction orléaniste se servait d'eux pour pousser au désordre et dissimuler la véritable source et le motif de ses excès. Le parti tranchant que Lafayette prit contre M. d'Orléans après le 6 octobre, les mécontenta extrêmement ; ce furent eux qui contribuèrent le plus au décret de l'assemblée sur le rapport de Cha-

(1) Voy. sur Danton la note 2 de la p. 84 du troisième volume.

broud avec lequel ils étaient fort liés. Mirabeau voulait se séparer de M. d'Orléans, en demandant la division de la question (1); MM. de Lameth l'en détournèrent en le menaçant « *s'il faisait*, dirent-ils, *cette lâcheté, de se mettre contre lui.* » Ils n'avaient pourtant jamais voulu porter M. d'Orléans au trône, et lorsqu'ils eurent fait leur réconciliation avec la cour au 21 juin, ils ne voulurent pas même qu'il fût employé dans son grade d'officier-général.

Sieyes fut sûrement dans les premiers temps du parti d'Orléans, et cette idée resta long-temps dans sa tête; cependant, après le 6 octobre, il voulut avoir la confiance de *Monsieur* frère du roi. Il voulut aussi, au commencement de 1791, donner à Louis XVI un ministère; mais il est très probable qu'après le 10 août, il a repris ses idées orléanistes. Le jour du rapport de Chabroud et surtout le jour de la dénonciation faite par le Châtelet, Sieyes était fort animé.

Mirabeau, dès qu'il eut été repoussé par MM. Necker et Montmorin (2), devint tout-à-fait orléaniste et fut très avant dans les secrets; mais la lâcheté du prince, au 6 octobre, le dégoûta tellement qu'il ne conserva pas de liaisons avec ce parti, ou du moins pas

---

(1) Le rapport dont M. Chabroud termina la lecture le 1er octobre 1790, avait pour objet l'examen de la procédure du Châtelet, et des informations de ce tribunal d'où résultait une inculpation de complicité entre Mirabeau et le duc d'Orléans, dans les attentats d'octobre 89. « La procédure, dit Mirabeau, dans son discours du 2 octobre, ne « me désigne que comme complice; il n'y a donc aucune charge contre « moi, s'il n'y a point de charges de complicité. Or, rien de tout ce qu'il « serait indispensable de prouver n'est prouvé. » (Voy. la p. 362 du deuxième volume.)

(2) Voy. la p. 360 du deuxième volume.

plus qu'il n'en fallait pour tâcher de savoir ce qui s'y passait.

Carnot dit que Tallien était orléaniste (1) : cela est très probable. Il paraît pourtant qu'après le 9 thermidor, Tallien et quelques autres négociaient en Suisse pour le rétablissement de la branche aîné des Bourbons. On a dit depuis qu'il avait, avec son beau-père Cabarrus, une intrigue pour appeler au trône un infant d'Espagne, et que Barras n'y était pas étranger; nous ignorons à quel point cela est fondé, mais Tallien était, pendant le temps de l'assemblée constituante, un zélé provocateur d'émeutes.

Le véritable directeur du parti orléaniste, c'était Laclos : lui seul était assez habile pour faire marcher à son but et les prétentions des chefs du club jacobin et les extravagances anarchiques de Robespierre, et en même temps pour employer, suivant différens degrés de confiance, Danton comme tribun du peuple, et plusieurs hommes habiles, tels que Merlin de Douai, qui regardaient leur propre fortune comme intéressée à faire celle de la maison d'Orléans.

Quelques députés qui s'étaient livrés à cette faction au commencement de l'assemblée et qui même avaient reçu des pensions de M. d'Orléans ou avaient placé leur argent sur lui, comme on l'aimera mieux, s'en retirèrent pour toujours après le 6 octobre. Parmi les hommes qui furent fidèles jusqu'à la fin de l'assemblée, on peut compter Barrère, qui avait même, dit-on, la promesse d'une place dans cette maison.

---

(1) « Tallien et plusieurs autres de la faction orléaniste, etc. » (P. 191 du Mémoire de Carnot.)

MÉMOIRES DU MARQUIS DE FERRIÈRES (1).

(3 vol. in-8°, à Paris, chez Baudouin, 1821.)

L'auteur déclare lui-même qu'il appartenait à la majorité de la noblesse et qu'il a constamment voté dans l'assemblée constituante avec le côté droit. Il parle de ce qu'il a vu à travers ses préjugés, et consulte pour les faits dont il n'a pas été témoin des écrits assez suspects, tels que ceux de Dumouriez. Cependant on trouve dans son ouvrage beaucoup de choses vraies, de la bonne foi à plusieurs égards, des aveux qui, de la part d'un adversaire, sont précieux à recueillir.

Quoiqu'il fît partie de la majorité de la noblesse, comme on le voit dès les premières pages, il adopte souvent le ton et les idées des *impartiaux*. M. de Ferrières avait à l'égard de la cour tout l'éloignement des nobles de province (2), et rien n'a l'air plus badaud que les descriptions de son arrivée à Versailles.

---

(1) M. de Ferrières, député de la noblesse de la sénéchaussée de Saumur aux états-généraux, mort en 1804. — Les notes du général Lafayette sont écrites sur la première édition.

(2) « Les nobles de province rejetaient absolument les grands seigneurs. Ils trafiqueraient, disaient-ils, des intérêts de la noblesse. — On crut trouver en moi le milieu que l'on désirait, entre tout abandonner et tout reprendre. » (P. 3, liv. 1, t. 1.)

On abandonna les trois ordres à eux-mêmes; loin de chercher à les réunir, en leur montrant la nécessité de céder quelque chose de leurs prétentions respectives, on laissa les esprits s'aigrir; on entretint la noblesse dans son refus, tandis que Coster, secrétaire de Necker, exhortait messieurs du tiers à tenir bon, et les assurait qu'ils seraient soutenus. (P. 25, liv. 1, tom. 1.)

M. de Ferrières se trompe sur M. Coster qui était au contraire pour les anciennes formes.

D'Esprémenil, Bouthilier, Lacqueuille, se chargèrent de conduire la chambre de la noblesse. Ces messieurs proposèrent un club; le club établi, il se forma tout d'un coup une majorité fanatique. (P. 36, liv. 1, tom. 1.)

Ainsi la noblesse s'opposait à toute conciliation et rendait nécessaires les mesures décisives qu'on dut prendre.

La division était encore plus forte dans la chambre du clergé que dans celle de la noblesse. Les archevêques de Vienne, de Bordeaux, les évêques de Chartres, d'Autun, de Coutances, de Rhodez, cabalaient. — Il était nécessaire d'éloigner le roi de Versailles et de le séquestrer de Necker et des ministres qui lui étaient attachés. On arrangea un voyage de Marly; la mort de M. le dauphin servit de prétexte. — Le cardinal de La Rochefoucauld et l'archevêque de Paris, M. de Juigné, coururent se jeter aux pieds du roi, le supplièrent d'empêcher la ruine du clergé et de protéger la religion. Le parlement envoya une députation secrète et proposa des moyens de se passer d'états, etc. (P. 54, liv. 1, tom. 1.)

Ces détails sur les intrigues qui précédèrent la séance royale du 23 juin, sont vrais et intéressans racontés par un homme de ce parti-là.

On résolut d'user de violence et forcer l'archevêque à la réunion. On ameuta le peuple de Versailles, on manda les brigands soudoyés de Paris; cette foule réunie poursuivit l'archevêque jusqu'à son hôtel, cassa ses vitres. Les chefs entrèrent, la fureur dans les yeux; ils obligèrent l'archevêque de signer une promesse de se rendre à la salle des états. L'archevêque se présenta le jour suivant à la vérification commune. — On parlait ouvertement de massacrer les membres de la majorité de la noblesse; on marqua leurs maisons. (P. 64 et 65, liv. 1, tom. 1.)

Ces scènes furent imaginées pour sauver l'amour-propre de la noblesse, qui avait tant de fois, en corps et individuellement, mis son honneur à se séparer des communes. On reconnaissait la nécessité des circonstances, et l'on fit semblant de ne s'être déterminé à la réunion que parce que le roi était dans un danger imminent.

Je m'approche de M. de Lafayette, que je connaissais à peine, et dont j'étais encore moins connu : « Que va-t-on faire? » lui dis-je? M. de Lafayette me regarde; il me croit député des communes, ou l'un des nobles passés le 26. « Nous vous en enverrons encore quelques-uns aujourd'hui, » me répond-il à voix basse. — M. de Lafayette était demeuré dans la chambre de la noblesse, ainsi que le prince de Poix, le duc de Liancourt, le vicomte de Noailles, Charles Lameth et quelques autres nobles; mais c'était d'accord avec la minorité, pour y semer la division, pour y ourdir des intrigues, pour y espionner, etc. (P. 67 et 68, liv. 1, tom. 1.)

Il est très possible que Lafayette ait dit à l'auteur qu'il devait passer ce jour-là quelques nobles de plus, et en effet, quelques-uns d'entre eux, M. de Mortemart, par exemple, autant que nous pouvons nous le rappeler, étaient revenus à l'idée que le bien public exigeait la réunion aux communes, de la part de ceux à qui leurs cahiers ne le défendaient pas impérieusement. Cette résolution eût formé la majorité que Lafayette, d'après l'injonction de ses commettans, voulait attendre. Sa fidélité fut méritoire en cette circonstance; car, quoiqu'il pensât que la réunion ne tarderait pas, ses opinions et son intérêt le portaient également à être un des premiers qui en donnât l'exemple. Mais aucun de ses commettans, ni de ses collègues, ne pouvait ignorer les sentimens qu'il professait déjà depuis long-temps, en Amérique, dans ses conversations habituelles, ses avis aux notables, nommément pour le doublement du tiers. Il y a donc quelque emportement d'esprit de parti à trouver mauvais qu'il ait cherché à servir la cause populaire et à faciliter la réunion des ordres. En général, ce fut la lettre des cahiers de chaque membre de la minorité de la noblesse et point du tout une tactique perfide qui détermina leur conduite sur cet objet (1).

Cependant trente régimens marchaient sur Paris. Le prétexte était la tranquillité publique; l'objet réel la dissolution des états. — Une partie de la majorité de la noblesse continuait à s'assembler chez le duc de Luxembourg. Là, on protestait contre la réunion, on invoquait les mandats, on frappait de nullité les décrets de l'assemblée nationale; on créait des prétextes à sa prochaine dissolution. (P. 72 et 73, liv. 2, tom. 1.)

Aveux importans de la part d'un membre de la majorité.

Les capitalistes et les rentiers, plus intéressés à la tenue

(1) Voy. les p. 250, 266 et la lettre de la p. 311 du deuxième vol. — Le général Lafayette ne se crut en droit de voter qu'à partir du 25 juillet.

des états, et surtout à la consolidation de la dette publique, effrayés à la vue d'une banqueroute inévitable, se réunirent à l'assemblée commune, à une unique espérance. Ils employèrent à la soutenir les puissans moyens que donnent beaucoup d'argent, un grand crédit. (P. 76, liv. 2, tom. 1.)

La révolution n'a pas fait la banqueroute ; elle seule, au contraire, pouvait l'éviter ou du moins la retarder.

Le régiment des gardes françaises devait avoir une grande influence dans la conjoncture où se trouvaient les choses. La cour nomma colonel de ce corps le duc du Châtelet, minutieux, dur, hautain, etc. (P. 77, liv. 2, tom. 1.)

Le duc du Châtelet était un fort honnête homme, et d'un caractère très généreux. Il s'occupait beaucoup de détails militaires, mais n'était ni dur, ni hautain. L'insurrection des gardes françaises fût arrivée avec tout autre chef, à commencer par leur ancien colonel, le maréchal de Biron.

(22 juillet, assassinat de MM. Foulon et Berthier, p. 159). — M. de Ferrières ne parle ni des efforts de Lafayette, ni de sa démission.

Volney proposa d'établir un comité des rapports chargé de recevoir les demandes et les plaintes adressées à l'assemblée nationale. — Adrien Duport mit entre les mains des révolutionnaires une arme plus terrible encore : il demanda l'établissement du comité des recherches, destiné à recevoir les dénonciations contre les agens civils, militaires et les conseillers du roi, entrés dans la conspiration du 14 juillet, ou qui pourraient dans la suite former des entreprises contre les intérêts du peuple. » (P. 168, liv. 3, tom. 1.)

Il est remarquable que ce soit Duport d'accord avec MM. de Lameth, qui ait institué *le comité des recherches*(1).

(1) Le comité des recherches, composé de douze députés, et renou-

« Cent cinquante châteaux dans la Franche-Comté, le Mâconnais, le Beaujolais, étaient déjà brûlés ! Parlerai-je des meurtres, des atrocités commises contre les nobles ? » (P. 161, liv. 3, tom. 1.)

Il n'est que trop vrai qu'il y eut de grandes atrocités commises.

M. de Ferrières reconnaît (p. 227) que Bailly et Lafayette protégeaient la liberté de l'assemblée même à Versailles, lorsque le 29 août 1789, les rassemblemens du Palais-Royal contre le *veto du roi*, menaçaient de s'y porter; mais il ne dit pas que les monarchiens, déclarés pour la plupart en faveur du *veto absolu*, répandaient le bruit que les troupes avaient gardé les passages de Paris à Versailles et s'efforçaient de faire croire à un grand danger. On en avait placé, en effet, mais seulement sur les hauteurs de Sèvres. C'est ainsi que les précautions exigées par l'ordre public étaient ordinairement calomniées (1).

« La disette factice augmentait chaque jour; tous les partis contribuaient à l'entretenir; car tous voulaient une insurrection. — Une foule de nobles, de prêtres, de financiers, se berçaient du fol espoir de ramener l'ancien ordre de choses, formaient des associations, préparaient des plans de retraite du roi à Metz. » (P. 264, 266 et 268, liv. 4, tom. 1.)

---

velé tous les mois, fut institué à la séance du 28 juillet, sur la motion de M. Duport. Voyez contre ce comité la note du général Lafayette, p. 300 du deuxième volume.

(1) Dès le 28 août 1789, l'assemblée constituante commença à s'occuper de la sanction royale pour les actes législatifs ou du *veto*. Elle décida le 11 septembre que ce *veto* serait suspensif; les discussions sur sa durée et sur la question de savoir si la sanction royale s'appliquerait aux décrets de la nuit du 4 août, se prolongèrent jusqu'au 23 septembre. Après quelques difficultés, le roi adopta le 5 octobre, ces décrets et la déclaration des droits. (Voy. les p. 303, 322, 325, 338 du deuxième volume.

M. de Ferrières reconnaît la part que prirent les aristocrates au mouvement du 5 octobre. On en trouve de nouvelles traces dans les pages suivantes et dans la lettre de M. d'Estaing (1).

La reine et le comte d'Estaing convinrent de faire venir un régiment d'infanterie. Lafayette approuva cette mesure. — Le régiment de Flandre s'était bien conduit jusqu'alors : il avait même refusé de prêter le serment. La cour crut pouvoir plus compter sur ce régiment que sur tout autre. (P. 273 et 276, liv. 4, tom. 1.)

La mesure ne fut nullement concertée avec Lafayette. M. de Saint-Priest abusa d'un de ses billets qui lui faisait part du projet des gardes françaises incorporés dans la garde nationale, de reprendre leur poste à Versailles (2). Cette idée des gardes françaises qui leur avait été soufflée par leurs anciens officiers et d'autres émissaires, fut communiquée à Lafayette à un dîner de commandans de bataillons, par quatre d'entre eux, au nom de tous les autres. Le commandant-général envoya à Versailles, pour s'opposer autant qu'il était en son pouvoir à l'arrivée du régiment de Flandre ; il avait prédit que cette mesure ferait beaucoup de mal. M. de Ferrières raconte plus loin toutes les provocations de la cour, dans les premiers jours d'octobre. Il y a des détails assez vrais et quelques inexac-

(1) M. d'Estaing écrivit le 14 septembre à la reine que le général Lafayette lui ayant parlé d'un projet contre-révolutionnaire pour décider la retraite du roi sur Metz, avait déclaré qu'à Metz comme ailleurs, les patriotes seraient les plus forts. M. d'Estaing s'efforçait de détourner la reine de toute entreprise de ce genre. (Voy. la p. 327 du deuxième volume et la p. 201 du troisième volume.)

(2) Voy. la p. 335 du deuxième volume.

titudes dans son récit des évènemens du 5 à l'Hôtel-de-Ville. Au moment de l'arrivée de l'armée parisienne à Versailles, il dit (p. 325): « que le roi ayant désiré « que la députation de l'assemblée se rendît au châ- « teau, l'arrivée de Lafayette changea cette disposi- « tion. » La phrase est louche. On dirait que Lafayette empêcha les députés de venir au château, tandis que ce furent eux qui arrivèrent trop tard.

Les bruits les plus sinistres se répandaient sur les suites de la translation de l'assemblée à Paris. — La plupart des députés protestèrent qu'ils ne se livreraient pas à la merci d'une populace sur laquelle la seule autorité qui existât n'avait pas assez d'empire pour en régler les mouvemens. Mirabeau, Lafayette et Bailly annoncèrent une députation de la commune de Paris. Ne pouvant avoir l'assemblée à sa discrétion, on préférait de l'avoir aux conditions qu'elle prescrirait elle-même. La commune, par un arrêté, promettait d'assurer la liberté des suffrages, l'inviolabilité des députés, etc. (P. 345 et 346, liv. 5, tom. 1.)

Ce passage est d'une grande absurdité : comme si l'arrêté de la commune n'avait été pris que parce qu'on n'avait pas pu avoir l'assemblée à discrétion! Il y a de plus inexactitude, car Lafayette n'alla pas à Versailles. Après ce lugubre exposé des dangers de la chose publique, M. de Ferrières (p. 347) se plaint des mesures de sûreté que l'on prit quand l'assemblée transporta ses séances à l'archevêché.

(19 octobre.) Toutes les avenues, fermées de barrières, garnies de canons et de nombreux détachemens de la milice nationale, offraient l'image d'un siége que l'on va soutenir. etc.
On prétendit que Lafayette et Bailly, de concert avec Mi-

rabeau, avaient eux-mêmes provoqué ce mouvement (l'émeute où le boulanger François fut assassiné), afin d'obtenir une loi martiale. (P. 340, liv. 5, tom. 1.)

Il suffit de citer de semblables insinuations. L'auteur se garde bien de dire que les assassins furent punis (1).

Il y a peu de bonne foi à prétendre, comme il le fait (p. 354), que la loi martiale copiée du *riot act* des Anglais, donnait aux communes le droit de vie et de mort.

La proclamation de la loi martiale, dirigée en apparence contre le peuple révolutionnaire, mais réellement dirigée contre les efforts qu'aurait pu tenter le clergé, à l'aide de la portion du peuple qui lui demeurait attachée, l'assassinat du boulanger François, tout concourut à répandre un sentiment d'effroi parmi les membres de l'assemblée. (P. 359, liv. 5, tom. 1.)

Il n'est point vrai que les députés fussent effrayés, ni qu'ils eussent sujet de l'être; mais il est naïf de dire que la dispersion des émeutes nuisait aux projets de contre-révolution. Il n'est point vrai (p. 381), quand des troubles éclatèrent dans les provinces, que les membres de la droite de l'assemblée aient été les seuls à demander des mesures propres à mettre un terme aux excès (2).

(1) Le crime avait été commis le 21 octobre. Les assassins furent jugés et condamnés préalablement. D'après un arrêté provisoire, le Châtelet de Paris jugeait alors en dernier ressort. Les réformes dans la procédure avaient été réclamées par le général Lafayette dès le 8 septembre. (Voy. les p. 295 et 376 du deuxième volume.)

(2) Voy. les p. 382 et 399 du deuxième volume.

M. de Ferrières dit (p. 399) :

Que tout l'espoir des mécontens paraissait s'être rallié à l'armée qu'on cherchait à indisposer contre l'assemblée, et il ajoute : Les révolutionnaires voulurent montrer que c'était de l'assemblée que l'armée avait tout à attendre. Ils décrétèrent, le 28 février 1790, qu'aucun militaire ne pourrait être destitué de son emploi que par un jugement légal ; que chaque législature statuerait sur la dépense de l'armée et sur le nombre d'hommes dont elle serait composée ; qu'elle réglerait la solde de chaque grade, le prix de l'enrôlement, les règles d'admission et d'avancement, etc. (P. 400, liv. 5, tom. 1.)

Ces précautions sont reconnues essentielles dans toute constitution libre. Une partie était expressément demandée par les cahiers de la noblesse. Il était beaucoup plus simple d'établir de tels réglemens que de porter des plaintes séditieuses aux états-généraux, comme on le fit dans les premiers temps (1).

(Motion de dom Gerle pour faire déclarer que la religion catholique était la religion de l'État, 12 avril 1790, p. 419.)

La motion de M. de La Rochefoucauld qui fut adoptée, est excellente :

L'assemblée nationale, considérant qu'elle n'a ni ne peut avoir aucun pouvoir à exercer sur les consciences et les opinions religieuses ; que la majesté de la religion et le respect profond qui lui est dû, ne permettent pas qu'elle devienne l'objet d'une délibération ; considérant que l'attachement de l'assemblée au culte catholique ne saurait être mis en doute, dans le moment où ce culte va être mis par elle à la première classe des dépenses publiques, etc......, décrète qu'elle ne peut ni ne doit délibérer sur la motion proposée (2).

(1) Voy. la note de la p. 345 du deuxième volume.
(2) M. de Ferrières a changé les termes de cette motion.

DEUXIÈME VOLUME.

Le comité ecclésiastique, auteur du projet de constitution civile du clergé, était conduit par Camus, Fréteau, Treilhard, Martineau, jansénistes outrés, etc. (P. 52, liv. 6, tom. 2.)

Il est très vrai que le jansénisme influa beaucoup sur cet objet.

Le traitement du clergé ne fut pas si barbare que le dit M. de Ferrières. Cependant, le comité de La Rochefoucauld chercha à le faire augmenter (1).

(*19 juin 1790, abolition des titres de noblesse.*) J'appuie la motion de Lambel, dit Charles Lameth; les titres qu'il vous invite à proscrire blessent l'égalité, etc. — Cependant quelques amis de Lafayette courent l'avertir de ce qui se passe. Lafayette, furieux que les deux Lameth aient seuls, aux yeux de la populace, le mérite de l'abolition de la noblesse, se rend à l'assemblée, etc. (P. 70 et 71, liv. 6, tom. 2.)

Rien de tout cela n'est vrai. On n'alla point chercher Lafayette, car il était dans l'assemblée où il vint pour appuyer une pétition des clercs de la bazoche. L'ordre du jour fut dérangé par la motion de M. Lambel qui n'avait été prévue ni par MM. de Lameth, ni par Lafayette. L'abbé Maury demandait l'ajournement de la discussion. « Il ne s'agit pas, répondit Lafayette,

---

(1) Voy. plus loin une note sur le *Journal des États-Généraux*, et le vote du général Lafayette quand on s'occupa de fixer les traitemens ecclésiastiques, cinq mois avant qu'on eût adopté la constitution civile du clergé.

« d'un nouvel article constitutionnel ; il s'agit d'un
« décret réglementaire. Nous ne voulons point perdre
« à ces objets les séances du matin destinées à la con-
« stitution. » Ces paroles, quelque colère qu'elles aient
excitée, n'en sont pas moins justes ; mais ce qui choque
le plus les aristocrates, c'est qu'on ne mette pas beaucoup d'importance aux objets de leur vanité. Lafayette
se chargea inutilement d'obtenir une suspension de
la sanction royale aux décrets de ce jour, pour donner au comité de constitution le temps de présenter
quelques amendemens conformes aux véritables principes de la liberté (1).

Dès ce moment, dit M. de Ferrières, il se forma une ligue
entre la noblesse, le clergé, les parlemens, ces trois corps qui
se détestaient avant la révolution, pour renverser un ordre de
choses dans lequel on ne leur laissait plus de place.
Lafayette et Bailly, plus intéressés que les autres à la procédure du Châtelet contre les attentats du 5 et du 6 octobre,
quoiqu'on affectât de les y regarder comme étrangers, s'occupèrent des moyens d'empêcher qu'elle ne les atteignît. Dès ce
moment les renseignemens manquèrent, des pièces furent supprimées. (P. 82, liv. 7, tom. 2.)

Voilà un odieux mensonge. Non seulement aucune
pièce ne fut supprimée, mais on ne refusa aucun
renseignement. Il y avait plusieurs mois que Bailly et
Lafayette, après avoir provoqué la procédure, ne savaient plus où elle en était.

M. de Lafayette donnait ses ordres au Champ-de-Mars.

(1) Voy. la note de la p. 473 du deuxième volume et à la même page
la lettre du général Lafayette au roi.

Un homme, que personne ne connaît, perce la foule, s'avance tenant une bouteille d'une main, un verre de l'autre : « Mon général, vous avez chaud, buvez un coup. » Cet homme emplit un grand verre, le présente à M. de Lafayette, qui regarde un moment l'inconnu, et avale le vin d'un seul trait. Le peuple applaudit. (P. 95, liv. 7, tom. 2.)

L'anecdote est vraie ; mais M. de Ferrières dit que le jour de la fédération, Lafayette jura le premier sur l'autel de la patrie, d'être fidèle à la nation, à la loi et au roi. Les sermens de l'assemblée et du roi précédèrent celui du commandant-général.

M. de Ferrières (p. 122) donne un compte assez exact du club de 89; mais quand Lafayette s'efforçait de réunir les diverses fractions du parti populaire, ce n'était pas, comme on le prétend (p. 125), « à con- « dition qu'on fît passer toutes ses motions : » sa condition était qu'on ne fît pas passer de motions désorganisatrices.

L'état des finances devenait de jour en jour plus alarmant. — Necker adressa, le 27 août, un long mémoire à l'assemblée qui l'écouta avec une impatience marquée. — Quelques jacobins, renforcés d'hommes de la populace, demandèrent à grands cris le renvoi des ministres (le 2 septembre). Lafayette, qui suivait de l'œil ce mouvement, envoya en hâte, à huit heures du soir, avertir Necker du danger qui le menaçait, et l'exhorta à quitter son hôtel. Necker partit sur-le-champ et se rendit à sa maison de Saint-Ouen. (P. 134, liv. 7, tom. 2.)

Lafayette prit des précautions pour la sûreté des ministres. Un officier de l'état-major avertit M. Necker. Il est possible que cet officier ait pris sur lui de l'engager à se rendre à St.-Ouen, mais il était bien loin du cœur de Lafayette de vouloir que M. Necker adoptât une fâcheuse résolution. Il a, au contraire, exprimé souvent combien il blâmait l'ingratitude de l'assemblée envers ce ministre, et aurait exprimé, à cet égard, ses sentimens à la tribune, s'il n'eût pas craint d'aller contre son but (1).

Le soir même que l'on reçut à Paris la nouvelle de la prise de Nancy, quarante mille hommes et femmes se portèrent aux Tuileries, hurlant le renvoi des ministres (2 septembre). On parlait d'arrêter le ministre de la guerre, de mettre Bouillé en état d'accusation. Quelques orléanistes profitant de la fermentation des esprits, crièrent : « Allons à Saint-Cloud! » Le roi et la famille royale y étaient. Il est probable que cette journée du 6 octobre eût été plus décisive que celle de l'année précédente. Lafayette et la garde nationale accoururent et dissipèrent aisément cet attroupement. (P. 146, liv. 7, tom. 2.)

Voilà encore un service rendu à l'ordre public par la garde nationale.

Les ministres, voyant la grande influence du club des jacobins, voulurent lui opposer un autre club. — Clermont-Tonnerre avait déjà tenté d'opposer aux jacobins le *club des impartiaux* ; mais ce club, que son nom seul rendait suspect aux aristocrates, attaqué lui-même comme aristocrate masqué, ne put soutenir la concurrence. — Clermont-Tonnerre organisa un autre club sous le nom de *club monarchique*. C'était un tiers-parti entre les aristocrates et les jacobins. — Les nobles, les évêques et la reine, qui ne pardonnaient point à Clermont la réunion des ordres et la révolution du 14 juillet, l'abandonnèrent aux jacobins. (P. 221 et 227, liv. 8, tom. 2.)

Voyez s'il était possible de soutenir la monarchie, quand la cour elle-même se déclarait contre les *im-*

(1) Voy. la lettre de la p. 143 du troisième volume.

partiaux ou *monarchiens* ! N'est-il pas remarquable que les constitutionnels aient pu soutenir la royauté, malgré le roi, la reine et leurs amis, pendant trois ans?

Quelques évêques et quelques femmes de la cour, comptant sans doute porter un grand coup à la révolution, inspirèrent à Mesdames, tantes du roi, le dessein d'aller à Rome ; afin, disaient-ils, que ces princesses pussent jouir de la liberté de remplir les devoirs que la religion impose à tous les fidèles. — Les constitutionnels résolurent de paraître s'y opposer. — Elles sortirent secrètement de Paris (le 14 février 1791). Ce départ excita dans Paris une grande fermentation (1). (P. 234 et 235, liv. 9, tom. 2.)

Mesdames avaient fait instruire Lafayette de leur départ ; ses amis personnels et lui furent loin de s'y opposer ni de feindre, à cet égard, aucune opposition.

Les jacobins et les orléanistes haïssaient Lafayette autant que le haïssaient les aristocrates. Ils attendaient impatiemment une occasion de le perdre dans l'opinion publique. Les aristocrates, de leur côté, toujours entichés de leur projet d'emmener le roi hors de Paris, épiaient le moment de l'exécuter. Les jacobins et les aristocrates crurent avoir trouvé une conjoncture propre à remplir chacun leur objet. La commune de Paris avait entrepris quelques réparations au château de Vincennes. Les orléanistes et les jacobins affectèrent de répandre que l'on rétablissait le donjon ; qu'on en faisait une forteresse, etc. — Des bandes nombreuses d'ouvriers et d'agens d'émeutes partirent le 28 février de tous les faubourgs, avec des armes et des outils, annonçant qu'ils allaient démolir le château de Vincennes (2). (P. 243 et 244, liv. 9, tom. 2.)

(1) Le 24 février les tantes du roi furent arrêtées à Arnay-le-Duc, sur un arrêté municipal qui fut annulé par l'assemblée constituante.

(2) Voy. les p. 55 et suivantes du troisième volume sur cette émeute du 28 février 1791 et l'affaire dite des *chevaliers du poignard*.

Ces aveux sont très précieux ; mais il faut aussi remarquer ce que l'auteur ajoute :

> Tandis que ceci se passait à Vincennes, les aristocrates, instruits dès la veille que ce mouvement devait avoir lieu, se rendirent au nombre de cinq ou six cents au château, tous armés d'épées, de pistolets, de cannes à sabre. (P. 245.)

Ainsi, les aristocrates étaient instruits, dès la veille, du complot des orléanistes et des jacobins.

Mais l'émeute de Vincennes avait été terminée beaucoup plus tôt que ne le pensaient les aristocrates. On assure que leur projet était d'enlever le roi et de le conduire à Metz, etc. — Le roi intimidé confirme l'ordre de Lafayette, invite les nobles à déposer leurs armes ; ils obéissent ; mais les angoisses de cette malheureuse journée ne se bornèrent pas à cette humiliante obligation, etc. (1). — Lafayette fit afficher le lendemain qu'en sa qualité de commandant-général, « il croyait devoir « prévenir qu'il avait pris les ordres du roi pour que les appar-« temens du château ne se remplissent plus à l'avenir de ces « hommes armés, dont quelques-uns, par un zèle sincère, « mais plusieurs par un zèle très justement suspect, avaient « osé se placer entre le roi et la garde nationale ; qu'il avait « intimé aux chefs de la domesticité du château qu'ils eussent « à prendre des mesures pour prévenir de pareilles indécences; « que le roi de la constitution ne devait être entouré que de « soldats libres ; qu'il priait les personnes qui avaient entre les « mains les armes dont on avait dépouillé ceux, qui, la veille, « s'étaient glissées dans le château, de les rapporter au procu-« reur syndic de la commune. » (P. 246 et 247, liv. 9, tom. 2.)

M. de Ferrières rapporte ici, exactement, l'ordre donné par Lafayette le lendemain de cette affaire (2).

(1) Voyez la p. 87 du troisième volume.
(2) MM. les ducs de Duras et de Villequier, premiers gentilshommes de la chambre, écrivirent une lettre contre cet ordre du général La-

Le roi et la reine, se retournant du côté de Mirabeau, espérèrent qu'il serait moins exigeant et qu'il abuserait moins des circonstances. (P. 249, liv. 9, tom. 2.)

Le Mémoire de La Porte (p. 247), dans lequel cet intendant de la liste civile rend compte de ses relations avec Mirabeau et des conseils de celui-ci, est intéressant. Les opinions de Mirabeau ont influé sur les événemens même après sa mort (1). « Tant que le roi « restera à Paris, disait-il, il sera impossible de réta- « blir l'ordre. »

Les aristocrates et les évêques méditaient un coup plus important. Il s'agissait d'empêcher le roi de se rendre la semaine sainte à sa paroisse, et surtout d'empêcher qu'il n'y fît ses pâques. — Il fallait montrer à tous que la conduite du roi, en apparence si conforme à la constitution, n'était que le résultat d'une politique adroite. Si, ce que l'on n'espérait guère, le roi obtenait la permission de sortir de Paris, le projet était de l'amener à Metz.

On voit que les aristocrates devaient profiter doublement de l'émeute du 18 avril 1791. Si elle ne devait pas réussir à empêcher le roi d'aller à Saint-Cloud, elle pouvait servir d'occasion pour une fuite à Metz; en retenant le roi, sa captivité était constatée. Telle a été l'alternative dans laquelle les constitutionnels et particulièrement Lafayette, ont été pendant trois ans.

fayette. Il leur répondit dans le *Journal de Paris*, en même temps qu'à la recommandation du roi il rectifiait une fausse assertion de ce journal relativement à la journée du 28 février. Voy. dans la correspondance du troisième volume les p. 162, 163, 164.

(1) Nous avons donné des extraits de ce mémoire, daté du 3 mars 1791, et trouvé dans l'armoire de fer. Voy. l'appendice du deuxième volume, p. 497.

Ajoutez, pour comprendre la difficulté de sa tâche, que l'assemblée ne voulut pas se prononcer et que les jacobins gâtaient tout. Toute cette affaire de St.-Cloud est d'ailleurs mal racontée par M. de Ferrières, qui n'a garde de parler de la démission du commandant-général (1).

La constitution, malgré tous ses vices, fondait un gouvernement sage, également éloigné de la licence et de l'arbitraire. Ce gouvernement se serait insensiblement établi par la lassitude des peuples et par la lassitude du roi, pour peu qu'on eût permis aux esprits travaillés de se reposer sur ses bases. (P. 288, liv. 9, tom. 2.)

Ce sont de singuliers aveux pour un aristocrate, ou même de la part d'un *monarchien* ou d'un *impartial* en faveur de la constitution.

Les constitutionnels, n'ayant pu empêcher le décret fatal du 16 mai 1791 contre la réélection des députés, cherchèrent à en prévenir les inconvéniens en s'attachant à prévenir les délibérations anticipées. « Je redoute et déteste, dit Buzot, avec tous les patriotes, l'établissement de deux chambres; mais si l'on veut assurer à jamais la liberté, la préserver de la corruption, il faut, dans les questions importantes, diviser le corps législatif en deux sections... Ces deux sections que je propose, n'ont d'autre objet que d'amener les membres du corps législatif à s'instruire par une discussion calme et réfléchie. C'est là que se borneront les fonctions de chaque section; car on ne délibérera que dans l'assemblée générale. Les sections n'auront aucun droit de *veto*, ni de supériorité l'une sur l'autre. » (P. 293, liv. 9, tom. 2.)

Buzot tenait alors au noyau qui depuis a formé les girondins. On retrouve dans son discours l'opinion

(1) Voy. les p. 65 et 67 du troisième volume.

énoncée à la même époque par la fameuse déclaration de Sieyes (1), et par Mirabeau lui-même à Versailles, le 9 septembre 89 (2).

(Départ du roi, 21 juin 1791.) Toutes les démarches de Louis XVI et tous les mouvemens de Bouillé étaient connus de M. de Lafayette et des principaux chefs de son parti. Il lui avait été facile de suivre la marche du roi, de le faire devancer à Châlons. (P. 357, liv. 10, tom. 2.)

Mensonges ordinaires sur cet évènement. Il prétend qu'on n'envoya que sur une route; cela n'est pas vrai (3).

Barnave, Pétion et Latour-Maubourg joignirent le roi à Épernay. Barnave lut le décret qui établissait sa mission. — Les commissaires donnèrent le commandement de l'escorte à Dumas, adjudant-général de Lafayette, et l'on se mit en marche. — Le roi invita Latour-Maubourg d'entrer dans son carrosse. Latour-Maubourg s'y refusa, soit crainte de faire naître des soupçons, soit embarras, honte du rôle qu'il jouait en ce moment auprès d'un roi et d'une reine auxquels il devait son état et sa fortune. Le roi démêla facilement ce dernier motif, et lui dit avec bonté : « M. de Latour-Maubourg, nos opinions ne sont pas les mêmes, mais j'ai toujours eu pour vous la plus grande estime. » La reine, peut-être plus offensée, reprocha durement à Latour-Maubourg ce qu'elle avait fait pour lui. « Vous n'êtes qu'un factieux, ajouta-t-elle. » (P. 374, liv. 10, tom. 2.)

Il n'y avait place dans la voiture que pour deux commissaires, et Latour-Maubourg crut qu'il ferait mieux d'y faire entrer ses collègues. Il pouvait d'ail-

---

(1) Voy. la p. 26 de ce volume.
(2) Voy. la p. 42 de ce volume.
(3) Voy. le chap. 16, p. 73, et la p. 79 du troisième volume.

leurs plus facilement, étant dehors, et au besoin à cheval, préserver les personnes exposées. Latour-Maubourg proposa à la reine de prendre avec lui les deux gardes du corps. La reine refusa et les laissa sur le siège. Le mot du roi est vrai, et le sentiment qu'il exprimait était sincère : Latour-Maubourg, dans son pays, avait été opposé à la faction des Polignac, et l'on ne pouvait espérer rapprocher de la cour, qui lui était connue, un homme si dévoué à la cause de la liberté et de l'ordre, dans la chambre de la noblesse comme dans l'assemblée nationale. Sa loyauté généralement reconnue honorait son parti, et il était trop ami de Lafayette pour être aimé de la reine; mais il ne devait point sa fortune à cette malheureuse princesse, ni à la cour, dont ni lui, ni sa famille ne tenaient aucunes grâces pécuniaires; il n'avait eu d'ailleurs qu'un avancement ordinaire dans le service.

Tel fut le succès de cette imprudente entreprise (du 21 juin). Elle manqua par le peu de capacité des hommes chargés de l'exécution. — L'opinion était trop fortement prononcée en faveur de la constitution; le gouvernement commençait à marcher. Le roi n'y formait plus qu'un rouage inutile; son absence ou sa présence ne changeaient rien à l'état des choses. (P. 582, liv. 10, tom. 2.)

Ce témoignage de M. de Ferrières n'est-il pas intéressant ?

On placarda sur tous les murs de Paris, et jusque dans les corridors de l'assemblée, une adresse républicaine aux Français, sous le nom d'Achille du Châtelet, colonel à la suite d'un régiment de chasseurs. Cette adresse avait été rédigée par Thomas Payne, Anglais, l'un des principaux agens de la révolution d'Amérique. Ce qui augmentait l'étonnement, c'est qu'Achille du Châtelet, aide-de-camp en Amérique de M. de Lafayette, était à Paris intimement lié avec ce même Lafayette; qu'il vivait dans la société de Condorcet, de l'abbé Sieyes, du duc de La Rochefoucauld, etc. (P. 398 et 400, liv. 10, tom. 2.)

Achille du Châtelet n'a pas été, en Amérique, aide-de-camp de Lafayette, mais de M. de Bouillé. Il ne voyait plus alors Lafayette et n'allait presque plus à l'hôtel de La Rochefoucauld. Achille du Châtelet avait eu une veine d'aristocratie qui l'avait long-temps éloigné du général constitutionnel (1); son républicanisme plus récent était si inconnu à celui-ci, que lorsque Achille, après sa proclamation, lui écrivit pour l'engager à le défendre, le premier mouvement de Lafayette fut de croire qu'il s'était compromis par une affiche aristocratique. Du Châtelet voyait surtout M. et madame de Condorcet.

Les publications de Thomas Payne, à l'époque du 21 juin, étaient loin d'exprimer l'opinion publique. Rien ne prouve mieux le peu de liberté des élections, après le 10 août, que la nomination de cet écrivain par le département du Pas-de-Calais où il n'avait aucune relation. De plus, il ignorait absolument la langue française, de sorte que dans les débats de la convention, il n'entendait pas ce qu'on disait et ne pouvait même pas lire ses opinions. Mais les girondins exaltaient Thomas Payne comme un des législateurs de l'Amérique, sachant fort bien qu'il n'avait jamais été membre d'aucune convention, d'aucun congrès, d'aucune législature. Il eût été beaucoup plus sensé

(1) Voy. la p. 100 de ce volume.

de le louer pour ses excellens pamphlets et surtout le *Sens Commun*, qui le rendirent fort utile à la révolution (1). Sa réfutation de M. Burke, sous le titre de *Droits de l'homme*, est un des meilleurs ouvrages de ce temps. Les principes en sont bons, et la connaissance qu'avait l'auteur de la constitution anglaise lui permettait de combattre son adversaire avec avantage. A la convention, il vota contre la mort du roi dont il demanda la déportation en Amérique; mais il eut un grand tort, celui d'écrire contre le général Washington, le libérateur de sa patrie adoptive et son protecteur personnel. Ce procédé lui a mérité les blâmes de tous les partis.

Lors de la destruction des droits féodaux, ce furent les tenanciers et les censitaires qui applaudirent; lors de la spoliation du clergé, ce furent les capitalistes et les agioteurs; et lors de l'abolition de la noblesse, les bourgeois des départemens, les négocians, les gens de lettres. (P. 424, liv. 10, tom. 2.)

La liste de ceux qui applaudirent réunit beaucoup de monde.

Les jacobins profitèrent d'un principe que les constitutionnels avaient eux-mêmes tant de fois invoqué comme fondamental, savoir : que la souveraineté réside essentiellement dans le peuple ; qu'on ne saurait l'empêcher de changer ou de modifier sa constitution. (P. 491, liv. 10, tom. 2.)

C'était pour empêcher les insurrections, et non pour en faire, que Lafayette voulait un mode régulier de réviser la constitution. Il ne fut pas compris (2).

(1) Voy. la p. 440 du deuxième vol. et la p. 178 du troisième.
(2) Voy. la p. 113 du troisième volume.

Les constitutionnels chargèrent le comité de constitution de rédiger une loi capable de réprimer les abus des sociétés populaires; mais ils avaient attendu trop tard. L'assemblée rendit une loi (1); mais se bornant à quelques dispositions particulières, et n'osant prononcer la fermeture des clubs, les jacobins en éludèrent l'effet. La cour entama sous main quelques négociations avec les constitutionnels; elle traitait en même temps avec Lafayette, feignait d'organiser un ministère qui lui convînt. On espérait par ce semblant jeter la division entre les constitutionnels et Lafayette. (P. 502, liv. 10, tom. 2.)

Il faut remarquer ces aveux; mais on ne s'occupait nullement à cette époque de changer le ministère.

Il est bon de rappeler aussi (p. 504) que lorsque les ministres lurent, à la séance du 13 septembre, la lettre par laquelle le roi acceptait la constitution, le côté gauche de la salle et les tribunes retentirent d'applaudissemens et de cris de *Vive le Roi!* tandis que le côté droit garda un morne silence.

TROISIÈME VOLUME.

Il existait trois partis bien prononcés : les constitutionnels, les républicains et les contre-révolutionnaires, etc. (P. 14 et 17, liv. 11, tom. 3.)

Cette division des partis est assez juste; mais parmi les contre-révolutionnaires, *les monarchiens* étaient plus modérés, et quelques uns ne voulaient que des moyens possibles. Quelques constitutionnels intriguaient avec la cour pour royaliser la constitution.

(1) Voy. sur cette loi du 29 septembre 1791, l'une des dernières de l'assemblée constituante, la note de la p. 326 du troisième volume.

Les inclinations républicaines n'empêchaient pas plusieurs patriotes, tels que Diétrich, André Chénier, Ramond, etc., de soutenir avec chaleur le parti constitutionnel, tandis que les royalistes orléanais s'appelaient républicains. Cette qualification de républicains était donnée, en général, aux jacobins. Quant à Lafayette, il aurait souhaité que le pouvoir exécutif eût plus de force, toute la force possible sans compromettre l'ordre constitutionnel; il croyait que la constitution, malgré ses défauts, était le seul point de ralliement qui pût sauver la France. En un mot, il était tout-à-fait constitutionnel.

L'auteur (p. 37) indique fort bien la politique du *comité autrichien*.

> Les constitutionnels et les girondins, dit-il, démêlèrent aisément ces manœuvres coupables et se réunirent un moment pour les déjouer : les constitutionnels parce qu'ils voulaient toute la constitution, rien que la constitution; les girondins, portant plus loin leurs vues, parce qu'ils s'aperçurent que ces intrigues retomberaient sur la constitution elle-même.

Il n'eût tenu qu'aux girondins de s'unir aux constitutionnels.

> Cependant, les constitutionnels s'agitaient, et cherchaient à repousser l'attaque que les girondins s'apprêtaient à leur livrer dans Lafayette, leur chef (après son discours du 28 juin contre les clubs, à la barre de l'assemblée). Leurs journalistes sonnaient de tous côtés l'alarme, s'efforçaient de tirer le Parisien de son engourdissement. — Les aristocrates souriaient de ces terreurs, tandis que de nombreuses armées s'avançaient vers la frontière, etc. (P. 134, liv. 12, tom. 3.)

Les aristocrates souriaient... M. de Ferrières déclare

encore (p. 132) que si la cour et les gens attachés au roi eussent voulu, à cette époque, soutenir Lafayette, il lui restait assez de force pour briser la faction des orléanistes, des jacobins, et sauver la famille royale.

Il faut, disait *l'Indicateur*, journal rédigé par un constitutionnel, que l'assemblée s'ajourne et laisse au gouvernement le libre exercice de son pouvoir. (P. 141, liv. 12, tom. 3.)

Ce n'était pas le parti constitutionnel qui tenait ce langage, mais seulement *l'Indicateur*, rédigé par Duport.

MÉMOIRES PARTICULIERS,

POUR SERVIR A L'HISTOIRE DE LA FIN DU RÈGNE DE LOUIS XVI,
PAR A.-F. BERTRAND DE MOLEVILLE.

2 vol. in-8°. A Paris, 1816.

Toute la première partie de cet ouvrage prouve que les parlemens, la noblesse, etc., savaient aussi bien que les jacobins faire des émeutes, et qu'ils ne se faisaient pas plus de scrupules que nous, d'engager les soldats à ne pas être de *vils satellites du despotisme* (1). On y voit en même temps que M. Bertrand

---

(1) M. Bertrand de Moleville, intendant de Bretagne, fut envoyé au mois de mai 1788, avec M. de Thiard, commandant de cette province, pour y faire enregistrer les édits du 8 qui conféraient le droit d'enregistrement à *une cour plénière*. Le parlement de Rennes refusa d'obéir, et un détachement de troupes reçut l'ordre d'entourer le lieu de ses séances : « Aussitôt, dit M. Bertrand (Histoire de la révolution, « p. 106, tom. 1), qu'on sut dans la ville que le parlement était assem- « blé et assiégé, le peuple s'y porta en foule pour défendre ses magis- « trats; quelques gentilshommes s'y rendirent aussi avec leurs épées, « et malheureusement leurs discours et leurs exemples enhardirent le « peuple à insulter les troupes. Le procureur-général lui-même, « s'oublia au point de traiter les soldats de *vils satellites du despotisme*, « et les menaça de les livrer à la fureur du peuple. » — M. Bertrand voulait (p. 119) « que toute assemblée quelconque fût interdite, sous « peine de 3,000 fr. d'amende contre les contrevenans, de confiscation « et de démolition des maisons où se tiendraient les assemblées. » — Il raconte lui-même que, M. de Thiard ayant refusé de faire *juger et exécuter prévôtalement* les auteurs de ces troubles de Bretagne (p. 126), il alla se plaindre à Versailles peu de temps avant la convocation des états-généraux, le retour de M. Necker au ministère et le rappel des parlemens.

était, en 1788, l'agent du ministère pour l'exécution des mesures qui provoquèrent, en Bretagne et ailleurs, de vives résistances, et qu'il déteste toute espèce de liberté (1).

Quelques jours après l'ouverture des états-généraux, la curiosité de savoir dans le plus grand détail ce qui s'y passait, me fit aller à Versailles. Je fus rencontré par des députés des communes de Bretagne qui vinrent à moi avec le plus vif empressement. — Ils m'assurèrent tous, dans les termes les plus positifs, que leur intention était de tout faire pour le roi, et pour rétablir son autorité. (Mémoires particuliers, p. 44, 45.)

Ces députés bretons étaient tout ce qu'il y avait de plus républicain et de plus hardi dans les communes : on peut juger par là s'ils allaient aussi loin, comme l'a écrit Sieyes, que quelques ci-devant nobles, tels que La Rochefoucauld, Lafayette, etc...

L'auteur convient :

Que l'organisation des départemens, des municipalités et des districts de Paris, introduisit sur la scène une puissance dont les bons citoyens auraient pu tirer un grand parti. (Mémoires particuliers, p. 82.)

Mais les gens de son parti n'allaient pas dans leurs sections et préféraient que tout allât mal.

M. de Montmorin, quoi qu'on en ait pu dire, n'était ni démocrate ni constitutionnel, mais vraiment royaliste. — J'ai toujours regardé comme la plus pénible de toutes les preuves d'attachement que M. de Montmorin donnait au roi, celle de vivre avec une espèce d'intimité avec M. de Lafayette, et avec plu-

(1) Outre ses *Mémoires particuliers pour servir à la fin du règne de Louis XVI*, M. Bertrand de Moleville a écrit *une Histoire de la révolu-*

sieurs membres du côté gauche de l'assemblée, que je savais qu'il méprisait autant que moi, et auxquels il avait l'air de témoigner une grande confiance, dans l'espérance de les rapprocher de ses opinions, en paraissant adopter quelques-unes des leurs. Ces petits moyens de faiblesse et de fausseté, employés du consentement du roi, pouvaient sans doute retarder quelques mauvais décrets. (*Mémoires particuliers*, t. I, p. 88, 92.)

Cette prétendue apologie de M. de Montmorin, son ami, est odieuse; et il l'est encore plus de dire que les mesures de faiblesse et de duplicité étaient prises de concert avec le roi. Que peut-on imaginer de plus fort contre les deux hommes qu'il prétend défendre? La vérité est que Montmorin avait été lié avant la révolution avec plusieurs patriotes et en particulier avec Lafayette, qu'il conserva toujours des liaisons avec celui-ci, et que si, dans les derniers temps, il se laissa aller aux conseils de M. Bertrand, et détourner de l'idée de faire marcher le roi dans la constitution, il conserva toujours pour Lafayette beaucoup de bienveillance, quoiqu'il fût affligé de le voir, comme il disait, *si entêté républicain*. Montmorin craignait trop ce républicanisme de Lafayette pour avoir une entière confiance en lui; cependant il lui en avait témoigné beaucoup, et elle ne cessa que peu de temps avant l'évasion du roi.

L'assemblée prétendue constituante, touchant au terme

tion de France, en 14 vol. in-8, (Paris, 1801). — Les notes du général Lafayette sont relatives à ce premier ouvrage; mais d'après M. Bertrand de Moleville, les trois premiers chapitres de l'histoire de la révolution dont il est ici parlé peuvent servir d'introduction à ses Mémoires.

qu'elle-même avait fixé à sa session, allait être remplacée par l'assemblée prétendue législative. (*Mémoires particuliers*, t. I, page 98.)

La réserve de M. Bertrand en parlant de ces deux assemblées est bien ridicule. On voit par les déclarations du roi et de la reine, à ceux même qui avaient le plus leur confiance, que ceux qui ne l'avaient pas pouvaient fort bien croire à la sincérité de l'acceptation du nouveau pacte constitutionnel. Il dit lui-même (p. 101) :

Que lorsqu'il se rendit chez le roi, le 1er octobre 1791, pour accepter le ministère de la marine, Louis XVI lui déclara qu'il avait juré la constitution telle qu'elle était et qu'il devait être très strictement fidèle à son serment.

M. Bertrand rappelle enfin :

Qu'il envoya à l'assemblée le même serment de fidélité, s'engageant à faire exécuter la constitution dans tous ses points, par tous les moyens qui seraient en son pouvoir. (*Mémoires particuliers*, t. I, p. 102, 103.)

M. de Moustier, qui fut repoussé du ministère des affaires étrangères, au grand regret de M. Bertrand, (p. 113) était l'agent des princes; et, dès les premiers temps de la révolution, fort aristocrate.

M. Cahier de Gerville, peu de jours après son entrée au conseil, nous pria tous à dîner avec Pétion qui venait d'être élu maire, et quelques autres membres de la commune; son objet était de nous associer à sa popularité. — Nous leurs fîmes beaucoup de politesses, nous les traitâmes comme s'ils eussent été nos camarades, et nous fûmes toujours de leur avis. Je fixai mon attention plus particulièrement sur Pétion, parce que je voulais juger par moi-même si le roi et la reine avoient eu raison de désirer qu'il fût élu maire de préférence à M. de Lafayette. — Je crus qu'en flattant son ambition ou sa vanité, il ne serait pas très difficile d'en tirer parti en faveur du roi. (Mémoires particuliers, t. I, p. 133.)

Voilà une confirmation de ce que nous avons dit sur les intrigues de la cour qui fit nommer Pétion maire de Paris, pour ne pas avoir Lafayette (1); cela montre aussi que les girondins intriguaient déjà avec les Tuileries.

N'est-ce pas au sensible et pieux Las-Cazas que l'Amérique doit ses nègres? etc. (Mémoires particuliers, t. I, p. 193 et suivantes.)

L'esclavage des noirs paraît plaire à l'auteur, encore plus que celui des blancs. Les Fox, Sheridan, Gray, et M. Pitt lui-même; en France, les La Rochefoucauld, Poivre, etc.; en Amérique, les plus illustres philosophes doivent être bien flattés des complimens de M. Bertrand; mais les gens de toutes les opinions doivent être indignés de voir cet homme compromettre la mémoire de Louis XVI et de ses propres confidens pour satisfaire la plus ridicule vanité.

Que M. Bertrand, voulant à toute force apprendre au public qu'il eut la confiance de la cour des Tuileries, se fût contenté de ne dévoiler que les anecdotes qui n'intéressaient pas ses amis; qu'il eût, par exemple, fait connaître les intrigues liées avec quelques girondins; l'état des sommes remises à Danton (2), etc.;

(1) Voy. la p. 292 du troisième vol.
(2) « M. de Lessart adressa une lettre ministérielle à Dumouriez qui

on comprendrait cette indiscrétion. Mais n'est-il pas inexcusable de dénoncer ses propres amis encore vivans, M. Alexandre Lameth, par exemple (1), qui ne l'a sans doute pas chargé de parler de l'organisation secrète dont Giles (2), qu'il a aussi l'in-

sollicitait depuis long-temps de l'emploi dans le corps diplomatique, et lui marqua de se rendre sur-le-champ à Paris, où il lui ferait connaître les intentions du roi ; il joignit à cette lettre une somme de 6,000 fr. pour mettre Dumouriez en état de payer les dettes qui auraient pu le retenir en Poitou. Dumouriez se rendit avec la plus grande diligence à Paris. M. de Lessart lui parla des tracasseries qu'il éprouvait de la part de l'assemblée et des principaux députés dont il avait le plus à se plaindre. Au nom de Gensonné, Dumouriez interrompit le ministre : «Celui-là, dit-il, est mon ami intime : je me charge de le convertir et de le neutraliser, et même de l'amener chez vous demain matin.» — M. de Lessart accepta cette proposition. En effet, Gensonné vint chez lui conduit par Dumouriez, lui témoigna le regret qu'il avait de s'être mépris sur ses intentions, etc.» (Mémoires particuliers, p. 292, tom. 1.) — Danton avait reçu plus de cent mille écus pour proposer ou appuyer différentes motions au club des jacobins. (Mémoires particuliers, p. 354, tom. 1.)

(1) «Lorsque je quittai le ministère, Sa Majesté me chargea de diriger une machine de surveillance ou d'espionnage, montée originairement par Alexandre Lameth, et conduite par M. de Lessart ; je devais, en lui succédant, employer ces espions de la manière que je croirais la plus utile. Cette troupe d'espions était composée d'environ trente-cinq individus, dont les uns étaient payés à 10 fr. par jour, d'autres à 5 fr., et d'autres à 3 fr. Leur service consistait à assister régulièrement, partie aux tribunes de l'assemblée, à celles du club des jacobins et de celui des cordeliers ; partie à suivre les groupes du Palais-Royal, des Tuileries, les cafés principaux et les cabarets des faubourgs ; à appuyer, par tous leurs applaudissemens, les motions constitutionnelles, à plus forte raison les motions royalistes, et même insulter, quand ils se trouvaient en force, ceux qui faisaient des motions contre le roi et la constitution, et à faire chaque jour un rapport de tout ce qu'ils avaient vu et entendu. Le nommé Giles, plus connu ci-devant sous le nom de Clermont, bas-officier de la garde nationale, très dévoué au roi, recevait tous ces rapports de la main des espions, les remettait originairement à M. de Lessart, et ensuite à moi.» (Mémoires particuliers, p. 347, tom. 1.)

(2) Les révélations de M. Bertrand pour ce qui concerne cet homme

discrétion de nommer, était un des chefs, et qui, ayant composé un comité de soixante personnes affidées au service des jacobins, tandis que M. de Lameth dirigeait ce club, fut mis ensuite au service de la cour.

Ce qui est impardonnable à cet ex-ministre, c'est d'avoir pris à tâche de décrier, autant qu'il était en lui, la mémoire de Louis XVI; de prétendre en dévoilant toutes ses confidences, qu'il n'a jamais été de bonne foi; ce qui lui donne un air de perfidie, bien plus grand encore pour ceux qui ne réfléchissent pas que se laissant aller tour à tour à toutes les impulsions, il était en quelque sorte de bonne foi avec tout le monde. Mais M. Bertrand ôte autant qu'il peut à la personne de ce malheureux monarque les regrets qu'on donnera toujours à son assassinat; il fait plus contre lui que les jacobins, les accusateurs et les juges, car il fournit des accusations formelles, tandis que les autres n'en avaient trouvé aucune postérieure à l'acceptation de la constitution. Enfin, en affectant de nier ce qu'on appelait le *Comité autrichien* (1), il en prouve l'existence, puisque la mis-

---

peuvent servir à l'histoire de la dévastation de l'hôtel de Castries, au mois de novembre 1790, car le principal directeur de l'émeute fut ce même Giles, alors principal agent du comité de MM. de Lameth, appelé le *Sabbat*. (*Note du général Lafayette.*) — Voy. sur le *Sabbat*, la p. 37 du deuxième vol.; sur la dévastation de l'hôtel de Castries, la p. 53 du troisième vol., et le discours de Mirabeau, en cette circonstance, à la p. 46 de ce vol.

(1) « Nous publiâmes séparément, M. de Montmorin et moi, notre réponse aux deux rapports de Brissot et de Gensonné, que nous tournâmes si fort en ridicule, que depuis ce moment aucun journaliste ni motionnaire n'osa plus reparler du *comité autrichien*. » (*Mémoires particuliers*, p. 369, tom. 1.)

sion de Mallet-du-Pan est justement une mesure de ce genre (1), c'est-à-dire une correspondance avec l'Autriche, mitoyenne entre les projets des princes et les devoirs constitutionnels du roi. Tout cela ne justifie pas la violation de la souveraineté nationale au 10 août. Le roi ne pouvait pas nuire, et il comptait exécuter la constitution littéralement pour son propre salut, se contentant d'espérer un changement par des circonstances étrangères à lui. Mais enfin M. Bertrand a fait à la mémoire de Louis XVI tout le tort qui dépendait de lui; et pour n'oublier aucun petit détail, il ne manque pas de nous prouver par son exemple des tribunes (2) que les intrigues et les émeutes contre les autorités constituées étaient

(1) « La campagne allait s'ouvrir. Le roi appréhendait surtout que les victoires, qu'il ne doutait pas que remporteraient les armées autrichiennes et prussiennes, ne ranimassent encore la fureur des jacobins et du peuple contre les prêtres et les nobles restés en France : ces craintes, que Sa Majesté me confia, me déterminèrent à lui proposer de charger une personne de confiance de se rendre auprès de l'empereur et du roi de Prusse, pour tâcher d'en obtenir que Leurs Majestés n'agissent offensivement qu'à la dernière extrémité, et qu'elles fissent précéder l'entrée de leurs armées dans le royaume, d'un manifeste bien rédigé.—Mallet-du-Pan, dont le roi estimait les talens et l'honnêteté, fut chargé de cette mission. » (Mémoires particuliers, p. 370 et 371, tom. 1.)

(2) « Je suppliai Sa Majesté de permettre que je fisse une expérience sur les tribunes de l'assemblée, pendant une semaine seulement, d'après un plan que je joignis à ma lettre, et dont la dépense ne montait pas à plus de 800 fr. par jour. Ce plan consistait à faire occuper tous les jours les premiers rangs des deux tribunes par 262 personnes affidées, dont la solde était fixée. — Le roi me renvoya ce plan après y avoir réfléchi, et m'autorisa à en faire l'épreuve. Le premier et le deuxième jour, on se contenta de silencer les tribunes; le cinquième jour on commença à huer les motions et opinions anti-constitutionnelles, etc.—Le roi me dit assez bas pour n'être entendu que de moi: « Fort bien, mais trop vite. » (Mémoires particuliers, p. 59 et 62, t. 2.)

quelquefois l'ouvrage de la cour, qui avait l'adresse de les attribuer aux jacobins (1).

On voit par une phrase de M. Bertrand sur Lafayette (p. 80 du 2ᵉ vol.) qu'il déteste « ce général « constitutionnel, et ses extravagans sentimens de « liberté. » Il a moins de malveillance pour Dumouriez (2).

Ce qui est raconté plus haut (14ᵉ chap. du 1ᵉʳ vol.) de la conduite de Lafayette dans la querelle entre Narbonne et M. Bertrand, est assez exact, à l'exception qu'on n'y dit pas que l'aristocratie de celui-ci était le seul motif qui fit désirer à Lafayette son éloignement. Il n'est pas vrai que la lettre de Lafayette à Narbonne annonçât que si le ministre de la guerre s'en allait, il donnerait sa démission (3).

L'apparition de Lafayette à la barre de l'assemblée le 28 juin 1792, est présentée par M. Bertrand avec le plus de malveillance qu'il peut. Peut-on après avoir été ministre, et avoir réfléchi long-temps sur ce que l'on va imprimer, faire un plan et un discours aussi ridicules que ce qu'il propose (4)? Un pétition-

---

(1) « Tous les affidés des tribunes étaient engagés au nom de Pétion et à son insu. » (P. 58 et 60.)

(2) « Dumouriez avait bien plus d'esprit, de moyens et de caractère, que Lafayette, etc. » (Mémoires particuliers, p. 98, tom. 2.)

(3) Voy. cette lettre, p. 421, du troisième vol. et la p. 304 du même vol.

(4) « La tentative de Lafayette aurait eu probablement une issue toute différente, si avant son arrivée, les amis qu'il avait à Paris s'étaient occupés de disposer la portion nombreuse de la garde nationale qui lui était entièrement dévouée, à appuyer sa démarche, s'il eût paru à la barre, accompagné d'une centaine d'entre eux, et qu'il en eût placé trois à quatre cents dans les tribunes; alors il eût pu, sans rien craindre, arrêter l'insolent Guadet à la première phrase et

naire à la tribune, rappelant un membre à l'ordre parce qu'il s'avise de parler, prononçant quatre phrases encore plus sottes qu'insolentes ; et tout cela, pour montrer Lafayette « intimidé, et réduit à la né-
« cessité de partir secrètement de Paris dans la nuit
« suivante et d'aller rejoindre son armée (1). » Tout le monde sait que Lafayette passa deux jours à Paris et n'en sortit que le surlendemain (2).

A cette époque, les girondins avaient la plus grande influence dans l'assemblée et aux jacobins, et les chefs de ce parti étaient Vergniaud, Guadet et Gensonné. Dans une lettre qu'ils avaient signée, ils annonçaient au roi que la déchéance était le résultat le moins funeste que Sa Majesté dût attendre ; que le seul moyen qu'elle eût d'éviter cette catastrophe, était de rappeler au ministère, dans huit jours au plus tard, Roland, Servan et Clavière, etc. (Mémoires particuliers, t. II, p. 3.)

Cette avidité de pouvoir par d'indignes moyens est confirmée par la déposition du vertueux Malesherbes, qui vint à la même époque confier à M. Ber-

---

le rappeler à l'ordre. « L'opinant, aurait-il dû dire, oublie que je parle
« ici au nom d'une armée fidèle à la constitution, et prête à verser son
« sang pour la défendre, au dedans comme au dehors. L'assemblée
« peut d'autant moins différer de statuer sur la pétition dont je suis
« porteur, que l'armée m'a fait promettre, en partant, de lui envoyer
« un courrier à l'issue de cette séance, pour l'instruire de ce qui aura
« été décidé ; et si le décret que vous allez rendre n'était pas conforme
« à la demande constitutionnelle que je viens de vous présenter, il me
« serait impossible de répondre des conséquences qui pourraient en
« résulter. » (Mémoires particuliers, p. 85 et 86, tom. 2.)

(1) P. 85 des Mémoires particuliers de M. Bertrand. (Voy. aussi les p. 336 et 339 du troisième vol. de cet ouvrage.)

(2) Ici se trouvaient quelques notes du général Lafayette relatives au projet de Compiègne ; nous les avons placées à la p. 511 du troisième vol.

trand qu'on lui avait appris le projet d'une prochaine insurrection, si le roi ne rappelait pas les trois ministres girondins (1).

(1) P. 114 et 115 des Mémoires particuliers.

JOURNAL DES ÉTATS-GÉNÉRAUX;

RÉDIGÉ PAR HUDEY DE SAULT - CHEVREUIL (1).

Ce recueil fut toujours influencé par les chefs jacobins; il devint logographique en 1791, et prit alors un caractère plus impartial. Il est vrai que le parti en faveur duquel il était rédigé conserva l'avantage de revoir et de corriger ses discours; mais ceux des députés non jacobins ne furent plus falsifiés et tronqués autant qu'ils l'étaient, surtout dans les neuf premiers volumes.

On y voit qu'à la séance du 9 novembre 1769, (t. 5, p. 428), la chambre des vacations du parlement de Rouen, en enregistrant la loi qui la prorogeait, avait pris un arrêté déclarant « que l'enregistrement était « forcé, que la loi était injurieuse, arbitraire, etc. » On fit lecture à la séance de ce jour d'une lettre du garde des sceaux, pour informer l'assemblée que le roi n'avait pas cru devoir différer de manifester son animadversion contre l'arrêté du parlement. Lafayette avait exigé cette démarche du ministère.

Il avait aussi demandé que Paoli, dont la lettre de remerciemens à l'assemblée se trouve, t. 7, séance du

(1) Nous réunissons sous ce titre un très petit nombre de notes qui rappellent les opinions, la conduite politique du général Lafayette dans certaines circonstances dont ses récits et la collection de ses discours n'ont pas fait mention. Il ne s'est nullement proposé de commenter le volumineux journal *des états-généraux*.

9 décembre, fut honorablement rappelé (1). Paoli ne s'est rapproché des Anglais qu'après le renversement de la constitution, et pour éviter à son pays le régime de la terreur.

(*Séance du 23 juin* 1790, *t.* 12, *p.* 463.)

La discussion sur la circonscription nouvelle des évêchés, la nomination des évêques et des curés, ainsi que le traitement du clergé, précéda de cinq mois le vote de la constitution civile (27 novembre 1790). On remarquera, à cette séance du 23 juin, les efforts de MM. Thouret, Chapelier et de tout le comité La Rochefoucauld pour faire adopter un plan calculé par M. de Condorcet, afin d'assurer un meilleur sort aux membres du clergé. J'approuvai la proposition de M. Thouret, amendée par M. Chapelier. Le parti jacobin nous combattit avec avantage et entraîna la majorité (2). Mais le traitement qui fut assuré au clergé ne devait pas donner lieu à tant de plaintes.

---

(1) L'assemblée nationale était remerciée, dans cette lettre, de son décret du 30 novembre 1789, qui avait placé les Corses sous le régime de la constitution française et rappelé dans leur patrie tous ceux qui, sous la conduite de Paoli, s'étaient opposés en 1768 à l'occupation de l'île, cédée par les Génois à la France. D'après *le Moniteur*, ce fut le général Lafayette qui présenta au roi Paoli, le 8 avril 1790. Celui-ci dirigea au mois de juin 1793 une insurrection de son pays contre le gouvernement révolutionnaire, fut déclaré traître à la république le mois suivant, et plus tard se réfugia en Angleterre, où il mourut en 1807. (Voy. les p. 425 et 443 du deuxième vol.)

(2) Voy. la p. 58 du troisième vol. — M. Thouret proposait pour les évêques un *minimum* de traitement de 15,000 liv., avec la faculté de toucher un excédant proportionné aux revenus dont ils jouissaient sous l'ancien régime. D'après le projet, un évêque qui aurait eu 45,000 liv. de revenu, aurait reçu le *minimum* ou taux moyen, puis la moitié de l'excédant, ce qui aurait fait 30,000 liv., ensuite le tiers au-

(*Séance du 18 août* 1790, t. 14, p. 454.)

M. de Saint-Priest communique à l'assemblée l'état des objets que le roi se réservait en sus des 25 millions de la liste civile : « Le Louvre, les Tuileries, les Champs-
« Elysées, Vincennes, la Muette, Choisy-le-Roi, Ver-
« sailles, Marly, Saint-Cloud, Meudon, Saint-Germain,
« les maisons et terres qui en dépendent et *la réunion*
« *des biens ecclésiastiques qui s'y trouvent*, Fontaine-
« bleau, Compiègne, Rambouillet, *les biens ecclé-*
« *siastiques et les bois de l'abbaye de Barbeau*, etc.,
« Chambord, la terre de Pain en Normandie, de Pom-
« padour en Limousin...... » Cet état est doublement remarquable par l'étendue des propriétés que l'assemblée constituante laissa au roi et par la demande qu'il fit lui-même des biens ecclésiastiques compris dans ses arrondissemens.

(*Séance du 3 octobre* 1790, *t.* 16, *p.* 215).

On m'avait averti que M. d'Orléans devait venir me

dessus de 45,000 liv. jusqu'à ce qu'il eût 45,000 liv.; le quart au-dessus de 90,000 liv. jusqu'à ce qu'il eût 60,000 liv.; le huitième au-dessus de 120,000 liv., jusqu'à ce qu'il eût 120,000 liv., ce qui faisait supposer un revenu de 540,000 liv., etc. Le *minimum* pour les simples abbés était de 2,000 liv.; au-dessus, la moitié du surplus, jusqu'à 6,000 liv., ce qui faisait supposer 14,000 liv. de revenu; le tiers jusqu'à 30,000 liv., le septième jusqu'à 36,000 liv.; le huitième jusqu'à 42,000 liv., ce qui faisait supposer 200,000 liv. de revenu. — L'amendement de M. Chapelier avait pour objet de fixer un *maximum* de revenu pour les évêques à 75,000 liv.; pour les abbés et autres ecclésiastiques, à 24,000 liv. — L'assemblée décréta pour les premiers un *maximum* de 30,000 liv., et un *minimum* de 12,000 liv.; pour les abbés, prieurs, chanoines, etc., un *minimum* de 2,000 liv. et un *maximum* de 6,000 liv. (*Monsieur.*)

dénoncer à l'assemblée, où je me rendis pour lui répondre. On avait oublié cette fois de me donner des affaires dans un autre quartier de Paris, comme cela arrivait assez souvent lorsqu'on voulait m'écarter. M. d'Orléans, me voyant entrer, réduisit à fort peu de mots ce qu'il avait à lire (1).

(*Séance du* 20 *octobre* 1790, *t.* 17, *p.* 16.)

Il s'agit ici de la discussion sur un projet de décret pour déclarer que les ministres avaient perdu la confiance de la nation. Ce renvoi de MM. de La Tour du Pin, St.-Priest et de leurs collègues, avait été préparé par un comité central des sections dont Danton était le principal membre, sous l'influence des chefs jacobins. Des hommes de 89 s'y trouvaient aussi, et ce fut par une espèce de capitulation que l'on convint d'épargner M. de Montmorin, ministre des affaires étrangères (2).

(*Séance du* 9 *décembre* 1790, *t.* 18, *p.* 359).

Après le décret de ce jour pour la restitution des biens des religionnaires fugitifs par suite des persécutions de Louis XIV, un assez grand nombre de familles protestantes se préparaient à rentrer en France. Le 10 août les en détourna.

---

(1) Après le rapport de M. Chabroud sur la procédure du Châtelet contre les auteurs des attentats des 5 et 6 octobre 1789, le duc d'Orléans, renvoyé d'accusation ainsi que Mirabeau, annonça en peu de mots à l'assemblée qu'il lui soumettrait une justification écrite.

(2) Voy. les p. 149, 150 et 166 du troisième vol.

(*Séance du 2 janvier* 1791, *t.* 19, *p.* 243.)

Mirabeau eut à cette séance 156 voix pour la présidence de l'assemblée, Émery 118. Le premier était soutenu par le comité La Rochefoucauld; mais les chefs jacobins jetaient les hauts cris. Ce fut une tactique de leur part, pour avoir eux-mêmes envers Mirabeau le mérite de le nommer (1).

(*Séance du* 11 *mars* 1791, *t.* 25, *p.* 406.)

Dans cette discussion sur les gens de couleur, le projet de les admettre aux droits de citoyens actifs était aussi simple que juste. Cependant il fut combattu avec force par MM. de Lameth, Barnave, l'abbé Maury et D'Espréménil. Ce sont les excès des deux extrêmes qui, dans les colonies comme en France, ont fait tant de mal, et l'orgueil des colons avait appelé les malheurs qui résultèrent plus tard du décret conventionnel pour la liberté immédiate et non préparée des noirs.

La Société des Amis des noirs exprimait seulement le vœu de suppression de la traite, et n'allait pas jusqu'à l'affranchissement graduel dont Lafayette s'occupait depuis long-temps. Le 29 mai 1791, l'assemblée décréta qu'une excellente instruction de Dupont, sur les gens de couleur, serait renvoyée au roi avec prière de l'expédier dans les colonies. On doit dire que le gouvernement, se sentant fort de la protection des chefs jacobins dont Grégoire, Pétion et

---

(1) Voy. la p. 365 du deuxième vol. — Mirabeau avait été nommé, le 30 novembre 1790, président du club des jacobins.

Brissot étaient tout-à-fait séparés sur ce point, et de la malveillance de la cour à l'égard des défenseurs des gens de couleur, se montra au moins très indifférent pour le succès du décret (1).

(Séance du 4 juin 1791, t. 27, p. 123.)

M. de Toulongeon réclame ici avec grande raison, pour le roi, le droit de faire grâce.

La plupart des discours de Lafayette sont mutilés dans ce recueil de Hodey de Sault-Chevreuil. On les trouverait plus exactement dans *le Patriote français, la Gazette universelle, le Journal de Paris* ou *le Moniteur*.

(1) Voy. la p. 70 du troisième vol.

HISTOIRE DE FRANCE,

DEPUIS LA FIN DU RÈGNE DE LOUIS XVI, JUSQU'À L'ANNÉE 1825, PAR L'ABBÉ DE MONTGAILLARD (1). (PARIS, 1827).

L'ouvrage de M. de Montgaillard contient des renseignemens utiles, quelques uns jusqu'à présent inconnus. Ses jugemens, en général sévères, souvent injustes, plus souvent exagérés, renferment néanmoins plus de vérités que ne le voudraient certains personnages marquans de la révolution et de la contre-révolution. Il ne faut pas croire que la cause de la liberté ait toujours à se plaindre des publications royalistes et aristocratiques. Les Mémoires de M. de Ferrières, de M. de Bouillé, de madame Campan, contiennent beaucoup d'aveux plus avantageux à cette cause, que certaines apologies des choses et des personnes qui ne l'ont que trop souvent souillée, nous ne nous bornerons pas à dire, inutilement, mais à son détriment, et quelquefois à l'instigation expresse de ses ennemis, afin de dégoûter par l'anarchie, les excès et les crimes, une nation qu'on ne pouvait plus réduire par des sophismes, ni par la force des armes. Cependant, on ne doit pas oublier

---

(1) M. de Montgaillard, après avoir émigré pendant la révolution, exerça, sous l'empire, diverses fonctions dans l'administration civile de l'armée. Il est mort en 1826.

que M. de Montgaillard est loin d'être un écrivain patriote, et en lisant attentivement son ouvrage, on y découvrira un grand nombre d'erreurs. Plusieurs peuvent être regardées comme involontaires, puisqu'elles portent sur des faits insignifians pour son parti. Nous en signalerons quelques-unes, sans prétendre rectifier le jugement de l'auteur sur les choses et sur les personnes; ce serait une trop sérieuse entreprise.

M. Necker doit être regardé comme l'un des plus habiles emprunteurs et d'un des plus mauvais ministres qu'ait eus la France. (T. II, p. 15.)

On reconnaît, dans ce jugement sur M. Necker, une acrimonie toute particulière, et c'est un des hommes contre lesquels cette disposition de l'auteur a été exercée avec le plus d'injustice. Ce qu'il rapporte sur la part que madame de Staël aurait prise à la journée du 12 juillet 89, est aussi absurde qu'inconvenant.

Le 25 juin 1789, quarante-sept membres de la noblesse se présentèrent dans la salle du tiers. Plusieurs autres députés de la noblesse s'y seraient joints, s'ils n'avaient été retenus par des mandats impératifs. (P. 53.)

M. de Montgaillard a raison de dire ici que ce fut sur l'autorisation de leur mandat que se décidèrent les 47 membres de la minorité de la noblesse, tandis que d'autres du même parti, plus populaires même que plusieurs de ceux-là, attendirent le moment prochain et prévu de la réunion générale qui eut lieu deux jours après. Il est assez remarquable que lorsque tous les députés nobles de Paris, Clermont-Tonnerre, Lusignem, Lally, etc., crurent voir dans leur mandat la permission de passer aux communes; les deux exceptions furent le marquis de Mirepoix, aristocrate fougueux, et le président Lepelletier de Saint-Fargeau, qui a joué depuis un rôle républicain dans la convention.

Un comité pris parmi les électeurs aux états-généraux, exerce toutes les fonctions municipales. Il nomme Bailly maire, Lafayette général en chef, et le vicomte de Noailles major-général de la garde nationale. (P. 95.)

On doit être surpris d'une erreur assez peu importante, mais singulière. Le vicomte de Noailles ne fut jamais rien dans la garde nationale de Paris. On sait que le major-général a été M. de Gouvion, qui avait servi dans l'armée américaine et qui fut tué en 92, en avant du camp de Maubeuge.

Lally-Tolendal, Noailles, Lafayette, Malouet, Mounier, Clermont-Tonnerre, Bergasse, etc., voulaient la constitution anglaise; mais le roi et la cour regardèrent ce vœu comme un crime. (T. II, p. 128.)

Il est vrai que Lally, Malouet, Clermont-Tonnerre, Bergasse, etc., voulaient la constitution anglaise. Lafayette, disciple de l'école américaine, avait au contraire des préventions contre cet ordre de choses; il souhaitait deux chambres électives, telles que celles des États-Unis; mais pendant toute cette discussion, sa présence, nécessaire à Paris, ne lui permit pas d'aller à l'assemblée.

Le 1ᵉʳ octobre 1789, l'assemblée émet la déclaration des droits de l'homme en société, suivant les idées proposées le août par Mathieu de Montmorency. On y joint dix-neuf articles de la constitution. (T. II, p. 138.)

Il est vrai que M. de Montmorency fut, à l'Assemblée, un des soutiens de la rédaction de Lafayette, dont on trouvera la plus grande partie dans la déclaration adoptée par l'assemblée constituante (1).

La conduite de M. de Lafayette dans les journées des 5 et 6 octobre 89 est exempte de tout blâme; cet officier-général ne peut même être accusé d'avoir manqué à aucune des précautions qui lui étaient imposées en sa qualité de commandant-général. C'est à lui que le roi, la reine et la famille royale durent leur salut. (T. II, page 161.)

M. de Montgaillard rend justice à la garde nationale; mais il n'est pas vrai, comme il le dit, que le 5 dix à douze gardes aient été massacrés.

L'abbé Maury, ce champion de l'ancien régime, n'eut réellement en vue que ses intérêts pécuniaires. (T. II, p. 169 et 170.)

A l'appui de ce jugement, M. de Montgaillard cite plusieurs extraits du *livre rouge*, où l'abbé Maury et d'autres personnages figurent pour de grosses sommes. Il y a des erreurs à vérifier, dans cette liste de pensions secrètes imprimée, dit-on, en 1790; non qu'il soit improbable que la cour ait donné des sommes se-

---

(1) A la séance du 19 août 1789, M. l'abbé Bonneau s'exprime ainsi : « Après avoir comparé les divers plans de déclaration des droits « avec celle de M. de Lafayette, j'ai vu que cette dernière est le texte « dont les autres ne forment que le commentaire. Je conclus pour le « plan de M. de Lafayette qui est simple et clair. »

crètes, comme on en a eu la preuve depuis, mais parce que la publication de ces faveurs n'a pas dû avoir lieu à cette époque (1).

M. de Comps, premier secrétaire de Mirabeau, a constamment refusé de s'expliquer sur la mort de son maître. Le docteur Cabanis fut soupçonné d'avoir administré le poison. (T. II, page 300.)

Le docteur Cabanis, un des hommes les plus vertueux et les plus éclairés de l'époque, n'a jamais pu être soupçonné d'avoir administré du poison à Mirabeau son ami.

Décret du 7 avril 1791.) — Aucun membre de l'assemblée nationale actuelle ne pourra être promu au ministère, recevoir et solliciter, ni pour autrui ni pour lui-même, aucune place, don, pension, traitement ou gratification du pouvoir exécutif ou de ses agens, pendant quatre ans après la fin de l'exercice de ses fonctions, les militaires seuls exceptés. (T. II, p. 304.)

Ce décret de l'assemblée fut une grande faute. On observera que cette mesure a été appuyée à l'assemblée constituante par M. d'André, dont les liaisons avec la cour ont été connues, et aux jacobins par Danton. Mais la résolution de l'assemblée n'en est pas moins très honorable, quoiqu'elle ait été bien funeste pour la chose publique. Robespierre fit la motion; M. d'André la soutint avec succès (2).

(1) La publication citée par M. de Montgaillard est ainsi désignée : Livre rouge ou liste des pensions secrètes sur le trésor public, première classe, première livraison, de l'imprimerie royale, 1790.
(2) Voy. le p. 178 du troisième vol.

La droiture des intentions et la pureté du patriotisme de M. de Lafayette ne pourraient être révoquées en doute, etc. (T. II, p. 353.)

M. de Montgaillard est, en général, plus bienveillant pour Lafayette qu'on ne pouvait l'attendre de la différence de leurs opinions. Il a rendu plus de justice que la plupart des écrivains royalistes, à la fameuse phrase sur *l'insurrection, le plus saint des devoirs*, en achevant ce qui fut dit en cette occasion et tenant compte des autres paroles supprimées par malveillance.

M. de Montgaillard peint avec raison Lafayette comme défenseur de l'ordre légal et des lois constitutionnelles que la volonté nationale avait établies. Néanmoins, il y a dans cette partie de son ouvrage des erreurs incroyables ; quoique de la part d'un royaliste elles puissent être bien intentionnées, nous allons les relever.

Sans déterminer les principes politiques dont M. de Lafayette faisait profession à son retour d'Amérique, bornons-nous à dire que ce général se montra, à l'assemblée des notables et à l'assemblée des états-généraux, l'un des plus ardens et des plus sincères partisans de la liberté, mais d'une liberté sage et constitutionnelle. — L'on peut même dire qu'il ne se déclara pour la révolution qu'après le 14 juillet. Dès l'ouverture des états-généraux, il signa une protestation secrète contre la réunion des ordres ; nommé commandant de la milice parisienne, il ne veut accepter ce commandement qu'avec l'agrément de Louis XVI. Avant le 5 octobre 1789, il favorise autant qu'il dépend de lui le projet de conduire le roi à Metz, etc. (T. II, p. 361.)

Rien n'est plus facile que l'examen des principes politiques professés par Lafayette, à son retour des

États-Unis. L'on voit dans la relation de son dernier voyage, que le président de la chambre des représentans, lorsqu'il fut reçu dans cette assemblée réunie au sénat, déclara au nom du peuple américain, « *que dans aucune circonstance des évènemens d'Europe, il n'avait dévié de ses principes* (1). » Il les professa en effet à la première assemblée des notables, et à la seconde où il se prononça fortement, soit pour le doublement du tiers, soit pour la réunion des ordres. A l'assemblée électorale de la noblesse d'Auvergne, il était connu pour avoir la même opinion. On ne conçoit pas que M. de Montgaillard ait pu croire qu'aux états-généraux dans la chambre de la noblesse, il ait signé une protestation secrète contre la réunion des ordres (2). Cette assertion est tout-à-fait étrange et complétement fausse.

Ce ne fut que le 17 juillet, après la présentation de la cocarde aux deux couleurs de la Ville, par Bailly, et la réception du roi à l'Hôtel-de-Ville où Lafayette l'accompagna, que ce prince confirma, en se retirant, la nomination du maire et du commandant-général (3).

(1) Ce passage indique que les notes du général Lafayette sur l'ouvrage de M. de Montgaillard, ont été écrites postérieurement à son dernier voyage aux États-Unis en 1825.

(2) Le 6 mai 1789, la vérification des pouvoirs en commun, pour tous les ordres, fut demandée dans la chambre de la noblesse par MM. de Castellane, de Liancourt, le général Lafayette, les députations d'Aix et du Dauphiné; mais on n'adopta pas cette opinion.

(*Table du Moniteur.*)

(3) La veille même de cette journée, voici de quelle manière, selon le *Journal des états-généraux*, l'assemblée apprit et confirma la nomination du général Lafayette : « Un membre de la noblesse a annoncé qu'hier
» M. de Lafayette avait été nommé colonel-général de la milice bour-

On ne conçoit pas ce que M. de Montgaillard a voulu dire, en prétendant qu'avant le 15 octobre 89, Lafayette avait favorisé le projet de conduire le roi à Metz. Une telle assertion ne peut avoir le plus léger prétexte.

M. de Lafayette s'unit à Mirabeau pour faire adopter la loi martiale, pour faire accorder l'initiative au roi, pour faire reconnaître au trône le droit de paix et de guerre. (T. II, p. 361 et 362.)

Il est très vrai que Lafayette a souvent demandé des lois répressives de l'anarchie et du pillage. Quant à l'initiative des lois, personne ne pensait à la donner au roi, Lafayette sans doute moins qu'aucun autre. Et si l'auteur a voulu parler de l'initiative de la proposition de paix et de guerre qui, sur l'avis de Mirabeau appuyé par Lafayette, fut donnée au roi, il ne fallait pas ajouter qu'ils voulaient reconnaître au trône le droit de paix ou de guerre, attendu que cette opinion anglaise n'était soutenue que par le côté droit de la chambre; tandis que le côté gauche était divisé sur le mode de proposition de la guerre et de la paix, en deux nuances d'opinion : convenant tous deux également qu'on ne pouvait pas se passer d'un décret formel de l'assemblée nationale. On trouve partout cette discussion, où Mirabeau et Barnave furent les principaux orateurs.

M. le marquis d'Ormesson, commandant de la garde nationale du faubourg Saint-Antoine, avait plusieurs fois instruit

« geôlse; qu'il était resté à Paris pour prendre différentes instructions
« à l'Hôtel-de-Ville, mais qu'il attendait les ordres de l'assemblée na-
« tionale, pour accepter la dignité dont ses concitoyens l'avaient
« honoré. Cette déférence a été vivement applaudie. » (Séance du 16
juillet 1789.)

M. de Lafayette des avis qui lui avaient été donnés sur le projet du départ du roi. — Deux jours avant la fuite de Louis XVI, le 21 juin 1791, il accourt chez le général, annonçant qu'il est de son devoir de lui communiquer les renseignemens très positifs qu'on vient de lui donner. M. de Lafayette éconduit, comme à l'ordinaire, M. d'Ormesson; mais ce dernier insistant jusqu'à l'importunité, M. de Lafayette ouvre un placard, et, en tirant un morceau de drap, dit à M. d'Ormesson : « Voilà l'échantillon de l'habit que le roi se fait faire pour partir, voyez si je suis bien instruit. » — « Dans ce cas, je n'ai plus rien à vous apprendre, » répondit M. d'Ormesson, qui nous a dit à Ormesson, dans l'été de 1803, ce que nous venons de rapporter. Madame Campan avait fourni un échantillon de la robe que la reine devait porter dans le voyage. (T. II, p. 364, 365.)

On voit dans les journaux du temps, que les prédictions du départ du roi dans la nuit même, étaient proclamées presque tous les jours de l'année, par cinq ou six journaux anarchistes. De pareils avis arrivaient au comité des recherches de l'assemblée, à l'Hôtel-de-Ville de Paris, et puisque le roi est parti, il fallait bien qu'ils eussent un jour raison ; mais les avis de cette époque n'avaient rien de plus ni de moins que ceux de toute l'année ; donc ils devaient produire peu d'effet.

L'historiette de l'échantillon de la robe de la reine envoyé par madame Campan on ne sait à qui, et de l'échantillon de l'habit du roi, montré par Lafayette à d'Ormesson, sont des argumens bien puérils. Cette robe et cet habit n'avaient rien qui les distinguât des autres ; et les morceaux qu'on aurait envoyés doivent être regardés comme une plaisanterie. Nous n'avons aucun souvenir de ces deux petits faits.

Les royalistes ont dit que Lafayette, averti de l'évasion du roi, avait fait semblant de l'ignorer pour le faire arrêter ensuite et compléter la république; d'autres ont dit que c'était pour se venger de ce complot ourdi contre lui. Des jacobins au contraire ont fait semblant de croire que Lafayette était de connivence avec le roi, pour favoriser la contre-révolution. Toutes ces assertions contradictoires sont également fausses et ridicules. Dans le premier cas, Lafayette n'aurait pas soutenu l'Assemblée constituante lorsqu'elle rétablit le trône constitutionnel. Dans le second, si contraire à son caractère connu, il n'aurait pas attendu si long-temps pour ordonner l'arrestation, puisque, au fait, ce ne sont pas ses envoyés qui arrêtèrent le roi. Dans le troisième, il n'aurait pas pris sur lui de donner cet ordre avant la réunion de l'assemblée nationale. M. de Bouillé, dans le compte qu'il a rendu de cette affaire et des négociations antécédentes, raconte combien on se cachait de Lafayette. La reine, questionnée au tribunal révolutionnaire sur sa prétendue connivence avec le commandant-général, a répondu « *qu'il était le dernier homme auquel on eût voulu confier ce secret.* » Il est pourtant possible que M. de Montgaillard se soit persuadé cette fable, et peut-être en ferait-il un mérite à Lafayette.

L'auteur convient (p. 391) que c'est la noblesse et le clergé qui ont perdu Louis XVI.

TROISIÈME VOLUME.

M. de Narbonne, pendant son ministère, se rendit à Metz auprès de Lafayette et de Rochambeau; et s'ensuit, avec assez de fondement, que ce voyage avait pour but de prendre avec les deux généraux les mesures nécessaires pour délivrer le roi du joug sous lequel le retenait l'assemblée. (T. III, p. 90.)

Le projet attribué à Narbonne, à Lafayette et à Rochambeau n'a pas l'ombre de vérité. Narbonne, le meilleur ministre de la guerre qu'il y ait eu en France, alla visiter les frontières; il trouva à Metz Luckner et Rochambeau qui y reçurent de sa main le bâton de maréchal, et Lafayette commandant l'armée du centre dont Metz était le quartier-général. Les trois généraux furent ensuite mandés à Paris pour déterminer le plan de campagne contre les ennemis.

HISTOIRE DE LA RÉVOLUTION FRANÇAISE (1),

PAR M. THIERS,

MEMBRE DE L'ACADÉMIE FRANÇAISE. (10 vol. in-8.)

PREMIER VOLUME.

L'opposition était conduite secrètement par Duport, jeune homme doué d'un esprit vaste, d'un caractère ferme et persévérant, etc. (T. I, p. 16.)

C'est ce jeune conseiller Duport qui avait dit au parlement : « Il est temps que messieurs sachent que « les citoyens seuls ont des droits, et que les magistrats « n'ont que des devoirs. »

(Arrêt du conseil du 27 décembre 1788 (2).) — Cette déclaration excita un enthousiasme universel. Attribuée à Necker, elle accrut à son égard la faveur de la nation et la haine des grands. (T. I, page 32.)

L'auteur ne rend pas ici pleine justice à M. Necker. La déclaration du roi avait été précédée du rapport au conseil par M. Necker, et ce rapport fut imprimé

---

(1) Cette histoire embrasse les treize dernières années du 18ᵉ siècle, depuis 1787 jusqu'à 1800; mais les six années comprises entre 1787 et 1793, n'occupent dans l'ouvrage de M. Thiers que deux volumes sur dix. Ceci explique pourquoi le général Lafayette a seulement écrit quelques notes sur ces deux volumes, dont les récits s'arrêtent à peu près au temps de sa captivité.

(2) Pour le doublement du tiers.

en même temps. Le mot *attribué* n'est donc pas assez positif.

L'État mal défendu au dehors, trahi par les maîtresses de Louis XV, compromis par la faiblesse des ministres de Louis XVI, avait été récemment déshonoré en Europe par le sacrifice honteux de la Hollande et de la Pologne. (T. I, p. 58.)

Il est juste de dire que la France s'était momentanément relevée par la guerre de l'indépendance américaine, par la conduite de sa marine et du peu de troupes de terre employées dans cette guerre, enfin par la paix de 1783 qui en assurait le principal objet, et délivrait la France de la honte d'un commissaire anglais à Dunkerque. Mais elle reperdit sa considération par l'abandon du parti patriote en Hollande.

En Bretagne, la noblesse s'était opposée au doublement du tiers, et avait refusé de nommer des députés. — La cour, qui ne se croyait pas assez vengée de la noblesse bretonne, lui avait non-seulement refusé ses secours, mais encore avait enfermé quelques-uns de ses membres venus à Paris pour réclamer. (T. I, p. 39.)

Il y a ici erreur de date : les douze gentilshommes bretons enfermés à la Bastille n'étaient pas venus pour réclamer contre le doublement du tiers. C'était pour une querelle antérieure, lorsque de concert avec le peuple de Bretagne on avait réclamé contre la violation des priviléges de la province, comme la cour plénière, les bailliages, etc. (1). Ce fut l'archevêque de Sens qui les enferma, et M. Necker qui les fit sortir. La question du doublement du tiers ne s'éleva qu'après leur délivrance.

(1) Voy. les p. 168 et 169 de ce vol.

(8 juillet 1789.) — Mirabeau fait suspendre les travaux de la constitution et propose de demander au roi le renvoi des troupes. — Son discours est aussitôt couvert d'applaudissemens, l'adresse qu'il propose est adoptée. (T. I, p. 94.)

La motion et l'adresse ne furent pas du même jour (1).

(11 *juillet* 1789). — La présentation de la première déclaration des droits, en Europe, est un événement assez important en lui-même et par ses effets à cette époque, pour qu'il ne soit pas permis à un historien de passer la date du 11 juillet, sans en faire mention.

On s'occupa de la déclaration des droits. — Cette idée avait quelque chose d'imposant qui saisit l'assemblée. L'élan des esprits les portait à tout ce qui avait de la grandeur. Ils saisirent donc cette idée, et voulurent la mettre à exécution. S'il ne s'était agi que d'énoncer quelques principes particulièrement méconnus par l'autorité dont on venait de secouer le joug, comme le vote de l'impôt, la liberté religieuse, etc., rien n'eût été plus facile. Ainsi avaient fait jadis l'Amérique et l'Angleterre. (T. I, p. 155.)

Voici une observation grave parce qu'elle tient aux choses, non aux personnes. On confond ici le bill des droits présenté à Guillaume III où il ne s'agissait que de lui faire reconnaître, en guise de garanties, certaines libertés publiques, avec le principe américain, qui, abstraction faite des antécédens, recherche et expose la série des droits naturels et sociaux sans lesquels il n'y a point de vraie liberté ni pour les peuples ni pour les individus.

Rousseau violait cette liberté lorsqu'il donnait à la majorité sociale la faculté de priver un citoyen de

(1) Voy. la p. 361 du deuxième vol.

l'exercice de ses droits naturels. C'est en s'y conformant que telle monarchie peut avoir des lois et des mœurs plus libérales que telle république; bien entendu que cette monarchie ne serait pas supérieure aux droits imprescriptibles de la nation. L'auteur, après avoir confondu les pétitions de droits avec la déclaration des principes nécessaires à toute organisation libre, supérieurs à toutes les modifications secondaires de gouvernement, n'a pas ensuite suffisamment senti l'importance et l'utilité d'une telle déclaration.

Les partisans de la constitution anglaise, Necker, Mounier, Lally, ne surent pas voir en quoi devait consister la monarchie; et quand ils l'auraient vu, ils n'auraient pas osé dire nettement à l'assemblée que la volonté nationale ne devait point être toute-puissante, et qu'elle devait empêcher plutôt qu'agir. — Il était ridicule, en reconnaissant la souveraineté nationale, de vouloir lui opposer la volonté unique du roi. Ils défendirent mieux les deux chambres, parce qu'en effet, dans une république, il y a de hautes classes qui doivent s'opposer au mouvement trop rapide des classes qui s'élèvent... (T. I, p. 156.)

Il y a ici des idées fort justes mêlées à quelques erreurs non seulement de mots, comme de supposer que dans toutes les républiques il y a de hautes classes, mais de faits et de principes. C'est avec beaucoup de raison que l'auteur dit que la souveraineté du peuple une fois admise, les idées de veto absolu, de chambre héréditaire, ne se trouvent plus en harmonie avec la prééminence de la représentation populaire sur les magistratures qui n'ont que des fonctions à exercer; aussi la division en deux chambres n'a pour objet que de mieux connaître la véritable volonté de la nation, et d'en assurer l'exécution constitutionnelle. Le veto suspensif était donc plus conséquent que le veto absolu défendu par Mirabeau dont les penchans étaient monarchiques, comme ceux de Lafayette étaient républicains.

Si quelques hommes, tels que Mounier, Lally, Malouet, faisaient des vœux pour une pairie héréditaire, personne n'eût osé la proposer à l'assemblée. Le premier comité de constitution se borna à proposer un sénat électif à vie. La majorité de la noblesse ne voulait point de pairie qui eût laissé deux cents familles, en rejetant les autres dans les communes, et cette majorité se fût rendue odieuse en s'appropriant les places. Turgot, Franklin avaient été partisans de l'unité de chambre; beaucoup de leurs admirateurs éclairés avaient reçu cette impression. Le public s'était bien trouvé de la réunion des ordres, et ne distinguant pas entre une assemblée constituante essentiellement unique, et un corps législatif divisé en deux sections, il repoussait les deux chambres; tous les amateurs de popularité suivaient la même impulsion.

Lafayette, imbu des idées et des expériences américaines, aurait voté pour une chambre des représentans et un sénat électif temporaire, s'il n'avait pas été retenu à Paris. C'est chez lui que se passa la première conférence entre Mounier et des partisans de la chambre unique.

Que Mounier, très honnête homme, ami sincère de la liberté, ne connaissant, au-delà du droit public français, que la traduction de l'ouvrage de de Lolme et les sentences de Montesquieu sur la constitution anglaise, étranger enfin aux progrès de la civilisation politique des États-Unis, se soit tenu obstinément aux idées anglaises de veto, de chambre des pairs, etc., il n'y a rien là d'extraordinaire; mais qu'il se soit persuadé que ses principes étaient partagés par l'Américain chez lequel on tint la *seconde conférence*, c'est ce qui prouve combien les hommes les plus respectables se font illusion en abondant dans leur propre sens (1). Cet Américain était M. Jefferson, le principal chef de la section la plus démocratique des États-Unis, républicain par excellence entre les républicains, et qui n'a jamais vu dans la division en deux chambres que deux délibérations prises par deux assemblées de même nature (2).

On trouve dans la citation que M. Thiers fait du rapport de M. Mounier à ses commettans (p. 370), une grande ignorance du principe américain *des conventions*, qui n'est pas une réunion de l'exercice de tous les pouvoirs, n'en exerçant aucun, ni une dictature suprême, mais seulement une délégation de la souveraineté nationale pour examiner et modifier la constitution (3). Lafayette en avait fait le dernier ar-

---

(1) M. Thiers cite p. 359, un rapport de M. Mounier à ses commettans, dans lequel celui-ci prétendait que M. Jefferson avait exprimé un jugement favorable à ses principes.

(2) Voy. la p. 514 du troisième vol. — On trouvera aussi dans les pages précédentes, les notes sur le projet de Compiègne, que nous avons cru devoir détacher.

(3) M. Mounier dit en parlant des députés qui s'étaient réunis avec lui chez M. Jefferson : « Ils m'offrirent de voter pour la sanction « illimitée, et de voter également pour deux chambres, mais sous la « condition que je ne soutiendrais pas, en faveur du roi, le droit de « dissoudre l'assemblée des représentans ; que je ne réclamerais pour « la première chambre, qu'un veto suspensif, et que je ne m'oppose-

ticle de sa déclaration des droits (1). Il est vrai que ce principe ne comporte pas les droits imprescriptibles du trône, ni ceux d'une pairie, etc.; mais il ne nécessite pas, il exclut plutôt l'exercice cumulé des pouvoirs exercés par la convention nationale de France. N'est-il pas bizarre que Mounier s'étonne de ce que des députés constituans se volent pour débattre les *intérêts du royaume* et tâcher d'arriver à une opinion commune?

Au reste, comme l'observe l'auteur, il est très vrai que les institutions de 91 étaient républicaines, dans ce sens qu'elles reconnaissaient une souveraineté nationale dont tous les pouvoirs émanaient expressément, qu'elles étaient populaires, étendues à tous les citoyens, fondées sur la liberté et l'égalité, et n'ayant de monarchique qu'une royauté héréditaire, placée très haut, magnifiquement dotée, investie de belles prérogatives et d'une majestueuse représentation. Le vœu exprimé, évident, presque unanime, de la nation était de concilier et faire aller ensemble ces deux prin-

« rais pas à une loi fondamentale qui établirait des *conventions natio-*
« *nales* à des époques fixes. — Ils entendaient, par *conventions nationales*,
« des assemblées dans lesquelles on aurait transporté tous les droits
« de la nation, qui auraient réuni tous les pouvoirs, et conséquem-
« ment auraient anéanti par leur seule présence l'autorité du monar-
« que et de la législature ordinaire, etc. Je témoignai ma surprise de
« ce qu'on voulait m'engager à traiter sur les intérêts du royaume
« comme si nous en étions les maîtres absolus. »

(1) Voy. le dernier article de cette déclaration, p. 393 du deuxième
vol. — « Et comme l'introduction des abus, et le droit des générations
« qui se succèdent, nécessitent la révision de tout établissement hu-
« main, il doit être possible à la nation d'avoir, dans certains cas, une
« convocation extraordinaire de députés, dont le seul objet soit d'exa-
« miner et de corriger, s'il est nécessaire, les vices de la constitution. »

cipes, de républicanisme dans les institutions, et de royauté au faîte du système. L'auteur dit que cela n'est pas de la monarchie; mais plus la monarchie voudra être autre chose, moins elle sera tolérable dans un pays de liberté et d'égalité.

(5 octobre 1789.) — Le roi fait ordonner à ses gardes de ne pas faire feu, et de se retirer dans leur hôtel. Tandis qu'ils se retirent, quelques coups de fusil sont échangés entre eux et la garde nationale de Versailles, sans qu'on puisse savoir de quelle part ont été tirés les premiers coups. (T. I, p. 194.)

Il y a ici une légère erreur. Les gardes-du-corps se replièrent dans le jardin; mais ils n'avaient pas reçu l'ordre de se retirer dans leur hôtel (1). L'usage était qu'ils couchassent dans les salles des gardes. Ce sont les officiers qui, à l'exception du capitaine des gardes, du major et des aides-majors, logeaient pour la plupart hors du château. Ceux-là, à l'exception de deux ou trois, allèrent se coucher de leur propre mouvement et ne reparurent qu'après que la garde nationale avait sauvé la famille royale et les gardes-du-corps.

Le sort des nations est de demander ou trop, ou rien. (T. I, page 259.)

Demander n'est pas le mot convenable; la nation peut mal combiner les pouvoirs du gouvernement, c'est un tort envers elle-même. Mais elle ne demande pas trop, attendu que tout lui est dû, excepté l'exercice des droits naturels de chaque citoyen, n'ayant de bornes que les droits naturels d'autrui. Mais pour les

(1) Voy. la p. 338 du deuxième vol.

droits sociaux, c'est la propriété de la société nationale et non d'aucun autre pouvoir.

(Décret du 19 juin 1790.) — La partie la plus modérée de l'assemblée aurait voulu qu'en abolissant les titres, on laissât la liberté de les porter à ceux qui les voudraient. (Tome I, p. 264.)

Le projet d'amendement, rédigé par Condorcet, adopté par le comité de constitution, ne portait ni sur la nullité de tous les actes où l'on prendrait des titres, ni sur l'abolition de la noblesse héréditaire, mais se bornait à déclarer que les armoiries, livrées, etc., n'étaient la propriété de personne, tout le monde pouvant en user à volonté comme en Amérique, ce qui était plus conforme à la liberté et également efficace (1).

(Révision de la constitution (2).) — Les membres du côté gauche avaient le projet de s'entendre pour retrancher certaines parties de la constitution. Il avait été résolu qu'on la lirait tout entière pour juger de l'ensemble, et qu'on mettrait en harmonie ses diverses parties; c'était là ce qu'on nomma la révision, et ce qui fut plus tard, dans les jours de la ferveur républicaine, regardé comme une mesure de calamité. Barnave et les Lameth s'étaient entendus avec Malouet pour réformer certains articles qui portaient atteinte à la prérogative royale, et à ce qu'on nommait la stabilité du trône. On dit même qu'ils avaient le projet de rétablir les deux chambres. Il était convenu qu'à l'instant où la lecture serait achevée, Malouet ferait son attaque; que Barnave ensuite lui répondrait avec véhémence pour mieux couvrir ses intentions, mais qu'en défendant la plupart des articles, il en abandonnerait certains comme évidemment dangereux et condamnés par une expérience reconnue. Telles étaient

(1) Voy. les p. 410 et 473 du deuxième vol.
(2) Voy. la p. 110 du troisième vol.

les conditions arrêtées, lorsqu'on apprit les ridicules et dangereuses protestations du côté droit qui avait résolu de ne plus voter. Il n'y eut plus alors aucun accommodement possible. (T. I, p. 341.)

Le comité de constitution avait été composé de MM. de Talleyrand, Target, Thouret, Chapelier, Desmeunier et Sieyes. Sur la demande de ce comité lui-même, l'assemblée lui adjoignit cinq membres. Le parti jacobin dirigea le choix, et les adjoints furent Alexandre Lameth, Duport, Barnave, Pétion et Buzot, tous les cinq membres du club. Il était évident que, pour rédiger un acte constitutionnel, il fallait mettre ensemble tous les décrets et en faire un seul corps (1). La révision occupait le comité avant la fuite du roi; et cet événement ne l'empêcha pas de continuer ses travaux. Il est probable qu'Alexandre Lameth et ses deux amis, après avoir quitté le club des jacobins, se montrèrent alors plus favorables à la cour puisqu'ils entrèrent en relations avec elle. Je ne me rappelle néanmoins qu'un seul décret que l'on puisse particulièrement attribuer à leur influence, c'est celui qui, sans rien ajouter au pouvoir réel de la royauté, donna au roi le titre de *représentant héréditaire de la nation*; encore trouverait-on dans des décrets antécédens que ce n'était point là une innovation. On adopta une autre disposition moins démocratique, en fixant la propriété que devaient avoir les électeurs; mais n'a-t-elle pas été copiée et même aggravée par la constitution de l'an III? Si les

(1) En vingt-huit mois de session, l'assemblée constituante rendit deux mille cinq cents lois ou décrets.

machinations et les propositions du comité avaient été aussi liberticides que plusieurs écrivains ont paru le croire, que faudrait-il penser, à cette époque, de Pétion, de Buzot, et surtout de Sieyes qui n'a parlé dans l'assemblée contre aucune des propositions faites en son nom et au nom de tous ses collègues? Sieyes, cependant, s'est plaint en suite de la révision; rien ne l'empêchait de faire valoir son avis. Le comité, d'ailleurs, avait si peu d'influence que son rapporteur Thouret, adopté par les girondins comme un de leurs partisans les plus éclairés, déclara dans son dernier rapport que, puisque l'assemblée n'avait pas voulu adopter les idées du comité sur le degré de force à donner au pouvoir exécutif, il n'était plus responsable, ni lui ni ses collègues, de la constitution. Aucun des membres qui avaient partagé ses travaux ne se leva pour le démentir. Que MM. de Lameth, Duport et Barnave, aient voulu faire des changemens notables à la constitution, depuis leur rupture avec les jacobins, cela se peut; et d'abord cette conduite ne doit pas être sévèrement blâmée par les admirateurs de Mirabeau.

Mais la question n'est pas de savoir ce que ces messieurs ont voulu; il s'agit de constater ce qu'ils ont pu faire à la *révision*, c'est-à-dire à cet arrangement constitutionnel dont on parle sans même avoir lu les décrets des diverses époques et les discussions sur leur assemblage. Quant à Lafayette, il ne s'est jamais mêlé du comité de révision, n'y a paru qu'une fois pour solliciter le retranchement de la constitution civile du clergé et son classement parmi les lois ordinaires; il n'a parlé qu'une fois, dans l'assemblée, sur les rapports de ce comité, et cela pour le combattre, lorsqu'il fut question du principe des conventions nationales.

Les grandes clameurs qui s'élevèrent contre la révision, prouvent qu'à force de répéter une assertion quelconque on finit par lui donner de la consistance. Les plaintes commencèrent par les prêtres constitutionnels, qui auraient voulu que les lois faites à leur sujet figurassent dans l'acte organique de la France; elles furent ensuite reprises par tous ceux qui, cherchant à s'excuser d'avoir laissé détruire, par des émeutes de jacobins, la constitution tant de fois jurée, prétendirent qu'ils auraient été fidèles à la constitution primitive, sans se mettre en peine de prouver la moindre différence entre les premiers décrets constitutionnels et leur rédaction révisée.

L'auteur cite (p. 435) à l'appui de ce qu'il a écrit sur les intrigues du comité, un récit tiré d'une lettre de M. de Gouvernet, aujourd'hui La Tour-du-Pin, à M. de Bouillé (1). On y voit M. Malouet, malgré les argumens de Target et Duport, les dédains de Cha-

(1) Dans cette lettre du 26 août 1791, M. de Gouvernet écrit à M. de Bouillé qu'à la fin de juillet, M. Malouet se rendit au comité de révision, parla aux membres qui le composaient comme à des hommes qui ne pouvaient rien apprendre sur les dangers et les vices de leur constitution; que MM. Target et Duport, argumentèrent contre lui; que le lendemain, MM. Chapelier et Barnave, après avoir refusé dédaigneusement de répondre à ses provocations, furent pourtant par convenir avec lui du projet dont parle M. Thiers dans la citation que nous avons reproduite, mais que la protestation du côté droit fit tout manquer, quoique M. Malouet, qui n'avait pas eu de communications régulières avec les constitutionnels, eût fait son attaque à la constitution dans l'espoir qu'on lui répondrait avec l'indignation simulée et les concessions promises.

pelier et Barnave, se persuader que ces messieurs étaient enfin convenus avec lui d'un plan de tactique assez compliquée, dont dépendait le sort de la constitution et de la monarchie, ce qui pourtant n'a pas paru assez important à M. Malouet pour qu'il se donnât la peine d'entretenir des communications régulières auprès des membres du comité et de s'assurer ainsi de la persistance de leurs résolutions, au moment où il allait se mettre en avant. Je crains que M. Malouet n'ait été un peu prompt à se flatter de la coopération des quatre députés du côté gauche, comme ses amis MM. Mounier et Lally-Tolendal paraissent s'être flattés, l'un d'avoir fait adopter ses principes monarchiques par le républicain Jefferson, l'autre d'avoir converti Lafayette à ce qu'on appelait alors la doctrine monarchienne (1).

(Note de M. Thiers sur la conduite du général Lafayette dans les journées d'octobre.) — Il n'y eut qu'une voix alors parmi tous ceux qu'il avait sauvés. Madame de Staël, qui n'est pas suspecte de partialité en faveur de M. de Lafayette, rapporte qu'elle entendit les gardes-du-corps crier : *Vive Lafayette!* Mounier, qui n'est pas suspect davantage, loue son dévouement, et M. de Lally-Tolendal regrette qu'on ne lui ait pas attribué dans ce moment une espèce de dictature. (T. I, page 369.)

Madame de Staël peut être sévère envers Lafayette, lorsqu'il diffère de son père, et encore son indulgence cherche-t-elle à le justifier de ses erreurs politiques en alléguant le républicanisme de ses inclinations

(1) Voy. la p. 201 de ce vol., la p. 298 du deuxième et la p. 114 du troisième.

et de ses habitudes américaines; mais sur les choses du genre de l'affaire du 6 octobre, il est injuste de dire qu'elle n'est pas suspecte de partialité, ce qui suppose de la malveillance, au lieu du sentiment contraire qu'elle avait pour lui.

SECOND VOLUME.

On remarquait principalement les députés de la Gironde, d'où le parti entier, quoique formé par des hommes de tous les départemens, se nomma girondin. Condorcet, écrivain connu par une grande étendue d'idées, par une extrême rigueur d'esprit et de caractère, en était l'écrivain. (T. II, p. 14.)

Nous avons fait connaître le républicanisme de la Gironde; mais je ne sais si l'auteur avait lu, à l'article *patrie* du dictionnaire philosophique de Voltaire, édition Beaumarchais, dans la vie de Turgot, dans les lettres au roi de Prusse, l'opinion que Condorcet, économiste et voltairien, mais non républicain, professait alors (1). En 1788, il défendit *la cour plénière*.

Il est vrai que dans les *Lettres d'un bourgeois de New-Haven*, il se montra plus démocrate, mais seulement pour soutenir les opinions économistes sur l'unité de la chambre. L'enthousiasme républicain n'était pas son caractère distinctif (a).

---

(1) Voy. la p. 382 du troisième vol. et les p. 10 et 11 de celui-ci.

(a) Nous n'avons pas reproduit dans ces commentaires plusieurs notes du général Lafayette destinées à éclaircir ou à rectifier, sur les premières opérations militaires de 1792, les récits de M. Thiers. Le troisième volume de cet ouvrage renferme, à cet égard, tous les documens nécessaires. On a vu aussi à l'appendice de ce volume quelques observations sur la manière dont M. Thiers a présenté le projet de Compiègne.

L'observation que la Gironde n'était républicaine que par méfiance du roi (p. 72) est fort juste. Quant à la phrase de la reine à Dumouriez : « *Nous ne pou-* « *vons souffrir toutes les nouveautés ni la constitu-* « *tion,* » si elle est vraie, ce qui me paraît assez douteux, elle témoigne peu d'estime pour celui à qui elle était adressée, car ce ne pouvait être confiance, et la reine aurait été plus mesurée avec un ami de la liberté.

Lally-Tolendal, qu'on a vu quitter la France dès que les deux chambres furent devenues impossibles, Malouet qui les avait encore essayées lors de la révision, Duport, Lameth, Lafayette, et autres, se réunirent pour tenter un dernier effort. Ce parti, comme tous les partis, n'était pas très d'accord avec lui-même. (T. II, p. 121.)

Il y a quelque inexactitude dans l'expression *ce parti*. Lally et Malouet étaient des anti-constitutionnels ; Lafayette voulait sauver le roi sans altérer la constitution ; il est assez bizarre, de la part de l'auteur convaincu de cette vérité, de se prévaloir ensuite des Mémoires de Lally au roi de Prusse, et d'un prétendu projet de marcher sur Paris, après avoir dit (p. 123), que *Lafayette ayant l'ennemi en tête, il lui était impossible de quitter la frontière* (1). (P. 163.)

Quelques chefs de la garde nationale, particulièrement dévoués à la famille royale, s'adressèrent à la cour pour savoir ce qu'il fallait faire. — Les uns, et particulièrement Lally-Tolendal, désiraient que M. de Lafayette agît promptement contre

(1) « Lafayette, il est vrai, était adoré de ses soldats, et devait compter sur son armée ; mais il avait l'ennemi en tête, et il ne pouvait découvrir la frontière pour se porter vers l'intérieur. » (Tom. II, p. 123.)

les jacobins, et qu'il les attaquât de vive force dans leur club. Les autres, s'appuyant sans cesse sur la loi, n'en voulaient pas conseiller la violation, et s'opposaient à toute attaque ouverte. Néanmoins Lafayette préféra le plus hardi de ces deux conseils : il assigna un rendez-vous à ses partisans pour aller avec eux chasser les jacobins de leur salle, et en murer les portes. Mais quoique le lieu de la réunion fût fixé, peu s'y rendirent. Cependant, tandis que Lafayette était désespéré de se voir si mal secondé, les jacobins, qui ignoraient la défection des siens, furent saisis d'une terreur panique et abandonnèrent leur club. Ils coururent chez Dumouriez, qui n'était pas encore parti pour l'armée; ils le pressèrent de se mettre à leur tête et de marcher contre Lafayette; mais leur offre ne fut pas acceptée. (T. II, page 170.)

Lally-Tolendal resta assez étranger à ce qui se passait dans la garde nationale. La réunion chez Lafayette ne se composait que de citoyens qu'il avait cru disposés à défendre la constitution, par les moyens seulement qu'elle autorisait, mais qu'il trouva découragés par l'inertie de tous les pouvoirs, et la domination tyrannique des clubs (1). Quant à la belle action de Dumouriez, il est tout simple que l'auteur l'ait copiée dans les Mémoires de ce général; mais à quelques pages plus loin, il aurait pu remarquer que Dumouriez était parti pour l'armée le 27 juin au matin, et que Lafayette n'arriva à Paris que le lendemain (2).

La fête de la fédération n'avait pas eu lieu en 91 à cause de la fuite de Varennes, et on voulait la célébrer en 92 avec éclat. (T. II, p. 176.)

(1) Voy. la p. 337 du troisième vol.
(2) Cette contradiction se trouve en effet dans les Mémoires du général Dumouriez, peu de pages après celle où il se vante d'avoir refusé aux jacobins de se mettre à leur tête contre le général Lafayette.

Ceci n'est pas exact; l'anniversaire du 14 juillet fut célébré en 1791 (1).

Nos armées du nord avancent en Belgique, et tout à coup elles se replient; le théâtre de la guerre est reporté sur notre territoire... (Discours de Vergniaud, du 3 juillet 1792, t. II, page 187.)

N'est-il pas provoquant d'entendre l'orateur des girondins parler ainsi, lorsque l'influence de son parti arrêtait les renforts destinés à l'armée de Lafayette, faisait décréter la formation d'une armée sur le Rhin, afin que les troupes employées à couvrir la moitié de la frontière n'eussent que le tiers des recrues; lorsqu'on enivra Luckner pour lui faire dire des sottises dont on put profiter contre Lafayette, dans ces repas où le brave homme parlait toujours de ses serfs du Holstein, et dont il sortait pour écrire à son collègue « que tout ce qu'il voyait lui faisait horreur (2)? » Il n'était pas commode d'agir contre l'ennemi au milieu de ces intrigues.

(Juillet 1792.) On avait répandu le bruit qu'il existait au château un amas d'armes qu'il fallait aller chercher. Pétion parvint avec beaucoup de peine à ramener l'ordre; le garde des sceaux, Champion de Cicé, qui s'y était rendu de son côté, y reçut des coups de sabre... (T. II, p. 239.)

Il y a ici une grande erreur de personnes. Le garde

(1) *Le Moniteur* du 16 juin 1791 contient une relation de cette fête. Les officiers municipaux, les juges, les députés des sections, une députation de l'assemblée nationale, les gardes nationaux du département de Paris, se réunirent sur les ruines de la Bastille et ensuite au champ de la Fédération. L'évêque de Paris dit la messe sur l'autel de la patrie, etc.
(2) Voy. la p. 368 du troisième vol.

des sceaux, Champion de Cicé, était l'archevêque de Bordeaux, nommé ministre en 1789; son homonyme de 1792, était M. Champion de Villeneuve, ancien avocat de Paris, puis ministre de l'intérieur et non de la justice.

Guadet eut l'adresse de faire confesser à Luckner les propositions de Lafayette, et Bureaux de Pusy, accusé d'en avoir été l'intermédiaire, fut mandé à la barre. C'était un des amis et des officiers de Lafayette; il nia tout avec assurance, et avec un ton qui persuada que les négociations de son général lui étaient inconnues. (T. II, p. 257.)

Bureaux de Pusy dit à la barre la vérité tout entière.

(Ministère du 10 août.) — Le choix était libre, et les vœux formés autrefois pour le mérite obscur, ou pour le patriotisme ardent et désagréable à la cour, pouvaient être réalisés sans obstacle. Danton, si puissant sur la multitude, et si entraînant pendant les quarante-huit heures écoulées, fut jugé nécessaire... (T. II, chap. VI.)

L'appel nominal pour la nomination de ce ministère prouve que, sur 750 membres, il n'en restait plus que 224, et parmi les nouveaux ministres se trouvait, pour la justice, Danton stipendié de la cour depuis deux ans, chef des coupe-têtes des gardes suisses prisonniers, puis payeur des massacres de septembre, et sous le contre-seing duquel fut envoyé la fameuse lettre de la commune du 10 août.

Mais ce qui est, s'il est possible, encore plus déplorable, c'est le préjugé qui s'établit que c'est aux violations de toutes les lois nationales, aux cruautés de cette époque, aux crimes de la terreur, que fut due la défense de la liberté française, tandis que les intrigues antérieures au 10 août avaient retardé les effets de l'élan national. Il est vrai que ce qui se passa depuis a paru rendre nécessaire l'emploi de la force, pour obtenir les efforts qui, dans les premiers temps, étaient généreux et spontanés. Le résultat de cette tyrannie, comme de toutes les tyrannies, fut de changer la bonne direction des premiers temps, de détendre les plus nobles ressorts du patriotisme, d'abord à l'intérieur, et même ensuite dans les armées, où il s'était long-temps conservé, de manière que le retour à la servitude est devenu possible, et que les mots de liberté, d'égalité, de république, nation et civisme, au lieu d'électriser les masses, réveillent des souvenirs et des craintes dont nos adversaires savent bien profiter (1).

(1) Ces notes du général Lafayette ont été écrites sur la première édition de l'ouvrage de M. Thiers et avant la révolution de 1830.

CORRESPONDANCE

DE PRISON,

1792-1797.

A MADAME D'HENIN (1).

Arlon, ce 3 septembre 1792.

Je sais combien vous êtes occupée de moi, et mon cœur a besoin de vous faire parvenir de mes nouvelles. Nous avons pris toutes les manières non plus de prisonniers de guerre, ce qui serait absurde, mais de prisonniers d'État, ce qui s'explique par la constitution des baïonnettes. Nous arrivons demain à Luxembourg, et voilà tout ce que j'en sais.

Il est assez étrange de voir La Rochefoucauld et Barnave sous le fer des jacobins, moi et mes compagnons dans les chaînes autrichiennes. Les amis de la liberté sont proscrits des deux côtés; je ne suis donc à ma place que dans une prison, et j'aime mieux souffrir au nom du despotisme que j'ai combattu, qu'au nom du peuple dont la cause est chère à mon cœur, et dont le nom est aujourd'hui profané par des brigands.

Au reste, quoique ma situation actuelle soit fâcheuse, elle n'est pas indécente pour un ami de la liberté. C'est ce qu'eût été ma position à la tête de l'armée, sous le gouvernement monstrueux que les jacobins ont substitué à la constitution.

(1) Voy. sur madame d'Hénin la note de la p. 477 du 3ᵉ vol.

Vous allez me demander : Que veut-on faire de vous à Luxembourg ? Je n'en sais, ma foi ! rien ; mais on n'en fera pas un homme inconséquent à ses principes, ni assoupli par la situation où il se trouve.

Ce que je serai toujours, chère princesse, c'est un ami bien tendre pour vous. Adieu, adieu.

A MADAME D'HÉNIN.

Coblentz, 16 septembre 1792.

Coblentz ! oui, ma chère princesse, c'est de Coblentz que le plus inaltérable ami de la liberté vous écrit, et cette ville, dont le nom rappelle des sentimens si différens, a eu hier et aujourd'hui pour son spectacle l'arrivée et le séjour de quatre prisonniers patriotes. Je vous ai promis le journal de ma captivité, et c'est en même temps pour ma femme, mes enfans, mes amis, que je vous écris. Vous savez où sont tous les objets de mon affection, vous leur distribuerez mes nouvelles ; ma tendresse leur est connue.

Lorsque je vous ai écrit de Luxembourg (1), je passais de la domination autrichienne à celle des Prussiens. Quatre voitures attendaient mes trois compagnons et moi. Je pense avec attendrissement à la douleur que ce départ avait répandue dans la charmante famille qui adoucissait ma prison. Nous

---

(1) Nous ne possédons pas cette lettre de Luxembourg.

marchions au milieu d'un détachement à cheval; l'officier chargé de notre garde dans ma voiture, des bas officiers dans les trois autres; j'en avais sur le siége et derrière le carrosse. Nous sommes arrivés à Trèves, et l'on nous a placés dans quatre cellules avec un grabat, une table, et un bas officier, le pistolet à la main. Je me suis rappelé que le grand Frédéric avait été livré au même tête-à-tête; mais comme je n'étais pas doué d'autant de philosophie que lui, j'ai d'autant plus tôt songé à m'endormir, qu'il ne me reste plus que l'ambition des rêves. Mon gardien, soutenu d'un détachement dans le corridor et sous mes fenêtres, a constamment veillé mon sommeil jusqu'au départ du lendemain.

Il n'y a rien de si monotone qu'une lettre de prison. Lorsque les localités des auberges nous ont réunis, cette circonstance nous a fort soulagés. Vous sentez que notre entrée dans les villes excite de grands rassemblemens; nous traversons deux rangs de curieux, environnés de nos bas officiers, et au milieu des sensations de curiosité, de bienveillance, de haine, que nous apercevons; nous avons eu toutefois à rendre grâces aux bras vigoureux de nos gardes pour écarter certains malveillans qui voulaient nous nuire autrement que par leurs grimaces, ainsi qu'ils l'avaient tenté à Luxembourg (1). Au reste, nous faisons très bien louer les maisons et fenêtres desquelles on peut nous voir, et nous remarquons de loin plus de mines compatissantes qu'ennemies.

(1) Madame de Lafayette, dans une lettre qu'on verra plus loin, parle de cette tentative de quelques émigrés.

On nous a signifié en arrivant ici que nous partirions demain par eau, pour être transportés à la forteresse prussienne de Wesel, où nous arriverons le troisième jour. Je ne puis, ma chère princesse, vous en dire davantage; mais il y a toutes probabilités pour croire que, lorsque cette lettre arrivera à Londres, je serai, ainsi que mes trois campagnons, prisonnier dans la forteresse de Wesel en Westphalie, où vous êtes priée d'adresser vos charités, c'est-à-dire vos lettres et celles de vos amis.

Je ne puis m'empêcher de vous dire combien il est insupportable d'être pendant toutes les secondes qui composent les vingt-quatre heures de la journée, attentivement fixé par un bas officier dont on ne parle pas la langue, et qui suit sa consigne avec l'exactitude prussienne. Je dois dire cependant, que l'officier chargé de notre garde, en même temps qu'il s'acquitte des ordres du roi son maître avec une scrupuleuse rigidité, y met toute l'honnêteté, toute la délicatesse dont sa commission est susceptible, en éloignant les désagrémens qu'il dépend de lui de nous éviter.

Si je suis content de moi, chère princesse, je n'ai pas lieu de l'être de mon sort; mais je suis loin de me repentir de ma conduite. Je recommencerais, qu'elle serait exactement la même. J'ignore ce qui doit nous arriver et je me soumets à la nécessité le moins mal que je puis. Je n'écris pas à mes amis, qu'une lettre compromettrait, ni à madame de Lafayette, qui est vraisemblablement en chemin pour me joindre. Donnez à tous de nos nouvelles. Donnez-en aussi de ma part au ministre américain. Il sera, ainsi que les Anglais, un peu étonné de ce qui m'arrive, surtout s'ils connaissent bien les circonstances.

Adieu, ma chère princesse, je vous aime bien tendrement. Si vous apprenez des nouvelles de madame de Maubourg, de madame de Pusy, et de toutes les personnes qui peuvent intéresser leurs maris, Alexandre Lameth ou moi, vous nous ferez bien plaisir de nous en donner. Adressez tout à Wesel, où je dirai comme l'oiseau du Voyage sentimental : « *I can't get out* (1). »

~~~~~~

A MADAME D'HÉNIN.

Magdebourg, 13 mars 1793.

Je vis encore, chère princesse, et je puis vous le mander; mais ce sont les deux seules choses que vous devez attendre de mon journal. Cette lettre sera commune à vous, à ma femme, à mes enfans, dont j'ignore la demeure, et à ceux de nos amis à qui vous et madame Lafayette jugerez à propos d'en faire part. Nous avons mandé tout ce qui nous est arrivé depuis la fatale rencontre de Rochefort, jusqu'au moment où, remis par l'Autriche à la Prusse, nous avons été transportés à Wesel. Vous avez dû apprendre aussi quelques détails sur notre captivité dans cette citadelle. Ce qu'on a imaginé de précautions pour couper toute communication entre nous et le reste du monde, pour nous retenir dans notre prison, nous y garder à vue et multiplier nos privations, deman-

(1) Je ne puis pas sortir.

derait une fort longue description. J'ai éprouvé des maux de poitrine et de nerfs, la fièvre et l'insomnie, mes compagnons souffrent aussi. Le roi de Prusse avait renouvelé la défense qu'on nous laissât prendre l'air, quoique le médecin le crût nécessaire; on avait signifié à Maubourg que, même au lit de la mort, nous ne nous verrions pas, et le commandant était responsable de sa vigilance sur sa tête; nous avons donc appris avec plaisir une translation qui nous réunissait pendant quelque temps, et qui, en nous laissant respirer l'air du dehors, allait beaucoup rétablir nos santés.

Notre traversée de l'empire germanique n'a rien eu que d'honorable pour les défenseurs d'une belle cause; elle n'a pas peu contribué à exciter un intérêt flatteur pour nous, des idées fort différentes de celles qu'on s'en était promises. La discussion sur les seize dernières années de ma vie, sur les usages de ce côté-ci du Rhin, la présence des quatre captifs, m'ont paru ne rien produire sur notre compte d'alarmant pour nous. Voici, à présent, la description de mon logement et de la vie que j'y mène.

Imaginez-vous une ouverture pratiquée sous le rempart de la citadelle et entourée d'une haute et forte palissade; c'est par là qu'en ouvrant successivement quatre portes dont chacune est armée de chaînes, cadenas, barres de fer, on parvient, non sans peine et sans bruit, jusqu'à mon cachot large de trois pas et long de cinq et demi. Le mur du côté du fossé se moisit, et celui du devant laisse voir le jour, mais non le soleil, par une petite fenêtre grillée. Ajoutez à cela deux sentinelles dont la vue plonge dans notre souterrain, mais en dehors de la palissade pour qu'ils ne parlent pas, des observateurs étrangers à la garde, tout ce qu'il y a de murs, de remparts, de fossés et de gardes en dedans et en dehors de la citadelle de Magdebourg, et vous jugerez que les puissances étrangères ne négligent rien pour nous retenir dans leurs États.

La bruyante ouverture de nos quatre portes se renouvelle le matin, pour introduire mon domestique; à dîner, pour manger en présence du commandant de la citadelle et de celui de la garde; et le soir, pour ramener mon domestique en prison. Après avoir refermé sur moi toutes les portes, le commandant emporte les clés dans le logement où depuis notre arrivée le roi lui a commandé de coucher.

J'ai des livres dont on ôte les feuillets blancs, mais point de nouvelles, point de gazettes, point de communications, ni encre, ni plumes, ni papier, ni crayon. C'est par miracle que je possède cette feuille, et je vous écris avec un cure-dent. Ma santé se détériore journellement. Ma constitution physique a presque autant besoin de liberté que ma constitution morale; mais je m'obstine à vivre, et mes amis peuvent compter sur la réunion de tous les sentimens qui me portent à la conservation de moi-même, quoique, d'après ma situation et le progrès de mes souffrances, je ne puisse répondre long-temps de l'efficacité. Peut-être vaut-il mieux les affliger d'avance que les surprendre aussi tristement.

Le compte que je vous ai rendu peut servir pour mes compagnons dont le traitement est pareil. Lameth a été mourant à Wesel et n'est guère mieux ici.

Pusy souffre beaucoup, quoique moins malade; il en est de même de Maubourg, dont le cachot donne dans le même corridor souterrain que le mien; et comme, pour m'empêcher d'étouffer tout de suite, on ouvre les deux premières de mes quatre portes, pendant quelques heures avant dîner, je puis quelquefois, au travers des siennes et en présence du commandant, reconnaître avec beaucoup de regret que sa figure est fort changée.

Quelque soin que l'on ait mis à nous tantaliser par la privation des nouvelles, nous avons appris les succès des armées françaises, les nouvelles infâmes de M. d'Orléans, l'assassinat du roi, où toutes les lois de l'humanité, de la justice et du pacte national ont été foulées aux pieds, et l'abominable meurtre de mon vertueux ami La Rochefoucauld; mais on a si bien intercepté toutes les lettres de ma famille, de mes enfans et de mes autres amis, qu'à l'exception de quelques mots de Damas à notre singulière entrevue à Ham (1), je suis encore dans la plus douloureuse inquiétude sur le sort de ce qui m'est cher. S'il était vrai, comme on s'empresse de le dire, car je ne puis le croire, que tout ce qui n'abjure pas les principes de la déclaration des droits quitte l'Angleterre, certainement ma famille n'y serait plus.

Il a été déposé ici, de la part des États-Unis, mille florins, ce qui m'empêchera, à la fin de mon argent, de vivre au pain et à l'eau. Quoique mes amis américains doivent être encore beaucoup plus occupés de ma liberté que de ma nourriture, je n'ai obtenu aucun autre renseignement. Je sais que le prince

(1) Voy. plus loin, la lettre de madame de Lafayette sur cette entrevue.

de Cobourg a eu de grands succès contre les détachemens dispersés de Dumouriez; mais au milieu des secousses de l'anarchie et de tant d'attaques hostiles, la liberté, malgré ses ennemis de tout genre, ne périra pas.

Vous sentez avec quelle ardeur j'attends les nouvelles de ma famille et les vôtres. Je vous recommande surtout une discrétion inviolable. Il y va de la fortune et de la vie de quiconque, soumis à ce gouvernement, se serait dévoué pour nous être utile, et la crainte inexprimable de les compromettre me fait peser chaque mot avec une circonspection que vous n'attribuerez pas, je me flatte, à aucun amollissement de mon caractère.

Vous comprenez facilement que nous soupirons après notre résurrection hors de ce tombeau. Une mort si lente est triste pour nous, et sans examiner qui elle peut réjouir, je voudrais bien que vous puissiez nous y arracher. Faites donner à la famille de Pusy et à celle de Maubourg, qui sont en France, des nouvelles de mes deux compagnons; voyez les amis de Lameth. Ils ont chacun un domestique. Félix (1) a été mis dans un cachot séparé. Mon domestique, natif de Chavaniac, me sert. Nous désirons que leurs familles sachent qu'ils ne sont pas morts. Si vous connaissiez ma tante, vous jugeriez dans quelle anxiété je suis sur sa santé. J'embrasse ma femme et mes enfans. Adieu, mille tendresses à mes amis.

Je ne sais ce qu'on aura fait de mon habitation à Cayenne; mais j'espère que ma femme se sera arran-

---

(1) Secrétaire du général Lafayette.

gée pour que les noirs qui la cultivent conservent leur liberté (1).

A M. D'ARCHENOLTZ, A HAMBOURG (2).

Magdebourg, 27 mars 1793.

Depuis ma captivité, monsieur, il ne m'est parvenu qu'un écrit politique, et c'est votre numéro de février. Lorsque la fortune me prodiguait ses soins, elle n'aurait pas mieux fait. J'ai joui avec une profonde sensibilité de la justice que vous rendez à mes sentimens, et de l'approbation que vous donnez à ma conduite. Vos louanges sont incomparablement au-dessus de mon mérite ; mais cette bienveillante exagération a quelque chose de si généreux, que je ne puis que vous remercier de m'avoir fait entendre la voix de la liberté honorant mon tombeau.

Ma situation est vraiment étrange : j'avais sacrifié des inclinations républicaines aux circonstances et à la volonté de la nation ; je servais sa souveraineté dans la constitution qui en était émanée ; ma popularité

---

(1) Madame de Lafayette avait prévenu ce désir. Aussitôt qu'elle eut appris les ordres du gouvernement pour la vente de l'habitation acquise à Cayenne par le général Lafayette, en 1785, elle réclama l'affranchissement préalable des noirs qui la cultivaient, en déclarant de nouveau qu'ils n'avaient été achetés que dans des vues d'émancipation graduelle. Malgré cette réclamation, on les vendit en vertu du décret du 25 août 1792 (voy. les p. 72 et 401 du troisième vol.), et ils ne furent affranchis que plus tard, par un autre décret d'émancipation subite pour les esclaves de toutes les colonies françaises, rendu au mois de février 1794.

(2) Voy. sur M. d'Archenoltz la note de la p. 406 du troisième vol.

était grande; le corps législatif me défendait mieux le 8 août qu'il ne s'est défendu lui-même le 10; mais j'avais déplu aux jacobins, en blâmant leur aristocratie usurpatrice des pouvoirs légitimes; aux prêtres de toutes les classes, en réclamant, contre eux tous, la liberté religieuse; aux anarchistes, en les réprimant; aux conspirateurs, en repoussant leurs offres. Voilà quels ennemis s'unirent à ceux que les puissances étrangères, les anti-révolutionnaires, la cour même soudoyait contre moi. Rappelez-vous, monsieur, l'agression préméditée du 10 août, les soldats requis au nom de la loi, égorgés au nom du peuple; les citoyens, sans distinction d'âge ni de sexe, massacrés dans les rues, jetés dans des brasiers, dans des prisons pour y être assassinés de sang-froid; le roi ne sauvant alors sa vie que par une suspension illégale; la garde nationale désarmée; les plus anciens et les plus fidèles amis de la liberté et de l'égalité, un La Rochefoucauld désigné aux meurtriers; l'acte constitutionnel devenu une cause de proscription; la presse enchaînée; les opinions punies de mort; les lettres violées et falsifiées; les jurés remplacés par des coupe-têtes; et le ministère de la justice donné à leur chef; les corps administratifs et municipaux de Paris cassés, rayés par une émeute; l'assemblée nationale forcée le poignard sous la gorge à sanctionner ces fureurs; en un mot, la liberté naturelle, civile, religieuse et politique étouffée dans le sang. Que dut penser, que dut faire l'homme qui, n'ayant jamais respiré, pensé que pour elle, avait le premier, en Europe, proclamé la déclaration des droits; prononcé sur l'autel de la fédération, au nom de tous les Français, le serment civique, et qui regardait alors la constitution, malgré ses défauts, comme le meilleur point de ralliement contre ses ennemis? Quoique la souveraineté nationale fût violée dans ses représentans, comme dans les nouvelles délégations des pouvoirs, je ne voulus pas que la force armée cessât d'être obéissante; et c'est aux autorités civiles à portée du camp que je demandai des ordres. Sans doute, je souhaitai vivement qu'une réclamation générale rétablît la liberté publique, celle des pouvoirs constitués; et si, en assurant l'indépendance des élections et des délibérations, la nation avait voulu revoir l'acte constitutionnel, m'en serais-je plaint, moi le premier, le plus opiniâtre défenseur des conventions? Sans doute, j'étais trop loin de m'associer aux crimes commis, à ceux que je prévoyais, pour ne pas encourager cette résistance à l'oppression, que je regardais comme un devoir; mais j'ose dire que ma conduite, quelque difficile qu'elle ait été, fut à l'abri du plus sévère examen.

Vous me demanderez quelle fut ma réquisition aux corps administratifs, judiciaires et municipaux; la voici: je pensai, en partant, à tant de citoyens que leurs principes, et peut-être mes opinions avaient opposés au parti dominant; je vis leurs têtes proscrites, leurs familles ruinées, et, détournant d'eux toutes les vengeances, je fis cette réquisition générale et antidatée qui ne sacrifiait que moi.

Quant à mes rapports avec le roi, j'eus toujours son estime, jamais sa confiance. Surveillant incommode pour lui, haï de ses entours, je cherchais à lui inspirer des sentimens et des démarches utiles à la révolution, à garantir ses jours et sa tranquillité. Lorsque, après son évasion, l'assemblée constituante lui offrit de nouveau la royauté, je crus devoir réunir ma voix à la presque unanimité de ce décret. J'ai depuis réclamé contre la licence qui menaçait sa personne et arrêtait l'exécution des lois; je proposai enfin, mais bien inutilement, qu'avec l'aveu de l'assemblée et une garde patriote, il allât à Compiègne mettre ses jours en sûreté, manifester sa bonne foi, et par là peut-être assurer la paix. La dernière fois que je le vis, il me dit en présence de la reine et de sa famille, que la constitution était leur salut, que lui seul la suivait. Il se plaignit de deux décrets inconstitutionnels, de la conduite du ministère jacobin relativement à l'armée, et souhaita que les ennemis fussent battus. Vous parlez, Monsieur, de sa correspondance avec eux; je l'ignore encore; mais, d'après ce que j'ai pu apprendre de cet horrible procès, je pense que jamais le droit naturel et civil, la foi nationale, l'intérêt public, ne furent violés avec tant d'impudeur.

Je ne sais quel crime ils m'auront imputé; mais si, dans les correspondances, les paroles, les actions, les pensées de ma vie entière, on en cite une seule que la liberté et la philanthropie puissent désavouer, assurez hardiment qu'elle n'est pas de moi.

Ah! Monsieur, que je vous sais gré d'avoir compati à l'inexprimable douleur de mon âme brûlante pour la cause de l'humanité, avide de gloire, chérissant ma patrie, ma famille, mes amis, lorsque, après seize années de travaux, il fallut m'arracher au bonheur de combattre pour les principes, les sentimens pour lesquels seuls j'avais vécu! mais que me restait-il à tenter? Vous savez avec quelle obstination depuis le jour où la souveraineté nationale, en brisant ses fers, eut légitimé l'ordre public, et au milieu de ces agiotages de la popularité que les flatteurs du peuple se disputaient tour à tour, j'opposai sans cesse à la licence les efforts et la doctrine d'un fidèle défenseur de la loi. Vous savez qu'à l'époque du 10 août, j'ai résisté le dernier et presque seul; mais si l'intrigue égarait plusieurs citoyens, la terreur les glaçait presque tous. J'étais destitué, accusé, c'est-à-dire proscrit. Ma défense eût pu être sanglante, mais elle aurait été inutile et l'ennemi était à portée d'en profiter. Je voulus l'attaquer pour être tué, mais, n'y prévoyant aucun avantage militaire, je m'arrêtai. Je voulus aller mourir à Paris, mais je craignis qu'un tel exemple d'ingratitude populaire ne décourageât les futurs promoteurs de la liberté. Je partis donc, d'autant plus secrètement qu'un grand nombre d'officiers, et même plusieurs corps auraient pu dans un tel moment être entraînés à partir avec moi. Après avoir pourvu à la sûreté des places et des troupes de mon commandement, après avoir, par une délicatesse qui nous coûte cher, renvoyé de la frontière mon escorte, et jusqu'à mes ordonnances, je m'éloignai, la mort dans le cœur, avec Maubourg dont l'union avec moi est aussi ancienne que notre vie, M. de Pusy et quelques autres, dont la plupart étaient mes aides-de-camp depuis la création de la garde nationale. M. Alexandre Lameth décrété, poursuivi, nous joignit en route; nous cherchâmes à gagner la Hollande et l'Angleterre, alors pays neutres. Nous étions même sur celui de Liége, lorsque nous rencontrâmes un corps autrichien, qui nous livra à la coalition. Nous fûmes arrêtés, puis emprisonnés; et les quatre membres de l'assemblée constituante ont été successivement conduits à Luxembourg, Wezel et Magdebourg.

On saura, Monsieur, à quel excès cette coalition nous a fait souffrir; mais que sont ces souffrances auprès de celles dont l'injustice du peuple pénètre mon âme libre? Ici se venge la triple tyrannie du pouvoir despotique, aristocratique, superstitieux; mais le monstre est blessé à mort; ici toutes les inventions de l'inquisition et des cachots se multiplient autour de nous, mais ces cruautés, ces craintes nous honorent; et soit que nos têtes soient réservées pour l'ornement d'un triomphe, soit que l'insalubrité de nos souterrains, la privation d'air, de mouvement, et toutes les tortures morales aient été préférées comme un poison lent; j'espère que la compassion, la discussion, l'indignation sur notre sort, sont autant de germes de la liberté qui lui susciteront des défenseurs. C'est pour eux, Monsieur, que, dans la sincérité de mon cœur, je vous lègue ici cette consolante vérité, qu'il y a plus de jouissance dans un seul service rendu à la cause de l'humanité, que la réunion de tous ses ennemis, que l'ingratitude même du peuple ne peuvent jamais causer de tourmens.

Que deviendra cependant la révolution française? Quelle que soit la force que l'institution des gardes nationales assure à la France, quels que soient les avantages préparés, malgré tant de contrariétés, par les généraux Rochambeau, Luckner et moi, et recueillis avec énergie par nos successeurs, peut-on se fier à l'immoralité, la tyrannie, la désorganisation, à des hommes dont la vénalité a lassé tous les partis, dont la bassesse a toujours caressé la main qui donne ou qui frappe; dont le prétendu patriotisme ne fut jamais qu'égoïsme ou envie, à des corrupteurs avoués de la morale publique, aux auteurs de protestations ou de projets contre la révolution amalgamés à des ames de boue et de sang qui l'ont si souvent souillée!

Quels chefs d'une nation libre! Puissent ses législateurs lui rendre une constitution, un ordre légal! puissent ses généraux se montrer incorruptibles! Si cependant, après les convulsions de la licence, il existait un lieu où la liberté combattît encore, combien je maudirais mes fers! J'ai renoncé à vivre avec mes compatriotes, mais non à mourir pour eux. Est-il possible au reste d'échapper à tant de barrières, de gardes et de chaînes? pourquoi non? Déjà un cure-dent, de la suie, un morceau de papier ont trompé mes geôliers. Déjà, au péril de la vie, on vous portera cette lettre. Il est vrai qu'aux dangers de la sortie, se joignent ceux du voyage et de l'asile. De Constantinople à Lisbonne, du Kamtchatka à Amsterdam (car je suis mal avec la maison d'Orange), toutes les bastilles m'attendent; les forêts huronnes et iroquoises sont peuplées de mes amis; les despotes d'Europe et leur cour, voilà les sauvages pour moi. Quoiqu'à Saint-James on ne m'aime pas, il y a là une nation et des lois; mais je voudrais éviter un pays en guerre avec le mien.

L'Amérique, cette patrie de mon cœur, me reverra avec joie, et cependant ma sollicitude sur les nouvelles de France, préférerait pour quelque temps la Suisse. Mais en voilà trop sur cette idée. J'ai eu lieu d'un remercîment, écrit une longue lettre, et je vous prie, Monsieur, de recevoir avec mes adieux, l'expression de ma reconnaissance et de mon attachement.

~~~~~~~~~~~~~~~~~~~~~~~~~~~~

A MADAME D'HÉNIN.

Magdebourg, 26 21 juin 1793.

Voici, ma chère princesse, la seconde lettre que je vous écris de mon cachot; je n'avais pour la première qu'une feuille de papier, un peu de vinaigre, du noir, et un cure-dent; mais grâce au plus généreux dévoûment, je puis vous donner une seconde fois de mes nouvelles, et les faire parvenir jusqu'à vous.

Les détails de ma prison de Wezel doivent vous être connus. Le roi de Prusse, interprète et exécuteur de la coalition, ayant appris par une consultation de médecin que ce régime mettait ma vie en danger, a défendu de le changer; mais le commandant de Wezel est venu avec un auditeur, me montrer une lettre du roi son maître qui me proposait, pour améliorer mon sort, de lui donner des plans contre la France, et pour la cause commune. Je leur ai répondu « que leur roi était bien impertinent de mêler mon nom à une pareille idée. » On revint ensuite à chacun de nous quatre pour nous engager à écrire uniquement sur notre affaire, et ma lettre, modérée, raisonnée, n'a eu pour objet que d'empêcher qu'une sortie exagérée de ma part ne diminuât les torts qu'on avait envers nous.

Je ne vous reparle pas de mon transport de Wezel

à Magdebourg. Cet équipage de malfaiteurs, si honorable pour nous, a été utile à l'Allemagne par les sensations et les réflexions que ce spectacle a excitées. Les témoignages hardis d'approbation, les marques les plus touchantes d'intérêt, ont souvent bravé les efforts et les soins de nos satellites.

La ville et la citadelle de Magdebourg avec toutes leurs fortifications, leurs gardes et leurs sentinelles, ne sont que l'enveloppe extérieure de nos prisons. un trou de six pas sur quatre, creusé sous le rempart, dont la voûte humide et les murailles moisies laissent voir la lumière, mais jamais le soleil, par une petite fenêtre grillée, le tout entouré d'une haute palissade et fermé par quatre portes barrées et cadenassées, auxquelles (depuis les proclamations constitutionnelles) on en a ajouté une cinquième; voilà le plan de mon logement. On l'a orné d'une inscription sur les deux aimables bouts rimés de *souffrir* et *mourir*. Deux sentinelles devant ma grille, une la nuit sur ma tête; un tintamare de chaînes et de clefs pour recevoir la pitance que j'avale en présence du commandant qui le soir, avant qu'il emporte sous son chevet l'énorme trousseau, vient de nouveau s'assurer que je suis bien là : cette monotonie de la citadelle n'a été encore interrompue que par le spectacle d'une tête coupée, où nous aurions pu être comme à la loge des suppléans. Mais si ma première lettre vous est parvenue, les détails que je vous donne ne sont qu'une dégoûtante répétition, et je voudrais vous présenter ma situation sous un moins triste point de vue.

Je ne puis disputer ici à ces tyrans, que mon ame et mon corps. La première se défend de reste; mais elle remonte aussi mes forces physiques, et le sentiment de résistance à l'oppression est pour moi un excellent médecin.

Alexandre Lameth a été si mal qu'il a fallu l'enterrer tout à fait ou lui donner un peu d'air. Le général, après avoir bien injurié le médecin, s'en est cependant remis au choix du roi qui, cette fois, n'a pas voulu la mort. Il en est résulté que chacun de nous, à différentes époques de la journée, est conduit par un officier de garde dans un petit jardin qui occupe un coin du bastion, et s'y promène pendant une heure avec lui. Jamais sultane favorite ne fut plus sévèrement dérobée à l'approche des curieux. Mais enfin, après plus de cinq mois, j'ai éprouvé, non sans saisissement, le contact de l'air extérieur, j'ai revu le soleil, et je m'en trouve fort bien.

Ces jouissances ne sont rien cependant auprès du bonheur que j'ai éprouvé en revoyant l'écriture de ma femme, la vôtre, chère princesse, en apprenant des nouvelles de ma famille, de mes amis. Il n'était pas permis de me laisser ces lettres, mais je les ai entrevues. Ma première réponse a passé; on m'a rendu la seconde, une fois, deux fois, trois fois; tantôt c'était à cause du mot de liberté; tantôt parce que je disais comment je suis, et que le roi leur maître ne veut pas qu'on le sache, tantôt parce qu'on voulait que j'écrivisse seulement que je suis fort bien. J'ai eu beau leur dire que puisque je ne me gênais ni pour eux ni pour leur roi sur l'exposition de mes sentimens, il était ridicule de me gêner avec ma femme et mes enfans; il fallut se borner au billet le plus insignifiant.

Je ne vous détaillerai pas toutes les précautions dont on m'entoure; il faut que ces gens-ci croient tenir le diable en prison. *Le ridicule dans l'abomination*, comme disait le cardinal de Retz, se retrouve journellement ici. Depuis que je connais l'ordre de remettre, en descendant la garde, une note de tout ce que j'ai dit, je m'applaudis d'avoir transmis aux généraux prussiens de bons principes. Mais ce qui m'importe plus, c'est qu'au milieu de ce cloaque de despotisme, de servitude, d'ignorance et d'espionnage, sous ce vil régime, dont le bâton qui descend et la délation qui remonte forment tout le mécanisme, il existe quelques âmes magnétisables pour la liberté, et ce cachot lui-même, tout souterrain, tout resserré, tout hermétiquement fermé, et ridiculement surveillé qu'il est... mais je m'arrête; il ne faut rien compromettre.

Vous avez peut-être su, ma chère princesse, que le duc Frédéric de Brunswick, frère du grand manifesteur, et que j'avais connu chez son oncle le feu roi, a voulu en passant me voir. Il n'avait pas sans doute consulté à Cologne, mesdames*(1). Je l'ai donc reçu dans ma tanière, ce qui m'a procuré le plaisir de revoir mes trois compagnons. Vous jugez bien que j'ai dédaigné toute réclamation sur mon sort; je m'étais plaint une fois, et quoique ce fût du ton qui me convient, c'est déjà beaucoup. Le prince et sa compagnie, composée des deux commandans, du président civil et d'un officier, ont été entassés, moitié dans le trou, moitié à la porte, parce que je ne voulais rien de confidentiel entre nous. La conversation a roulé sur les opérations militaires, sur la trahison de Dumouriez et sur les protestations constitutionnelles de la coalition. Il m'a juré que M. de Cobourg n'y avait pas été autorisé, mais qu'au reste on parlerait volontiers constitution, *parce qu'il fallait bien commencer par quelque chose*, expression que je l'ai amené plusieurs fois à répéter (1).

On dit que, dans cette longue et publique conversation, j'ai profité par un persiflage un peu amer de la supériorité que la conduite des puissances étrangères me donnait sur elles. Je n'en suis pas moins sensible à l'honnêteté du duc Frédéric, et, quoique j'aie évité tout ce qui avait l'air de ramener à ma situation personnelle, je croirais que l'aspect de nos livides visages a fait étendre aux trois autres la promenade que le danger imminent de Lameth avait fait demander pour lui.

Nous n'avons, depuis notre arrivée ici, été réunis qu'une autre fois; c'était pour quittancer, en présence d'une commission, les comptes de notre dépense à

(1) Le duc Frédéric de Brunswick, frère du duc régnant, venait de quitter le commandement de l'armée prussienne, coopérant dans les Pays-Bas avec celle du prince de Cobourg, qui, dans une proclamation adressée aux Français le 5 avril 1793, avait dit : « Je vais « joindre, si le général Dumouriez le demande, une partie de mes « troupes ou toute mon armée à l'armée française, pour coopérer, « en tout et en ce qu'il sera d'avenir, à rendre à la France son roi « constitutionnel et la constitution qu'elle s'était donnée, etc. » dans

Wezel. Nous avons signé, mais non sans plaisanter ouvertement sur les taxations et les vols, dont je ne vous citerai qu'un tragi-comique article ; c'est qu'à moi à qui on a constamment refusé de dire si ma femme, mes enfans et mes amis étaient morts ou en vie, j'ai trouvé sur le compte.... devinez quoi ? — Un mémoire de ports de lettres.

Si je n'écrivais pas à vous, chère princesse, je demanderais pardon de bavarder tant de niaiseries ; mais je me livre à la douceur de cette espèce de conversation si rare, quoique bien imparfaite. Je n'écris qu'à vous, et vous communiquerez mes nouvelles aux habitans de Chavaniac et aux amis à qui vous savez qu'on peut en donner sans compromettre les personnes qui m'en ont procuré le moyen.

Le nom de mon malheureux ami La Rochefoucauld se présente toujours à moi... ah ! voilà le crime qui a profondément ulcéré mon cœur ! La cause du peuple ne m'est pas moins sacrée ; je donnerais mon sang goutte à goutte pour elle ; je me reprocherais chaque instant de ma vie qui ne serait pas uniquement dévoué à cette cause ; mais le charme est détruit.

Je vous prie de communiquer ma lettre à M. Pinkney. L'anniversaire de l'indépendance ne sera pas oublié dans mon cachot. Si M. Ch. Fox vous demande de mes nouvelles, montrez-lui ces griffonages. Je crains, chère princesse, que vos liaisons anglaises ne soient bien aristocratiques ; mais quoique je sache à peine ce qui se passe dans le monde, il est évident pour moi que M. Fox a raison ; je l'estime trop pour ne pas le croire aussi révolté que moi des atrocités jacobites qui ont souillé la plus belle des causes ;

il apprécie sans doute les chefs qui ont gaspillé tous les moyens de gloire et de bonheur sur lesquels les vrais patriotes avaient le droit de compter. Quoique beaucoup moins démocrate que moi, ma chère princesse, vous aimez la liberté. Nos vertueux amis Lally, Mounier, (je n'en compte pas beaucoup autour d'eux), l'aiment aussi. Vous voyez clairement que la coalition couronnée est déterminée à la détruire ; guerres, incendies, perfidies, assassinats, ils emploieront tout ; on veut l'étouffer non seulement en France, mais en Angleterre. Il y a long-temps que j'ai dit que c'était un combat à mort, et certes, ce ne sera pas pour la liberté que M. Pitt se fera tuer.

Il est incorrigible, dites-vous..... Je l'avoue, ma chère princesse ; livré à la plus violente des passions, cette liberté qui eût mes premiers vœux, qui a tant ballotté toute ma vie, est ici le perpétuel objet de mes méditations solitaires. C'est ce qu'une de nos amies appelait ma sainte folie ; et soit qu'un miracle me tire d'ici, soit que je représente sur un échafaud, *liberté*, *égalité*, seront mes premiers et mes derniers mots... Ah ! comme ils ont été profanés !

Je ne veux pas vous parler des affaires de France ; il paraît qu'une portion des jacobins, victime de la morale corruptrice qu'ils ont tous prêchée, et de cette organisation usurpatrice avec laquelle, dès les premiers jours de ce club, je me suis tant querellé, est à présent subjuguée par une portion encore plus désorganisatrice. Je soupçonne l'aristocratie et les étrangers de payer, suivant l'usage, la plupart de ces patriotes. Mais convenez, au moins, que les simples citoyens se battent bien, et que j'avais raison de dire que l'établissement des gardes nationales dérouterait les calculs européens. Quel dommage que tant de zèle, tant de moyens soient si déplorablement dirigés! Quels noms je trouve parmi les chefs actuels de la France! des esclaves, des mendians de Versailles, des protestans pour l'aristocratie, pour la dîme, pour tous les abus; d'autres, voleurs, assassins, que tout Paris abhorrait. Je souhaite que les bien-intentionnés ne soient pas toujours entraînés par eux. Mais comment l'espérer, si la nation n'est pas éclairée enfin sur la différence de la licence à la liberté, et si l'on profite de sa lassitude pour lui rendre des fers, que la plus légère composition avec le despotisme et l'aristocratie ferait appesantir tous les jours? Le plus grand malheur c'est que les institutions les plus parfaites, les idées les plus respectables ont été dégradées, en quelque sorte, par cette usurpation hypocrite qui tourmente aujourd'hui la France. On accusera de ces maux les principes sous le nom desquels on les éprouve, tandis qu'au contraire, depuis le commencement de la révolution, tous les torts, tous les crimes, tous les dangers, toutes les souffrances ne sont venus que d'avoir composé avec les plus rigoureuses conséquences de la sainte doctrine de la liberté. Mais il m'appartient bien à moi, pauvre prisonnier, de soutenir thèse.

Rassurez les familles de mes trois compagnons sur leur existence; leur santé va mieux, même celle de Lameth. Ils n'écriront pas, car je viens moi-même d'être averti, et l'on ne m'a donné que le temps de barbouiller à la hâte cette lettre que ma précipitation, jointe au piteux état de mes instrumens d'écriture, vous permettra à peine de déchiffrer. Adieu, ma chère princesse, vous avez sûrement des moyens pour faire parvenir à ma famille et à mes amis l'expression de ma tendresse. Vous connaissez la mienne pour vous.

A M. PINKNEY, MINISTRE DES ÉTATS-UNIS, A LONDRES.

Magdebourg, 4 juillet 1793 (1).

Mon cher Monsieur,

Tandis que, dans cet anniversaire, mes frères américains expriment leur joie, je m'unis dans un banquet solitaire aux heureux souvenirs, aux vœux patriotiques qui remplissent leurs cœurs.

Entouré, comme je le suis, de fossés, de remparts, de gardes, de doubles grilles et de palissades; renfermé sous un quadruple rang de portes, de barres, de grillages, dans un étroit et humide souterrain, et condamné à toutes les tortures morales et physiques qu'une tyrannie vindicative peut amonceler sur moi, j'ai pourtant la satisfaction de tromper aujourd'hui la bande couronnée et ses vils agens, en vous adressant l'hommage de ma sympathie.

(1) 17.e anniversaire de la déclaration d'indépendance aux États-Unis. Cette lettre est une traduction comme toutes les lettres de ce recueil écrites d'Amérique ou en Amérique.

Quoiqu'on ait intercepté une lettre que j'avais commencée pour le général Washington, je ne doute pas que les évènemens du mois d'août 92 n'aient été parfaitement appréciés en Amérique. Combien la situation des deux pays s'est trouvée différente ! En France une grande ignorance politique, des habitudes serviles, l'inégalité des fortunes, ont rendu les citoyens, même après la conquête de leurs droits, toujours ennemis de toute contrainte légale et prêts en même temps à ployer sous l'oppression. Il est heureux, quoiqu'on m'en ait blâmé, que la révolution ait été précédée d'une *déclaration des droits*, pour conserver au milieu des tempêtes, sinon la pratique, au moins la connaissance de la liberté. Il est avantageux aussi que la masse des citoyens ait été armée, ce qui a rendu toute conquête impossible et aurait également dû mettre obstacle à ces usurpations intérieures contre lesquelles j'avais si souvent voulu prémunir mes compatriotes.

En dépit du despotisme, de l'aristocratie, des factions et des intrigues étrangères, avec une assemblée de 1,200 membres, en partie malveillans pour nous, où l'on comptait un petit nombre d'hommes à théories, mais pas un praticien, la France s'était donné une constitution libre. Il y avait bien encore, outre un mode d'élection défectueux, quelque chose à désirer : l'indépendance judiciaire n'était pas assez assurée, la législature ne se composait que d'une chambre, le pouvoir exécutif dont la présidence était héréditaire manquait de force. Mais si l'assemblée législative avait, par de simples lois comme elle le pouvait, agrandi les cantons, simplifié les rouages de l'administration, amélioré l'institution des tribunaux supérieurs (celle des justices de paix était excellente), rendu libres et personnelles les rétributions pour le culte, mis en vigueur le plan d'éducation publique, il est évident que la France, qu'à juste titre on eût pu nommer république, aurait joui des bienfaits de la liberté, en attendant que les progrès de son instruction et de son expérience eussent amené l'époque convenable pour une salutaire et paisible révision de l'acte constitutionnel. Mes yeux républicains n'ont découvert dans son renversement précipité qu'un marché pour s'emparer de la couronne, ou le projet de détruire tout pouvoir exécutif quelconque. J'ai cru devoir m'attacher inviolablement à la constitution, non seulement par fidélité au serment que j'avais prêté à la représentation nationale, mais aussi pour tenir toujours élevé l'étendard le plus propre à rallier tous les amis de la liberté.

Je ne m'étendrai pas sur les évènemens publics ou personnels qui ont précédé mon départ; je ne parlerai pas non plus de ce club, inutile dès sa fondation, puisque déjà l'ancien gouvernement n'existait plus, désastreux dans ses progrès, car il ruinait nos institutions nationales, et après les avoir renversées il a fini par l'établissement de la tyrannie; encore moins entrerai-je dans des explications superflues avec un ami de la liberté; j'observerai seulement que les moyens de résistance doivent avoir été bien préparés, puisque tant de déprédations, de trahisons, de folies, ne les ont pas encore épuisés. La valeur et le patriotisme des Français qui combattent pour les mêmes droits qu'ils laissent chez eux fouler aux pieds, montrent bien qu'ils manquent plus d'habitude que de courage civique.

Cependant, la liberté de l'Europe dépend du résultat de cette grande lutte, et je bénis Charles Fox et ses amis qui, sans se laisser ébranler par les impressions du moment, ont senti qu'ils devaient s'opposer à la coalition. Que la Grande-Bretagne obtienne la réforme de sa représentation, que les volontaires d'Irlande réclament ou reconnaissent leurs droits, la tyrannie ne pourra s'établir sur la rive gauche du Rhin ! Bientôt, bientôt, les chaînes de la France tomberont, et celles de toute l'Europe seront ébranlées. Quoiqu'on semble ne me permettre de contribuer à l'accomplissement de cette prophétie qu'en faisant couler sur l'échafaud mon sang qui n'y sera peut-être pas inutile, ou comme martyr au fond d'une prison, je dirai toujours de tout mon cœur *Amen*.

Puissent la liberté, l'égalité, toutes les vertus vraiment républicaines, l'honnête industrie, la modération, la pureté des mœurs, la franchise et la libéralité de l'esprit, l'obéissance aux lois, la fermeté contre toute usurpation, continuer à prouver que la liberté américaine a de profondes racines, non seulement dans la tête, mais au fond du cœur de ses citoyens ! Puissent la prospérité publique, le bonheur des individus et la concorde fédérale, être à jamais une récompense pour les États-Unis, un exemple pour les autres peuples !

J'ai un grand désir de connaître quelle a été depuis un an la politique américaine. La propagation des connaissances et l'esprit d'émancipation ne peuvent manquer d'avoir produit de bons résultats. Les forts et le Mississipi nous sont-ils soumis? Il est nécessaire de les obtenir, non seulement à cause du commerce ou d'autres vues ultérieures, mais aussi afin d'éloigner tout sujet d'instigations anglaises ou espagnoles, pour amener des hostilités avec les Indiens.

Grâce à votre bienfaisante intervention, mon cher Monsieur, les geôliers couronnés ont, après un silence de huit mois, consenti à me laisser apprendre que ma femme et mes enfans vivaient; veuillez leur faire savoir que ma santé est passablement bonne. Faites parvenir à mon général révéré et paternel aussi mes tendres respects; rappelez-moi au souvenir de mes amis en Amérique.

J'ai laissé au compte des États-Unis les deux mille florins qui ont été déposés à la banque, d'une manière si secourable pour moi. Je tire sur elle à mesure que j'ai besoin d'argent : de manière que si je mourais, ou si, par quelque heureux hasard auquel je pense toujours, je sortais d'ici avant que cette somme fût dépensée, sa majesté prussienne fût responsable de ce qui resterait. Adieu, mon cher Monsieur, recevez l'assurance de mon affectueuse reconnaissance, etc.

Je recommande à vos bontés mes aides-de-camp de la révolution, et mes amis qui sont à Londres.

A MADAME D'HENIN.

Magdebourg, ce 16 juillet 1793.

Il y a quatre ans aujourd'hui, ma chère princesse, que je me donnais le divertissement de démolir la Bastille; me voici embastillé à la prussienne, et de tous mes patriotiques ou tendres anniversaires, ne conservant que ma fidélité à mes principes et à mes amis.

Il n'y a rien de nouveau dans notre régime souterrain. La lecture des mémoires de Trenck, que malgré les défenses on m'a fait passer, m'a éclairé sur beaucoup de détails, parce que les moyens et les projets dont il parle ont été profondément médités, pour nous enlever les plus faibles ressources et perfectionner à notre égard la science geôlière (1). Nous n'avons cependant vu de fers pour nous, que ceux que par provision on avait mis dans nos charrettes de voyage, comme à la campagne on a l'attention de garnir les voitures de ses amis. Si je trouvais une chance passable de rompre ma cage, vous imaginez bien que la crainte de ces chaînes additionnelles ne m'arrêterait pas. Au reste, quoique le roi, le général Hultzen et le commandant Senft épuisent contre nous leur pauvre imagination, vous voyez qu'on ne pense pas à tout, et ceux qui hier emprisonnaient un père de famille, parce qu'un de ses enfans avait regardé à trente pas un de nos gens enfermés, ne savent pas que l'excès même de leurs précautions tourne à mon profit, et que le long et bruyant décadenassement et débarrement de toutes mes portes, m'avertit de soustraire mon griffonnage à leur visite.

Vous vous étonnez, chère princesse, que des membres de la convention soient mieux traités que nous (2).

―――――

(1) Le célèbre baron de Trenck, après s'être échappé de la forteresse de Glatz, avait été enfermé plus de neuf ans à Magdebourg.

(2) Ces membres sont MM. Camus, Quinette, Lamarque et Bancal, envoyés au mois de mars 1793 à Dumourier, pour examiner si ces

Ignorez-vous donc les affinités tyranniques? Qu'ont fait ces pauvres jacobins? ils ont enchaîné la presse, puni les opinions, confondu les pouvoirs, violé la foi nationale et les principes de la justice. Et nous aussi, disent les têtes couronnées, nous sommes des tyrans. Ils détestent l'ami constant et sincère de la liberté, de l'égalité, et de l'ordre légal, l'ennemi de toute aristocratie et de tout despotisme. Et nous aussi, disent les puissances coalisées, nous le haïssons bien. Camus est, dit-on, fanatique (1); le roi de Prusse est illuminé, autre affinité, et peut-être saint Augustin et Jansénius ont-ils parlé pour leur serviteur.

Quant à Dumouriez, je n'ai jamais été surpris que de la confiance que tous les partis ont tour-à-tour, ou pour mieux dire tous à la fois mis en lui; et pendant qu'il les servait en même temps, et les trahissait tous, je devinais qu'il en resterait aux autres rien, et à lui de l'argent. Mais vous savez à présent, par un témoignage sûr, que les professions constitutionnelles n'étaient que *pour commencer*; que la proclamation de M. de Cobourg n'était point *autorisée*, *et qu'il s'agissait surtout de l'introduire dans les places*. On conviendra que si j'ai le premier annoncé ce qu'étaient M. Dumouriez et M. d'Orléans, et considéré les jacobins comme ennemis, non seulement de

duite et le faire arrêter. Dumouriez les livra (le 2 avril) ainsi que N. de Beurnonville, ministre de la guerre, au prince de Cobourg. Successivement détenus à Maëstricht, Coblentz, Spielberg et Olmütz, ils furent échangés à Bâle, en 1796, contre Madame, fille de Louis XVI.

(1) On attribuait à M. Camus, ancien membre de l'assemblée constituante et du comité qui prépara la constitution civile du clergé, des opinions jansénistes. (Voy. la p. 153 de ce volume.)

la constitution, mais de tout ordre de choses libre et légal, ces messieurs ont pris soin de justifier mes assertions.

C'est avec une vive satisfaction que j'ai appris les témoignages d'intérêt des États-Unis, du général Washington, du général Schuyler et de mes autres amis américains (1). Je regarde une démarche des États-Unis comme le moyen le plus convenable de briser mes fers; mais je crains bien les détours, les lenteurs et les perfidies de la politique européenne. Je vois aussi que vous y avez fait tout ce qui dépendait de vous, et je n'ai pas besoin d'ajouter que toute manière de sortir qui ne compromettra ni mes principes, ni ma liberté, serait pour moi une bienheureuse résurrection. Mais les despotes et moi, nous combattons réciproquement d'instinct, et je me défie de leur antipathie animale.

J'apprends par une lettre de Charles Lameth, que la Colombe et les Bureauf sont à Londres; Boinville y est aussi; donnez la lettre ci-jointe à un d'eux, communiquez-leur, je vous prie, les nouvelles que vous avez eues de moi, et surtout rendez à ces fidèles compagnons de mon sort tous les services qui dépendront de vous, car je ne doute pas que mes autres aides-de-camp n'y soient aussi.

Je n'écris ni à ma tante, ni à ma femme et à mes enfans; ma chère inviolabilité des lettres n'existe plus en France; mon écriture est familière à la capitale et aux quatre-vingt-trois départemens; mais je compte

(1) Le général Washington entreprit pour la délivrance de son ami, auprès du roi de Prusse et de l'empereur d'Autriche, plusieurs démarches qui furent inutiles.

sur vous pour leur donner de mes nouvelles, les assurer que je me porte passablement bien, beaucoup mieux que les premiers mois, ce qui est une bien coupable rébellion de ma part contre la souveraineté coalitionnaire. Maubourg et Pusy se soutiennent en assez bon état; Alexandre Lameth est moins mal depuis quelques jours. Mon secrétaire Félix, ayant été atteint et convaincu du sortilége de savoir écrire, n'a eu ni à Wezel, ni à Magdebourg aucune communication avec moi.

Adieu, ma chère princesse; les témoignages de votre amitié ne m'étonnent pas, je savais bien que j'aurais tout. Quand me sera-t-il permis de vous revoir? car jamais mon cœur n'eut tant besoin de ce qui lui reste, et de ces tendres affections si dignes de le remplir. J'ai perdu de grandes occasions de gloire et de bonheur, et, ce qui est plus irréparable encore, l'injustice du peuple, sans diminuer mon dévouement à cette cause, a détruit pour moi cette délicieuse sensation du sourire de la multitude. Je ne doute pas que l'épreuve du malheur n'ait été bien forte pour les amitiés ordinaires, et si je sors du tombeau, j'aurai, en revenant discret, la délicatesse de ne pas être trop curieux. Mais qu'il sera doux de retrouver les plus chers objets de ma tendresse, de vous revoir, chère princesse, et de jouir de votre satisfaction et de la mienne! Adieu, encore une fois, votre démocrate et captif ami vous embrasse de tout son cœur.

A MADAME DE LAFAYETTE (1).

Magdebourg, 2 octobre 1793.

Les cinq objets, si chers à ma tendresse sont donc toujours réunis à Chavaniac, mon cher cœur, et dans un état de tranquillité qu'ils méritent trop bien pour que j'osasse l'espérer ; j'étais sûr que d'un autre côté, le désir même d'obtenir ma liberté ne vous arracherait aucune démarche ni aucune expression qui ne fût pas digne de vous (2); mais la manière dont vous m'en parlez répond tellement à mon cœur, que j'ai besoin de vous en remercier. Je vous ai associée à des destinées fort agitées, et actuellement fort tristes ; mais je sais que vous trouvez quelque douceur à penser que votre tendresse et votre estime sont au premier rang des souvenirs heureux de ma vie, des consolations de ma captivité solitaire, et des épreuves d'un avenir qui, s'il me rend à ma famille, m'en laissera jouir plus que jamais.

Je continue à être content de ma santé et particu-

---

(1) Voy. la note de la p. 484 du troisième vol. — Après la loi du 17 septembre 1793, *contre les suspects*, madame de Lafayette fut de nouveau enfermée à Brioude, et transportée dans les prisons de Paris au mois de juin 1794. Cette lettre fut écrite sous l'inspection des surveillants de la prison.

(2) On voit dans la vie de M. Gouverneur-Morris (tom. Ier, p. 404) qu'il avait conseillé à madame de Lafayette d'écrire au roi de Prusse en lui envoyant un projet de lettre. Elle reçut en effet celui qui a été trouvé dans les papiers de M. Morris, mais elle n'a pas cru devoir en faire usage. Madame de Lafayette s'est plu d'ailleurs à reconnaître les services importants qui lui furent rendus, pendant le temps de ses plus grands dangers, par le ministre américain. Plus tard, en lui

lièrement de ma poitrine, malgré ce régime inverse de ce qu'il lui faudrait; mon tempérament, assez complaisant en général pour les vicissitudes de ma vie, est encore cette fois resté le plus fort, et j'en suis d'autant plus aise, que l'état plaintif de malade m'était insupportable ici. Vous savez que pendant une heure chaque jour on me tire de mon trou pour avaler un peu d'air extérieur; j'ai des livres, et quoique le malheureux talent de lire vite soit devenu un inconvénient pour moi, j'ai trouvé en anglais, français et latin, de quoi causer avec les morts, depuis que je suis séquestré des vivans. Je puis même à présent lire la Gazette de Leyde. Félix est toujours enfermé à part. Voilà tout ce que la chronique souterraine a la permission de vous apprendre.

Adieu, mon cher cœur, je vous conjure tous de ne pas vous abandonner à des idées trop affligeantes, de vous occuper de l'espérance de nous revoir. Il m'est impossible de croire que mon étoile soit tout-à-fait éteinte, puisque ma pauvre tante, par un miracle de tendresse, a eu la force de résister à ce nouveau choc. Je l'embrasse de tout mon cœur, ainsi qu'Anastasie, George, Virginie et M. Frestel qui est bien aussi de la famille.

Adieu, adieu, je vous embrasse et vous chéris de toute mon âme.

A MADAME D'HÉNIN.

Magdebourg, ce 16 novembre 1793.

Voici ce qu'une confidence du ministre Schüllembourg, membre du conseil des puissances, où notre sort fut décidé en présence de M. de Breteuil représentant le roi, et d'autres renseignemens, m'ont mis à portée de savoir.

Sans compter certains procédés de la cour auxquels je ne me permets plus de penser, il a été observé « que M. de Lafayette n'était pas seulement l'homme de la révolution française, mais de la liberté universelle, » et après que chaque membre eut fait mon panégyrique, il fut arrêté « que l'existence de M. de Lafayette (ce sont les termes) était incompatible avec la sûreté des gouvernemens de l'Europe. Le roi de Prusse lui-même, à moins d'une délibération générale, ne pourrait changer mon sort. » En pensant, disais-je, Mes manières, dites-vous, irritent les puissances : Ce n'est pas avec les officiers ; je suis poli avec eux, ils sont, de leur côté, respectueux pour moi. Ce n'est pas dans mes lettres ; j'écrivis très simplement au duc de Saxe qui répondit des injures, et à la cour de Prusse qui ne répondit rien ; et après avoir réclamé contre l'iniquité, je n'ai pas cru qu'il me convînt de leur envoyer une ligne de plus. Ce n'est pas enfin par aucune violence de ma part ; je ne me suis mis en colère que deux fois, à Namur et à Wezel, et c'est lorsqu'on a été me consulter contre ma patrie. A cela près, je n'ai opposé à leur cruelle et basse conduite qu'un mépris toujours calme, quelquefois un peu sarcastique. Comme ces mauvais traitemens n'effleurent pas ma sensibilité et flattent mon amour-propre, il m'est facile de rester à ma place, et de sourire de bien haut à leurs procédés comme à leurs passions. Il est vrai que je parle des choses et des personnes aussi librement ici que partout ailleurs; et si les puissances attendent une complaisance de moi, elles me connaissent mal. Plutôt que de me taire devant le crime, de conniver à l'injustice, moi qui n'avais point de superstitions royales, que la cour avait sans cesse trahi, moi démocrate à l'excès peut-être, j'ai repoussé, je ne dis pas des offres dont je ne me souciais point, mais cette immense perspective de gloire préparée depuis seize ans, et dont je croyais être sûr : j'ai abandonné famille, amis, patrie et la seule fortune dont je fisse cas, ma popularité. N'avais-je pas pour m'excuser, la défense du pays, le désir d'arrêter le mal, et surtout le succès après lequel tout, hors ma conscience, m'aurait absous? Et aujourd'hui que, mort au monde, je ne réponds plus que de moi, après avoir dans la douleur de mon ame dénoncé les tyrannies populaires, j'irais de gaîté de cœur ménager celles de ces rois! Non, ma chère princesse, en dédaignant le rôle d'un grand usurpateur pour rester fidèle à la liberté et à la vertu, j'ai acquis le droit, pendant le reste d'une vie que mon régime actuel abrège beaucoup, de continuer à ne flatter ni des hommes que je méprise, ni les vices que je hais.

Pendant que vous offrez des pensions, mon excellente amie, je vois que vous-même en auriez besoin; mais ne vous inquiétez plus d'un billet que M. Pinkney a payé; je l'en remercie bien, et vous prie de lui montrer ma lettre parce que je ménage non seulement le papier, mais surtout le volume qui deviendrait suspect. Je lui ai écrit le 4 juillet. La lettre de mes aides-de-camp m'a fait un vif plaisir. Parlez aussi de moi à Lally, à madame Church, à vos amis. Tâchez que ma famille ait de mes nouvelles. Adieu, adieu, ma chère et bien-aimée princesse; il n'y a pas d'expression qui puisse vous dire à quel point je vous chéris, à quel point votre amitié adoucit ma situation. Ma femme a-t-elle reçu ma lettre? Je connaissais trop l'élévation de son ame pour que sa conduite angélique ne fût pas prévue par moi; mais je sens combien elle a dû augmenter la vénération et l'attachement de ceux qui avaient moins été à portée de l'apprécier.

A M. DE LA COLOMBE (1).

Magdebourg, ce 10 décembre 1793.

Il ne reste, à mes amis, pour ma délivrance, que trois moyens : 1° l'évasion, 2° les représentations particulières, 3° la clameur publique.

Pour peu qu'on connaisse notre régime, on sentira qu'il est difficile de s'évader, mais comme rien de ce qu'on veut fortement n'est impossible, on pourrait avec de l'adresse et de l'argent échapper aux combinaisons de nos geôliers.

Les représentations sont utiles sans doute, mais quelle que soit la force de l'éloquence et de l'amitié, elles sont insuffisantes. Parlerez-vous en effet à ces

(1) Aide-de-camp du général Lafayette, voy. les p. 342 et 445 du 3ᵉ vol.

puissances de justice, du droit des gens? leur politique est insensible à de tels motifs. Leur parlerez-vous de mon opposition aux brigands qui, sous le masque de la liberté, tyrannisent la France? C'est ce masque qu'ils haïssent et non la tyrannie, et ces gens-là, soit comme ennemis, soit comme alliés, leur valent bien mieux que moi. Leur parlerez-vous de mes sacrifices, de mes refus, de quelque générosité dans ma conduite? ils ne vous comprendront guère; et s'ils m'en estimaient plus, ils ne m'en craindraient pas moins. Si vous alliez me dépeindre comme ardent royaliste, ils vous objecteraient, avec raison, mes principes américains et ma vie révolutionnaire. Rappellerez-vous à sa majesté britannique mes occupations depuis l'âge de dix-neuf ans jusqu'à la consolidation de la liberté américaine, et mes vœux pour les volontaires irlandais? A sa majesté catholique, mon intérêt pour la Louisiane et ses autres colonies continentales? A sa majesté impériale, mes conseils aux démocrates flamands? A sa majesté stathouderienne, mes liaisons avec les patriotes d'Hollande? A sa majesté prussienne elle-même, mes conversations avec son oncle? Non, sans doute; mais vous leur direz que, regardant l'insurrection contre le despotisme et l'obéissance aux lois légitimes comme deux devoirs sacrés, si j'ai le premier abattu l'autorité arbitraire, proclamé la déclaration des droits, organisé cette garde nationale qui, par sa seule masse, défie encore l'Europe, j'ai aussi, dès le premier jour de la liberté, cherché, malgré ses ennemis anarchistes, à l'établir pure, solide; à la faire respecter, et surtout à la faire aimer. Je crois que ce plaidoyer a grand besoin d'être renforcé par la clameur publique.

Un Allemand, M. d'Archenoltz, aussi distingué par son caractère que par ses talents, en se dévouant à ma cause, en dénonçant ma détention et ses détails, en pulvérisant les plumes soldées contre moi, m'a déjà essentiellement servi, et je ne doute pas que d'autres écrivains célèbres ne se joignissent à M. d'Archenoltz pour demander par quel droit on nous retient. C'est donc dans les papiers et les pamphlets patriotes que notre situation peut être présentée sous tous les rapports.

Le parti whig sent, comme moi, qu'il ne s'agit plus de rivalités politiques, mais de la liberté de l'Europe que les gouvernemens coalisés veulent étouffer partout, même en Angleterre, et qu'il faut avant tout défendre contre eux. Si, comme je l'espère, c'est là son projet, l'on peut, sur tout ce qui m'est personnel, se confier à l'inaltérable loyauté de M. Fox. Je crois que son éloquence et celle de M. Sheridan trouveraient dans vos communications de quoi presser leurs adversaires. Quant à une démarche de la part des Américains, elle doit être subordonnée aux intérêts politiques, dont je ne puis juger d'ici, mais que je ne voudrais pas compromettre un instant pour moi.

Telles sont les idées que le doyen de mes ci-devant aides-de-camp soumet à mes amis, et que du fond de mon cachot je confie à vos lumières, à leur discrétion et à leurs bontés pour moi.

A MADAME D'HÉNIN.

Magdebourg, 3 janvier 1794.

À peine si je le temps d'écrire quelques lignes, ma chère princesse; et je vais encore vous affliger. Quelque affreuse que fût ici ma captivité, j'y avais du moins des amis; je correspondais avec vous, et la disposition des cachots rapprochait Maubourg et moi. On a trouvé sans doute que je mourrais trop lentement, et pour briser une âme qui ne plie pas, on a imaginé de me transporter seul à cent soixante lieues plus loin. Alexandre de Lameth et Pusy resteront ici, et Maubourg sera conduit dans deux jours à Glatz en Silésie, tandis que j'irai, je crois, à Neisse, sur la même frontière, quoiqu'on ne le dise pas maintenant. Mon ami, que la correspondance de sa sœur met à portée d'écrire à l'adjudant-général du roi de Prusse, demande si vivement notre réunion, c'est-à-dire l'avantage d'être enfermés dans deux cachots de la même forteresse, que je m'en flatte encore; à moins que le mal inexprimable que me fait cette séparation ne soit entré essentiellement dans les calculs.

J'ai griffonné à la hâte mes idées sur ce changement, et j'en ai rappelé quelques autres dans une note à la Colombe, pour qu'après vous l'avoir soumise, il puisse la porter à M. Pinkney et autres coopérateurs de ma délivrance, qu'on n'obtiendra qu'en l'arrachant aux puissances. J'espère, ma chère princesse, que vous approuverez mes propositions.

C'est au moment où de nouvelles anxiétés pour ma femme et mes enfans, pour ma tante, déchirent mon ame; où les fureurs des jacobins excitent plus que jamais une douleur et des craintes sans bornes comme leur scélératesse; qu'éloigné encore plus des lieux, des nouvelles, des communications qui m'intéressent, arraché à l'ami qui partage et adoucit toutes mes peines, je vais voir le complément de ma solitude, et l'entière fermeture de mon tombeau. Je me suis juré à moi-même de ne pas compromettre mes amis de France par une ligne de ma main; mais que celles-ci puissent un jour assurer les personnes que vous savez m'être si chères, que dans ce moment mon cœur leur adressait l'hommage le plus tendre de tout ce qu'il sent pour eux!

Adieu donc, ma chère femme, mes enfans, ma tante, vous aussi, mon excellente amie, plus excellente que jamais dans le malheur, que je chérirai jusqu'à mon dernier soupir.

A M. DE LA COLOMBE.

Magdebourg, ce 3 janvier 1794.

Il faut que deux amis aillent en Pologne. Quoique le roi y soit moins libre que moi, puisqu'il a signé le triomphe de l'aristocratie et du despotisme, je suis sûr de sa bonne volonté, et ses ressources sont encore grandes (1). On lui remettra mon billet ainsi

(1) Après le premier partage de son pays, Stanislas-Auguste avait sanctionné en 1791 une nouvelle constitution qui assurait la liberté des divers cultes, substituait à l'élection du pouvoir royal

qu'à Little-Page, son aide-de-camp, et à Mazzei qui lui sont attachés. Les patriotes nous serviront bien. On correspondrait d'abord avec ma forteresse dont on cache le nom, mais qui, je le crois, est Neisse, et j'en suis sûr, en Silésie. Aussitôt qu'on saurait comment parvenir à mon cachot, il faudrait établir la communication avec moi; on pourrait aussi de là travailler sans danger à gagner quelques gardiens, et si j'avais le bonheur d'y acquérir aussi de vrais amis, je tâcherais de réunir leur zèle aux tentatives extérieures, car il suffirait de toucher le territoire polonais pour être en sûreté, et il serait facile ensuite d'échapper à toutes les réquisitions. Je compte trop sur les lumières et la constance de mes amis pour regretter la précipitation avec laquelle je suis forcé d'écrire cette note, et en les priant de conserver pour moi, ou du moins pour ma mémoire, les sentimens qui sont si chers à mon cœur, je leur renouvelle ici l'expression de ceux que je leur ai voués jusqu'à mon dernier soupir.

son hérédité dans la maison électorale de Saxe et attribuait le pouvoir législatif aux états partagés en deux chambres. Un parti, appuyé par une armée russe, se forma à Targowicz contre ces innovations; le parti opposé tenta une inutile résistance, et le roi fut contraint d'accéder lui-même, le 23 juillet 1792, à la confédération de Targowicz. Cependant une nouvelle insurrection dirigée par Kosciusko éclata; elle fut suivie, comme on sait, d'un autre partage de la Pologne et de la déchéance de Stanislas-Auguste au mois de novembre 1794. Ce prince mourut en 1798 à Saint-Pétersbourg.

AU ROI DE POLOGNE (1).

Magdebourg, 3 janvier 1794.

Sire,

Proscrit par les tyrans anarchistes qui ont détruit en France l'ouvrage des bons citoyens, arrêté au même instant par les tyrans coalisés qui ont détruit en Pologne celui de Votre Majesté, j'apprends que, dans la triste succession de mes cachots, je dois être rapproché de vos frontières. Je ne sais, Sire, quels services on devra demander à vos bontés pour moi, et je ne sais que trop à quel ménagement Votre Majesté est forcée. Mais tandis que tous les ennemis de la liberté exercent à l'envi, contre moi, leur honorable haine, j'ai pensé que les principes et les sentimens de Votre Majesté, et l'intérêt personnel qu'elle m'a témoigné, m'autorisaient à mettre sous sa protection des amis fidèles et discrets, et je me félicite du moins d'avoir pu, malgré la vigilance de mes geôliers, lui offrir un hommage de ma confiance, de mon attachement et de mon respect.

A MADAME D'HENIN.

Neisse, ce 27 janvier 1794.

Il me paraissait impossible que mon sort personnel empirât, ma chère et excellente amie; je recon-

(1) Cette lettre ne put parvenir à Stanislas-Auguste. (Voy. la note de la p. précédente.)

nais l'infériorité de mes combinaisons, et je n'avais prévu, ni qu'au moment où j'étais le plus inquiet pour tout ce qui m'est cher, on me transporterait à cent cinquante lieues plus loin, ni surtout que, malgré les instances de Maubourg, pour être dans la même forteresse que moi, on placerait mon ami à Glatz, tandis que je suis à Neisse, disposition qui, je l'avoue, atteint la plus sensible partie de mon cœur. Ce redoublement d'adversité ne me découragera pas; mais il pourrait vous alarmer, et, depuis mon arrivée, je demande impatiemment à vous écrire.

Si j'ai manqué pendant un an d'exercice et d'air, j'en ai été dédommagé en route, et je suis parvenu le 16 au fond de la Silésie. Mon régime, à l'exception de quelques nouveaux soins pour mon isolement, est le même qu'à Magdebourg. On vous dira que l'air de Neisse est mauvais; bien d'autres poitrines le respirent en plus grande quantité que moi, et je me garantis le mieux que je puis de l'insalubrité particulière à ma situation. Il est vrai que mon médecin qui a oublié le latin, n'a jamais appris le français, ce qui, pour éviter les quiproquos, bornera beaucoup nos relations; mais j'éprouve le même inconvénient avec M. le commandant, M. le major de place et tous les officiers qui montent la garde au fort; et comme s'il était aussi difficile de m'instruire en cage que de m'y apprivoiser, il m'a fallu cette impérieuse circonstance pour m'occuper ici des seuls principes que j'y puisse adopter, ceux de la grammaire allemande.

Madame de Maison-Neuve m'écrit que ma femme est à Brioude et qu'elle y est en sûreté ainsi que mes enfans. Je ne sais si je me laisse abuser par l'étrange contraste d'une telle situation avec mes habitudes dans ce district; mais je me flatte encore que madame de Lafayette, si elle est restée dans sa maison de Brioude, y est libre et tranquille, et cependant, quand je pense que toute l'affection de ses voisins ne la défendrait pas efficacement contre quelques suppôts de la tyrannie, et que les chefs ne haïssent personne autant que moi, j'éprouve la plus douloureuse anxiété.

Je ne hasarde pas de lettre pour la France, m'en rapportant à vous pour faire parvenir à ma tante, à ma femme, à mes enfans, l'assurance que je vis encore, et l'expression des sentimens que vous me connaissez pour des personnes si tendrement aimées (1). Je ne puis d'ailleurs que vous renouveler toutes les recommandations contenues dans mes dernières lettres. Mille tendres amitiés à Lally, madame Church, M. Pinkney, mes fidèles compagnons. La duchesse de Devonshire est-elle à Londres? Vous ne me parlez pas de M. de Malesherbes, de madame d'Anville et de madame de La Rochefoucauld? Pourquoi craignez-vous de me rappeler un malheur sans cesse présent à ma pensée?

Adieu, adieu. Me voici, je crois, au fond de l'infortune; mais je ne me laisserai pas entraîner à vous peindre les peines et les craintes de mon cœur. Au milieu de ces cruelles compagnes de ma solitude, il

---

(1) Le général Lafayette n'avait que des nouvelles fort inexactes de ce qui se passait en France, de la situation de sa famille et de ses amis. On verra que plus tard, à Olmütz, il fut dans une complète ignorance de tous les événemens de cette époque et n'apprit les malheurs de sa famille qu'à l'arrivée de madame de Lafayette, alors détenue comme suspecte.

éprouve un sentiment bien précieux et bien doux, celui de sa confiance en votre amitié, et de la tendresse dont il est pénétré pour vous.

Où est, à présent, mon cher Grammont (1), que son vertueux amour de la liberté et la richesse de son oncle exposent doublement?

A M. DE MAUBOURG, A GLATZ.

Neisse, ce 6 mars 1794.

Il est vrai, mon cher Maubourg, que j'attendais impatiemment de vos nouvelles, mais je ne me suis pas trompé sur les motifs du retard. La conduite de M. le général de Gutzen est bien conforme à ce que je connaissais de lui, et je partage votre reconnaissance et celle de votre charmante sœur. La voilà donc établie dans les casemates de Glatz (2). Je n'ai été favorisé dans mes cachots d'aucune apparition; mais j'imagine que les anges consolateurs doivent avoir la même physionomie. Je vous remercie, mon cher ami, des détails que vous me donnez et qui me rassurent beaucoup sur le sort de ma famille et des autres personnes que j'aime.

Ne vous tourmentez pas de l'insalubrité de Neisse

(1) Beau-frère du général Lafayette, aujourd'hui membre de la chambre des députés.
(2) Madame de Maison-Neuve, sœur de M. de Maubourg, avait obtenu la permission de le joindre à Glatz; elle l'accompagna dans sa prison de Neisse et ne le quitta que lorsqu'il fut transféré en Autriche.

ni de la petitesse de ma cour, dont l'été amènera le dessèchement, ni de ma médecine *pantomime*, dont il sera comme du confesseur de Louis XV, qui, pendant trente ans, a été complètement sourd. Pourvu qu'on dise que j'ai un docteur et que je fasse comme si je n'en avais pas, le tempérament décidera du reste, et si la mort attend à la grille de mon soupirail pour me happer, je vous promets, à moins qu'elle ne triche au jeu, de la faire attendre long-temps.

J'ai été bien édifié, mon cher Maubourg, de la promotion du cardinal Maury (1). Je ne vous parlerai ni des autres nouvelles de gazette, ni surtout des préparatifs réciproques des généraux Mollendorff et Hoche, Cobourg et Pichegru, parce que je ne veux pas sortir un instant du cercle étroit qu'on nous a tracé.

Adieu, mille tendres hommages à madame votre sœur. Écrivez-moi tant que vous pourrez, donnez-moi tous les détails qui ont rapport à votre famille, à tout ce qui vous intéresse. Je vous embrasse, mon cher ami, de tout mon cœur.

A MADAME D'HÉNIN.

Neisse, le 16 mai 1794.

Votre lettre du 1ᵉʳ avril est la dernière que j'aie reçue, mon excellente amie, et les gazettes

---

(1) Au mois de mars 1792, l'abbé Maury avait été nommé par le pape Pie VI, archevêque de Nicée, *in partibus*; envoyé ensuite comme nonce à la diète de Francfort, qui se tenait pour l'élection de l'empereur François II, il devint cardinal au mois de février 1794.

viennent de m'apprendre le supplice de la malheureuse madame du Châtelet, de M. de Malesherbes et des autres victimes assassinées le même jour. C'est avec ces déchirantes idées et toutes les craintes qui en sont la suite, que je pars demain, ainsi que Maubourg et Pusy, pour être remis à l'escorte autrichienne qui nous conduira, dit-on, dans une forteresse de Moravie.

C'est avec une vive peine que j'ai vu sur la fatale liste le père de Duport. Pourquoi interdit-on à ma reconnaissance de parler d'une discussion anglaise (1) dans laquelle je me sens obligé aux deux partis, pour l'honneur que chacun m'a fait de se déclarer pour ou contre moi? Madame de Maison-Neuve vous a écrit hier (2), et je me borne à vous renouveler ici, ma bien-aimée amie, l'expression d'une tendresse aussi vive qu'éternelle.

A MES AMIS (3).

Neisse, le 16 mai 1794.

Puisque nous allons être transportés dans les prisons autrichiennes, et que j'ignore si je pourrai y écrire, je me contente de faire ici quelques notes pour être communiquées à mes amis.

---

(1) M. Fitz-Patrick venait de faire à la chambre des communes la motion qu'il renouvela au mois de décembre 1796, en faveur des prisonniers d'Olmütz. (Voy. la p. 415 du troisième vol.)

(2) M. de Maubourg et M. de Pusy étaient depuis peu de temps transférés à Neisse où ils furent réunis pendant quelques jours avec le général Lafayette.

(3) Note écrite en partant de Neisse.

Je ne parlerai point des affaires publiques. Un homme mort au monde et enterré depuis vingt-un mois les jugerait mal. La liberté, dont l'Europe sent le besoin, que l'Angleterre perd à regret, que la France rappelle par des vœux secrets, n'en est pas pas moins assassinée par la double faction des comités jacobites et des cabinets coalisés. S'il est étrange de se croire libre parce qu'une vingtaine de mots républicains a été cousue au plus infame système de tyrannie, il ne l'est pas moins de s'imaginer que la souveraineté nationale, placée entre cette nouvelle usurpation et l'antique rébellion des despotes, puisse gagner quelque chose aux succès des alliés; et lors même que ceux-ci déguiseraient l'aristocratie, l'intolérance, et l'autorité arbitraire sous quelques dehors soi-disant constitutionnels, je ne puis, en vérité, me persuader que la cause de l'humanité doive être servie par des puissances conjurées contre elle. Mais il ne s'agit ici que de notre délivrance personnelle, et d'après l'arrangement si voisin de la liberté qu'on a fait pour Lameth, j'espère n'avoir bientôt plus à parler qu'au nom de nous trois.

Le roi de Prusse a parlé de la haine autrichienne contre moi; le prince Henri (1), Hertzberg (2) et tant d'autres, sont aussi persuadés que nous de l'insuffisance des bons argumens et des considérations

(1) Le prince Henri, frère du grand Frédéric et oncle de son successeur, Frédéric-Guillaume II, est mort en 1802. (Voy. dans la correspondance du deuxième vol. les p. 128, 132, 149 et 164.)

(2) M. Hertzberg, principal ministre de Frédéric II, avait quitté le ministère au mois de juillet 1791. Il écrivit à Frédéric-Guillaume en juillet 1794, pour blâmer avec énergie le partage de la Pologne, et mourut disgracié en 1795. (Voy. la note de la p. 37 du troisième vol.)

honnêtes, et d'après ce que vous avez vu et entendu sur les autres points, je ne puis guère que répéter ce que vous savez et ce que moi-même j'ai déjà mandé.

J'observerai, cependant, qu'en forçant le gouvernement anglais à renier sa part de notre détention, nos amis ont réussi à marquer le but qui doit réunir leurs efforts. C'est là que doivent être dirigées toutes les représentations publiques et particulières qui pourront se concilier avec nos principes, nos sentimens et la plus sévère exposition des faits. M. de Kaunitz ne m'aime pas; M. de Thugut (1) a ouï dire beaucoup de mal de moi; aucun de nous trois n'eut jamais aucun rapport avec cette cour; mais s'il est un moment pour l'assiéger de toutes parts, c'est celui où les autres lui renvoient l'embarras de notre détention qu'elle pourrait, au contraire, en nous relâchant, faire attribuer uniquement à la Prusse.

L'influence des écrivains constitutionnels, le concert énergique de plusieurs patriotes, sont, sous tous les rapports, essentiels à notre conservation et à notre délivrance. Je ne puis exprimer avec quelle sensibilité, quelle satisfaction, nous avons appris les débats parlementaires. Il est heureux d'obtenir l'approbation et l'intérêt des hommes que nous honorons, non seulement comme les défenseurs du peuple anglais, mais comme les dignes chefs du parti de la liberté en Europe. Il n'est pas moins heureux d'avoir constaté l'honorable animadversion de M. Pitt et de ses coopérateurs.

(1) M. de Kaunitz, principal ministre de l'empereur d'Autriche, mourut au mois de juin 1794. Le baron de Thugut lui succéda.

Depuis ma captivité, les ambassadeurs américains sont constamment occupés de moi. Envois publics et secrets d'argent, secours à mes aides-de-camp, nouvelles de ma famille, demandes pour ma délivrance, qui du moins ont été préservatrices; voilà ce que je leur dois. Je souhaite que ces démarches soient connues, et j'attends avec empressement qu'une réclamation publique, exprimant leur estime et leur bienveillance, mais se gardant bien d'atténuer mes honorables et précieux titres à la haine coalitionnaire, que cette réclamation, dis-je, signifiée à l'empereur et soutenue par mes concitoyens américains dans les états maritimes et par l'opposition anglaise, attaque avec éclat les derniers retranchemens de ma prison.

Lorsque je voulais envoyer deux amis en Pologne, il semble que j'avais l'instinct du mouvement qui alarme toute cette frontière (1). J'ai renouvelé cette demande, et je crois que si quelque ami intelligent et brave vient directement dans la ville où nous sommes, il réussira à communiquer avec nous, comme nous réussirons à gagner des officiers de garde. Il m'est évident qu'avec un pareil secours nous serions libres. De tous les moyens de sortir, c'est le plus conforme à mon goût.

Je souhaite qu'on communique à tous mes amis, non seulement cette note, mais tout ce que j'ai écrit depuis mon emprisonnement. J'insiste sur ce vœu, d'abord parce que ma confiance dans les amis que j'ai

(1) L'insurrection dirigée par Kosciusko. (Voy. la note de la p. 156 de ce vol.)

cités est aussi entière et sans bornes que ma reconnaissance pour eux est vive et éternelle; et ensuite parce que je mets le plus grand prix à ce qu'aucune expression de leur part ne paraisse être un adoucissement de mes principes. Il m'a semblé, par exemple, qu'une ou deux anecdotes des discours de nos amis anglais auraient pu être rectifiées par mes aides-de-camp, surtout par Romeuf, qui ne m'a pas quitté un instant.

A M. BOLLMANN (1).

(Lettre écrite à Olmütz, ce 10 octobre 1794, à l'encre de Chine, sur les marges d'un roman.)

Que ne puis-je, mon sensible et généreux ami, vous exprimer toute la reconnaissance dont mon cœur est pénétré! La nouvelle de votre passage avait ranimé mon espoir; celle qui m'annonce votre retour, en me rassurant sur le sort de ma famille et de plusieurs de mes amis, m'a fait éprouver une joie bien vive. Ma femme et mes enfans se portent bien; M***,

(1) Depuis l'entrée du général Lafayette dans la prison d'Olmütz, au mois de mai 1794, jusqu'au mois de juillet 1797, il ne lui fut pas permis d'écrire un seul mot; mais au mois d'octobre 1794, le docteur Bollmann, médecin hanovrien, qui, de concert avec d'autres amis réfugiés en Angleterre, avait déjà tenté de le servir, se rendit à Olmütz, et parvint à lui faire remettre un billet où il lui apprenait l'existence de madame de Lafayette. En même temps, le docteur Bollmann annonçait au prisonnier l'intention de travailler à sa délivrance et lui proposait de lui envoyer une lime pour détruire l'obstacle de ses barreaux. Le général Lafayette parvint de son côté à écrire le 10 la réponse que nous publions ici.

M**** sont en bonne santé. C'est beaucoup pour mon cœur de le savoir ; mais ce n'est pas encore assez. Ma famille est-elle toujours à Chavaniac, et doit-elle y rester jusqu'à ce que je sois hors des griffes coalitionnaires ? J'ai dans le même lieu ma tante dont vous avez peut-être entendu parler. Où sont et comment se portent les familles de mes deux compagnons ? La mère et la femme de mon malheureux ami La Rochefoucauld sont-elles hors de prison ?

Quoiqu'on m'ait ôté, avec une singulière affectation, quelques-uns des moyens de me tuer, je ne compte pas profiter de ceux qui me restent, et je défendrai ma propre constitution aussi constamment mais vraisemblablement avec aussi peu de succès, que la constitution nationale. Mes forces sont encore bonnes, et si l'on obtenait mon passeport, je rejoindrais lestement mes amis ; mais ma poitrine souffre beaucoup. Je regarde ma promenade tous les deux jours comme le plus efficace remède. Vous avez, je crois, pris un autre prisonnier pour moi. Je sors tous les jours impairs, en redingote unie, avec un chapeau rond, et je ne suis point avec un officier, mais avec le prévôt geôlier qui a l'uniforme de caporal. C'est après-demain dimanche que je me promène.

Vous souhaitez que j'écrive au général Washington. La bonté des États-Unis et la tendresse de mon paternel ami n'ont pas besoin d'être excitées, et c'est parce que je crois une semblable lettre inutile que je voudrais pouvoir l'écrire ; mais outre que je n'en ai pas les moyens, on ne se chargerait pas d'une lettre destinée à voyager. Savez-vous ce qu'est devenu

M. de Lameth? Je ne communique pas avec mes deux amis, mais assurez leurs familles que leur santé est aussi bonne qu'une aussi étroite et insalubre captivité peut le permettre.

(*Sur les marges du livre, l'avis suivant était écrit avec du jus de citron :*)

Je n'ai le temps, mon cher ami, d'entrer dans aucun détail. Je le ferai si le docteur consent à porter un autre livre ; je dirai seulement que toutes les précautions sont prises contre les moyens ordinaires d'évasion, qu'il ne nous reste à tenter qu'une entreprise tout-à-fait imprévue. Mes amis Maubourg et Pusy en sont convaincus ; c'est pour cela que j'ai demandé la permission de me promener et qu'ils n'ont pas voulu la solliciter pour eux-mêmes, afin que j'aie plus de chances pour m'évader. Plus l'entreprise semble téméraire, plus elle sera inattendue et pourra réussir. Nous devons dire avec le poëte :

« Presence of mind and courage in distress
« Are more than armies to procur success (1). »

« La présence d'esprit et le courage dans le malheur sont plus que des armées pour obtenir un succès. »

(1) M. Bollmann partit pour Vienne et revint avec un jeune Américain qu'il y rencontra, M. Huger, fils du major Huger, chez qui le général Lafayette avait débarqué en Caroline dans l'année 1777, le plus ancien de ses amis d'Amérique.

Le médecin de la prison avait déclaré que la permission de se promener était nécessaire à la conservation de la vie du prisonnier ; et l'on vient de voir dans la lettre précédente qu'il avait obtenu ce soulagement. MM. Huger et Bollmann résolurent d'en profiter ; ils se rendirent sur la route où passait la voiture dans laquelle se trouvait le général Lafayette. Celui-ci se débarrassa des soldats de l'escorte en leur donnant une commission et quelque argent qu'ils allèrent boire dans un cabaret voisin, puis, étant descendu avec le geôlier pour faire quelques pas, il lui demanda son sabre, feignant de vouloir examiner cette arme et tenta aussitôt de la saisir. Une lutte s'engagea.... Alors MM. Bollmann et Huger accoururent et montrèrent un pistolet pour intimider le geôlier, qui ne céda que pour aller chercher

DE MADAME DE LAFAYETTE, A MADAME DE TESSÉ (1).

Olmütz, le 30 mai 1796.

Je puis donc enfin vous écrire secrètement, ma chère tante ! Des amis risquent leur liberté, leur vie, pour du secours. Les généreux libérateurs du général Lafayette, pour ne pas exciter les soupçons, n'avaient amené que deux chevaux ; ils exigèrent que le général en prît un sur-le-champ et montèrent tous deux sur le même cheval. Se voyant poursuivis et près d'être atteints, M. Huger résolut de se sacrifier, et, se livrant à ceux qui le poursuivaient, il donna le temps à M. Bollmann de gagner la frontière de la Silésie.

Le général Lafayette ne s'était éloigné qu'après avoir vu ses libérateurs à cheval ; il pressa sa marche, et fit quelques lieues sans être arrêté, quoique le désordre de sa toilette, la boue et le sang dont il avait été couvert dans la lutte avec le geôlier, dussent attirer l'attention. Mais il s'était trompé de chemin. M. Bollmann lui avait crié en anglais, lorsqu'il montait à cheval : « *Get to Hoff!* — *Allez à Hoff!* » Le général Lafayette ne connaissant pas le nom de cette ville, avait compris qu'il avait dit : « *Get off!* — *Allez en avant.* » Il perdit ainsi la route que suivait M. Bollmann et où des relais l'attendaient. Inquiet du sort de ses libérateurs, il revint sur ses pas, puis se voyant poursuivi, il reprit sa route après avoir perdu un temps précieux. On l'arrêta à Sternberg, ville à huit lieues d'Olmütz et on le ramena le lendemain dans sa prison.

M. Bollmann, qui avait passé la frontière de Silésie, fut livré aux Autrichiens par le roi de Prusse, et emprisonné, ainsi que M. Huger, dans un cachot où on les tint enchaînés. Leur procès à tous deux se termina par une condamnation à six mois de travaux forcés. Cette peine parut trop douce à la cour de Vienne. On cassa le jugement avec ordre de recommencer le procès. Mais un magistrat bienveillant avait décidé que les six mois de détention déjà subie compteraient pour l'entier accomplissement de la peine, et les libérateurs du général Lafayette avaient quitté l'Autriche, lorsqu'un nouvel ordre de les retenir encore parvint à Olmütz.

(1) Nous avons dit (p. 248 de ce vol.) que madame de Lafayette avait été transférée dans les prisons de Paris, au mois de juin 1794. Peu de temps après, elle perdit sa grand'mère, la maréchale de

faire passer nos lettres, et veulent bien se charger de celle-ci pour vous. L'écriture de M. de Lafayette est tellement proscrite, que la première condition est de ne rien envoyer de sa main. Vous jugez avec quelle avidité je saisis l'occasion de vous parler en détail de lui et de nous ; jugez aussi combien il nous est précieux de penser que notre présence seule a pu le mettre à portée de profiter du zèle généreux et dé-

---

Noailles, sa mère, la duchesse d'Ayen, et la vicomtesse de Noailles, sa sœur, qui périrent le 4 thermidor (22 juillet) sur le même échafaud.

Quand le 10 thermidor les détenus furent mis en liberté, madame de Lafayette resta prisonnière et n'obtint sa délivrance qu'au mois de février 1795. Son premier soin fut d'envoyer son fils aux États-Unis, auprès du général Washington ; elle eut ensuite, après avoir surmonté bien des difficultés, grâce aux soins de M. Boissy-d'Anglas, pour lui procurer un passeport, les moyens de se rendre elle-même par mer à Hambourg. M. Parish, consul d'Amérique, lui ayant donné un autre passeport sous le nom de madame *Motier*, Américaine, elle put pénétrer en Autriche et jusqu'à Vienne, où elle s'adressa au prince de Rosemberg, grand-chambellan. M. de Rosemberg avait eu des rapports avec la famille de madame de Lafayette ; il fut touché de sa démarche et obtint pour elle, à l'insu des ministres, une audience de l'empereur, à qui elle demanda la permission de partager la captivité de son mari, et qui la lui accorda.

Quelque temps après l'entrée de madame de Lafayette à Olmütz (octobre 1795), on fut obligé de lui permettre d'écrire à M. Parish, consul d'Amérique et banquier, à Hambourg, afin de lui demander l'argent qui devait être remis, pour sa nourriture, au commandant de la place. Elle profita de cette circonstance pour écrire sous les yeux de l'officier chargé de la garde de la prison, à sa tante madame de Tessé, à sa sœur madame de Montagu, toutes deux réfugiées dans le Holstein, et put recevoir leurs réponses également ouvertes. Mais lorsqu'elle voulut écrire à son fils chez le général Washington, la lettre fut retenue à Vienne et on la lui renvoya. Plus tard madame de Lafayette parvint à faire passer quelques lettres par des moyens secrets ; celle qui est ici adressée à madame de Tessé, nous a paru nécessaire pour suppléer à l'interruption forcée de la correspondance de cette époque. Nous publions aussi une lettre de madame de Lafayette à l'empereur et aux ministres de Vienne.

voué (a) qui, depuis plus d'un an, épiait, avec une si touchante constance, les moyens de faire pénétrer quelques mots dans son cachot, et de concerter avec lui les ressources qu'une amitié active et éclairée peut faire naître. Vous sentirez, ma chère tante, la nécessité du secret le plus absolu et le plus inviolable.

Grâces à vos bons conseils, ma chère tante, j'ai pris le seul moyen d'arriver ici. Si j'avais été annoncée, je ne serais jamais entrée dans les états de l'empereur; et si je ne m'étais pas bien cachée à Vienne, jusqu'à ce que M. de Rosemberg eût arrangé mon affaire, elle n'aurait pas réussi. Je vous ai parlé de ma visite à l'empereur, qui, en nous permettant d'un air fort poli d'être enfermées avec M. de Lafayette, nous dit que *son affaire était fort compliquée, et ne dépendait pas de lui seul*; mais nous assura *qu'il était fort bien traité*, et que *notre présence serait un agrément de plus*. J'étais si loin de prévoir la vérité, que je lui parlai du silence qu'on avait dans les premiers temps, en Prusse, gardé à M. de Lafayette sur notre sort; mais j'ajoutai que dans l'ignorance où j'étais, je n'accusais pas S. M. I. d'une pareille barbarie. L'empereur me permit aussi de lui écrire à lui-même. Je vis ensuite M. de Thugut, ministre le plus influent, et le plus contraire à nous; et comme je lui observais que les gouvernemens coalisés mettaient trop d'importance à un seul homme, il me

---

(1) Un habitant d'Olmütz, d'un très noble caractère et d'un très grand mérite, se dévoua dans cette occasion au général Lafayette qu'il n'avait jamais vu. Ce fut lui qui fit parvenir dans la prison quelques moyens de correspondance dont madame de Lafayette put seule faire usage.

répéta plusieurs fois, *trop d'importance !...* avec un ton et une grimace qui prouvaient combien ils y en mettaient. Mais M. de Rosemberg m'avait dit : « j'espère que nous allons nous arranger et avoir la paix, » et j'avoue que nous étions si contentes d'arriver, que tout se peignait en beau. D'ailleurs, je n'ai pas la prétention de m'élever à la hauteur de la politique de ces cours.

Jugez quel a dû être le sentiment de M. de Lafayette, à qui, depuis 18 mois, il était défendu de répondre si nous existions, et qui n'entrevoyait que ses geôliers, lorsque, sans aucune préparation, il nous a vues entrer chez lui ! mais avant de parler de notre situation ici, je rappellerai quelques détails de la sienne, dont j'étais moi-même très mal instruite.

Vous avez connu les circonstances de son départ et de son arrestation, jusqu'à Luxembourg, où des émigrés voulurent l'assassiner, et où il reçut une réponse de M. de Saxe-Teschen, qui, au lieu d'un passeport, lui insinua qu'on le réservait pour l'échafaud. On le conduisit à Wesel, avec ses deux amis, MM. de Maubourg et Pusy, et avec M. de Lameth, quatrième député constituant, qui eut le malheur de se trouver avec eux. C'est là qu'il a passé trois mois, ne voyant, outre son domestique (aux heures des repas), que l'officier de garde, à qui l'on faisait jurer tous les jours à la parade de ne lui rien répondre, même sur nous, et le bas-officier qui, enfermé avec lui, et relevé toutes les deux heures, était planté là pour le regarder fixement sans cesse jour et nuit, ce qu'il dit être un supplice insupportable. M. de Lafayette était d'ailleurs horriblement malade, tourmenté dans son grabat par tous les genres de vermine et une multitude de rats, ne sachant rien de ses compagnons, quoique M. de Maubourg, apprenant qu'il se mourait, eût demandé d'avance que, lorsque son ami se trouverait à l'agonie, il pût recevoir ses dernières volontés, ce qui fut expressément refusé.

Ces messieurs eurent la permission d'écrire à l'adjudant-général Manstein, sur leur situation personnelle; il y eut une lettre de M. de Lafayette très modérée, quoique digne de lui. Quelque temps après, on les emballa pour Magdebourg dans une charrette, munie, en cas de besoin, de chaînes et de menottes. Sa santé qui était déjà moins mal se rétablit à peu près en route. On avait espéré que cette promenade en Allemagne serait d'un bon exemple. Elle prouva, au contraire, de grandes marques de bienveillance, et même des tentatives de personnes inconnues, pour le délivrer. Il vit M. de Damas, le seul de ce parti qui lui ait témoigné quelque intérêt, mais à qui les princes, qui se trouvaient par un singulier hasard dans la même auberge, défendirent de le revoir.

La prison de Magdebourg a duré un an; et quoique M. de Lafayette y fût dans un logement souterrain, humide, il s'y trouvait mieux qu'à Wezel, parce qu'il était délivré de la présence du bas-officier, et parce qu'il voyait quelques instans M. de Maubourg, dont le cachot était dans la même casemate. Il eut, au bout de huit mois, de nos nouvelles, quelques autres lettres, et même les gazettes. Long-temps avant, il avait eu secrètement le premier écrit où M. d'Archenoltz s'élève si énergiquement en sa faveur, contre les jacobins et les puissances coalisées; et il avait correspondu avec lui. On finit par promener les prisonniers, une heure par jour, dans un coin de bastion; et comme les officiers de la garde étaient en même temps chargés d'eux, M. de Lafayette s'acquit des amis et même un parti fort dévoué. Mais on envoya tout à coup des officiers inconnus de Berlin, pour le transférer en Silésie; M. de Maubourg, qui avait demandé d'être dans la même forteresse, fut au contraire conduit à Glatz, où l'on transféra quelque temps après M. de Pusy.

On ne se soucia pas cette fois de montrer les voyageurs au public. La prison de Neisse était un souterrain encore plus triste que l'autre; il faut dire cependant que M. de Lafayette eut fort à se louer des chefs; ils le laissèrent promener dans la cour du fort prussien et communiquer avec son domestique. Trois mois après, M. de Maubourg et Pusy furent conduits à Neisse, pour être transférés avec lui dans les prisons autrichiennes, et ce fut là le temps du meilleur traitement, car on les laissait ensemble avec madame de Maison-Neuve, qui, de Glatz, avait accompagné son frère.

Je remarquerai, à cette occasion, que le roi de Prusse a écrit à madame de Maison-Neuve, que ce n'était pas lui, mais l'empereur qui était cause de leur détention; l'empereur m'a dit, que ce n'était pas lui, mais le roi de Prusse; M. Pitt a dit au parlement qu'il n'y était pour rien, et, pendant ce temps, les trois prisonniers étaient remis à la cour de Vienne, que M. Pitt prenait à sa solde.

En arrivant à Olmütz, on dépouilla ces Messieurs du peu que les Prussiens leur avaient laissé, ce qui se réduisait à leurs montres, leurs boucles de jarretières et de col, on leur confisqua quelques livres, où se trouvait le nom de liberté, et nommément *l'Esprit* et *le Sens commun,* sur quoi M. de Lafayette leur demanda « *si le gouvernement les regardait comme objets de contrebande ?* » On déclara à chacun d'eux, en le renfermant dans sa cellule, « qu'il ne reverrait plus « dorénavant que ses quatre murailles, qu'il ne sau- « rait de nouvelles de rien, ni de personne, qu'on « avait défendu de prononcer leur nom, même entre « les geôliers, et dans les dépêches à la cour, où ils « ne sont désignés que par leurs numéros; qu'ils « ne pourraient être rassurés ni sur l'existence de « leurs familles, ni chacun d'eux sur l'existence des « deux autres, et que, comme cette situation por- « tait naturellement à se tuer, on leur avait interdit « couteaux, fourchettes et tous moyens de suicide; » à quoi M. de Lafayette répondit « qu'il *n'était pas assez prévenant pour se tuer lui-même.* » Vous observerez que j'ai su à Paris, que M. Camus correspondait ouvertement de Brünn avec sa famille; MM. Beurnonville et Baneal, enfermés ici, se promenaient tous les jours. Depuis leur arrivée ici, c'est-à-dire depuis deux ans, MM. de Maubourg et Pusy ne sont pas sortis de leur cellule. Ce ne fut qu'après trois attestations de médecin, sur l'absolue nécessité de l'air pour M. de Lafayette, auxquelles on avait répondu, « *qu'il n'était pas encore assez mal,* » qu'on lui permit la promenade, avant que le général d'Arco vint remplacer l'autre; et bien loin d'avoir pris aucun engagement ni avec le premier, ni avec le second, comme vous pensez bien, il n'a pas même été question de pareille chose entre eux. Ne croyez pas au reste que son évasion ait beaucoup ajouté aux rigueurs de son traitement; il ne restait plus qu'à retrancher cette promenade, dont MM. Bancal et Beurnonville furent aussi privés, du moins pour long-temps, et à ne plus amener son domestique chez lui; tout le reste existait d'avance.

Vous avez su l'entreprise du docteur Bollmann et du jeune Américain M. Huger, fils de celui chez lequel il débarqua la première fois. M. Bollmann, étant parvenu, après plusieurs mois d'efforts, à faire passer secrètement un billet, et ayant accepté une proposition bien hardie, alla à Vienne où se trouvait M. Jay, en ramena M. Huger, et tous les deux, au moment où M. de Lafayette avait éloigné quelques gardiens, entreprirent de l'enlever pendant qu'il désarmait l'homme qui était près de lui. Le résultat de cette lutte, où M. de Lafayette gagna un tour de reins, et perdit un morceau de son doigt, laissé entre les dents d'un caporal geôlier, fut pourtant de le mettre à cheval. Ses courageux libérateurs attrapèrent ensuite le leur, car ils n'avaient pensé qu'à dégager M. de Lafayette. Mais le généreux Huger fut pris (1), MM. de Lafayette et Bollmann furent séparés, le premier arrêté à huit lieues, d'autant plus facilement qu'il était sans armes; et le roi de Prusse eut l'infamie de renvoyer ici M. Bollmann, dont l'habileté et le dévouement sont au-dessus de tout éloge.

Depuis cette époque (8 novembre 1794), M. de La-

---

(1) Elle ignorait encore avec quel héroïque dévouement M. Huger s'était livré lui-même pour sauver Lafayette et Bollmann.
(*Note du général Lafayette.*)

fayette malade avec la fièvre et des redoublemens, et se trouvant dans l'état le plus dangereux, de l'aveu même de ses gardiens, était laissé sans secours quelconque, sans lumière d'abord, et n'en ayant ensuite que jusqu'à neuf heures, sans possibilité d'être secouru pendant des nuits de 14 heures, puisque les clefs étaient, comme elles sont encore à présent, à l'autre bout de la ville; réduit à deux chemises, et n'en pouvant obtenir une pour changer dans les sueurs de la fièvre; le chirurgien qui entrait pour panser son doigt, osant à peine lui parler, pressé par l'officier de sortir sur-le-champ, et ne se permettant aucune réflexion ni conseils. Ajoutez à ces détails physiques l'extrême grossièreté de ses geôliers; outre le supplice habituel de ne rien savoir sur notre existence, d'avoir pour toute réponse à ses questions sur ses amis : « *Comment savez-vous qu'ils sont ici?* » ajoutez, dis-je, la torture de tout craindre pour ses libérateurs. Le général d'Arco lui avait annoncé le premier jour qu'ils seraient pendus devant sa fenêtre, en ajoutant qu'il leur servirait avec plaisir de bourreau. Cette torture a été cruellement prolongée pendant leurs six mois de cachot, non seulement par l'interrogatoire qui lui fut fait plusieurs semaines après, comme partie d'une procédure criminelle contre eux, mais encore par tout ce qu'on a fait pour lui persuader, ou qu'ils étaient exécutés, ou qu'ils le seraient bientôt.

Il n'a eu dans cette horrible solitude que quelques mots chantés de loin en loin par ses domestiques, de leur fenêtre, qu'on fermait aussitôt au cadenas dès qu'ils y étaient surpris. Ils étaient ensuite mis au pain et à l'eau. Félix, son secrétaire, avait inventé un moyen très ingénieux de savoir des nouvelles de M. de Maubourg (1); il pouvait parler à M. Beurnonville, dont la fenêtre était voisine de la sienne, et qui était parfaitement obligeant. Ce qui est bien étrange, ce sont les soins qu'on a pris pour inquiéter M. de Lafayette sur notre sort; on avait enfin laissé passer à M. de Maubourg des lettres de sa famille; il demanda la première fois qu'on dit à son ami, que je n'étais pas morte; le commandant répondit que cela était *expressément défendu*. Depuis ce temps, on n'a remis à M. de Maubourg que celles des lettres où je n'étais pas nommée, et les autres, dont quelques-unes avaient près d'un an de date, lui ont été données après mon arrivée ici. Heureusement il en eut une à la fin de l'été, où j'étais désignée sous un autre nom, et une chanson de Félix apprit à M. de Lafayette que nous étions en vie, mes filles et moi.

Je ne vous parlerai pas des sentimens éprouvés de part et d'autre à notre arrivée, votre cœur les a déjà jugés et partagés, ma chère tante. Je me borne, dans ma sèche relation, à vous raconter les faits, pour vous mettre à portée de juger les dispositions à notre égard.

Le premier compliment de réception pendant que nous embrassions M. de Lafayette, fut de nous demander nos bourses et de sauter sur trois fourchettes d'argent qu'on trouva dans notre paquet. Je demandai à voir le commandant dont je devais être si con-

---

(1) C'était un chiffre tachygraphique sur différens airs qu'il sifflait au domestique de Latour-Maubourg et auquel celui-ci répondait par le même moyen. (*Note du général Lafayette.*)

tente, il lui avait été défendu de me voir; on me porta de quoi lui écrire, il ne me répondit point; je demandais d'écrire à l'empereur, qui me l'avait permis, on ne le voulut pas; mais on me dit que mes demandes au commandant étaient parties pour Vienne; c'était 1° d'aller le dimanche à la messe avec mes filles; 2° d'avoir une femme de soldat pour faire leur chambre; 3° d'être servies par les domestiques de M. de Lafayette. A tout cela point de réponse.

Ayant eu, six semaines après, une lettre de mon père et la permission d'y répondre, ainsi qu'à la vôtre, j'en profitai pour renouveler mes demandes au ministre de la guerre, M. de Ferraris, en ajoutant celle de voir nos deux amis. Je reçus, un mois après, son refus avec l'observation que nous étions soumises à être traitées comme M. de Lafayette; je répliquai par une petite lettre (1), qui me valut la permission d'é-

---

(1) Voici cette lettre : « Je suis bien reconnaissante, M. le comte, « des regrets que vous me témoignez sur l'impossibilité d'accorder mes « demandes; je les avais faites à M. le commandant d'Olmütz, parce « que S. M. I. m'avait dit de m'adresser à lui; je les avais mises « par écrit, n'ayant aucun moyen de le voir. Je demandais 1° d'aller à « la messe, parce que je dois faire ce que je puis pour l'entendre les « dimanches et les fêtes; 2° d'être servie par un domestique, parce « qu'ayant su à Vienne, que les prisonniers conventionnels qui vous « avaient été livrés, lorsqu'ils avaient des domestiques, les voyaient « ici toute la journée, je m'étais flattée que la même faveur pouvait « m'être accordée pendant quelques momens; 3° je vous ai aussi de- « mandé que MM. de Latour-Maubourg et Pusy pussent passer quel- « ques heures avec nous, parce que dans les diverses prisons de « France, où, comme vous savez, j'ai été pendant seize mois, j'avais eu « l'habitude de voir les prisonniers communiquer ensemble. Je vous « demande pardon, M. le comte, d'avoir, à cet égard, poussé la con- « fiance trop loin.

« Je conviens avec grand plaisir, que nous nous sommes soumises « à partager toutes les rigueurs de la prison de M. Lafayette, et que

crire à l'empereur, à qui je demandai uniquement de passer huit jours à Vienne, pour consulter sur le mauvais état de ma santé. Deux mois après, je vis arriver le commandant, que je ne connaissais point, et qui après avoir, je ne sais pourquoi, fait enfermer mes filles à part, me signifia verbalement la réponse de son maître, négative dans tous les cas pour Vienne, et ne permettant ma sortie d'ici qu'à la condition de n'y plus rentrer. Il demanda ma détermination pour être mise sous les yeux de l'empereur (1).

Pour terminer plus gaîment ces détails, et ne rien oublier de ma correspondance avec la cour, je vous dirai que le commandant me fit inviter, il y a plus de deux mois, à demander par écrit des fourchettes;

« c'est uniquement cette grâce que nous avons sollicitée. Nos sentimens « sont les mêmes, et nous répétons toutes les trois, de tout notre « cœur, que nous sommes beaucoup plus heureuses avec M. Lafayette, « même dans cette prison-ci, que partout ailleurs sans lui. Mais pour « justifier la liberté que j'ai prise avec vous, je vous rappellerai, M. le « comte, que S. M. I., dans l'audience qu'elle nous a accordée, a eu « la bonté de me dire, que je trouverai que M. Lafayette *était fort bien* « *traité ; mais que s'il y avait quelque chose à demander, je serais fort con-* « *tente du commandant.*

« J'aurai aussi l'honneur de vous rappeler que S. M. m'avait permis « de lui écrire directement en adressant mes lettres à M. le prince de « Rosemberg; et comme, depuis que nous sommes enfermées, il m'a été « impossible d'en obtenir les moyens, j'ai cru devoir vous adresser des « demandes que je vous prie d'excuser si elles vous ont paru exagé- « rées. Agréez, etc. » — M. de Ferraris répondit : « Je suis on ne peut « plus flatté, madame la marquise, que vous ayez été satisfaite de mon « désir de vous obliger. C'est en cela que se borne celui que j'aurai « toujours de vous donner des preuves de mon respect. Malheureuse- « ment nous n'avons d'autre charge que celle de faire surveiller les « prisonniers d'état en conséquence des ordres qui nous viennent de « Sa Majesté l'empereur. C'est donc à ce monarque que vous devez, je « crois, vous adresser directement. Je vous supplie d'agréer, etc. »

(1) Voy. la réponse de madame de Lafayette, p. 286 de ce vol.

je consentis à cette ridicule demande qui fut envoyée à ses supérieurs, et ce qui n'est pas moins ridicule, c'est qu'après tout cet apparat on a continué de nous laisser manger avec les doigts.

Voulez-vous à présent des détails sur la vie que nous menons?

On entre chez nous à huit heures pour le déjeuner, et je suis ensuite enfermée chez mes filles jusqu'à midi; on nous réunit pour dîner, et quoiqu'on rentre deux fois pour prendre les plats et apporter le souper, nous restons ensemble jusqu'à ce qu'on vienne à huit heures remettre mes filles dans leur cage; les clefs sont portées chaque fois chez le commandant, et s'y renferment avec des précautions fort ridicules. On paie, sur mon argent, notre dépense à toutes trois, et nous avons plus à manger qu'il ne faut; mais tout cela est d'une saleté inexprimable.

Le médecin, qui ne sait pas un mot de français, est amené par l'officier quand nous en avons besoin; nous en sommes contens; M. de Lafayette, en présence de l'officier qui entend le latin, s'explique avec lui dans cette langue, et peut nous traduire. Tandis que cet officier, qui n'oserait pas lui-même nous parler sans témoins, et un gros caporal geôlier, tenant son trousseau de clefs à la main, viennent décadenasser nos portes, que toute la garde est assemblée dans le corridor, et que l'entrée de nos chambres est entr'ouverte par deux sentinelles; vous ririez de voir nos deux filles, l'une en rougissant jusqu'aux oreilles, l'autre faisant une mine tantôt fière, tantôt comique, passer sous les sabres croisés sur les portes de nos cellules qui se referment aussitôt. Ce qui n'est pas plaisant, c'est que la petite cour de plain-pied au corridor est le théâtre du supplice très fréquent des soldats qu'on passe par les verges, et que nous entendons chez nous l'horrible musique.

C'est un grand bonheur pour nous que nos enfans soutiennent bien, jusqu'à présent, un régime si insalubre. Quant à moi, j'avoue que ma santé ne s'en trouve pas bien ; j'ai des migraines et des signes que mon sang est plus altéré qu'avant d'entrer ici ; mais cela n'est pas dangereux, et vous sentez d'ailleurs que l'idée de laisser M. de Lafayette ne peut pas s'approcher de nous. Le bien que lui fait notre présence, ne se borne pas au plaisir de nous voir ; sa santé est réellement moins mauvaise depuis notre arrivée. Vous connaissez l'influence des affections morales sur lui, et quelle que soit la force de son caractère, je ne puis concevoir qu'il ait pu résister à tant de tortures.

Son excessive maigreur, et son dépérissement sont toujours au même point depuis que nous sommes ici ; quoique ses gardiens et lui m'assurent que cela ne peut se comparer à l'horrible état où il était il y a un an. Ce n'est pas impunément qu'on passe quatre années d'une telle captivité.

Je n'ai pu entrevoir MM. de Maubourg et Pusy, ni même entendre leur voix. D'après l'âge que leur donnait un de nos ci-devant gardiens, ils doivent être vieillis d'une manière effrayante. Ce que M. de Maubourg et M. de Pusy souffrent ici nous est d'autant plus pénible, que ces deux fidèles et généreux compagnons de M. de Lafayette, n'ont jamais permis que leur affaire fût un instant séparée de la sienne.

Vous ne serez pas surprise que M. de Lafayette exige de ses amis qu'on ne parle jamais pour lui, dans quelque occasion, et pour quelque intérêt que ce soit, que d'une manière conforme à son caractère et à ses principes, et qu'il pousse jusqu'à l'excès ce que vous appelez *la faiblesse d'une grande passion*; il serait facile de la justifier; ce n'est pas qu'il ait cette espèce d'irritation que le malheur donne souvent aux ames faibles, la sienne est aussi douce que jamais; mais vous connaissez la constance des sentimens qui ont animé sa vie entière, et cette constance invariable qui lui a valu tant de haine et d'estime, tant de succès et de persécutions, lui a paru plus que jamais être l'unique barrière qu'on eût pu opposer aux maux qui nous ont inondés de toutes parts. On ne doit donc pas s'étonner de son excessive et scrupuleuse répugnance à voir altérer le moins du monde un bien qui fut toujours pour lui le plus précieux de tous, et qui seul, au milieu des douloureuses tortures de son cœur, a pu soutenir son courage.

Voilà une bien longue lettre, ma chère tante; mais vous m'avez reçue d'une manière si touchante, la vue des enfans de M. de Lafayette, en vous rappelant des souvenirs tendres, vous a causé tant d'émotions, et vous nous écrivez avec une constance et une bonté si aimable, que je ne vous ferai point d'excuses de répondre à vos questions avec tant de détails. J'ai cru devoir vous en donner ici, sur la situation de M. de Lafayette, depuis son départ de France, jusqu'à notre arrivée. Notre journal ne pouvait être en meilleures mains. Adieu, ma chère tante, nous vous remercions, nous vous aimons, etc.

DE MADAME DE LAFAYETTE A L'EMPEREUR D'AUTRICHE.

Olmütz, 6 février 1796.

Sire,

Je dois de la reconnaissance à V. M. I., pour la liberté que nous avons de partager la prison de celui qui nous est si cher, et je lui en aurais depuis long-temps offert l'hommage, si la permission de lui écrire m'avait été plus tôt accordée. Je ne joindrai, Sire, à ces remercimens aucuns détails sur la situation de M. de Lafayette, quelque différens qu'ils soient de l'idée que l'audience de V. M. m'en avait donnée, et je me bornerai, quoiqu'à regret, à ne lui parler que de moi. Ma santé altérée par les malheurs et les souffrances, et ce que je dois à l'attachement de ce qui me reste encore dans ce monde, me forcent à solliciter la permission d'aller, en laissant mes filles avec leur père, passer quelques jours à Vienne, pour y réunir des consultations sur mon état. Je n'aurais pas importuné V. M. de cette demande, si l'on ne m'avait dit que je ne pouvais l'obtenir que d'elle-même.

Je la supplie surtout de recevoir, avec la même bonté qu'elle a bien voulu me témoigner, le nouvel hommage de mes remercimens et du respect avec lequel, etc.

DE MADAME DE LAFAYETTE A M. LE COMMANDANT D'OLMÜTZ (1).

Olmütz, 4 mars 1796.

M. le commandant d'Olmütz m'ayant annoncé hier que, d'après ma demande de passer huit jours à Vienne, pour y consulter les médecins, S. M. I. ne permet pas, dans aucun cas, que j'aille à Vienne, et ne permet que je sorte de cette prison, qu'à la condition de n'y plus rentrer ; j'ai l'honneur de lui répéter ici ma réponse :

J'ai dû à ma famille et à mes amis, de demander les secours nécessaires à ma santé ; mais ils savent bien que le prix qu'on y met n'est pas acceptable pour moi. Je ne puis oublier que, tandis que nous étions prêts à périr, moi par la tyrannie de Robespierre, M. de Lafayette par les souffrances morales et physiques de sa captivité, il n'était permis ni d'obtenir aucune nouvelle de lui, ni de lui apprendre que nous existions encore, ses enfans et moi, et je ne m'exposerai pas à l'horreur d'une autre séparation.

Quels que soient donc l'état de ma santé, et les inconvéniens de ce séjour pour mes filles, nous profiterons toutes trois, avec reconnaissance, de la bonté qu'a eue S. M. I. en nous permettant de partager cette captivité dans tous ses détails.

Je prie M. le commandant de vouloir bien agréer mes complimens.

(1) Le 3 avril, le commandant d'Olmütz vint, pour la première fois, voir madame de Lafayette, lui signifier verbalement la décision de l'empereur, et lui demander une réponse écrite sur les conditions de sortie qui lui étaient proposées. La réponse est dans cette lettre du 4 avril.

NOTE CONFIDENTIELLE

ÉCRITE SOUS LA DICTÉE DU GÉNÉRAL LAFAYETTE A SES AIDES-DE-CAMP, EN ANGLETERRE (1).

Olmutz, 25 juin 1796.

Quoique les principes, les actions, les discours et les écrits de M. Lafayette, avant et depuis sa captivité, suffisent à ceux surtout qui connaissent son caractère, pour juger à peu près ses intentions futures, je dois à votre amitié cette réponse précise à la question que votre cœur nous fait au moment sans doute où vous partez pour la France : M. Lafayette veut-il y rentrer, et comment ?

Si la France était encore sous la tyrannie de Robespierre, ou si elle avait été conquise par le parti aristocrate, M. Lafayette y serait rentré sans conditions, sans examen, en supposant qu'il y eût une chance de rétablir la liberté. A présent que la France est victorieuse, qu'elle a recouvré un peu de liberté et qu'elle croit en avoir beaucoup, M. Lafayette n'y rentrerait que dans des circonstances qu'il faut expliquer.

Vous jugez bien qu'il ne s'agit pas ici de la royauté votée en son absence à Versailles, revotée deux ans après par la presque unanimité, et défendue par lui comme étant nationalement constituée. M. de La Rochefoucauld et lui, avec un petit nombre d'amis,

(1) Madame de Lafayette pouvait seule deviner. C'est à elle que la note fut dictée.

étaient à peu près les seuls républicains de France; et quoique la constitution de 1791 fût plus républicaine que tout ce qu'il y a eu depuis, vous savez, qu'en théorie générale, cette présidence héréditaire n'était guère selon ses goûts. Il a été justement impatienté de la ridicule et nuisible fantaisie, qu'en dépit de l'évidence et de lui-même, quelques personnes ont eue de le travestir en dévot royaliste. Il pense que si les Français ne sont pas tellement remuans encore, dénués d'esprit public et serviteurs du premier venu, qu'il soit nécessaire de mettre la première place hors de la portée des intrigans, ce qu'il ne peut juger d'ici, il y aurait autant de niaiserie nationale à rétablir la royauté constitutionnelle qu'il y avait eu de lâcheté à lui substituer, en tremblant, l'aristocratie des jacobins et la royauté arbitraire de leurs chefs, et que ce n'est pas une raison pour revenir contre cette abolition, que de l'avoir achetée cent fois plus cher qu'elle ne valait.

Mais il s'agit ici des principes consignés dans la *déclaration des droits*, et sur lesquels, fût-il seul dans l'univers, il ne fléchirait pas. Il s'agit de ceux qui ont maintenu ces principes, et, par exemple, des gardes nationaux qui ont défendu les lois dans la journée du 10 août (1); or il n'y a aucun intérêt, aucune affection, aucune passion même, qui obtint de lui la moindre faiblesse sur ces principes éternels, sur les démarches qu'ils ont exigées de lui dans les trois derniers mois qui ont précédé sa captivité,

(1) On sait que l'anniversaire du 10 août était alors célébré par des fêtes publiques.

et particulièrement sur ce qu'on doit aux mânes des martyrs, dont il s'honore d'être le représentant.

Il s'agit aussi non seulement d'un caractère sur lequel depuis vingt ans les amis de la liberté ont les yeux, mais d'une situation qui peut tôt ou tard, soit par l'exemple de M. Lafayette, soit par ses secours personnels, servir la même cause. Il fut d'abord l'homme de la liberté générale plutôt que l'homme d'aucun pays, et la révolution plus que sa naissance a été son vrai titre de citoyen français. Quoiqu'il trouve fort simple que les jacobins de toutes les époques, les aristocrates, et même les honnêtes patriotes, s'arrangent à présent, tant bien que mal, pour oublier et réparer le passé, il a pour lui-même la conscience de ses devoirs impérieux.

Si, au lieu de trouver dans sa détermination un patriotisme prévoyant et un sentiment éclairé de ses devoirs, nos amis méconnaissaient assez M. Lafayette pour n'y voir que de la fierté, ils seraient fort injustes sans doute envers lui, mais ils pardonneraient peut-être encore à celui qui, satisfait de sa famille, de quelques amis, et d'un caractère indépendant, après une vie de travaux révolutionnaires dans plusieurs pays, ne demande rien à aucune nation, ni à personne, pas même une seule rature sur son décret de trahison.

J'ajouterai que, quoique les suffrages populaires, quand ils peuvent s'accorder avec sa propre estime, lui soient, il faut l'avouer, plus agréables qu'à qui que ce soit, il voudrait d'autant moins voir son indépendance gênée par un simple compliment, qu'ayant toujours été encore plus sensible à ce que la France faisait pour elle-même, qu'à ce qu'elle faisait pour lui, les vicissitudes, qui mettent à portée de tout apprécier, ont encore augmenté cette disposition.

Nous prions les amis qui liront cet écrit d'agréer en même temps ce témoignage de la plus intime confiance et d'un bien tendre attachement.

DE MADAME DE LAFAYETTE A MADAME D'HÉNIN.

Olmütz, ce 20 juillet 1796.

Notre situation est la même sous tous les rapports; mais cependant il y a un changement visible dans la politesse de nos gardiens. A chaque victoire française, à chaque écrit vigoureux en notre faveur, nous apercevons une nuance de plus, et l'éloquence de M. Fox, en même temps qu'elle nous a rendu l'immense et incomparable service de forcer M. Pitt à l'abandon *public* de son allié relativement à nous, a produit aussi certainement un grand effet sur la cour de Vienne, et sur nos geôliers subalternes. On ne saurait trop le répéter à MM. Fitz-Patrick et Fox, dont la délicatesse avait été enchaînée par la crainte de nuire aux prisonniers. Qu'ils soient bien sûrs que tout ce qu'ils ont dit, et tout ce qu'ils ont fait, a été essentiellement utile à M. de Lafayette et à ses amis. S'il y avait eu un moyen de les faire relâcher par le roi de Prusse, c'était celui qu'ils avaient pris; s'il y en a un de les faire relâcher avant la paix, c'est ce qui vient d'être fait, et dans tous les cas, c'est peut-être à ces dénonciations que M. de Lafayette doit sa conservation.

Voici l'affaire des Pays-Bas (1). La Prusse, l'Angleterre et les jacobins voulaient une république aristocratique; les trois ordres composant les états faisaient des complimens à M. de Lafayette, qui répondit à leurs députés que le peuple belge n'avait encore rien dit. C'est ce qu'il objecta dans l'assemblée nationale, en ajoutant que c'était au pouvoir exécutif que les affaires étrangères devaient être renvoyées. Il était convenu avec M. de Montmorin, de porter d'un côté le peuple, et de l'autre l'Autriche, vers une constitution à la française, dont un vicariat impérial resterait chef, ce qui garantissait à M. de Montmorin sa politique, et à M. de Lafayette sa liberté. M. de Semonville et Dumouriez furent successivement envoyés par le ministre, mais écrivaient à M. de Lafayette; le roi, la reine, le ministre et plusieurs membres de l'assemblée le savaient. Les aristocrates gagnèrent Dumouriez, et celui-ci proposa, dit-on aussi, un projet de contre-révolution française à M. de Montmorin qui l'envoya promener. Les chefs des Pays-Bas ne voulant pas du peuple, et le peuple se lassant de se faire tuer pour des intérêts qui n'étaient pas les siens, on se raccommoda momentanément avec l'Empereur. Vous voyez qu'il n'y a pas de quoi remercier M. de Lafayette, mais qu'il y a de quoi calomnier et de quoi haïr.

Les succès des armes françaises, qui seuls peuvent

(1) On avait voulu faire valoir auprès du cabinet de Vienne la conduite du général Lafayette à l'égard des insurgés belges en 1790. (Voy. les p. 16, 17, 18 et 39 du troisième vol.)

forcer ces gens-ci à la paix, nous ont fait espérer qu'un article général ou même un décret, où notre situation particulière serait bien évidemment (quoique non nominativement) comprise, nous tirerait peut-être bientôt d'ici; car pour que les prisonniers fussent expressément nommés, il faudrait avoir sur les faits, les choses et les personnes, des complaisances auxquelles ils ne consentiront pas, et qu'ils ne permettraient pas non plus à leurs amis.

— Il est difficile, chère princesse, que M. de Lafayette vous réponde sur un écrit qu'il n'a pas vu (1); mais quelques objections qu'il puisse faire à cet éloquent Mémoire, il y distinguera toujours le sentiment généreux, ardent et tendre, qui, depuis quatre ans, anime si constamment notre ami. C'est ce que j'ai dit en France, à tous ceux qui sont venus m'en parler.

J'avouerai qu'ayant moi-même trouvé des observations à faire sur le Mémoire, malgré le besoin que j'avais de remercier notre ami de chaque témoignage de son touchant intérêt, j'ai eu la faiblesse de ne rien dire sur celui-là, parce que ce n'est pas avec vous deux que je me serais permis de dissimuler aucune remarque. Mais c'est faute d'avoir lu, que M. de Lafayette s'abstient d'en dire son avis.

— Je suis charmée que vous soyez contente de ma correspondance avec la cour, et du maintien du prisonnier; il est vrai que le sentiment du mépris a garanti son cœur du malheur de haïr. Quels qu'aient été les raffinemens de la vengeance, et les choix exprès de la cour, vous savez que sa manière en général est

(1) Le Mémoire de M. de Lally-Tolendal, publié à Paris en 1793. (Voy. la p. 502 et les suivantes du troisième vol.)

assez imposante. Son caractère est resté trop calme pour que sa dignité ait été compromise avec ses gardiens; il en a été de même de ses deux amis; et cette circonstance n'est peut-être pas une des moins remarquables de leur détention.

Adieu, chère et bien-aimée princesse; nulle expression ne pourrait peindre à quel point votre amie vous chérit; à quel point son cœur est pénétré de votre tendresse. Nous nous unissons bien cordialement à vous, mes filles et moi, pour vous bénir et vous aimer.

LETTRE DU DIRECTOIRE EXÉCUTIF AU GÉNÉRAL BONAPARTE,

PLÉNIPOTENTIAIRE DE LA RÉPUBLIQUE FRANÇAISE.

Paris, 1ᵉʳ août 1797.

Sur de nouvelles réclamations que l'on adresse au directoire, citoyen général, concernant les prisonniers d'Olmütz, le directoire vous rappelle le désir qu'il vous a manifesté de voir cesser leur captivité le plus tôt possible. Il ne doute pas que vous ne partagiez l'intérêt que leur malheur lui inspire (1).

Le président du directoire exécutif,

CARNOT.

(1) Lorsque le vœu public, une partie des conseils et le directoire s'occupèrent efficacement des prisonniers d'Olmütz, Napoléon était général en chef de l'armée d'Italie, couvert de gloire, et il ne tarda pas avec le général Clarke à être chargé de négocier la paix, dont les préliminaires furent signés à Léoben, le 15 avril 1797. C'est donc à lui que s'adressa le directoire pour stipuler la délivrance des prisonniers d'Olmütz. Il est superflu de transcrire ici les arrêtés et la correspondance du gouvernement. La lettre de Carnot doit être une des dernières. (*Note du général Lafayette.*)

NOTE REMISE AU MARQUIS DE GALLO PAR LES GÉNÉRAUX BONAPARTE ET CLARKE,

PLÉNIPOTENTIAIRES DE LA RÉPUBLIQUE FRANÇAISE.

Les soussignés, ministres plénipotentiaires de la république française, ont l'honneur de faire part à Monsieur le marquis de Gallo, ministre plénipotentiaire de Sa Majesté l'empereur et roi, de l'intérêt que prend le Directoire exécutif de la république au sort des prisonniers d'Olmütz, Lafayette, Latour-Maubourg et Bureaux-Pusy.

Ils ont déjà eu l'honneur de l'entretenir à Léoben sur cet objet, et après l'instance qu'ils font aujourd'hui au nom de leur gouvernement, ils espèrent que Monsieur le marquis de Gallo voudra bien interposer ses bons offices auprès de S. M. I. pour que lesdits prisonniers soient mis en liberté et aient la faculté de se rendre en Amérique ou dans tout autre endroit sans pourtant qu'ils puissent actuellement se rendre en France (1).

Les soussignés ne doutent pas que Sa Majesté l'empereur, en donnant cette nouvelle preuve de son humanité, ne mette quelque prix à obliger le Directoire exécutif, et à faire même dans cette circonstance ce qui peut consolider la tranquillité intérieure de la république.

Ils prient Monsieur le marquis de Gallo d'agréer leurs salutations et l'assurance de leur considération.

SUR LA VISITE DU MARQUIS DE CHASTELER
AUX PRISONNIERS D'OLMÜTZ (2). (25 JUILLET 1797.)

Le général Chasteler a dit très clairement à M. de Lafayette, « qu'étant regardé en Europe, comme le

---

(1) La nouvelle de cette restriction renfermée dans la note des plénipotentiaires parvint aux prisonniers, au moment même de la mission de M. de Chasteler, et ne modifia pas leur résolution. On verra dans le récit intitulé : *Souvenirs ou sortie de prison*, que le général Lafayette attribuait la clause restrictive de cette note à Bonaparte lui-même.

(2) Ce récit a été écrit par madame de Lafayette.

« chef de la doctrine nouvelle, et les principes qu'il
« professe étant incompatibles avec la tranquillité de
« la monarchie autrichienne, Sa Majesté l'empereur
« et roi doit à la raison d'État de ne pas lui rendre la
« liberté avant qu'il ait promis de ne pas rentrer sur
« le territoire autrichien, sans la permission spéciale
« de l'empereur. » M. de Lafayette a cru s'en tirer par
des plaisanteries sur l'honneur que lui fait l'empereur
de traiter avec lui de puissance à puissance, et de
croire qu'un simple individu soit redoutable pour une
aussi vaste monarchie, dont les armées nombreuses
et les sujets sont si dévoués à leur maître; mais
le général Chasteler ne s'est pas contenté de choses
vagues, et il a fallu en venir à la question. Alors M. de
Lafayette lui a déclaré : « qu'il n'avait aucune envie
« de remettre les pieds ni à la cour de l'empereur,
« ni dans son pays, non seulement sans sa permission,
« mais même quand il recevrait de lui une invitation
« spéciale; que cependant il devait à ses principes et
« à ses devoirs de ne reconnaître au gouvernement
« autrichien aucun droit sur lui; que ce que lui,
« M. de Chasteler, croyait devoir à l'homme que,
« dans ses principes, il regarde comme son souverain,
« lui, Lafayette, le devait à la souveraineté du peuple
« français. » — M. de Chasteler a dit : « qu'il ne lui était
« pas permis d'admettre ces explications, et qu'il allait
« mander le soir par un courrier que cela ne pouvait
« pas s'arranger comme on l'avait cru. » M. de Lafayette a demandé froidement à quelle heure partait
le courrier. M. de Chasteler a trouvé un prétexte
pour ne l'envoyer que le lendemain à six heures du
matin, et puis pour ne l'envoyer qu'à midi, après la

conversation qui devait commencer à sept heures.

C'est alors que les trois prisonniers, qui se voyaient pour la première fois depuis leur entrée dans cette prison, quarante mois auparavant, lui ont remis les déclarations que chacun d'eux avait écrites la veille.

Mon mari ayant parlé, dans cette conversation, de liberté et d'ordre public, M. de Chasteler lui observa « que l'amour de l'ordre public ne se conciliait guère « avec des principes destructeurs de presque tous les « gouvernemens actuels de l'Europe. » A quoi mon mari répondit : « que cela se conciliait très bien, puisque « tout gouvernement arbitraire était à ses yeux le « plus grand désordre public (1). » Il dit ensuite au général Chasteler « qu'il ne devait pas s'étonner de le « voir sacrifier l'espoir de sa délivrance à ses opinions, « puisqu'il pouvait se rappeler qu'à Namur, à l'époque « de son arrestation, M. de Chasteler avait eu la « bonté de vouloir lui faire un mérite de quelques « sentimens qui n'étaient pas les siens, nommément « sur les évènemens des Pays-Bas, en 1790, et le dé- « cret du 17 juin sur la noblesse, et qu'il avait refusé « de consentir à la moindre interprétation de ce « genre (2). » M. de Chasteler s'est conduit avec une politesse parfaite ; il a même été fort aimable. Il finit par dire de fort bonne grâce à mon mari : « qu'il ne « devait pas, au reste, être fâché qu'on ne le laissât « pas séjourner en Allemagne, puisque sa doctrine « des droits de l'homme y avait actuellement assez « d'apôtres. »

(1) Voy. la p. 248 du deuxième vol.
(2) Voy. les p. 110 et 303 du troisième vol.

DÉCLARATION REMISE A M. DE CHASTELER.

Olmütz, 25 juillet 1797.

« La commission dont M. le marquis de Chasteler
« est chargé, me paraît se réduire à trois points :
« 1° Sa Majesté Impériale souhaite faire constater
« notre situation ; je suis disposé à ne lui porter
« aucune plainte. On trouvera plusieurs détails dans
« les lettres de ma femme, transmises ou envoyées
« par le gouvernement autrichien ; et s'il ne suffit
« pas à Sa Majesté Impériale de relire les instructions
« envoyées de Vienne en son nom, je donnerai vo-
« lontiers à M. le marquis de Chasteler les rensei-
« gnemens qu'il peut désirer.

« 2° Sa Majesté l'empereur et roi voudrait être as-
« surée qu'immédiatement après ma délivrance, je
« partirai pour l'Amérique ; c'est une intention que
« j'ai souvent manifestée ; mais comme, dans le mo-
« ment actuel, ma réponse semblerait reconnaître le
« droit de m'imposer cette condition, je ne crois pas
« qu'il me convienne de satisfaire à cette demande.

« 3° Sa Majesté l'empereur et roi me fait l'honneur
« de me signifier que les principes que je professe
« étant incompatibles avec la sûreté du gouverne-
« ment autrichien, elle ne veut pas que je puisse
« rentrer dans ses états sans sa permission spéciale.
« Il est des devoirs auxquels je ne puis me soustraire ;
« j'en ai envers les États-Unis, j'en ai surtout avec
« la France, et je ne dois m'engager à quoi que ce
« soit de contraire aux droits de ma patrie sur ma

« personne. A ces exceptions près, je puis assurer
« M. le général marquis de Chasteler que ma dé-
« termination invariable est de ne mettre le pied sur
« aucune terre soumise à l'obéissance de Sa Majesté
« le roi de Bohême et de Hongrie. »

LAFAYETTE.

(En conséquence de cette déclaration et de celle des deux autres prisonniers MM. de Latour-Maubourg et de Pusy, l'écrit suivant fut remis en même temps par chacun d'eux au marquis de Chasteler ;)

« Je, soussigné, m'engage envers Sa Majesté l'em-
« pereur et roi, de n'entrer dans aucun temps dans
« ses provinces héréditaires, sans en avoir obtenu sa
« permission spéciale, sauf les droits de ma patrie
« sur ma personne. »

LAFAYETTE, LATOUR-MAUBOURG, PUSY.

DE M. LOUIS ROMEUF AU GÉNÉRAL LAFAYETTE.

Vienne, le 9 août 1797.

Mon cher général (1),

La date de ma lettre vous a sans doute annoncé

(1) D'après les déclarations des trois prisonniers (du 23 juillet) portées à Vienne par le marquis de Chasteler lui-même, la cour de Vienne fort irritée de cette résistance, ne songeait plus à ouvrir la prison d'Olmütz, lorsque M. Louis Romeuf, ancien aide-de-camp de Lafayette, envoyé de l'armée d'Italie par les généraux Bonaparte et Clarke, ministres plénipotentiaires de la république, eut à Vienne une conférence avec le principal ministre, baron de Thugut, dans laquelle celui-ci, après des exclamations virulentes contre Lafayette, contre la déclaration des droits et contre les déclarations des prisonniers d'Olmütz, consentit à l'arrangement communiqué par cette lettre de Louis Romeuf à Lafayette, qui lui fut transmise par le gouvernement. (Note du général Lafayette.)

déjà la cause sacrée qui m'a conduit ici. Après un séjour à l'armée d'Italie, il m'a été permis, à la sollicitation de nos plénipotentiaires, de venir presser ici les démarches qui doivent enfin nous conduire à votre délivrance. Je ne vous dirai pas, mon cher général, tout ce que j'ai appris auprès des généraux Bonaparte et Clarke de relatif aux négociations dont vous avez été l'objet; je remets à un temps plus heureux à vous instruire de ces détails. Mais je ne puis différer de vous parler du zèle, de l'intérêt qu'ils ont mis à votre cause, de la suite qu'ils sont prêts à mettre à leurs démarches, si nous avions le malheur d'avoir encore besoin de leur ministère.

M. de Gallo, dont il m'est impossible de trop louer les procédés, m'a instruit en arrivant ici des propositions qui vous ont été faites et de la manière dont elles ont été rejetées par vous. J'ai admiré votre inébranlable caractère; mais je vous avoue qu'à la façon dont il m'a parlé de la détermination de l'empereur, j'ai tremblé que cette circonstance ne retardât beaucoup encore le jour que nous attendons avec une si grande impatience. J'ai cherché votre défense dans l'origine de votre détention, et j'ai fait tout ce qui était en mon pouvoir pour ramener les esprits. M. de Gallo est un homme sage, conciliant, et dont les dispositions, malgré quelques préventions de cour contre vous, ont toujours été favorables à vos intérêts, je crois que nous lui devons beaucoup dans les circonstances actuelles. J'ai vivement sollicité par lui qu'il me fût accordé d'aller embrasser les trois martyrs de la belle cause à laquelle je suis attaché. Cette faveur m'a été constamment refusée. J'ignore quelles considérations l'ont emporté, mais on m'a déclaré qu'il était impossible de parvenir jusqu'à vous.

J'ai été plus heureux pour l'audience que j'ai sollicitée de M. de Thugut. Il m'a paru fort aigri par la façon dont a été repoussée par vous la parole exigée, et sans m'arrêter aux détails d'un assez long entretien qu'il a bien voulu m'accorder, voici quel en a été le résultat: l'empereur renonce à l'arrangement qu'il vous avait présenté. Il n'est plus question d'aucune parole écrite ou verbale de votre part; mais voici les nouveaux arrangemens qui succèdent. Le gouvernement autrichien désire que le consul américain à Hambourg, chez qui vous serez déposé, promette, avant de vous recevoir, de vous engager à quitter cette ville avant douze jours. Il vous sera signifié à votre débarquement l'ordre de sortir avant ce terme de tous les états de l'empire de ce côté-ci du Rhin. Comme il n'est question d'aucun engagement qui compromette votre indépendance, j'espère que vous ne me désapprouverez pas pour celui que j'ai pris d'aller communiquer tout cela moi-même à M. Parish et de m'entendre avec lui et le ministre de l'empereur dans la même ville. J'ai renouvelé avec toute l'ardeur dont je suis capable mes vives sollicitations pour que l'accès d'Olmütz ne me fût pas interdit, et pour que je pusse vous communiquer moi-même ce dernier arrangement; mes sollicitations ont été vaines. Ce bonheur m'aurait été accordé à une condition que je n'ai pu accepter. Mais M. de Thugut m'a engagé lui-même à vous écrire et m'a donné la certitude que ma lettre vous serait exactement remise. Si chaque instant que je perds pesait moins sur mon cœur, j'attendrais votre réponse à

Ratisbonne, où je joindrai, en allant à Hambourg, madame de Maubourg et ses deux filles aînées, madame de Pusy et sa fille. Je désire bien qu'il leur soit permis ainsi qu'à moi de venir vous recevoir aux portes de votre citadelle; mais il ne faut pas s'en flatter. Ce sera à Hambourg que nous aurons le bonheur de vous revoir; je m'enivre de l'espoir que le moment n'en est pas éloigné (1).

(1) Les prisonniers d'Olmütz furent mis en liberté le 19 septembre 1797. Madame de Maubourg, ses filles, madame de Pusy avec un enfant de cinq ans, que son père ne connaissait pas encore, et M. Romeuf, les attendaient à Dresde. Le voyage se continua lentement à cause de l'état de madame de Lafayette, gravement malade depuis plus d'un an, et alors convalescente. Les prisonniers recueillirent sur toute la route, particulièrement à Dresde, Leipzig et Hall, les témoignages les plus touchans de l'intérêt des amis de la liberté. Ils furent reçus à Hambourg à bord des bâtimens américains, par M. Pikkern, consul des États-Unis, et M. Abema, patriote de 87, ministre de la république batave; puis l'officier autrichien qui les avait accompagnés et le ministre impérial les conduisirent chez M. Parish, ex-consul des États-Unis, d'où ils se rendirent chez M. Reinhard, ministre de la république française.

SOUVENIRS
EN SORTANT DE PRISON

Lorsque, après une captivité de plus cinq années, je fus rendu à la société des hommes, je la trouvai bouleversée et comme transformée par des changemens dont j'avais cessé d'être le témoin, en même temps qu'il eût suffi des haines dont j'étais l'objet pour rappeler que j'en avais été un des principaux acteurs. La doctrine *de la déclaration des droits*, quoique défigurée et souillée par le jacobinisme, était devenue partout la terreur des gouvernemens et le symbole d'une portion éclairée de leurs sujets (1). Il n'y avait même, de l'aveu de tous les hommes, amis ou ennemis, en état d'en juger, que les crimes de la révolution, les malheurs de l'anarchie, qui eussent pu empêcher qu'elle ne s'établît effectivement dans tous les États, comme elle l'était déjà nominalement dans la France, augmentée d'un tiers, en Hollande et en Italie. Déjà, dans cette partie de l'Europe, une foule d'abus antiques n'étaient plus. Les oppressions héréditaires, l'aristocratie des corpo-

---

(1) Il ne faut pas attribuer aux fondateurs de la nouvelle doctrine de liberté et d'égalité la manière violente et contradictoire dont trop souvent elle a été imposée aux peuples conquis. De tels procédés n'ont aucun rapport avec notre système. C'est comme si, après la prédication de la religion chrétienne à des idolâtres, d'autres prédicateurs étaient venus, le sabre à la main, les forcer à se faire Turcs. (*Note trouvée dans les papiers du général Lafayette.*)

rations, les gênes intérieures du commerce, les taxes arbitraires sur l'industrie, les priviléges, le monopole des emplois, la main-morte des propriétés, les droits féodaux, les banalités, les dîmes, l'inégalité des contributions publiques, et dans la distribution de la justice, la vénalité du droit de juger les citoyens, la procédure ténébreuse contre les accusés, et l'interdiction des conseils de défense, l'aggravation des supplices, la torture, l'inquisition, la castration des enfans, la traite des noirs, et tant d'autres iniquités consacrées dans ces divers États, avaient disparu devant l'étendard révolutionnaire. Cet étendard que j'avais remis aux gardes nationales, avait glorieusement réalisé des prédictions auxquelles aucun militaire étranger, français, et même patriote, n'avait voulu croire. La nouvelle institution guerrière ne s'était pas bornée à réparer la honte des dernières campagnes d'Allemagne; elle avait renversé la tactique tant vantée des armées régulières de l'Europe, et consommé rapidement des conquêtes que l'ambition de Louis XIV et les talens de ses ministres et de ses généraux avaient à peine osé rêver. Ces miracles de gloire s'étaient presque tous effectués sous la conduite de jeunes soldats, à qui nos principes politiques venaient d'ouvrir la lice, et que j'avais, pour la plupart, distingués dans les rangs de la garde nationale.

Mais s'il m'appartenait plus qu'à tout autre de jouir de ces effets d'une première impulsion, que de douleurs et de mécomptes n'avais-je pas à déplorer dans les malheureuses déviations qu'elle avait éprouvées! Sans doute les premiers temps de la révolution avaient en leurs désordres, leurs excès, surtout dans les départemens éloignés, et même dans la capitale, où pourtant nous les avions presque toujours réprimés. Mais si, après la réorganisation complète de l'ordre social, les autorités qui nous succédèrent n'étaient pas sorties de la carrière de réparations et d'améliorations qui leur était tracée, l'histoire aurait admiré qu'une révolution de cette importance eût comparativement coûté si peu de sang, de condamnations judiciaires, que ses sacrifices eussent été indistinctement supportés par les deux partis, et que l'assemblée qui l'avait faite, les hommes qui y avaient joué les principaux rôles, se fussent tous volontairement séparés, sans en avoir retenu ni place, ni fortune, ni pouvoir.

La catastrophe du 10 août perdit tout. Les sottises de l'aristocratie dans cette journée, la chute même du roi n'eussent pas été essentiellement des maux sans remède, si en même temps, et par une réaction en quelque sorte officielle du brigandage contre toute moralité patriotique, on n'avait vu le pacte national, les sermens constitutionnels, les principes civiques, tout-à-coup violés avec le même mépris dont nous venions de flétrir le régime arbitraire. Il semble que ce fût pour mieux caractériser ces violations que le corps législatif avait, récemment, et à l'unanimité, déclaré infame et traître à la patrie quiconque attaquerait la constitution, et que le 8 août il avait constaté par l'appel nominal l'immense majorité qu'une émeute sanguinaire allait subjuguer. Ce fut cette même émeute qui, chassant de l'Hôtel-de-Ville les représentans élus de la commune, se mit sans obstacle à leur place et montra l'écharpe municipale dansant sur des cadavres. Des soldats de la loi avaient été le 10 août requis, en son nom, par les magistrats populaires; on assassina les uns, on désarma les autres. Un décret du corps législatif réduit à moins de moitié, en rétablissant les ministres girondins, confia le département de la justice à Danton le jour même où il venait de se faire le chef des coupe-têtes.

Il fut défendu sous peine de mort d'entraver la marche du pouvoir exécutif. Bientôt après, et lorsque les restes de la garde nationale eurent été entremêlés de brigands et mis sous les ordres de l'infâme Santerre, les citoyens entassés en foule dans diverses prisons y furent égorgés à loisir pendant plusieurs jours, sans que personne s'exposât un instant pour arrêter ce massacre. La nouvelle commune, par une circulaire officielle, sous le contre-seing du ministre de la justice (1), invita toutes celles de France à suivre cet exemple. On ordonna l'extradition des prisonniers de la haute cour d'Orléans dont l'assassinat était ouvertement préparé à Versailles.

Les apologies furent encore plus détestables que les crimes. Enfin, tandis qu'on massacrait, qu'on proscrivait les La Rochefoucauld, les Bailly, les Dietrich et tout ce que le patriotisme avait de plus pur, on reconnut avec horreur sur la liste des députés

---

(1) Cette lettre du comité de salut public constitué par la commune et séant à la mairie (*Moniteur* du 27 septembre, 1792) fut aussi mise sous le contre-seing de Pétion qui, lorsque ses amis Roland et Vergniaud, la dénoncèrent à l'assemblée, déclara qu'il ignorait ce qui se faisait dans ses bureaux.   (*Note du général Lafayette.*)

conventionnels les noms les plus vils et les plus odieux. C'est ainsi qu'un nouveau bouleversement dans les hommes, dans les opinions, dans les mesures, portant partout la terreur et le dévergondage, corrompit jusqu'au fond le cours des idées libérales, qui avait pu quelquefois être partiellement troublé, mais qui toujours avait été maintenu par la doctrine de l'assemblée constituante et par le dévouement sans bornes des premiers chefs de la capitale.

Les jacobins, si unis pour la violation des lois jurées et la désorganisation de l'ordre public, n'avaient pas tardé à se déchirer entre eux. Leurs chefs apparens, les girondins, qui avaient succédé au parti Lameth, avec moins d'énergie et d'habileté, s'étaient traînés sur leurs traces; c'est-à-dire que par l'épouvantail des clubs et des émeutes, se disant républicains, comme les autres étaient démocrates, ils n'avaient voulu qu'arriver au pouvoir ministériel. En ne souhaitant de mal que celui qu'il fallait pour son amour-propre et sa fortune politique, le parti Lameth en avait fait et surtout préparé beaucoup plus. Les uns et les autres, sous leur importance factice, dont eux-mêmes étaient dupes, avaient servi d'instrumens aux Orléanais, aux anarchistes, aux contre-révolutionnaires; et tous, au premier essai de leur popularité personnelle, s'étaient aperçus qu'ils n'en avaient point. Mais les Lameth avaient quitté le club; les girondins se laissèrent chasser. On savait aux Jacobins que, dans la conspiration du 10 août, faite sans eux (j'ai vérifié qu'à six heures du matin Brissot ne s'en doutait pas), ils n'avaient vu que le rappel de leurs ministres. Le roi était à l'assemblée, que Guadet et Vergniaud promettaient encore le maintien des autorités constituées. La déchéance était prononcée, et les girondins demandaient un gouverneur pour le prince royal. En vain Pétion disait : « Je me suis fait arrêter pour trahir sans dangers mes devoirs, » se supposant par là complice de l'assassinat commis sur Mandat pour anéantir la réquisition du maire (1); « Nous « avons fait le 10 août sans vous, répondaient Collot-« d'Herbois et Merlin de Thionville; et puisque vous « hésitez encore, nous allons faire la république « contre vous. » Où étaient donc au 10 août les républicains ? Nulle part, si ce mot donne l'idée d'un pouvoir exécutif directorial; car, à l'exception des girondins dont quelques-uns avaient des idées républicaines, mais dont les grands penseurs, Sieyes, Condorcet, Clavière, étaient au fond très monarchistes, à l'exception des partisans d'une monarchie orléanaise, il ne restait personne aux Jacobins qui comprît un tel gouvernement ou qui s'en souciât, la république ne signifiant pour eux qu'anarchie révolutionnaire et pouvoir illimité des clubs.

Les girondins étaient encore loin de réparer leurs torts. On voit, le 31 août, Pétion et Manuel accompagner Tallien à la barre de l'assemblée, pour demander la conservation de l'atroce commune du 10 et pour annoncer des arrestations, nommément celle des prêtres. « *Sous peu de jours*, dit Tallien qui por-

(1) M. Mandat, commandant-général de la garde nationale de Paris, était au château des Tuileries dans la nuit du 9 au 10 août avec Pétion. Après le départ de celui-ci, il fut mandé, de la part de la commune de Paris, à l'Hôtel-de-Ville, s'y rendit et fut assassiné en chemin. (*Voy.* la p. 122 de ce vol.)

tait la parole, *le sol de la liberté sera purgé de leur présence.* » En effet, dès le 2 septembre, on les égorge. Pétion écrit le 3 qu'il l'a su trop tard, et ne s'oppose point aux massacres des jours suivans. La réquisition de Roland à Santerre, le général de leur choix, est du 4. Pendant que le maire enfermait arbitrairement ses victimes, le ministre, tout en regrettant que le conseil organisât l'assassinat (1), avait chargé non les administrateurs, mais des agens révolutionnaires, d'amener de nouveaux prisonniers. Madame Roland avoue, dans ses Mémoires, qu'il laissa envoyer des scélérats dans les départemens, par complaisance pour Danton (2).

A l'époque du procès du roi, il n'y eut pas un girondin qui ne dût y voir non seulement la violation de toutes les idées de liberté et de justice, mais un crime désastreux dans ses conséquences, et la ruine prochaine de son parti. Aussi résolurent-ils de sauver Louis XVI. Cependant par la maladresse générale et surtout par la pusillanimité individuelle, Pétion faisant la motion qu'il fût jugé, qu'il le fût par la convention, presque tous abandonnèrent la question de droit ; un grand nombre voulut la mort. Il résulte évidemment des débats et des appels nominaux que, voulant servir ce malheureux prince, ce sont eux qui l'ont tué. Leur influence diplomatique n'avait pas été plus heureuse (3).

Si, dans la fatale politique des girondins, il a été

(1) Voy. la p. 136 de ce vol.
(2) Voy. les p. 115 et 116 de ce vol.
(3) Voy. la p. 119 de ce vol. et les p. 299 et 301 du troisième.

difficile de distinguer leurs délits réels de ceux dont ils se sont vantés, leurs intentions coupables des petites passions dont les brigands et les étrangers se sont servis, la vanité de changer la constitution du désir d'en accaparer les pouvoirs, on doit reconnaître que, dans les derniers temps, ils prirent une attitude presque toujours honorable. Leurs discours et leurs journaux, seules armes à leur usage, devinrent de courageux plaidoyers contre les progrès du terrorisme. L'intérêt qu'ils méritèrent alors eût été plus généralement senti, si dans les dénonciations, les maximes et les violences employées contre eux, on n'avait pas reconnu leur conduite de l'année précédente. Et par exemple, lorsqu'ils demandaient des peines contre les placards séditieux, on se rappelait qu'ils en avaient couvert Paris; lorsque le maire Pache vint, au nom des sections, demander la désorganisation du pouvoir exécutif, c'était ainsi que le maire Pétion avait, le 3 août, exigé la déchéance du roi. Lorsqu'ils dénonçaient ces expressions : « *Nous attendons nos braves Marseillais, ils rechercheront dans Paris tous ces royalistes;* » lorsqu'ils se plaignaient de l'appel et de l'armement des Avignonais, n'est-ce pas ce qu'ils avaient dit et fait pour les Marseillais de 1792? Ces assertions, *que le peuple ne se trompe jamais dans ses haines et ses vengeances, que son instinct est sûr*, n'étaient que des plagiats faits sur eux. Pouvaient-ils s'étonner qu'on décachetât leurs lettres, qu'on supprimât leurs journaux; eux qui, après s'être emparés de l'administration des postes, ne laissèrent passer, à l'époque du 10 août, ni lettres, ni gazettes contraires à leur opinion?

Pouvaient-ils se plaindre du mépris avec lequel on traitait l'adhésion de soixante-douze départemens à leurs protestations adressées, dit-on, à Bordeaux, eux qui avaient traité de même les adhésions de soixante-quinze départemens à ma lettre contre les jacobins adressée à l'assemblée nationale? Pouvaient-ils défendre les signataires de pétitions, après tout ce qu'ils s'étaient permis contre les pétitionnaires constitutionnels? Qu'a-t-il été fait au 31 mai et au 2 juin 1793 qu'ils n'eussent eux-mêmes fait ou préconisé le 20 juin et le 10 août 1792? Je n'étendrai pas ce trop exact parallèle, encore moins parlerai-je des décrets de la convention, auxquels, à leur plus belle époque, ils ont donné leur assentiment; mais on doit avouer que lorsque, dans le temps de leur pouvoir, ils avaient honni, dénoncé l'honnête impartialité de la haute cour d'Orléans, lorsque, le 17 août, ils avaient bien volontairement institué le premier tribunal révolutionnaire (1), lorsque Pétion avait demandé que le roi fût jugé par la convention nationale, lorsqu'ils avaient presque unanimement approuvé la jurisprudence de

(1) Le 15 août, M. Brissot, dans un rapport au nom de la commission extraordinaire, demanda des jurés, élus par les sections, afin de prononcer sur les crimes du 10 août par-devant le tribunal criminel ordinaire, et pour plus de rapidité, sans recours en cassation. « L'assemblée, dit ce rapport, n'a pas cru devoir instituer une cour « martiale, car le délit n'est pas simplement militaire, et tous les accusés « ne sont pas militaires; cette forme serait trop lente, et enfin dans le « Code pénal militaire il n'existe pas de peine applicable aux crimes du « 10 août. » — Les conclusions de M. Brissot furent adoptées à l'unanimité. — Le surlendemain, après une sorte d'injonction des commissaires de la commune et un rapport de Hérault de Séchelles, le tribunal extraordinaire fut institué également sans aucune discussion ni opposition dans l'assemblée.

ce procès, ils ont pu, à leur tour, être moins plaints que les hommes qui avaient établi et constamment défendu les bons principes de la justice criminelle. Au reste, cette opposition conventionnelle, dont la chute fut vraiment une calamité publique, s'était composée de beaucoup de patriotes étrangers à la Gironde du corps législatif; et tandis que celle-ci s'unissait aux Lanjuinais, Daunou, Kervélégan, etc., etc., plusieurs anciens collègues ou amis, tels que Hérault de Séchelles, Carnot, Barrère, Pache, et même Garat, s'étaient approchés de la nouvelle montagne. Condorcet lui-même n'a pas été des premières proscriptions de mai et de juin; il ne fut dénoncé que le 8 juillet pour avoir opposé à un projet de constitution le sien qui ne valait pas mieux, et surtout pour avoir écrit que la constitution de 1793 favorisait les riches. Je retrouve Chénier, à la fin de novembre, dans un rapport où il m'appelle le traître Lafayette, proposant à la convention le décret qui, après avoir déclaré qu'il n'y a point de grand homme sans vertu, consacre au Panthéon les cendres de Marat! Sieyes, ne parlant plus qu'une fois pour abjurer sa prêtrise, et ne s'exposant au mécontentement d'aucune faction terroriste, est resté jusqu'à la fin oublié dans les bancs de la convention, signes de faiblesse qui du moins servent à défendre plusieurs hommes célèbres contre des inculpations plus graves.

Parmi les inconséquences des premiers girondins, il est permis de citer leur acharnement à me calomnier à la tribune et dans leurs écrits, tandis que, dans leurs sociétés et leurs réunions, comme j'en ai eu des preuves multipliées, ils tenaient un langage fort différent (1). Dans les ouvrages et les discours de ceux qu'on peut appeler les héritiers de la Gironde, j'ai souvent et long-temps après rencontré des assertions calomnieuses à mon égard; à mon retour, se livrant à la véritable opinion de ce parti, ils m'ont tous accueilli comme un constant défenseur de la liberté.

Le malheureux Louis XVI, dont ses prétendus amis avaient mieux aimé la perte que de le voir sauvé par moi, ne tarda guère à être assassiné par la plus monstrueuse procédure. Tout ce qui devait le protéger comme roi et comme citoyen, l'acte constitutionnel, l'inviolabilité jurée, la nécessité des lois préalables et des formes établies, l'application antérieure de la déchéance, les amnisties passées, les incapacités légales, les motifs de récusation, la proportion des voix en matière judiciaire, tout fut foulé aux pieds. La convention, exerçant rétroactivement contre lui les fonctions constituantes et législatives, osa cumuler encore les rôles de dénonciateurs, témoins, jurés d'accusation, jurés de jugement, ministère public, juges et pouvoir exécutif. Peut-être l'adorateur du trône est-il trop troublé par la simple idée d'un régicide pour distinguer autant que l'ami de la liberté toutes les iniquités particulières à celui-ci; et cependant, au milieu des lumières, après un cours national de droit public, à peine trouve-t-on cinq ou six députés qui aient réclamé contre elles.

L'interrogatoire du roi par ce Barrère qui avait reçu de lui, lors du rapport sur les domaines, une somme

---

(1) Voy. les notes des p. 386 et 402 du troisième vol.

d'argent bien superflue(1), sa défense qui fut conduite, au refus du lâche Target, par l'ex-constituant Tronchet, Desèze, et mon respectable ami Malesherbes, les opinions des membres de la convention où se distinguent celles de Lanjuinais, Daunou, et très peu d'autres, les différens appels nominaux, et leurs déplorables résultats, ont été publiés ainsi que le testament où ce pauvre prince « *prie Dieu de pardon-* « *ner à ceux qui, par un faux zèle mal entendu, lui* « *ont fait beaucoup de tort.* » Il montra jusqu'à la fin une courageuse et touchante résignation. Les ennemis de la révolution ne virent dans sa mort qu'un argument contre les concessions du trône, et n'en sentirent, pour la plupart, que les conséquences politiques. Le général Scholler, alors un des hommes les plus distingués au service du roi de Prusse et dans la confiance de l'empereur de Russie, me rappelait plus tard que, lorsqu'il nous conduisit, en janvier 93, de la prison de Wesel à celle de Magdebourg, nous trouvant (au-delà de Ham où étaient les princes français), avec un négociant de Francfort et le maire de Lipstadt; ces messieurs, qui étaient connus du principal officier de notre escorte, obtinrent la permission de causer avec nous, et qu'à propos des premières procédures contre le roi, ils nous dirent : « *Messieurs, nous venons du quartier-général* « *des émigrés. Vous êtes les seuls patriotes que nous* « *ayons vus, et les premiers Français qui nous aient* « *parlé décemment de ce malheureux procès.* » La

(1) Voy. une lettre du 19 février 1790, écrite par M. de La Porte, intendant de la liste civile, et trouvée dans l'armoire de fer.

cour de Madrid parut seule y prendre intérêt. M. Pitt étouffa avec hypocrisie un bon mouvement dans la chambre des communes, et repoussa avec sécheresse les mesures secrètes et déjà organisées que M. Crawford était allé lui proposer. D'un autre côté, beaucoup de votans pour la mort du roi et leurs associés, devinrent ensuite enragés de peur, de même qu'on a vu des aristocrates, qui, s'étant jetés aux jacobins par crainte ou pour désorganiser la liberté, sont devenus les plus endiablés terroristes. Quelle différence pour l'honneur du peuple français et du système républicain, si la convention, ne voyant dans les torts du roi que ceux de la royauté, et dans la doctrine trop admise de fausseté envers les patriotes, qu'un obstacle à tout engagement de leur part, s'était contentée de donner à la famille Bourbon un traitement et un passeport! Mais cette assemblée avait été formée dans un tel accès de terreur civique et de délire jacobin, que je m'étonne encore plus de ce qu'on y a rencontré de bon, que de ce qu'on y vit de lâcheté et de fureurs.

Ce fut le 16 octobre que périt cette reine infortunée, long-temps objet de tant d'hommages rendus à sa personne plus encore qu'à son rang, et qui dans des momens de danger, quelle qu'ait été d'ailleurs sa malheureuse influence, parut encore avec plus d'éclat que dans les fêtes qu'elle avait embellies. Rassurée par ses intelligences dans le parti jacobin, par les espérances aristocratiques, et par ses préjugés autrichiens, elle disait à Gouvernet dans la loge du *Logographe*: « Ce sont six mauvaises semaines à passer; » comme elle avait dit à mon aide-de-camp La Colombe,

« avant le 10 août : Ce qu'il y aurait de désirable pour
« nous, serait d'être renfermés quelque temps dans une
« tour (1). » La bassesse des accusations au tribunal
révolutionnaire, les omissions mêmes prouvèrent à
quels grossiers persécuteurs son sort avait fini par
être abandonné. L'angélique madame Élisabeth ne fut
immolée qu'au printemps suivant. Tout le monde
connaît les détails de férocité et d'infamie que l'une
et l'autre eurent à subir. On y voit aussi un acharnement particulier à faire croire Bailly et moi complices de l'évasion du 21 juin, et à me supposer des
rapports très intimes avec la reine. Le baron de Staël,
ami de Fersen et ambassadeur de Suède, m'a assuré
qu'il avait envoyé à Vienne un projet tout monté
pour la sauver; mais que cette cour n'y avait donné
aucune suite (2). L'innocent enfant, que des scélérats
avaient induit en faux témoignage contre sa mère et sa
tante, mourut par le poison ou les mauvais traitemens.
Il m'a été doux d'apprendre que son intéressante

(1) Voy. là p. 349 du troisième vol.
(2) M. de Fersen, fils du comte de Fersen, feld-maréchal et sénateur de Suède, était en France colonel du régiment Royal-Suédois. Il
se montra très dévoué à la famille royale lorsqu'elle était détenue au
Temple. Forcé de quitter la France, il séjourna à Vienne, à Dresde, à
Berlin, et retourna dans sa patrie où il périt en 1810, victime
d'une émeute populaire, après la mort de Charles-Auguste d'Augustembourg, élu peu auparavant prince royal. — Le baron de
Staël-Holstein avait épousé, en 1786, mademoiselle Necker; il
exerçait en France les fonctions d'ambassadeur de Suède. Rappelé
en 1792, avant la mort de Gustave III, et envoyé de nouveau auprès de la république française en qualité d'ambassadeur ; lorsque,
à l'avénement du duc de Sudermanie, la politique du gouvernement de Suède prit une autre direction, il fut long-temps le seul
représentant diplomatique, en Europe, accrédité auprès du gouvernement français.

sœur, la seule échappée aux assassins, avait dit : « Si « ma mère eût pu vaincre ses préventions contre M. de « Lafayette, si on lui eût accordé plus de confiance, « mes malheureux parens vivraient encore. »

Les premières victimes que la convention prit dans son sein ne pouvaient être que des adversaires de la montagne. Déjà plusieurs députés, au 2 juin, avaient été détenus chez eux; d'autres s'étaient enfuis et, cherchant protection dans les départemens, étaient déclarés hors la loi; quelques-uns successivement furent décrétés d'accusation; mais c'est le 3o octobre, sur le rapport d'Amar, que toute opposition fut anéantie par un décret qui, confirmant les mises hors la loi, prononça l'arrestation de soixante et treize députés et l'envoi de vingt-un autres, la plupart de l'ancienne Gironde, au tribunal révolutionnaire. Dans l'acte d'accusation de ceux-ci, dans les incohérens et longs discours d'impudens témoins, naguère leurs amis, je retrouve à la fois leurs erreurs et leurs titres de gloire. On les taxe de n'avoir fait que le 20 juin et de s'être vantés du 10 août, lorsque le 26 juillet Brissot avait dit « que la loi doit frapper « sur les républicains qui tendent à établir la répu-« blique sur les ruines de la constitution, comme « sur les contre-révolutionnaires de Coblentz; » lorsque le lendemain de la déchéance ils appelaient encore le prince royal l'*espoir de la nation.* Vergniaud, Lasource, en avouant leur innocence de la conspiration, se disculpent assez mal des bons mouvemens qu'ils y ont manifestés. On y rappelle à Carra ses *annales* du 25 août 1791, où il invite les cours de Berlin, Londres et La Haye à faire le duc d'York roi des Pays-Bas; celles du 25 juillet 1792, où il dit que le duc de Brunswick viendra aux jacobins (1), et qu'il ne lui manque qu'une couronne pour être le restaurateur de la liberté; enfin sa proposition à la société des jacobins de nommer le duc d'York roi des Français, ce qu'elle fit censurer par son président. On reproche à Carra et à Sillery, d'être arrivés commissaires au camp de Dumouriez, la veille de la délivrance du roi de Prusse; à Brissot, d'avoir poussé à toutes les guerres, insulté tous les neutres et alliés; au parti entier, d'avoir comploté l'abandon de Paris et ensuite l'envoi des troupes en Espagne, lorsque le duc de Brunswick, et depuis, Dumouriez, allaient marcher sur la capitale. Ces brigands osèrent même leur reprocher leur faiblesse au 2 septembre, la conduite de leurs magistrats Pétion et Manuel, les apologies de leurs journalistes, et nommément une lettre (2) où Brissot appelle cette journée «*juste, terrible, mais inévitable et nécessaire effet de la colère du peuple.*» Brissot se borne à répondre qu'il ne se rappelle pas cette lettre, qu'il n'a pas bu chez Pétion avec les septembriseurs. Fauchet, convaincu d'avoir refusé d'aller aux prisons, allègue sa répugnance à quitter l'habit ecclésiastique, ce Fauchet qui, dans les temps de son enthousiasme pour ce qu'il appelait encore là «mon faux patriotisme,» lorsque j'avais à combattre à l'Hôtel-de-Ville ses mo-

---

(1) Voy. à l'appendice de ce vol., n° 1, quelques documens sur les projets relatifs au duc de Brunswick.

(2) Chaumette, témoin dans le procès des girondins, signala cette lettre comme ayant été insérée dans le journal de Gorsas. (*Moniteur* du 27 octobre 1793.)

tions pour ma dictature, se serait jeté dans le feu pour remplir un devoir d'humanité (1)! Mais s'ils ont pu être troublés par des inculpations envenimées, dont pourtant plusieurs faits et citations n'étaient que trop irrécusables, on espère qu'ils vont tous se relever dans la partie de l'accusation qui n'est qu'honorable pour eux... Avec quel regret on les voit la rejeter non-seulement sur les absens, mais les uns sur les autres! Vergniaud renie son intimité avec Brissot et Gensonné: « plusieurs autres accusés, dit-il, ont voté pour la force départementale; mais il appuyait les mesures de Pache, il a défendu Marat. » Ducos parle contre Gensonné; celui-ci, accusé par Brissot d'avoir voulu détruire la commune du 10 août, se targue de son opposition au décret contre Marat. Brissot observe que ce n'est pas lui, mais Carra qui a proposé le duc de Brunswick et le duc d'York; Boileau avoue que ses coaccusés sont coupables et qu'il a été leur dupe; Antiboul s'excuse sur sa surdité d'avoir siégé avec eux. Ceux qui ont voté la mort du roi s'en prévalent, tous désavouent leurs intentions contre la commune du 10 août et leur noble part aux courageuses mesures de la commission des douze. Duchâtel pourtant et Le Hardy répondent avec plus de dignité, et peut-être tous ces malheureux en auraient-ils recouvré dans leurs plaidoyers, si un nouveau décret conventionnel, complément d'iniquités, n'avait pas précipité leur condamnation. J'ai remarqué parmi leurs accusateurs un nommé Desfieux, que je crois être celui dont la cour,

(1) Voy. là p. 381 du deuxième vol.

peu avant le 10 août, se servait pour colporter des libelles contre moi. L'étranger Rotondo, un héros du 10 août, que l'ambassadeur autrichien, M. de Mercy, avait tiré des galères, est cité dans ces débats, comme s'étant dit chargé depuis long-temps de me poursuivre et demandant de nouveaux fonds pour me conduire à l'échafaud. Beaucoup de députés qui avaient fui périrent misérablement; on compte parmi les suicides Dufriche-Valazé, Clavière, Roland et Condorcet, qui, dans la solitude de ses asiles, avait écrit un ouvrage digne des temps où La Rochefoucauld s'honorait d'être son ami.

Depuis long-temps il n'existait plus, ce vertueux La Rochefoucauld dont la maison hospitalière et la grande fortune avaient toujours été consacrées aux idées libérales, aux sentimens généreux, aux sciences, à la bienfaisance, et dont la passion pour le bien public, pour les vrais principes de la liberté et de l'égalité, fut la plus désintéressée que j'aie jamais connue. La franchise et l'invariabilité de ses opinions à la cour des pairs, à l'assemblée constituante, au département de Paris, qu'il présidait, lui avaient acquis la vénération de tous les partis. La plus intime fraternité nous unissait; il s'empressa de seconder ma résistance aux usurpations de l'anarchie jacobine. Déja, malgré les combats et l'affliction d'une ancienne amitié, il s'était senti obligé de renoncer à ses liaisons avec Condorcet; Sieyes, autre personnage important parmi les nouveaux chefs du club, se trouva compris dans cette brouillerie. Le département, après les désordres du 20 juin, remplit un devoir constitutionnel en suspendant le maire Pétion; on y résolut l'arrestation de Santerre; la reine le sut, et j'ai appris depuis qu'elle avait averti, en lui donnant de l'argent, ce lâche factieux à qui, après le 10 août, le conseil exécutif et la commune confièrent le commandement. Des assassins, munis d'un ordre de lui, sous prétexte d'arrêter La Rochefoucauld, le rencontrèrent à Gisors, comme il revenait à Paris avec sa mère et sa femme, excitèrent un tumulte et le firent massacrer (1).

Dietrich, maire de Strasbourg, avait opposé au jacobinisme de 1792 une résistance d'autant plus ressentie que son ardeur pour la révolution, son influence en Alsace et dans les États voisins, son esprit, ses connaissances, sa fortune et l'animadversion des cours germaniques, lui donnaient une grande existence (2). Ma confiance en lui avait bien précédé notre unique entrevue en janvier 1792; il m'y parla principalement de soupçons contre la cour, et cependant, à l'époque du 10 août, je ne doutai pas de sa coopération avec moi. Il avait réussi à se rendre en Suisse; mais il crut devoir à ses créanciers de revenir risquer sa tête. Le tribunal de Besançon, auquel on l'envoya, étant mal intentionné pour lui, il réclama à ce titre son droit d'être jugé à Strasbourg. « *Dietrich est accusé de fayettisme*, dit Jean Debry; *la convention ne doit pourtant pas refuser sa demande, dont je propose l'envoi au comité de législation.* » Cambacérès prétendit que cette forme serait trop lente. Lanjuinais appuya la motion de Jean Debry; elle fut rejetée. C'est avec

---

(1) Voy. la p. 467 du troisième vol.
(2) Voy. les p. 189 et 416 du troisième vol.

ces désavantages que Dietrich se présenta; il ne désavoua point son opposition à l'anarchie, sa fidélité aux lois jurées et la persistance de son estime pour moi; il força nos ennemis d'entendre la lecture de mes lettres qui contrastaient étrangement avec leurs calomnies. La haine et l'iniquité reculèrent cette fois... Dietrich fut absous; mais les comités de la convention le retinrent en prison et le livrèrent ensuite à leur exécrable tribunal. « *Vous n'avez*, dit-il, *ni la volonté ni le pouvoir de me rendre justice; dépêchez-vous.* » Bailly, premier président de l'assemblée constituante, premier maire de Paris, n'était pas révolutionnaire; mais son ame et son talent se trouvèrent au niveau de cette haute confiance des représentans de la nation et du peuple de la capitale. Notre parfaite harmonie dans ces temps difficiles ne fut jamais troublée; il avait expié par beaucoup de tracasseries les avantages d'une probité sans tache, d'une philosophie sans amertume, d'un rang éminent dans les sciences et les lettres; sans esprit de parti, il expia sur l'échafaud son intègre résistance au désordre, à l'intrigue, au crime, et son obéissance au décret qui, en lui ordonnant d'employer la force contre le rassemblement du Champ-de-Mars, arrêta le mouvement exécuté depuis dans la journée du 10 août et du 31 mai. Accusé, jugé, entouré par les brigands que nous avions long-temps réprimés, il but jusqu'à la lie le calice de son martyre. « *Tu trembles, Bailly?* lui criait-on. » — Il répondit : « *J'ai froid et pitié.* »

J'avais fait nommer garde-des-sceaux un simple avocat, électeur de 89 et officier municipal : Duport Dutertre prouva tout son dévouement à la révolution et à l'ordre constitutionnel. De même qu'après l'évasion du 21 juin il n'avait pas hésité de porter à l'assemblée le sceau de l'état, il défendit contre les jacobins le trône légal, la personne du roi et la liberté des citoyens. Harcelé de dénonciations, remplacé par le ministère girondin, mais acquitté presque unanimement à l'assemblée législative, il se présenta comme garde national à la défense du château. Un patriote de cette trempe était marqué pour l'échafaud. Avec lui périt ce jeune Barnave, un des plus distingués députés constituans. On peut lui reprocher d'avoir coopéré à l'organisation politique des jacobins; mais au retour de Varennes, il se sépara d'eux sans faiblesse pour soutenir le trône constitutionnel et le roi. Le propos de la reine cité contre moi au parlement d'Angleterre (1) « *qu'elle se jetterait entre Barnave et la hache du bourreau; mais qu'elle ne me pardonnerait jamais*; » annonce qu'elle n'avait pas conservé de malveillance pour lui. Il était retourné dans son pays natal, où se mûrissaient encore son excellent esprit et son rare talent. Sa défense fut éloquente et noble. Accusé de ses liaisons fayettistes, il n'observa qu'elles avaient été longtemps interrompues qu'en exprimant sa constante opinion de moi en des termes qui m'attachent pour jamais à sa mémoire.

Les fondateurs de la révolution semblaient être désignés pour servir de leçon aux patriotes étran-

(1) Ce propos fut cité par M. Windham, dans un discours contre la motion que fit M. Fitz-Patrick à la chambre des communes, en faveur des prisonniers d'Olmütz, le 16 décembre 1796. — Voy. la p. 415 du troisième vol.

gers, tandis que le supplice des 21 députés, la proscription et l'emprisonnement de plus de cent autres membres de la convention, venaient d'y étouffer les derniers accens de la justice et de l'humanité. Entre les sanguinaires fureurs de quelques démagogues, l'assentiment volontaire d'un plus grand nombre et la tremblante soumission de tout le reste, il n'y eut plus là d'honneur individuel à réclamer que dans l'excès de la peur; la seule excuse du silence étant, du moins pour chacun isolément, la certitude d'une mort immédiate. N'avons-nous pas vu depuis, dans les autorités constituées avec moins de dangers, une égale faiblesse? Mais alors il restait dans les départemens quelque sentiment de résistance à l'oppression. Ce droit de tous les hommes ne devient secourable aux sociétés que lorsqu'une éducation libérale et des habitudes civiques en ont fait un devoir commun, et dans l'état d'imperfection où était encore à cet égard le peuple français, il lui manqua pour l'exercer avec succès un point de ralliement. Ce n'était pas assez de quelques fugitifs girondins proscrits par les jacobins, proscripteurs des constitutionnels, odieux aux royalistes, et dont pas un seul n'était propre au commandement ni même à l'action. Nos institutions politiques avaient avec raison tourné nos armées, si je puis m'expliquer ainsi, les pointes en dehors, pour la défense des frontières et non pour l'influence intérieure. Il n'y avait plus un homme de guerre qui eût une existence civile, une popularité personnelle et générale et dont les gardes nationales entendissent la voix. L'insurrection de Normandie où s'étaient réfugiés Pétion, Barbaroux et

Buzot, avorta misérablement. La Vendée, qui revendiquait au nom de la déclaration des droits la liberté religieuse et le règne des lois, n'en était pas moins sous l'influence de royalistes exaspérés par le 10 août, par la mort du roi, et de prêtres non moins persécutés par le parti vaincu au 31 mai que par celui des vainqueurs. La guerre civile de ces départemens, alimentée par la rage et peut-être par la politique du terrorisme plus que par les étrangers dont ils se sont toujours méfiés et par les princes qui n'osèrent pas y aborder, aurait pu, dans les premiers temps, recevoir une meilleure direction. Celle de Bordeaux, Marseille, était excellente; Toulon, qu'il eût été facile de mettre en garde contre les perfidies de la coalition, se laissa tromper par une promesse de reconnaître la constitution de 1791, et ne tarda pas à être abandonnée sans pudeur et sans pitié. Marseille et Bordeaux ne demandaient que des chefs. Lyon en trouva de braves et honnêtes, mais gens médiocres et connus par leur dévouement aux princes, ce qui, sans empêcher que ses citoyens ne se soient couverts de gloire, empêcha pourtant que leur belle défense ne sauvât la patrie. Il eût fallu en effet assez de détermination révolutionnaire et d'influence patriotique pour rallier à soi les départemens environnans dont plusieurs, tels que ceux de l'Auvergne, après avoir pris les armes pour les Lyonnais, furent entraînés ensuite à marcher contre eux. Il eût fallu réunir par un lien de confiance nationale ces insurrections éparses, et peut-être alors les troupes de Kellermann auraient été décidées à joindre l'étendard anti-jacobin. On

(1) J'ai conservé le présent que cette malheureuse ville de Lyon

disait alors dans ces divers centres de mouvement, et j'ai eu de plus en plus lieu de me convaincre, que j'eusse été l'homme de cette circonstance. On le pensait aussi au dehors; car non seulement des étrangers distingués, mais quelques Français dont les opinions étaient moins réprouvées que les miennes, demandèrent ma délivrance au nom de cet intérêt pressant qui semblait être commun à tous les partis. C'était peu connaître la politique des cabinets coalisés. L'idée de voir renverser par moi les échafauds de la terreur n'eut d'autre effet que de faire ajouter un cinquième cadenas aux précautions qu'on avait déjà prises contre mon évasion.

Les comités de la convention, vainqueurs de toutes les résistances, maîtres de la France comme de l'assemblée, se livrèrent sans relâche à leur système de destruction; ils ne furent que trop secondés par la frénésie réelle ou simulée de leurs proconsuls, de leurs agens, de leurs clubs, et même, il faut l'avouer, par l'égarement d'une portion de la multitude enivrée de sottises et de sang. Aux accusations *de royalisme*, *de fayettisme*, se joignit celle *de fédéralisme*, et sous ces trois dénominations on procéda judiciairement à l'assassinat de tout ce qui par la naissance, l'éducation, la fortune, l'industrie, les talens, les connaissances et les vertus, offrait à la basse envie le moindre caractère de distinction. A Lyon, Toulon, et dans quelques autres villes, on mitrailla les citoyens en masse; à Nan-

---

m'avait envoyé par ses députés à la fédération de 1790. C'est une enseigne romaine surmontée d'un coq et entourée d'une couronne civique. On y voit Decius se dévouant pour sa patrie, et ces mots: *Civi lugdanensi optimo civi.* (*Note du général Lafayette.*)

tes ils furent noyés par couples attachés l'un à l'autre, ce qu'on appela des mariages républicains. On a vu, depuis, les directeurs de ces atrocités prouver à la convention qu'elles avaient été commises par son ordre, ou avec son approbation. Les horribles listes offrent surtout à nos regrets les noms des vieux serviteurs de l'état; du peu qui nous restait de marins, des savans, des gens de lettres, des philosophes, qui en éclairant le monde honoraient leur patrie, des négocians qui l'enrichissaient, des plus vertueux magistrats de l'ancien et du nouveau régime, des constituans les plus distingués, des meilleurs patriotes de France, des personnes des deux sexes, les plus respectables et les plus intéressantes.

Dès le 10 août, le lendemain et les jours suivans, les gardes nationaux avaient été livrés aux violences du parti vainqueur; ils étaient dispersés à la funeste époque du 2 septembre; on en fit partir 18,000 qui allèrent défendre la frontière avec gloire et dévouement. Beaucoup furent enfermés dans les prisons ou immolés sur les échafauds de la terreur, livrés à ces vagabonds stipendiés à quarante sous par jour, qu'on plaçait dans leurs rangs pour les séparer et empêcher entre eux toute communication, comme il arriva, surtout aux grandes et funestes époques, telles que l'exécution de Louis XVI. On serait étonné du grand nombre de gardes nationaux victimes de diverses dénonciations qui désignaient les serviteurs de la souveraineté nationale, les ennemis de l'anarchie et les soutiens de la véritable liberté. C'est ainsi que périrent le brave Carle, commandant du bataillon de Henri IV, joaillier, qui peu de semaines avant le

10 août, avait offert à l'assemblée nationale de lever et d'entretenir à ses frais, pendant toute la guerre, une compagnie de volontaires qu'il conduirait lui-même à l'armée du Nord; Jauge et les Cottin, banquiers, l'un aide-de-camp du commandant-général, et l'autre officier de la cavalerie parisienne, qui avaient, dans un moment de détresse, payé à bureau ouvert les billets de la ville de Paris, et, dans un moment de famine, nourri à leurs frais la capitale par une dépense de 500,000 liv., dont ils furent unanimement remerciés par l'assemblée nationale. Ils moururent au milieu de Paris sans qu'une voix osât s'élever en leur faveur. Ils étaient aussi commandans de bataillon. L'illustre Lavoisier, Trudaine, dont les sentimens républicains n'étaient pas douteux, généreux protecteur des arts à qui David, devenu alors ami de Robespierre, avait dû ses premiers encouragemens; Charton, un des premiers patriotes de la révolution, d'Ormesson, Romainvilliers, etc., commandaient des divisions. Parmi tant de victimes, on trouverait encore le chef de bataillon, ainsi que beaucoup d'officiers distingués des Filles-Saint-Thomas.

Tout aurait péri, d'un seul coup, si, par une atroce confiance à laquelle je dus le salut de ma femme, on n'avait pas cru que rien ne pourrait échapper et adopté indifféremment une certaine proportion de massacres journaliers. Celle qui tomba directement sur moi fut immense. Outre la perte cruelle de mes proches parens, d'une belle-mère et d'une belle-sœur chéries, des amis de toute ma vie, il suffit de lire la loi des suspects, l'arrêté de la commune de Robespierre, les écrous de toutes les prisons, les actes d'accusation devant tous les tribunaux révolutionnaires, pour voir avec quel acharnement a été poursuivie l'inculpation d'attachement à ma personne et à mes principes. Ces immenses malheurs me sont devenus encore plus douloureux à mesure que j'ai appris combien de victimes ont, jusqu'à la mort, manifesté leurs sentimens, soit par des déclarations de leur affection pour moi, soit en disant, comme M. Desrousseaux (1), maire de Sedan : « Si j'avais à recommencer ma conduite du « 10 août, je ferais exactement tout ce que nous « avons fait. »

La masse de la convention ne valait plus la peine d'être proscrite; mais les meneurs continuèrent à s'entre-dévorer. On vit périr par les accusations de leurs complices, d'Orléans, que dans leurs conciliabules ils balancèrent long-temps entre le trône et l'échafaud; Hérault de Séchelles, cousin-germain de Polignac, protégé de la reine, trop lié avec l'aristocratie en 1791 pour se permettre de dîner chez moi, girondin en 1792, terroriste en 1793; le Prussien Anacharsis Clootz, dont on ne peut admettre la bonne foi qu'en le déclarant fou; Camille Desmoulins, un des plus vifs insurgés de 1789, ce qui depuis lui faisait écrire assez plaisamment « que « tout lui était permis contre moi, parce que je ne « ferais jamais de mal à l'homme qui le premier avait « arboré la cocarde. » Son talent très distingué fut gaspillé de bonne heure par ses liaisons avec le parti orléanais, par son abandon aux jacobins, par sa dé-

(1) Voy. sur M. Desrousseaux la p. 393 du troisième vol.

votion à Danton et à Robespierre; mais, peu avant d'être immolé, il avait retrouvé son ame du 14 juillet contre les derniers excès du terrorisme. Le plus marquant de cette liste de proscripteurs, successivement proscrits par Robespierre, fut Danton, bien supérieur à son rival qu'il méprisa trop. C'était un tribun grossier, sans doute, et incapable d'imposer à la multitude, de la détourner du mal, ou de la mener au bien par la persuasion et le respect; mais il flattait ses passions avec un vrai talent et une voix de Stentor: jouant d'autant mieux ce rôle secondaire, qu'il était susceptible d'émotions, sourd aux remords et indifférent aux opinions. Notre connaisance s'était faite, dès les premières semaines de la révolution, au district des Cordeliers, où j'avais été attiré (1). Après le 6 octobre, il reçut de l'argent de M. de Montmorin, qu'il fit en conséquence assassiner au 2 septembre (2). C'est à l'occasion de ce secret où j'étais initié, et dont je profitais pour me plaindre des indécences jacobines contre le roi et la reine, qu'il me dit: « Général, je « vous connais et vous ne me connaissez pas; je suis « plus monarchiste que vous (3). » Ce fut sans doute pour le service de la cour, que le soir du 21 juin il demanda ma tête, moi présent, sachant bien que je ne trahirais pas son ancienne confidence, et qu'il prépara au club la motion de d'André, dont j'ignorais alors les rapports intimes avec la cour, pour la

(1) Voy. la p. 272 du deuxième vol.

(2) M. de Montmorin, qui avait eu l'imprudence de faire savoir à Danton que le reçu de cet argent était brûlé, fut massacré en prison.

(3) Voy. la p. 84 du troisième vol.

séparation de l'assemblée, et la fatale non-réélection des députés (1). J'ai su depuis, par la personne à qui Madame Élisabeth le confia dans le temps, qu'à l'époque du 10 août, il avait encore reçu une somme considérable pour tourner en faveur du roi l'émeute annoncée; il s'en lava dans le sang des prisonniers qui venaient de défendre le château; mais il fit demander par la commune la translation de la famille royale à la tour du Temple. « Ce sera *moi*, répondit-il à un ami du roi, *qui la sauverai ou qui le tuerai.* » J'ignore à quelle corruption il cédait, lorsqu'il dénonça à la convention l'aristocratie du commerce. Engourdi de paresse et de débauche, il se réveille au tribunal révolutionnaire. Un décret le mit hors des débats, et il subit son sort avec un courage cynique.

Enfin arriva le 9 thermidor; on ne le dut pas aux honnêtes gens: leur terreur était telle, qu'un député estimé à qui un de ses collègues avait dit sans témoins : « jusqu'à quand souffrirons-nous cette ty-
« rannie ? » en eut la tête renversée au point de le dénoncer. Mais le comité de salut public se divisa; la vie de Tallien fut menacée, les ennemis désignés par Robespierre osèrent cette fois l'attaquer; dès ce moment son pouvoir finit. Ce méprisable tyran, pétri de rage, de peur et d'envie, dont le bavardage anarchique n'avait d'abord excité que le dégoût, s'était fait un grand parti de ce que la populace avait de plus ignorant, le jacobinisme de plus vicieux, le fanatisme de plus absurde. Grandi démesurément par

(1) Voy. la p. 189 de ce vol. et la p. 178 du 3ᵉ.

ses complices, et même par ses victimes, il n'eut de réel que l'exagération indéfinie de tous les sentimens bas et cruels. En même temps périrent Couthon et Saint-Just plus habiles que lui, et beaucoup de leurs adhérens. La faction victorieuse allait continuer les massacres; on l'écarta d'abord, puis on parvint à faire voter la déportation de Billaud-Varennes, Vadier, Collot-d'Herbois, et Barrère, le plus froid apologiste de la terreur, au milieu de tant de crimes et de lâchetés. Leur tribunal révolutionnaire fut envoyé à l'échafaud, en se plaignant d'être plus sévèrement puni que ses maîtres. Une partie des atroces proconsuls périt ainsi, et s'excusa de même. Sous l'influence des autres, Fréron, Barras, Tallien, se forma une lente et partiale réaction vers un système moins féroce. Les prisons s'entr'ouvrirent, et comme ces nouveaux gens de bien avaient de vieilles rancunes contre les vrais patriotes, la plupart de ceux-ci sortirent les derniers (1). Les soixante-treize députés avaient été, non sans peine, réintégrés. Tallien, surpris dans une intrigue avec les princes Bourbon, s'en justifia par le massacre des prisonniers de Quiberon.

La convention se trouva placée entre les violens excès de trop justes haines et les furieuses attaques des anarchistes; elle se défendit par des moyens du même genre, détruisit les clubs que j'avais voulu seulement modérer, employa tour à tour les turbulens opposés d'opinions, mais n'osa pas se livrer à la protection

---

(1). Ma femme était du très petit nombre d'épouses de proscrits qui n'avaient pas voulu changer de nom; elle n'obtint sa liberté qu'au bout de six mois, passés avec les prisonniers terroristes.

(*Note du général Lafayette.*)

nationale, ni recourir aux vérités antérieures, dont les divers partis étaient plus ou moins séparés par des souvenirs fâcheux, des professions embarrassantes, et une mer de sang.

Malgré cette fausse position, elle fit quelques décrets réparateurs, des institutions utiles, et la meilleure constitution qui ait existé en Europe. Il n'y avait pas encore eu, depuis le 10 août, de république en France ; mais on avait tant fait pour rendre ce nom exécrable, qu'il y eut beaucoup de bon sens au peuple français à l'accepter presqu'unanimement. On repoussa en même temps le décret qui maintenait les deux tiers de la convention ; elle prit le parti de trahir la souveraineté nationale par un faux résultat du scrutin, et de la violer par son opposition aux assemblées primaires. Celles de Paris prirent les armes ; le noble sentiment de leur indépendance fut malheureusement exploité par des intrigans. Ils les livrèrent au canon des conventionnels (1), et ceux-ci victorieux de la volonté publique, souhaitèrent un directoire propre à les défendre contre elle. Les électeurs, de leur côté, portèrent dans leurs assemblées la haine de la convention ; elle avait cru s'en préserver par la loi du 3 brumaire, qui mit hors de l'élection tous les parens ou alliés d'émigrés, de proscrits, de tous ceux que le caprice des factions

(1) Le 13 vendémiaire ou 5 octobre 1795, les assemblées primaires ayant été appelées à l'élection des candidats pour une nouvelle législature, dont les deux tiers devaient être pris dans le sein même de la convention, la plupart des quarante-huit sections de Paris tentèrent une insurrection qui fut réprimée par Barras et Bonaparte.

avait ajoutés à cette liste, c'est à dire, d'une immense portion des candidats désirables; ou plutôt la méfiance et l'amour-propre de tous les jacobins de 1792 se combinèrent dès lors pour écarter les anciens amis de la liberté et de l'ordre public, tâchant de réduire la France à ces deux termes : des royalistes de l'ancien régime, avec leurs vengeances et leurs absurdités, et des républicains se croyant obligés, pour soutenir les institutions libérales, d'oublier les hommes qui les avaient fondées, et les torts qui les avaient dénaturées.

De même qu'autrefois l'histoire rapportait tout à quelques hommes, la mode aujourd'hui est de tout attribuer à la force des choses, à l'enchaînement des faits, à la marche des idées. On accorde le moins possible aux influences individuelles. Ce nouvel extrême, indiqué par Fox dans son ouvrage posthume, a le mérite de fournir à la philosophie de belles généralités, à la littérature des rapprochemens brillans, à la médiocrité une merveilleuse consolation. Personne ne connaît et ne respecte plus que moi la puissance de l'opinion, de la culture morale, et des connaissances politiques. Je pense même que, dans une société bien constituée, l'homme d'état n'a besoin que de probité et de bon sens; mais il me paraît impossible de méconnaître, surtout dans les temps de trouble et de réaction, le rapport nécessaire des événemens avec les principaux moteurs; et, par exemple, si le général Lee, qui n'était qu'un Anglais mécontent, avait obtenu le commandement donné au grand citoyen Washington, il est probable que la révolution américaine eût fini par se borner à un traité avantageux avec la mère-patrie. Si la conspiration du 18 brumaire avait trouvé dans Bonaparte l'amour de la liberté et le sentiment de la vraie gloire, une grande partie de l'Europe jouirait dès à présent de tous les biens qu'ont espérés les fondateurs de la révolution française. Je dirai avec la même confiance que si, au 13 vendémiaire, les sections de Paris, encore pleines d'idées libérales et de souvenirs constitutionnels, avaient eu un chef habile et patriote, ou qu'ensuite la majorité conventionnelle des nouveaux conseils eût eu le bon esprit de chercher quelques uns des directeurs dans un cercle plus étendu et plus national, la constitution de l'an III se serait établie sur des bases durables. Qu'avaient en effet de commun avec les maximes et les violences du jacobinisme de 1792, avec le 10 août et ses fatales suites, cette constitution si attachée à la balance des pouvoirs, au principe des deux chambres, et si craintive pour l'ordre public qu'elle a trop restreint le droit de pétition, n'a pas prononcé celui de résistance à l'oppression, et n'a pas osé risquer le renouvellement total des corps législatifs? Mais on redoutait plus que tout une franche séparation des principes vrais d'avec les assertions mensongères, des bonnes lois d'avec les mauvaises actions; et ce système, aussi injurieux que funeste à la république, n'est pas encore abandonné, même par des hommes qui n'y ont aucun intérêt. Il décida la formation du directoire. Rewbell, Letourneur, Laréveillère, Barras, et Carnot à qui du moins on reconnaissait de grands talens, furent chargés de populariser la république, au nom de laquelle depuis trois ans on avait violenté, emrisonné, affamé, pillé et massacré dans toute la France.

Il leur était plus facile de la faire respecter au dehors. La révolution avait créé, pour l'opposer aux armées de l'ancienne Europe, une force patriotique toute nouvelle et bien supérieure. Une masse de quatre millions de citoyens soldats était devenue disponible par le système des compagnies d'élite si ridiculement attaqué dans les clubs, et par le zèle des bataillons volontaires (1). Ceux qui depuis long-temps avaient

(1) On voit par les rapports officiels du temps combien l'armée de ligne était insuffisante pour repousser l'ennemi. L'élan des citoyens se manifesta dès les premières menaces de guerre; on vit accourir de la capitale et de tous les départements des bataillons de volontaires, formés de jeunes gens pleins d'ardeur et de dévouement; ils choisissaient leurs officiers, et leurs commandans de bataillons avaient le grade de lieutenant-colonel; mais sous ce grade on voyait souvent à leur tête des vétérans de l'armée de ligne et même des officiers-généraux. Il suffira, pour prouver la prépondérance numérique des gardes nationales, de jeter un coup d'œil sur la formation de l'armée de Lafayette : le premier bataillon de ligne était tenu au complet par le second bataillon resté en garnison; deux bataillons de volontaires lui étaient adjoints. Le bataillon de ligne occupait le centre; les trois bataillons étaient commandés par le colonel de ligne; les grenadiers et chasseurs des seconds bataillons formaient avec les grenadiers et les chasseurs volontaires, en égal nombre, les bataillons d'une réserve. Il y avait aussi des compagnies volontaires indépendantes. On voit par là que les deux tiers, à-peu-près, de l'armée, étaient composés de garde nationale. Il est vrai que quelques-uns des bataillons volontaires avaient un mauvais esprit; mais la plupart étaient excellens; plusieurs de leurs officiers, et notamment Moreau, plus tard général en chef, se distinguaient par leur attachement au parti légal. Les journaux du temps et les comptes rendus par les généraux, attestent la part qu'eurent les bataillons de garde nationale dans cette guerre. Les levées en masse eurent lieu ensuite; les gardes nationales se trouvèrent confondues dans les troupes de ligne; l'armée républicaine devint armée impériale; mais on retrouvera dans la plupart de ses chefs les citoyens soldats des premiers bataillons de 89.

(*Note du général Lafayette.*)

été requis par Luckner et moi, ces levées nombreuses dont, par un odieux escamotage on avait désigné les deux tiers pour la moitié de commandement qui n'était pas la mienne, n'étaient plus arrêtées dans leur marche. Car c'est ainsi que pour me persécuter ces grands patriotes, et principalement les girondins, avaient risqué de perdre la France; et n'ont-ils pas eu ensuite l'impudence de dire, et beaucoup de gens la niaiserie de croire, que c'était au 10 août qu'étaient dus les moyens rassemblés en Champagne? Le fait est que sans les jacobins de cette époque ils eussent été aussi grands et beaucoup plus prompts. La sottise des alliés qui s'enfournèrent par un boyau, sans précautions, sans magasins, dans le plus mauvais terrain, leur persuasion que toute la France allait venir les aider et les nourrir, l'intempérie extraordinaire de la saison et les maladies de leur armée, furent des bonnes fortunes étrangères au choix du général français.

Me trouvant un jour à dîner chez Madame de Staël avec M. de Lucchesini, alors ambassadeur de Prusse, et qui en 1792 était auprès de Frédéric-Guillaume principal ministre et son confident intime (1), nous

(1) M. de Lucchesini, citoyen de la petite république de Raguse, s'était trouvé, on ne sait comment, favori de Frédéric-le-Grand quelques années avant sa mort. C'est le dernier des hommes de lettres et d'esprit, et il en avait beaucoup, qui ait joui de ces tête-à-tête, de ces conservations où le roi aimait à se délasser des affaires. M. de Lucchesini dînait presque tous les jours avec lui, et il avait eu l'adresse, chose assez difficile, de capter la bienveillance de l'héritier du trône, Frédéric-Guillaume, sans donner d'ombrage à son oncle, de manière qu'au lieu d'une disgrâce, au changement de règne, il devint ministre intime du successeur. C'était un homme sans principes politiques, d'une morale assez relâchée, mais ayant beaucoup de talent et

restâmes seuls, lui, elle, un autre convive et moi. La conversation tomba sur cette fameuse campagne. « Nous fûmes heureux, dit-il, d'avoir affaire à un gé-
« néral qui savait négocier. » — « Sans doute, répon-
« dis-je; mais permettez-moi de vous faire une ques-

d'adresse. Il dédaigna de se mêler aux mystifications qui entraînèrent Frédéric-Guillaume dans la coalition de Pilnitz. Les adversaires de la liberté française employèrent avec succès l'illuminisme pour tourner la tête de Frédéric-Guillaume. Son aide-de-camp Bichops-Werder était le grand thaumaturge de ces farces. On dit que mademoiselle Bichops-Werder figurait en personne dans les apparitions. M. de Lucchesini, conformant sa politique aux passions du nouveau maître, fut son principal ministre dans la campagne de Champagne. Son adresse contribua beaucoup à tirer l'armée alliée du bourbier où elle s'était fourrée. Les émigrés et les revenans avaient persuadé à Frédéric-Guillaume que toute la France viendrait au-devant de lui. Le duc de Brunswick ne croyait pas aux revenans, mais il croyait aux émigrés. Il était assez ridicule de voir l'héritier du maître de l'ordre teutonique venir combattre contre la séquestration des biens du clergé. Lorsque la vérité fut connue, Frédéric-Guillaume entra dans une grande colère contre les princes émigrés et leurs compagnons d'émigration. Il avait tort; car tous ces émigrés croyaient follement plus de la moitié de ce qu'ils lui avaient dit. Cependant, il fallait sortir de là. Les pluies avaient abîmé tous les chemins, l'armée alliée était dans l'eau et réellement embourbée; la dyssenterie produite par l'abus des raisins verts, mettait les soldats hors de combat. Les bataillons de garde nationale dont le zèle n'avait été que retardé par les intrigues jacobines, accouraient de toutes parts. Il s'établit une négociation avec Dumouriez par l'organe du colonel Manstein, aide-de-camp du roi de Prusse, mais sous la direction du ministre Lucchesini. — Cette conversation semblerait confirmer ce qu'on a dit dans le temps, non qu'il y ait eu de la trahison de la part de Dumouriez, mais que son esprit d'intrigues diplomatiques, son désir d'opposer la Prusse à l'Autriche, et son impatience d'attaquer les Pays-Bas, peut-être même de s'y faire un sort indépendant, l'avaient jeté dans une négociation embrouillée, tandis qu'en allant droit son chemin, il aurait obtenu un succès complet. Quoi qu'il en soit, M. de Lucchesini rendit un grand service à son maître, il se montra dans les négociations subséquentes peu scrupuleux, mais habile. On l'a vu depuis à Paris excessif louangeur de Napoléon, et au service de sa sœur aînée, la princesse Élisa, dont il était devenu le sujet. (*Note du général Lafayette.*)

« tion : dans la situation, où de faux rapports, des
« pluies inattendues, des maladies accidentelles
« avaient mis votre armée, si le général en chef placé
« devant vous n'eût pas eu ce talent de négocier; si
« au lieu d'aller chercher à Francfort la bulle d'or
« dont on n'avait que faire, Custine se fût replié, avec
« le corps d'armée du Rhin, sur vos magasins de
« Trèves et de Greven-Makren, et fût revenu par
« cette trouée de Carignan où vous vous étiez enfour-
« nés, Dumouriez conservant les excellentes positions
« qu'il occupait; que vous serait-il arrivé? — Les
« fourches Caudines, reprit-il vivement. » A peine ce
mot fut-il lâché, que nous nous regardâmes, et il
m'échappa de m'écrier : « Qu'il est piquant d'avoir
« manqué cela ! — Quand je dis les fourches Caudines,
« continua M. de Lucchesini, recourant après son aveu,
« vous jugez bien qu'une armée de soixante mille
« hommes ne consent pas à mettre bas les armes...
« — Certainement, répondis-je, recourant aussi après
« mon exclamation, je voulais seulement dire que
« sans vos négociations avec le général français, vos
« équipages et votre artillerie eussent été en grand
« danger. — Oh ! pour cela, dit-il, nous n'aurions
« eu ni les moyens ni la prétention de les emmener. »
Le duc Frédéric de Brunswick, frère du généralissime,
lorsqu'en 1793 il vint me voir dans ma casemate de
Magdebourg (1), me dit que l'armée alliée n'avait été
sauvée que par la chimère présentée à Dumouriez

(1) Voy. la p. 234 de ce vol. et dans le vol. 3, p. 499, les réponses du général de Witch, à quelques questions du général Lafayette sur les opérations de l'armée commandée par Dumouriez, lorsque les alliés se retirèrent après la bataille de Valmy, le 20 septembre 1792.

d'un grand établissement en Brabant. J'ai su par un officier prussien qui se trouvait dans cette retraite à l'arrière-garde, qu'un jour en sa présence, son commandant reçut du chef de l'avant-garde française l'avertissement de se dépêcher parce qu'il ne pouvait plus retenir l'ardeur de ses troupes. Beurnonville, un des principaux généraux de l'armée, dans le peu de communications que nous pûmes avoir à Olmütz (1), me fit dire qu'il n'avait tenu qu'à Dumouriez de forcer les alliés à capituler. C'est de Kellermann lui-même que Toulongeon avait appris ce qu'on trouve dans son Histoire sur l'ordre donné à ce général par les commissaires girondins, lorsqu'il se portait à Fontaine pour couper aux ennemis le passage de l'Aisne, de ne point avancer et de rappeler son avant-garde. Comme dans son étonnement Kellermann avançait toujours, les mêmes commissaires, amis de Dumouriez, lui expédièrent un second ordre de retourner à Suippe et d'y attendre une lettre qu'il ne reçut que deux jours après. J'ai cité ces noms pour les opposer aux vagues absurdités que l'aristocratie répandit, et, par exemple, que le duc de Brunswick avait renoncé à la victoire pour quelques diamans, et la coalition à ses projets en vertu d'une lettre de Louis XVI, bruit assez accrédité alors pour que M. de Malesherbes en ait parlé au roi qui l'assura que jamais même il n'en avait été question. Mais sans rechercher dans quelles proportions, pendant cette négociation peu sincère des deux parts, Dumouriez et

(1) Voy. la p. 279 de ce vol. sur les relations des prisonniers d'Olmütz avec M. de Beurnonville, ministre de la guerre en 1794, et livré au prince de Cobourg, par Dumouriez.

ses confidens furent malhonnêtes ou malhabiles, et en m'abstenant de rapporter un plus grand nombre de ces renseignemens et de ces témoignages tant français qu'étrangers, qui, à l'appui de mes propres réflexions, ont concouru à fixer mon opinion, je me contenterai de l'énoncer franchement ici. Si après la canonnade de Valmy due à Kellermann et à d'Aboville, mais dont Dumouriez se fit honneur, celui-ci et Custine avaient fait, l'un sans intrigue, l'autre sans déraison, tout simplement ce que le bon sens indiquait, ou, pour dire toute ma pensée, si je n'avais pas été proscrit, les fautes des ennemis et les hasards du temps, auraient mis dans mes mains un succès infiniment plus marquant et beaucoup moins méritoire que ma campagne contre lord Cornwallis. Aussi, dès ce moment, suis-je devenu indifférent à toute ambition militaire.

Dès que les girondins n'eurent plus à jouer contre moi la farce du patriotisme de Luckner, ils l'écartèrent pour faire place à leur favori Dumouriez. Celui-ci avait été fort mal reçu à mon armée. Il suffit pourtant des mécomptes et de la retraite des alliés pour lui donner une popularité passagère. Ses amis et lui eurent la velléité d'en profiter dans le procès du roi. Mais il craignit tout autant qu'eux de se compromettre; et les contre-révolutionnaires, qui avaient tant redouté que je ne sauvasse le roi aux dépens de la royauté, durent encore à ma proscription qu'aucune démarche en sa faveur n'ait été faite au nom des défenseurs de la patrie. La bataille de Jemmapes (1)

(1) Près de Mons, le 6 novembre 1792.

fut le beau moment de Dumouriez; il en profita vivement pour suivre ses projets de Belgique qui n'étaient pas ceux du gouvernement. Mais ayant trop entrepris à la fois, il eut à peine le temps de réunir ses troupes pour être battu à Nerwinde (1). Dès ce moment il intrigua avec les Autrichiens et se crut assez fort pour les mener à Paris après leur avoir livré son armée et les places. La trahison fut divulguée par son imprudente jactance; ses troupes lui désobéirent, les places fermèrent leurs portes; on sauva le trésor; il ne put livrer que des magasins, sept ou huit cents hommes, les commissaires conventionnels et le ministre Beurnonville, jusque là son ami, qui aima mieux être son prisonnier que son complice. Montesquiou qui commandait dans le midi, homme de beaucoup d'esprit et de jugement, avait dit dans une lettre publique citée le 8 août par Vaublanc: « Les jacobins de « Paris perdent le royaume, parce qu'ils sont influen-« cés par quelques hommes pervers qui les gouver-« nent et qu'ils sont les artisans de la division qui a « ôté à la nation les trois quarts de sa force au mo-« ment où elle en avait tant besoin. » Il était pourtant resté dans d'assez bons termes avec ces chefs qui n'en voulaient qu'à moi. Il caressa les jacobins méridionaux, et, après avoir adhéré à ma lettre du 16 juin, il s'était soumis à la révolution du 10 août, ce qui ne le préserva pas, peu de temps après, d'un décret unanime d'accusation, le jour même où il conquérait la Savoie. Rétabli alors, il ne tarda guère à être proscrit pour s'être refusé à faire subir aux Ge-

---

(1) Près de Tirlemont, le 18 mars 1793.

nevois les spéculations de leur compatriote le girondin Clavière. Ce parti protégea particulièrement Miranda, dont les liaisons anglaises et les vues personnelles furent toujours équivoques, Custine, constituant du côté droit, protestant avec la noblesse, mauvaise tête (1), mais incapable de trahison, et Biron, aristocrate et orléaniste (2), loyal et hâbleur, brave à la guerre et y perdant la tête, plein d'esprit, mais n'ayant jamais fait que des maladresses. On aurait pu, même alors, placer sa confiance beaucoup mieux. Ce ne fut qu'après la chute des girondins que se développèrent les grands talens.

Hoche et Pichegru s'élancèrent les premiers. Celui-ci eut pour patrons Robespierre et Saint-Just, ennemis de Hoche, à qui le 9 thermidor sauva la vie. Je me rappelle le vif plaisir que j'éprouvai lorsqu'une gazette glissée dans mon cachot m'apprit que ce jeune soldat aux gardes, que je m'étais plu à faire le sergent-major de ma première compagnie de grenadiers (3), et ensuite officier de confiance dans le régiment de La Colombe, venait de gagner une bataille contre le duc de Brunswick. Il m'a été bien doux encore de savoir que toujours il avait professé les mêmes sentimens pour moi ; que le premier de tous, et bien avant toute autre démarche il avait, dans ses rapports avec les ennemis, réclamé ma délivrance ; qu'il rendait à mes aides-de-camp et amis tous les services en son pouvoir, et qu'apprenant à la Conciergerie que mes mal-

---

(1) Son fils était au contraire un homme du plus grand mérite et qui donnait les plus hautes espérances. (*Note du général Lafayette.*)
(2) Voy. les p. 108 de ce vol. et 318 du troisième.
(3) Voy. la p. 348 du deuxième vol.

heureuses parentes allaient périr le lendemain, on l'avait vu fondre en larmes (1). J'avoue que je ne m'étais pas résigné à voir nos moyens de gloire passer à des gens qui n'avaient fait que les contrarier par leurs intrigues et leurs vœux; mais lorsqu'ils se trouvèrent exploités par les enfans de la révolution, je m'identifiai à leurs succès et je me sentis triompher avec chacun d'eux. Il faudrait presque une nomenclature générale pour rappeler ici tous ces chefs de l'armée, sortis des bataillons de la garde nationale, des premiers avancemens faits par moi-même ou dont j'étais le principal auteur. C'est donc à juste titre que je me sentais une espèce de paternité militaire, que la plupart de ces généraux se sont depuis, avec une aimable franchise, empressés de reconnaître. Il m'était même permis d'étendre ce sentiment sur l'ensemble de nos forces nationales, soit que je me reportasse au premier appel et aux inspirations primitives du patriotisme armé, soit que je suivisse dans leur accomplissement les effets dès lors annoncés de ce système militaire; car tandis qu'en général, le nouveau principe d'émulation opposait aux ennemis une bien supérieure proportion de talens, on a vu trop souvent l'intrigue jacobine et le dévergondage anarchique porter au commandement des hommes ineptes et quelquefois méprisables, comme pour mieux démontrer sur les autres points la complète supériorité de nos institutions. Mon amour-propre à cet égard était d'ailleurs et de reste entretenu par l'exaspération

(1) Le général Hoche avait été dénoncé, destitué du commandement de l'armée de la Moselle, et incarcéré, lorsque la journée du 9 thermidor lui rendit sa liberté.

des puissances vaincues, croissant s'il est possible à chaque défaite. C'est en laissant ce motif « aiguillon-« ner une vengeance perverse dans les gouvernemens « arbitraires et despotiques, » pour me servir des expressions du général Fitz-Patrick, que, dans son noble discours du 16 décembre 1796 (1), il appelait le parlement anglais à des sentimens plus généreux : « Je ne « croirai pas, disait-il, que ce pays se porte pour « haïr un homme né en France, parce que cet homme « a institué dans l'origine ces gardes nationales qui, « après avoir préservé pendant deux ans, sous ses « ordres, la sûreté, les propriétés et le repos de la « capitale, ont valu ensuite à la France entière le « pouvoir de maintenir son indépendance et d'établir « le gouvernement de son choix contre les efforts de « l'Europe conjurée. »

Il était impossible que le paroxysme de l'anarchie et la fausse interprétation des idées d'égalité n'eussent pas fait retomber l'armée dans quelques désordres. La nomination des officiers par les soldats produisit pendant quelque temps beaucoup de mauvais choix. Mais en général on ne peut qu'admirer l'obéissance sous les armes, le désintéressement, le caractère généreux qui, pendant que la France était souillée par la férocité ou dégradée par la résignation, distinguèrent au dehors ses troupes victorieuses. Elles furent long-temps le refuge de l'honneur national. La bonne direction qu'elles avaient d'abord reçues se fortifia par les envois considérables de gardes nationales parisiennes et autres dont le vrai patriotisme

(1) Voy. la p. 415 du troisième vol.

inquiétait encore les jacobins, et par l'addition volontaire d'un grand nombre de bons citoyens qui échappaient ainsi à l'horreur de ce qui se passait dans les villes, au danger d'avoir été les premiers défenseurs de la liberté et de l'ordre public. Les pertes se remplaçaient par une jeunesse animée de tous les sons de la liberté, non encore abattue par les actes de la tyrannie et prise dans toutes les classes, ce qui forma l'armée la plus substantielle et les sous-officiers les plus distingués qu'il y ait jamais eu. C'est ainsi que, dévoués au grand intérêt d'empêcher l'invasion et le partage de la France, s'étourdissant au bruit du canon et des hymnes patriotiques, un million de braves n'avaient pas de contact avec les crimes et les malheurs de leur patrie; si ce n'est lorsque d'infâmes décrets, des lettres de deuil, des représentans furieux, venaient troubler leurs triomphes, ou lorsque ces tigres de l'intérieur enlevaient quelque proie sous les drapeaux vainqueurs du monde, et courbés devant un huissier conventionnel. On vit alors une assemblée de législateurs votant à l'unanimité le massacre des prisonniers anglais, et tous les militaires, sans exception, se refusant à l'exécution de cet ordre. Malheureusement il n'en fut pas de même pour les émigrés; mais quoique aucune puissance étrangère, dans aucun temps, dans aucune convention générale ou capitulation particulière, n'ait jamais fait pour eux le moindre cartel, la moindre stipulation, beaucoup d'émigrés ont été sauvés par leurs compatriotes. Quelques-uns m'ont appris que, tandis qu'ils étaient lâchement désignés par des officiers étrangers dans les corps desquels ils tâchaient de se déguiser, nommément à la prise des places de la Hollande, les Français affectaient de ne pas les voir et repoussaient les dénonciateurs.

Dans la Vendée, les républicains ont eu des Westerman, Santerre, Canuel et Rossignol, comme les royalistes avaient leur curé Bernier. Les cruautés de cette guerre civile furent cependant moins dues à l'esprit général des combattans qu'aux calculs et aux fureurs d'une politique sanguinaire.

Personne au moins ne contestera cette foule d'exemples de valeur héroïque, de dévouement sublime, de persévérance infatigable, qui sembleraient fabuleux s'ils étaient loin de nous. Avec quelle admiration les Hollandais me parlaient de ces troupes qui, après avoir surmonté en courant les remparts, et repoussé des armées, restèrent dans les rues d'Amsterdam, les armes au faisceau, par un froid inouï (1), sans qu'aucun soldat entrât dans une maison! Et lorsque les députés des villes cherchaient les chefs de cette irrésistible puissance ils trouvaient des généraux que leur extérieur, et leurs manières ne distinguaient pas des plus simples officiers. On les aurait tous vus, si la paix se fût faite en l'an IV, rentrer dans leurs foyers aussi pauvres qu'ils en étaient sortis.

Ces bonnes dispositions s'altérèrent successivement. L'abandon de la garde nationale sédentaire, incompatible avec la tyrannie, la dispersion des détachemens de recrues qu'elle aurait dû fournir, en isolant dès les premiers temps l'armée, affaiblissaient

(1) Au mois de janvier 1795, sous le commandement de Pichegru.

peu à peu ces rapports civils et sociaux dont se compose l'esprit patriotique. Les comités conventionnels et le directoire tendirent également à séparer l'armée, dont ils voulaient faire leur instrument, des citoyens, dont la majorité était mécontente; et ceux-ci, regardant les soldats comme des satellites d'un pouvoir odieux, contribuèrent à les rendre tels en ne faisant ni à leur gloire ni à leurs personnes l'accueil qui leur était dû. J'avais mis une importance qu'on trouvait excessive et minutieuse à pénétrer la force armée de respect et de soumission pour toute autorité civile, persuadé que, dans une nation guerrière et condamnée à maintenir des places et un état militaire, cette indispensable garantie de la liberté ne saurait être trop scrupuleusement consacrée; mais il suffisait au directoire que l'armée fût républicaine, c'est-à-dire prête à défendre le gouvernement contre toutes les opinions et contre tous les partis, depuis les princes Bourbons jusqu'au proscrit de la veille; il regardait même comme utile à son pouvoir ce déplorable échange d'injustice d'une part et de mépris de l'autre. Enfin, à la suite de beaucoup de généraux et de victoires, on vit paraître, sous la constitution de l'an III, un homme à qui ses talens et son ambition donnèrent bientôt un premier rang; il mit sa politique à inspirer à l'armée d'Italie, et surtout à ses principaux officiers, le goût des richesses. Le mal gagna progressivement. A mon retour en France, les fortunes de quelques généraux, devenues proverbiales, excitaient plus d'envie que de blâme. Je reprochai aux meilleurs d'entre eux un ton d'arbitraire, un dédain pour le civil, dont eux-mêmes ne s'apercevaient plus. Que de patriotisme néanmoins, de bon esprit, de nobles sentimens restaient alors dans l'armée! Depuis, semblable à un vaisseau qui continue à courir sur son vent, elle a conservé dans les combats une partie de cette impulsion révolutionnaire, dont les glorieux effets sont attribués par la flatterie au seul génie de Bonaparte.

On ne peut apprécier avec impartialité l'état intérieur de la France depuis l'établissement de la république (trois ans après sa proclamation, jusqu'au coup mortel qu'elle reçut le 18 fructidor), sans avoir fait deux distinctions essentielles entre le système général des institutions de l'an III et les effets spécialement produits par le règne des comités révolutionnaires, régime monstrueux qui n'appartenait à aucune sorte de gouvernement; entre la forme constitutionnelle du pouvoir directorial et les circonstances particulières qui concoururent à la nomination, à la politique des premiers directeurs. Les institutions furent, presque toutes, celles de l'assemblée constituante, dont les principes régénérateurs, établis sur les ruines d'une immensité d'abus, d'entraves et de sottises, se retrouvèrent pour la plupart encore debout au sortir de ces trois années d'un effroyable ouragan. Sa haine des priviléges, sa soif de popularité, et les provocations de l'aristocratie l'avaient portée à faire pour la masse générale et même avec trop peu de ménagemens, tout ce qu'elle avait cru pouvoir sans remords se permettre. Aussi ne vois-je dans la foule de décrets postérieurs que deux dispositions qu'on puisse trouver profitables au peuple : la destruction des rentes foncières et le partage des biens d'émigrés et de proscrits. La première avait été également assurée, mais sans injustice, en rendant les rentes rachetables; le profit résultant de la division des domaines de famille ne fut que trop compensé par le gaspillage des autres biens nationaux, les dévastations des spéculateurs, et surtout par l'immoralité de sentimens et de procédés que ces ventes excitèrent; mais c'est de l'assemblée constituante que la nation et chaque citoyen avaient reçus la réintégration complète de leurs droits, l'affranchissement de leur industrie, tous les moyens de développement, d'amélioration et de prospérité; de manière que, malgré tout ce qu'on avait ensuite perdu par l'anarchie, le terrorisme, le maximum et la famine, malgré une guerre terrible contre toutes les puissances de l'Europe, la France se trouvait encore dans une situation plus favorable à ses progrès, et en fit conséquemment de plus rapides qu'on n'en peut citer d'exemples dans l'histoire d'aucun temps et aucune partie de l'ancien monde. Quant à l'organisation politique de l'an III, elle fut à quelques égards moins populaire que la nôtre. Outre la restriction excessive du droit de pétition et la sévère répression des clubs, on concentra les autorités communales, administratives et judiciaires, on leur donna des surveillans nommés par le gouvernement, qui eut un droit de destitution très étendu; le corps législatif ne fut renouvelé que par tiers; et de ces divers changemens, la plupart utiles, le meilleur, à mon avis, fut l'établissement de deux chambres distinctes, différemment composées, dont l'une avait le *veto* sur l'autre. On le dut aux mêmes hommes qui, depuis si long-temps, n'avaient cessé de crier, d'intriguer et d'écrire contre le moindre soupçon d'une pareille opinion. La seule altération qui eut un caractère plus républicain que la première constitution, fut de transférer au conseil des anciens, en le rendant absolu, le *veto* que le roi n'avait que pour six ans, et de remplacer la présidence royale et héréditaire du pouvoir exécutif par un conseil de cinq directeurs. A cela près, le système d'organisation primitive fut maintenu, et même presque toutes les améliorations exécutées depuis, telles que l'uniformité des lois civiles, celle des poids et mesures, etc., etc., ne furent que le résultat des dispositions faites par l'assemblée constituante.

La science politique est encore si peu avancée, que souvent les idées les plus simples s'embrouillent faute de mots pour les exprimer. Ceux de république et monarchie, par exemple, ne sont nettement saisis dans aucune opinion, si ce n'est peut-être par les royalistes absolus. Un de mes intimes amis, dans un des meilleurs ouvrages qu'on ait fait, je crois, sur ces matières, a classé les gouvernemens en *nationaux* et *spéciaux* (1) : les premiers émanant du peuple souverain, dont les pouvoirs délégués ne sont jamais aliénés ; les autres reconnaissant à un homme, à une caste ou corporation, la propriété de tous ou d'une partie de ces pouvoirs.

(1) M. Destutt de Tracy, ancien membre de l'assemblée constituante, de l'Institut de France, auteur des *Commentaires sur Montesquieu*, etc. C'est de M. de Tracy, beau-père de M. George Lafayette, qu'il est parlé p. 387 et 427 du 2ᵉ vol. Il était, en 1792, maréchal-de-camp dans l'armée du Nord.

L'Angleterre ne serait alors, en théorie, qu'un gouvernement spécial; mais son esprit public est si national, que la prérogative de ses rois et de ses pairs ne serait pas impunément exercée jusqu'au bout. L'autorité de son parlement, l'hérédité dans une chambre, l'imparfaite représentation dans l'autre, en font une république aristocratique plutôt qu'une monarchie; tandis que notre constitution de 1791, quoiqu'elle eût à sa tête un monarque héréditaire, était, en théorie comme en pratique, un gouvernement purement national; et, à l'exception des États-Unis, ou de quelques petits pays, plus vraiment républicain qu'aucun de ceux, anciens et modernes, qui aient porté ce nom. Mais, en général, l'attention s'arrête trop sur la forme du pouvoir exécutif, objet d'ambition, source de faveurs, parce que chacun y cherche ce qui lui conviendrait le mieux. En vain dirait-on qu'il n'y a pas une prodigieuse différence entre un conseil de ministres, dont le roi est électeur, lorsque la non-responsabilité de celui-ci laisse de fait l'autorité en leurs mains, et lorsqu'un vote du corps législatif peut toujours les renvoyer; l'empreinte républicaine n'en est pas moins fixée sur le directoire; et l'on est convenu de répéter que dans un grand empire la république est impossible.

Il serait assez piquant d'avoir à défendre cette forme directoriale contre mon illustre ami Jefferson, ardent adversaire de la royauté, de l'hérédité et des priviléges, mais qui tient fortement à l'unité du pouvoir exécutif, et en même temps de pouvoir opposer aux anti-républicains l'opinion d'un royaliste justement célèbre par la sagacité de son esprit :

« Nous remarquerons, dit M. Hume, dans ses « *Essais*, la fausseté de l'opinion vulgaire qu'aucun « grand État, tel que la France ou la Grande-Breta- « gne, ne pourrait être organisé en république, et « qu'une telle forme de gouvernement ne peut avoir « lieu que dans une ville, ou un petit territoire. Le « contraire paraît probable. Quoiqu'il soit plus diffi- « cile de former un gouvernement républicain dans « un pays étendu que dans une ville, il est plus aisé, « lorsqu'une fois il est formé, de l'y conserver stable « et uniforme, sans tumulte ni factions....... Dans une « ville, ajoute-t-il, la démocratie est turbulente, l'aris- « tocratie jalouse et oppressive ; mais dans un grand « État, il y a assez de place pour perfectionner la dé- « mocratie, depuis les dernières classes du peuple qui « peuvent être admises dans les élections primaires, « ces premières opérations de la république, jusqu'aux « principaux magistrats qui en dirigent tous les mou- « vemens. En même temps, les diverses parties sont « trop éloignées les unes des autres, pour qu'il ne « soit pas très difficile à l'intrigue, aux préjugés, et « aux passions de les jeter dans des mesures préjudi- « ciables à l'intérêt public. »

C'est ce perfectionnement d'une démocratie représentative qui pour la première fois, dans l'ancien continent, avait été établi par les deux constitutions de 1791 et de l'an III. Je ne discuterai point ici deux formes de pouvoir exécutif établies à ces époques où l'une et l'autre furent nécessitées ; et en effet, il eût été aussi difficile de rétablir la grande magistrature unique en l'an III, qu'il avait été précédemment imprudent et anti-national de la détruire; je ne disputerai pas non plus à Jefferson sa présidence d'un seul, quoiqu'il n'en voulût pas si elle était héréditaire; et à la vérité, c'est une grande force d'empiétement, comme on l'a vu en Hollande, que cette hérédité d'une prérogative quelconque. Ne venons-nous pas d'éprouver aussi, relativement aux circonstances françaises, le danger d'une présidence de dix ans ou à vie? On pourrait ajouter qu'il y a eu sous le régime directorial un grand développement d'industrie, de prospérité et d'instruction; que cette division du pouvoir avait découragé l'espoir de la détruire par un assassinat, comme on l'a souvent tenté depuis; qu'il n'était pas de sa nature si faible qu'on le croit, puisque aujourd'hui, en 1813, celui de Bonaparte ne résisterait pas trois semaines à ce qu'il y a eu de liberté de parler, de se réunir, et d'imprimer, même depuis les attentats du 18 fructidor. Il me suffira d'observer, comme on doit le dire aussi des temps antérieurs au 10 août, que les malheurs arrivés sous le régime républicain de l'an III, ne peuvent rien préjuger contre lui, puisqu'ils tiennent à des causes tout autres que son organisation constitutionnelle.

La principale de ces causes fut l'horreur de la révolution et de la république, excitée par le règne de la terreur; les ennemis de la liberté avaient eu la consolation, je pourrais dire le triomphe, d'y voir dénaturer comme à dessein les idées les plus libérales, profaner avec affectation les dénominations les plus sacrées; il en résulta un tel revirement de l'esprit public, naguère si enthousiaste de nos innovations, que les lois désirables sous tous les régimes étaient repoussées uniquement à cause de leur date. La réaction des violences fut affreuse. N'a-t-on pas vu le terrorisme contre-révolutionnaire de Naples surpasser, s'il est possible, les fureurs du terrorisme jacobin? et en France, d'exécrables représailles d'assassinats, de massacres de prisons, où de prétendus honnêtes gens se firent les émules des crimes dont ils s'établissaient les vengeurs? Le peuple, qui déjà jouissait des bienfaits de la révolution comme de l'air qu'on respire, sans s'en apercevoir, n'était plus frappé que de ce qu'elle avait causé de mal. La loi du 3 brumaire avait mis hors de son choix un grand nombre de citoyens irréprochables. Il devint alors possible à l'intrigue bourbonienne, à l'or étranger, d'influencer les élections, et celles de l'an v portèrent les marques de ce double poison (1).

On connaît cette foule de lois tyranniques appelées révolutionnaires, qui subsistent encore aujourd'hui, et dont l'abolition sera le premier devoir de tout gouvernement patriote. Les deux partis qui amenèrent le 18 fructidor s'en prévalaient aussi : les uns pour motiver leurs attaques, les autres pour faciliter la défense. On ne s'en servait communément que contre des émigrés et des prêtres; mais cette double persécution exercée sans pitié par le directoire, lui faisait, à juste titre, beaucoup d'ennemis. Ce directoire d'ailleurs, par les motifs passagers dont j'ai déjà

---

(1) Le 20 mai 1797.

parlé, avait été mal choisi. C'étaient Rewbell, dont la fermeté, disproportionnée à ses lumières, n'était plus qu'un entêtement, et qui eut la maladresse, sans être concussionnaire, d'en usurper la réputation; La Reveillère, devenu par un étrange contre-sens pontife du déisme, persécuteur théo-philanthrope, et que sa probité, entravée dans les bornes étroites de son esprit, n'a pas empêché de participer à de grands attentats; Barras, qui, ayant passé de l'aristocratie au jacobinisme, offrait un composé de faux airs de grand seigneur, d'habitudes terroristes et de mœurs scandaleuses. Carnot avait la tache du comité de salut public; il s'appliqua franchement à réparer les torts passés, à faire aimer l'ordre actuel; mais, se voyant mener à la contre-révolution, il s'arrêta, au risque de périr. Letourneur, homme faible, avait été remplacé par Barthélémy, le seul ministre en pays étranger pendant la terreur, enclin à l'aristocratie, mais voulant honnêtement le bien; il n'eût fallu peut-être qu'un choix de plus, fort et populaire, tant les vices de ce gouvernement étaient accidentels, pour replacer le pouvoir exécutif sur une base solide et nationale. J'en dirai autant des quatre partis qui agitaient la France et les conseils; une faction d'incorrigibles et turbulens jacobins dominaient encore, par des prétentions patriotiques et sous peine d'excommunication populaire, la classe bien plus nombreuse des républicains sincères, mais ombrageux, qui ne se permettaient pas de lever un regard téméraire les uns sur le 31 mai, les autres sur le 10 août. D'un autre côté, la grande majorité constitutionnelle, exaspérée de ce qu'elle avait souffert, le par-

donnant moins encore à la mémoire des girondins qu'aux autres jacobins de 1791, trouvant dans les motions réparatrices son devoir, sa gloire et sa vengeance, attachée à la liberté et à son pays, se voyait entraînée, par une poignée d'ardens royalistes, et de stipendiaires anglo-bourbons. « Si nous eussions triom-
« phé, me disaient depuis Émery et mes autres amis,
« je doute que nos contre-révolutionnaires nous eus-
« sent laissé assez de crédit pour vous délivrer. » Et en effet, ils avaient déjà éprouvé plus de tergiversations de leur part, surtout auprès de Pichegru, que dans la partie adverse du gouvernement. Il semblait, d'après nos rapports anciens, nos obligations récentes, que notre captivité, en même temps qu'elle signalait la haine des gouvernemens et l'estime des patriotes étrangers, nous avait conservé comme un point de raccord entre les premiers patriotes français. Nos amis nous attendaient ; le parti directorial, nommément Barras et Rewbell, ne me demandaient que de prendre, hors de Paris, le temps de juger par moi-même ; et ce message, confié à des personnes sûres, paraît une preuve de plus que ce n'est pas le directoire qui avait voulu, en opérant ma délivrance, empêcher mon retour (1) ; il ne l'aurait pas même pu.

Mais lorsque la détermination de nous réclamer eut été entendue dans les conseils, décrétée au directoire, transmise aux plénipotentiaires, ceux-ci rencontrèrent, comme ils l'ont souvent déclaré, plus de répugnances, de difficultés et de subterfuges, que dans aucune autre demande qu'ils aient faite aux puis-

(1) Voy. plus loin, la p. 366.

sances étrangères. La négociation dura cinq mois ; elle fut encore retardée par la prétention qu'eut la cour de Vienne de nous imposer directement des conditions, et la première nouvelle que nous apprîmes en sortant de prison fut la catastrophe du 18 fructidor.

J'ai payé assez chèrement mon improbation de cette journée pour avoir le droit de dire que les trois directeurs, depuis long-temps sur la défensive, n'avaient fait que prévenir leur perte ; ce n'est certes à aucun calcul de patriotisme qu'on peut attribuer la précipitation de leurs adversaires. Chaque année devait amener dans les conseils un nouveau tiers, au directoire un membre anti-jacobin ; jamais peut-être on n'a eu généralement plus de liberté, à certaines exceptions près, que la majorité législative était à portée de rectifier. En attendant, les prêtres non suspects exerçaient sans éclat leur culte ; un grand nombre de proscrits avaient obtenu des radiations provisoires ; plusieurs en ont refusé de définitives, pour ne pas perdre à la contre-révolution leur titre d'émigrés. Quelques uns objectaient déjà leurs droits d'aînesse aux cadets restés en France, qui voulaient partager avec eux. Les trois quarts des journaux attaquaient sans cesse, et souvent avec indécence, le gouvernement et ses amis. La constitution elle-même était, dans tous les cercles, mise en question. Des motions journalières, où les partisans des mesures conventionnelles étaient peu ménagés, emportaient, aux applaudissemens publics, des décrets réparateurs. Les progrès de l'agriculture, de l'industrie, de l'instruction, des sciences étaient prodigieux ; on voyait, par exemple, à l'Ecole Polytechnique, l'élite de la jeunesse française, livrée à elle-même, offrir le singulier spectacle du sacrifice de toutes les passions de cet âge à celle des hautes études. On ne peut guère non plus objecter un sentiment bien profond des malheurs passés, lorsqu'au milieu du luxe et des plaisirs renaissans, on a vu s'établir un *bal des victimes*, où, pour être admis, il fallait être enfant de condamnés. Cette inconvenance, au reste, ne fut pas plus étrange que ce qui se passa à Londres, en 1795, lorsque des émigrés oublièrent tellement la mort du Roi pour laquelle il fallait mettre la France à feu et à sang, que l'anniversaire du 21 janvier fut choisi par distraction, et maintenu par embarras, pour une fête chez M. de ***, ancien favori de la reine. Le mot du proverbe qu'on y joua fut: « *Il n'est pas d'éternelles douleurs* (1). » Mais dans les salons de Paris, cette légèreté même anima les irritations politiques; comme autrefois les femmes provoquaient par leur imprudence le plus grand nombre des duels. Il fallait qu'un député, pour être à la mode, fût soupçonné d'arrière-pensées royalistes; et la tribune se ressentait des amorces présentées à la vanité, des piqûres faites à l'amour-propre des partis.

C'est par ces pitoyables causes, plus encore que par les intrigues réfléchies, qu'on vit la majorité des conseils se perdre en vaines attaques, et avertir le gouvernement de pourvoir à sa sureté. Il appela le général Hoche, dont le patriotisme repoussa des

---

(1) Aussi, à l'anniversaire suivant de Charles Ier, lut-on dans les papiers anglais : *MM. les émigrés français sont prévenus qu'on ne donne pas de fête aujourd'hui.* (*Note du général Lafayette.*)

propositions violentes (1); Bonaparte, moins scrupuleux, encouragea les directeurs, promit l'appui de son armée, envoya l'exécuteur Augereau, comme depuis, dans l'ardeur de son républicanisme, il poursuivit à Genève un citoyen qui avait donné refuge à Carnot. Le triumvirat, enhardi, se décida au coup funeste qui maintint son pouvoir en perdant la république. Ce fut le crime du 18 fructidor. Le lendemain le parti vainqueur mit le comble à ses attentats. Les représentans proscrits, le directeur Barthélemy et d'autres ennemis personnels, enfermés dans des cages de fer, soumis à des traitemens insultans et cruels, furent destinés à périr dans les déserts pestilentiels de la Guyanne. Là aussi furent successivement déportés une foule de prêtres et autres victimes d'une infâme vengeance et d'une crainte tyrannique.

Telle était la situation politique sur laquelle nous eûmes à nous décider. La mienne n'était pas mauvaise. Le bien et le mal de la révolution paraissaient, en général, séparés par la ligne que j'avais suivie. Les résultats de ma proscription ne parlaient que trop pour moi. Le despotisme, l'aristocratie, le jacobinisme, déjouant leur propre haine par ses excès, avaient réciproquement réfuté leurs calomnies et comme gardé ma place en l'améliorant. Je m'étais perdu pour la défense du roi et du trône légal; et souvent ensuite j'avais été servi par des amis, des argumens et des assertions plus royalistes que moi. Je me trouvais par là très innocemment à portée de m'élever au-dessus des limites constitutionnelles, de

(1) Le général Hoche mourut le 18 septembre 1797, quelques jours après le 18 fructidor.

grossir la liste des institutions ou des mesures que j'avais désapprouvées et d'être adopté, à l'ancien régime près, par toutes les nuances de l'opinion monarchique. Ce conseil me fut porté d'avance à mon approche de Hambourg. On fit valoir la nouvelle tendance des idées même dans mon parti, l'occasion de réparer d'un seul coup mes erreurs démocratiques, et l'avantage de ne pas reconnaître une république déchirée dont la France ne voulait plus. D'un autre côté, je reparaissais avec la confiance et l'affection de tous les républicains étrangers et pour me concilier ceux de mon pays qui s'arrogeaient exclusivement ce titre, il ne manquait plus que d'adhérer aux mesures fructidoriennes. Je ne fis ni l'un ni l'autre; Ce ne fut pourtant pas faute de discernement. J'observerai en passant que les hommes à sentiment ne sont pas toujours si bêtes que le pensent les spéculateurs en fortune. « Si Lafayette eût voulu nous croire, « il serait à la place de l'empereur, » disait, il y a quelque temps, le maréchal Lefebvre; et c'est un propos assez fréquent, comme s'il eût fallu être averti de la facilité d'exploiter à mon profit l'enthousiasme populaire, le dévouement des gardes nationales, les époques du 6 octobre, de la fédération, du 21 juin et même du 10 août. Mais, au défaut de niaiserie, je n'y mis aucune vertu, parce que j'étais insensible à ce genre d'ambition, et par exemple les offres repoussées au 10 août n'entrèrent pour rien dans le mérite que j'eus à sacrifier la gloire qui m'attendait. J'ai su quelquefois saisir, pour le succès de mes vues, de grandes circonstances et même les créer; j'ai souvent produit beaucoup d'effet sur des auditoires tumultueux ou prévenus. Je ne suis pourtant ni homme d'état ni orateur, c'est-à-dire propre à toutes les combinaisons et à toutes les causes. Je crois même que si, dans ma jeunesse, j'ai obtenu quelque réputation militaire, il y a telle application de cette dose quelconque de talent qui m'en eût privé tout-à-fait. Je serais, en conséquence, devenu un royaliste fort gauche, parce que, sans être aveuglé sur les défauts de notre première constitution, je n'en aperçois pas mieux des qualités occultes dans la noblesse héréditaire ou les prérogatives indépendantes de la nation, et parce qu'aimant la république et y croyant, j'éprouvais le besoin de voir aller celle de l'an III, quoiqu'elle eût été constituée sans moi. Je ne pouvais pas non plus accepter des républicains exclusifs l'excuse d'un malentendu dans ma résistance au 10 août, ni dissimuler mon opinion sur le dernier attentat et mon intérêt pour ses victimes. Quel scandale aux yeux de tous, si j'avais avoué que, dans l'organisation sociale, je ne tiens indispensablement qu'à la garantie de certains droits publics et personnels, et que les variations du pouvoir exécutif compatibles avec ces droits ne sont pour moi qu'une combinaison secondaire! Me livrant donc, sans calcul, à mon premier mouvement et m'étant concerté avec mes deux compagnons, nous résolûmes de rester séparés de tous les partis anti-constitutionnels, d'adhérer à la France républicaine et de manifester notre fidélité aux principes qui venaient d'être violés. Nous arborâmes la cocarde nationale; cet exemple, imité par les patriotes proscrits, établit une distinction tranchante. Notre première démarche fut une visite au ministre de la république; mais lorsque le lendemain il nous la rendit, je répondis à ses avances et à des insinuations officielles par une déclaration franche sur mes inaltérables sentimens du 10 août, sur ma récente horreur du 18 fructidor, et sur mon attachement aux bons citoyens martyrs de ces deux actes liberticides.

Ce n'est pas seulement à cause des anciens souvenirs et parce que la politique républicaine se rétrécissait de plus en plus, que les fructidoriens avaient besoin de savoir à quoi s'en tenir avec moi. Mes amis dans l'autre parti et même mes adversaires cachés, avaient généralement mêlé mon nom à leur système d'agression. S'ils demandaient aux directeurs ma délivrance, c'était presque toujours en les menaçant de l'opinion publique, de motions dans les conseils, et sans dissimuler l'espérance de mon appui contre eux. Les traces de ces dispositions diverses se retrouvent sous ma main dans quelques lettres d'amis particuliers. Madame de Staël avait la bonté de m'écrire le 22 juin 1797 : « Venez directement en France, il « n'y a point d'autre patrie pour vous; vous y trou« verez la république que votre opinion appelait « lorsque votre conscience vous liait à la royauté.

. . . .
. . . .
. . . .

« Vous êtes, comme héros et comme martyr, telle« ment uni à la liberté qu'indifféremment je prononce « votre nom et le sien pour exprimer ce que je désire « pour l'honneur et la liberté de la France, etc. » Masclet (1), ardent républicain, et bientôt après fruc-

(1) M. Masclet, aide-de-camp du duc d'Aiguillon, au commence-

tidorien décidé, écrivait de son côté le 31 juillet :
« La délivrance dépend en ce moment du directoire
« et de Bonaparte; ce dernier suivra les directions,
« les vues, les intérêts de la majorité actuelle du direc-
« toire..... Il est certain que Carnot et Barthélemy
« ne craignent pas notre ami et désirent même son
« retour en France. C'est donc à l'influence prépon-
« dérante des trois autres, c'est à leurs frayeurs, à
« leur malveillance, qu'il faut rapporter l'atende-
« ment. Je ne vois dans l'intérêt de Lafayette que la
« minorité du directoire et les membres influens
« des deux conseils; il est naturel que ces trois
« hommes craignent de voir Lafayette venir renforcer
« l'opposition. La résurrection de la garde nationale
« doit les rendre plus ombrageux encore, car il est
« simple que cette inquiétude se reporte sur celui
« qui en fut l'instituteur et le premier chef... Les
« Lameth veulent rattacher leur nom et leur intérêt
« à ceux de Lafayette; nos trois hommes du directoire
« voient au milieu de ces gens-là la bannière de la
« constitution anglaise et ils voient bien; ils croient
« encore que notre ami irait se ranger sous cette
« bannière auprès d'eux, et en cela ils n'ont pas le
« sens commun; mais on ne guérit pas plus de la sot-
« tise que de la peur, et je ne doute pas qu'ils n'aient,
« sous ce rapport communiqué l'une et l'autre au très
« brave et très éclairé républicain Bonaparte. Thugut

ment de la révolution, se réfugia pendant la terreur en Angleterre. C'est là qu'il fit insérer dans le *Morning-Chronicle* et dans plusieurs journaux de Hollande et de Hambourg de vives réclamations en faveur des prisonniers d'Olmütz. Il fut plus tard consul à Liverpool et à Nice où il est mort depuis 1830.

« a pressenti les dispositions peu favorables de ces
« hommes ; il sent que les conseils se trouveront
« trop heureux d'avoir à ratifier une paix si long-
« temps et si ardemment désirée ; qu'ainsi il peut ne
« pas désespérer encore de pouvoir refermer pour
« jamais la prison qu'il a paru entr'ouvrir un in-
« stant. »

Il fut, en conséquence, résolu entre des amis de ce bord, que M. de Talleyrand, Benjamin Constant, etc., s'expliqueraient avec Barras, s'engageraient pour moi, s'il le fallait, à une absence de six mois ; ils furent satisfaits de la réponse. On confia ce secret à deux membres de l'autre parti ; Émery et Dupont de Nemours. Celui-ci eut une conversation du même genre avec Rewbell.

Masclet me faisait savoir, le 2 août, que M. de Talleyrand avait chargé les plénipotentiaires français de faire expliquer catégoriquement ceux de l'empereur, et de demander si la cour de Vienne était enfin décidée à terminer la négociation sur les bases convenues dans les préliminaires. Voici un autre passage d'une de ses lettres, écrite un mois après, le 1er septembre :

« J'ai parlé ce matin de la déclaration des prison-
« niers d'Olmütz à Talleyrand ; il en a été enchanté (1).
« J'observai que j'avais l'intention d'aller la faire lire
« à Barras, mais que je craignais qu'elle ne fît peur
« au directoire, et qu'ils ne cherchassent à tenir les si-
« gnataires hors de France ; il m'a répondu qu'il ne
« pouvait résister à la tentation d'aller en faire lecture

---

(1) Voyez cette déclaration, p. 297 de ce vol.

« en plein directoire, et il est parti... Nous allâmes,
« Talleyrand et moi, au directoire à neuf heures. »
Suit le compte d'un court entretien avec Barras où,
après quelques complimens, celui-ci dit : « Lafayette
« peut rentrer en France quand il lui plaira; il n'y a
« pas à cela la moindre difficulté; quant à mon inté-
« rêt pour sa délivrance, vous pouvez y compter. »

C'est trois jours après, 18 fructidor (4 septembre
1797), que, dans la proclamation du directoire aux
Français, se trouvent ces mots : « Je ne ferai rien d'in-
« complet, disait Pichegru; je ne veux pas être le
« troisième tome de Lafayette et de Dumouriez, etc. »
« Il veut bien leur ressembler par la perfidie; mais il
« veut les surpasser par le succès et par le complet du
« crime (1) ! » Je ne sais si cette sottise fut due au seul
président La Reveillère, que mon zèle pour la liberté
des cultes devait armer contre moi; mais elle n'empêcha pas M. de Talleyrand d'écrire officiellement que
la révolution du 18 fructidor ne changeait rien aux
dispositions à mon égard.

Masclet écrivit quelques jours après, le 14 septembre : « J'ai lu hier en entier, chez Talleyrand, la lettre
« du baron de Thugut; son authenticité est certifiée
« par le premier secrétaire de la légation sicilienne,
« attaché au marquis de Gallo; elle dit que le lende-
« main, 2 septembre, l'ordre de remettre en liberté les
« prisonniers d'Olmütz sera expédié; que leur élar-

---

(1) Les membres du directoire, auteurs du coup d'état de cette journée, exécuté avec les troupes commandées par le général Auge-reau, firent deux proclamations. Dans la première se trouve le passage ici cité; la seconde portait *que tout individu qui rappellerait la royauté, la constitution de 1793 ou d'Orléans, serait fusillé sur-le-champ.*

« gissement aurait été effectué plus tôt si les difficultés
« sur leur destination future avaient été plus tôt le-
« vées ; que le général Bonaparte et Clarke s'étant
« opposés à ce que les prisonniers fussent conduits
« sur le territoire situé sur la rive gauche du Rhin,
« par des raisons qu'il était aisé de pressentir, de pa-
« reils motifs avaient engagé Sa Majesté Impériale à
« leur interdire tous les pays situés au-delà de la rive
« droite ; qu'en conséquence, il avait été arrêté qu'ils
« seraient transportés à Hambourg, pour y être remis
« au consul américain avec lequel ils se concerteraient
« et d'où ils pourraient s'embarquer, soit pour l'Amé-
« rique, soit pour telle autre destination qu'il leur
« plairait. Voilà le fond de cette lettre ; je n'entends
« rien à cette opposition de Bonaparte et Clarke ; c'est
« un mystère que je vais tâcher de découvrir (1). »

C'est ainsi que, tandis qu'au nom du gouvernement français, les plénipotentiaires feignaient de prendre des précautions républicaines contre le défenseur du trône constitutionnel, les gouvernemens étrangers en prenaient dans le reste de l'Europe contre le promoteur de la liberté générale. Mon refus de recon-

(1) On ne trouve point, dans les arrêtés du directoire pour réclamer notre délivrance, la condition qui semble coopérer avec le vœu de l'Autriche pour empêcher mon retour en France ; il n'en est pas question dans la lettre *signée Carnot*, extraite de la correspondance du général Bonaparte. (Voy. la p. 293 de ce vol.) Un mot du général Clarke, un des plénipotentiaires français auprès du gouvernement autrichien, m'a aussi convaincu que c'était Napoléon qui avait voulu s'opposer à mon retour. Les directeurs m'avaient fait seulement prier de me retirer quelque temps à la campagne en revenant en France, jusqu'à ce que j'eusse pu juger par moi-même entre eux et le parti qui leur était opposé.

(*Note du général Lafayette.*)

naître à l'empereur d'Autriche le droit de m'imposer des conditions déjouait, sans que je m'en doutasse, toutes ces puissances à la fois. Au reste, la lettre du cabinet autrichien était un dernier subterfuge. Nous ne sortîmes que le 9 septembre, et on prétendit que l'ordre avait été égaré quinze jours chez le commandant de la province.

M. de Talleyrand, ministre des relations étrangères, avait d'ailleurs écrit pour nous de la manière la plus pressante, déclarant à mes amis, « *que pour ne pas tenter le directoire, il fallait agir sans lui.* » Sans doute la cour de Vienne aurait cherché à *tenter* le directoire; mais nous eûmes le bonheur d'être mis en liberté, au moment même où elle apprenait la révolution de fructidor, et nous nous hâtâmes de sortir de son territoire.

Deux erreurs bienveillantes avaient été commises en sens inverse : les modérés se flattaient d'adoucir l'animadversion des gouvernemens étrangers en affadissant mon caractère politique; ils pensaient même que l'intérêt des républicains violens serait nuisible auprès de mes geôliers couronnés, comme si je n'eusse pas été aussi connu dans leurs cours qu'à Paris, plus craint que les jacobins, plus haï que Robespierre, et qu'il eût été possible de m'obtenir d'eux autrement que par la force! Les autres s'étaient persuadé que, pour faire relâcher un citoyen proscrit, il suffirait d'en inspirer la volonté aux directeurs de la grande république, et ce n'est qu'en négociant ma délivrance qu'ils apprécièrent, sous ce rapport, mon existence individuelle. Je dois aux plénipotentiaires la justice de dire que, pendant cinq mois, ils la demandèrent

avec zèle et fermeté. Quant aux mystères des précautions contre mon retour, la malheureuse perte de mon ami Louis Romeuf (1) me permet d'en éclaircir une partie. Une lettre de lui, datée de Milan, 8 juillet 1797, rapportait quelques questions et ces mots de Bonaparte : « *Il se retirera en France ou en Amérique, il est impossible qu'il soit bien ailleurs.* » Romeuf, qui dut s'en tirer en répondant qu'il lui était impossible de communiquer avec moi, me dit ensuite dans une lettre d'Udine (25 juillet) que les expressions générales de l'arrêté du directoire étaient regardées comme une affaire de forme, à cause du décret qui pesait encore sur nous, et que l'addition, de la clause restrictive, si remarquable dans la note des plénipotentiaires, avait été faite; non par le général Clarke, mais toute entière de la main de Bonaparte (2). Au reste, sans entrer dans plus de détails sur la connaissance de cette note et son explication également certaine, il me suffira d'observer que l'un des plénipotentiaires n'y voyait rien d'obligatoire. « L'essentiel
« pour vos amis, disait Clarke, est qu'ils soient libres:
« ils se décideront ensuite sur ce qui leur convient;
« pour moi, je n'ai jamais douté qu'ils ne rentrassent
« en France. »

Le ministre Reinhardt, dans sa visite à notre auberge, m'avait répété ce qu'écrivait madame de Staël : c'est comme au premier chef de la révolution, à l'auteur de la déclaration des droits, qu'il m'avait demandé mon opinion sur la constitution de l'an III, et qu'il devait écrire au gouvernement. Sa dépêche dut constater

(1) Le général Louis Romeuf, tué à la bataille de la Moskowa.
(2) Voy. la note remise au marquis de Gallo, p. 294 de ce vol.

que nos cœurs étaient à la république, notre préférence pour la nouvelle constitution; mais que nous étions aussi inflexibles sur les violations du 18 fructidor, que sur celles du 10 août, et que nos hommages au parti vainqueur ne se sépareraient pas de notre reconnaissance et de notre sympathie pour les vaincus. Nous souhaitâmes adoucir la difficulté, en adressant nos remercîmens à M. de Talleyrand, ministre des relations étrangères; nous épuisâmes envers le général fructidorien l'admiration et la gratitude; mais nous écrivîmes en même temps à Clarke disgracié, et qu'on disait arrêté (1). Voici la lettre à Bonaparte; je ne retrouve pas les deux autres :

Hambourg, 6 octobre 1797.

Citoyen général,

Les prisonniers d'Olmütz, heureux de devoir leur délivrance à la bienveillance de leur patrie et à vos irrésistibles armes, avaient joui dans leur captivité de la pensée que leur liberté et leur vie étaient attachées aux triomphes de la république, et à votre gloire personnelle. Ils jouissent aujourd'hui de l'hommage qu'ils aiment à rendre à leur libérateur. Il nous eût été bien doux, citoyen général, d'aller vous offrir nous-mêmes l'expression de ces sentimens, de voir de près le théâtre de tant de victoires, l'armée qui les remporta et le héros qui a mis notre résurrection au nombre de ses miracles. Mais vous savez que le voyage de Hambourg n'a pas été laissé à notre choix, et c'est du lieu où nous avons dit le dernier adieu à nos geôliers, que nous adressons nos remercîmens à leur vainqueur.

Dans la retraite solitaire, sur le territoire danois du Holstein où nous allons tâcher de rétablir les santés que vous avez sauvées, nous joindrons aux vœux de notre patriotisme pour la

(1) Le général Clarke fut destitué après le 18 fructidor de la place de président du bureau topographique de la guerre.

république, l'intérêt le plus vif à l'illustre général, auquel nous sommes encore plus attachés pour les services qu'il a rendus à la cause de la liberté et à notre patrie que pour les obligations particulières que nous nous glorifions de lui avoir, et que la plus vive reconnaissance a gravées à jamais dans nos cœurs.

Salut et respect.

LAFAYETTE, LATOUR-MAUBOURG, BUREAUX-PUSY.

Le directoire fut mécontent. Il fit vendre en Bretagne le peu de bien qui me restait; presque personne en France ne nous approuva; il me sembla que tout le monde était rapetissé.

« Notre ami vient donc de jeter le gantelet contre
« le 18 fructidor, mandait-on de Paris (31 novem-
« bre 1797), c'est-à-dire qu'il vient de prononcer son
« arrêt d'ostracisme contre lui-même. J'ai montré tout
« cela à Talleyrand; il pense comme moi, que de pa-
« reilles indiscrétions ne peuvent manquer de tout
« perdre, etc. (1). »

Hambourg et Altona, remplis de Français de tous les partis, opposant aux dissensions de l'Europe une sage et lucrative neutralité, étaient devenus le principal rendez-vous des spéculations commerciales et des intrigues politiques. Nous n'y restâmes que le temps nécessaire et indispensable pour voir mes aides-de-camp, et quelques autres amis, le ministre batave, le consul des États-Unis, notre généreux d'Archenoltz, Klopstock (2) à qui les jacobins reprochaient

(1) Cette lettre était écrite par M. Masclet. (Voy. la note de la p. 362 de ce volume.)

(2) Klopstock, auteur du poème le Messie, habitait alors la ville de Hambourg; le décret législatif qui lui conférait le titre de citoyen français, est du 26 août 1792. Il avait consacré une partie de son ode intitulée les Deux Tombeaux, à la mémoire du duc de La Rochefoucauld.

le renvoi de son diplôme de citoyen, mais qui était resté fidèle à la liberté et à nous, pour répondre enfin aux invitations de la famille Parish, à qui nous étions si obligés, et de la société patriotique des Sieviking. Avant notre départ, les Américains se réunirent pour me faire une touchante adresse (1).

(1) Pendant que le général Lafayette était prisonnier, une dame anglaise, madame Edwards, dont il ne connaissait pas même le nom, lui laissa un généreux témoignage de l'intérêt qu'elle prenait à son sort. Il reçut, à son arrivée à Hambourg, l'annonce du legs suivant :
« Je lègue à M. de Lafayette, général dans l'armée française, à pré-
« sent prisonnier des Prussiens, dont le caractère m'a toujours paru
« vertueux et noble, je lui lègue, pour si sa mort arrivait avant la mienne,
« je donne à sa veuve et à ses enfants, la somme de mille livres sterl.
« qui doivent être payées à lui ou à eux aussitôt qu'ils seront en état
« de les recevoir, avec les intérêts de 4 pour o/o, depuis le moment de
« ma mort jusqu'à celui où la somme leur sera remise. S'ils continuent
« à être dans l'adversité, cette bagatelle pourra être de quelque utilité
« pour eux ; sinon, j'ai la confiance qu'ils ne dédaigneront pas l'humble
« offrande d'un respect sincère. »

CORRESPONDANCE.
1797.

DU GÉNÉRAL WASHINGTON AU GÉNÉRAL LAFAYETTE (1).

Mount-Vernon, ce 8 octobre 1797.

Cette lettre vous sera, je l'espère, remise par votre jeune fils, bien digne d'avoir des parents tels que vous et votre aimable femme.

Il vous dira, beaucoup mieux que je ne puis l'exprimer, toute la part que j'ai prise à vos souffrances, mes efforts pour vous secourir, les mesures que j'avais adoptées, quoique sans succès, pour faciliter votre délivrance d'une injuste et cruelle captivité (2), ma joie enfin d'en voir le terme. Je m'empresse de vous féliciter, et soyez assuré que personne ne peut le faire avec une affection plus profonde et plus vive.

(1) Après sa sortie de prison, le général Lafayette écrivit au général Washington, le 6 octobre, une lettre que nous n'avons pas trouvée. On voit que le général Washington ne pouvait savoir encore d'une manière certaine la délivrance des prisonniers d'Olmütz, puisqu'elle n'eût lieu que le 19 septembre; mais il s'empressa de féliciter d'avance son ami sur le succès des négociations, dont le résultat ne lui paraissait plus douteux, et sa lettre fut portée en France par M. George Lafayette, qui ne put arriver qu'au mois de février 1798 en Holstein.

(2) Parmi les généreux Américains qui s'occupèrent aussi de la délivrance des prisonniers d'Olmütz ou du sort de madame de Lafayette, nous ne pouvons oublier M. Monroe, alors ministre des États-Unis en France, et depuis l'un des plus distingués présidents des États-Unis.

Chaque action de votre vie vous donne un droit à la jouissance de cette liberté que vous avez recouvrée, en même temps qu'au retour de la confiance de votre patrie, et si la possession de ces biens ne peut entièrement compenser les maux que vous avez soufferts, elle en adoucira du moins le pénible souvenir.

La conduite de votre fils, depuis qu'il a mis le pied sur la terre américaine, a été exemplaire sous tous les rapports, et lui a procuré l'affection et la confiance de tous ceux qui ont eu le plaisir de le connaître. Son affection filiale, son ardent désir d'embrasser ses parens et ses sœurs, dans les premiers momens de leur délivrance, ne lui ont pas permis d'en attendre ici la nouvelle authentique, et tout en lui répétant qu'il conviendrait de suspendre jusque-là cette résolution, je n'ai pu refuser mon assentiment à son départ, pour voler dans les bras de ceux qui lui sont si chers; car, d'après les dernières nouvelles, il doit, en effet, les trouver à Paris.

M. Frestel a été un vrai mentor pour George (1); un père n'eût pu veiller avec plus de soin sur son fils chéri, et il mérite à un haut degré tout ce qui pourrait être dit sur sa vertu, son bon jugement, sa prudence. Votre fils et lui emportent avec eux les vœux et les regrets de notre famille, de tout ce qui les connaît.

A aucune époque, soyez-en assuré, vous n'avez eu une plus haute part dans l'affection de ce pays. Je

---

(1) C'est à M. Frestel, l'un des plus intimes et plus fidèles amis de sa famille, que madame de Lafayette avait confié son fils, lorsqu'elle l'envoya en Amérique auprès du général Washington. (Voy. la note de la p. 271 et la p. 249 de ce volume.)

n'emploierai pas votre temps à vous parler de ce qui me regarde personnellement, si ce n'est pour vous dire que je suis encore une fois rentré dans mes foyers (1), où je resterai en formant des vœux pour la prospérité des États-Unis, après avoir travaillé bien des années à l'établissement de leur indépendance, de leur constitution et de leurs lois. Ces vœux auront constamment aussi pour objet le bonheur de tous les hommes, jusqu'à ce que le peu de jours de mon passage sur la terre soient écoulés. J'ai dit adieu aux affaires et je veux me retirer entièrement de la politique; mais je m'en rapporte tout à fait, sur ce point, à M. Frestel et à George; quoiqu'ils aient toujours évité d'intervenir dans nos discussions, ils n'ont pu être spectateurs inattentifs de ce qui se passait sous leurs yeux. Ils vous donneront une idée générale de notre situation, et du parti qui, dans mon opinion, a troublé la paix et la tranquillité. Si vos souvenirs ou les circonstances vous portaient à visiter l'Amérique, accompagné de votre femme et de vos filles, aucun de ses habitans ne vous recevrait avec plus de cordialité et de tendresse que madame Washington et moi; nos cœurs sont pleins d'affection et d'admiration pour vous et pour elles.

(1) Les pouvoirs du général Washington avaient cessé à la fin de 1796, et l'on se disposait à le porter pour la troisième fois à la présidence, lorsqu'il annonça dans une adresse la résolution de se retirer des affaires publiques.

A M. HUGER (1).

Mon cher Huger,

Hambourg, 8 octobre 1797.

Voici l'ami que vous avez si généreusement entrepris d'arracher à sa captivité, qui, à ce premier moment de retour à la liberté et à la vie, s'empresse, avec un cœur palpitant, de vous offrir le tribut d'une inexprimable affection et d'une gratitude sans bornes. Ce que vous avez fait pour moi, la manière dont vous l'avez fait, mon héroïque ami, m'attache à vous par les liens éternels de l'admiration et de l'amitié. Vos souffrances, vos dangers supportés avec tant de noblesse et d'intrépidité ne trouvaient pas en moi une égale fermeté. J'étais tellement torturé par les horreurs d'une inquiétude qu'il était défendu d'adoucir, que ma vie a été en danger; elle a été probablement conservée par l'heureuse nouvelle de votre délivrance, qu'en dépit d'infâmes obstacles, j'ai eu le bonheur d'apprendre. En vain essaierais-je de vous peindre ce que j'ai éprouvé quand cette consolante assurance m'est parvenue secrètement. Avec quelle barbarie vous avez été traité, mon admirable ami! Je crains que votre santé n'en soit restée altérée. Je vous conjure de m'instruire de tous les détails auxquels je suis profondément intéressé. Que je voudrais causer avec vous, revenir sur les circonstances de notre entreprise, et recon-

---

(1) Voyez sur M. Huger la note de la p. 269 de ce volume.

naître, comme je le sens, cette générosité, ce courage, cet entier oubli de vous-mêmes que vous avez montrés. Il m'aurait été impossible de me mettre en route avant de vous voir à cheval, et je ne pus pas davantage ensuite m'empêcher de revenir vers vous, lorsqu'en ne vous voyant pas je soupçonnai quelque accident. Je crus alors que, tandis que je revenais sur mes pas pour vous chercher, vous aviez été en avant; et quoiqu'il eût été avantageux de sortir du territoire autrichien, afin de pouvoir m'échanger pour mon libérateur captif, si j'avais connu votre sort, je n'aurais pu aller plus loin, et lorsque je l'ai appris, je n'ai plus regretté d'avoir été repris. — Vous savez qu'un an après, ma femme et mes filles sont venues partager ma captivité; j'ai eu par elles la consolation d'entendre parler de vous. Ma femme avait cru pouvoir vous écrire d'Olmütz, et elle espérait que vous recevriez par elle, ainsi que Bollmann, l'hommage de ma gratitude. Je n'ai pas besoin de vous dire combien elle fut désappointée, car vous avez probablement appris que les seules lignes qu'elle eut écrites à son fils, en les joignant à une quittance pour le consul américain, ont été interceptées à Vienne et lui ont été renvoyées. — Mes trois compagnes, mes deux amis Latour-Maubourg et Pusy, me demandent de vous offrir le tribut de cette affection, de ce respect, qu'ils seront fiers et heureux de vous porter jusqu'au dernier moment de leur vie.

Je n'ai pas besoin de dire qu'en sortant de prison, ma joie a été fort diminuée par la nouvelle affligeante et inattendue des dissensions survenues entre les États-Unis et la république française. Les détails me sont encore inconnus (1). Rien assurément ne pouvait être plus impolitique pour les deux pays, et plus pénible pour moi. Mon désir le plus ardent est de voir terminer bientôt ces différends, qui n'auraient jamais dû exister. J'espère que ce vœu sera exaucé. Plût à Dieu qu'il fût en mon pouvoir d'y contribuer !

Adieu, mon cher Huger, offrez mes complimens à tous mes amis de cette portion de l'Union que vous habitez. Quand aurai-je le délicieux plaisir de vous retrouver, de vous présenter ma femme et ma famille ? Je suis heureux de vous être à jamais lié par tous les sentimens qui peuvent attacher le cœur d'un ami tendre et reconnaissant.

(1) La France et la Grande-Bretagne essayaient depuis long-temps d'entraîner dans leurs hostilités réciproques le gouvernement des États-Unis et de lui imposer des prétentions contraires à ses principes de neutralité comme à la liberté du commerce. Par représailles contre l'Angleterre, la convention autorisa, le 9 mai 1793, les bâtimens de guerre et les corsaires français à amener dans les ports de la république les navires neutres chargés soit de marchandises appartenant à une nation ennemie, soit de subsistances qui lui seraient destinées, et à vendre les marchandises au profit des preneurs. Ces dispositions, dont on avait d'abord excepté les Américains, les atteignirent ensuite avec beaucoup de rigueur lorsque le 19 novembre 1794 ils se furent alliés par un traité de commerce avec l'Angleterre. Le directoire déclara que ce traité violait le traité antérieur du 6 février 1778 entre la France et les États-Unis. M. Adet, ministre plénipotentiaire de la république, signifia le 12 novembre 1796 au secrétaire d'état de l'Union que les vaisseaux américains seraient soumis, de la part des Français, aux mêmes traitemens qu'ils se laisseraient imposer par les Anglais. En même temps, M. Monroe, ministre en France, fut rappelé aux États-Unis, et M. Pinkney étant venu pour le remplacer, le directoire refusa ses lettres de créance. Bientôt toute communication régulière cessa entre les deux gouvernemens. Il sera parlé plus loin dans cette correspondance de ces différends, qui ne firent que s'accroître pendant l'année 1798.

AU GÉNÉRAL FITZ-PATRICK.

Hambourg, 8 octobre 1797.

Je puis donc enfin vous écrire, mon cher Fitz-Patrick; je puis, non vous exprimer toute l'étendue d'une reconnaissance qui ne peut être comparée qu'à votre inépuisable et généreuse amitié, mais du moins goûter, en vous parlant, un bonheur après lequel je soupire depuis bien long-temps.

Les preuves si touchantes de votre affection, les témoignages si précieux de votre estime ont pénétré mon cœur de sentimens trop tendres et trop vifs pour que je me flatte de vous les peindre; ils y seront conservés, ils l'animeront jusqu'au dernier instant d'une vie que vous avez honorée par votre suffrage, dont vous avez adouci les infortunes, et à laquelle je me sens attaché par le bonheur d'apprécier tout ce que vous êtes, tout ce que je vous dois. Mon premier espoir, en voyant violer en 1792 la liberté récemment établie dans ma patrie, avait été que vous et vos amis, vous plaçant entre la conspiration despotique des rois et la tyrannique anarchie des jacobins, donneriez au monde entier l'utile leçon de distinguer la liberté de tout ce qui l'opprime et de tout ce qui la souille. Cette noble tâche a été bien remplie. Jugez, mon cher ami, de tout ce que j'ai éprouvé, lorsqu'au milieu de ces sentimens de respect et de confiance pour l'opposition anglaise, je me suis vu personnellement l'objet de leur généreux intérêt, de leur flatteuse approbation, de leurs constans efforts, et qu'à la tête de mes admirables et bienfaisans défenseurs, j'ai reconnu celui qui depuis vingt ans, en Europe et en Amérique, m'avait témoigné une amitié chère à mon cœur, avait toujours été tendrement aimé par moi, et auquel il m'est bien doux d'avoir ces immenses obligations. Vous vous intéressez trop à mon bonheur pour que je ne vous dise pas que non-seulement vos premiers discours, mais les nouvelles de la séance du 16 décembre, avaient pénétré dans notre prison. Je n'essaierai pas de vous exprimer tout ce que j'ai senti; et dans quelle langue pourrais-je trouver des termes suffisans? Mais en recevant vous-même l'hommage de la reconnaissance qui remplit mon âme et qui la remplira jusqu'à mon dernier soupir, ayez la bonté, mon cher Fitz-Patrick, de le faire agréer aussi à votre digne ami Ch. Fox, dont j'avais pendant toute ma vie ambitionné le suffrage, la bienveillance, et dont l'énergique et éloquente voix s'est si souvent élevée en ma faveur. J'espère qu'il a reçu la lettre que ma femme, plus heureuse que moi, avait pu lui écrire. Présentez ces hommages à MM. Sheridan et Grey, au colonel Tarleton, à MM. W. Smith, Martin Jekill, White-Bread, en un mot à tous ceux de vos amis qui ont bien voulu parler pour moi au parlement.

Je sais que j'ai de grandes obligations aussi à la bienveillance de lord Lauderdale et du duc de Bedford, et je vous prie d'être auprès d'eux l'interprète de ma gratitude. J'ai été bien touché de la bonté avec laquelle M. Wilberforce a mérité pour moi l'animadversion de ses amis. Mes deux compagnons Latour-Maubourg et Pusy, nous ne faisions qu'un, tous les trois, par la persécution dont nous étions l'objet; nous nous réunissons aujourd'hui dans des sentimens non moins intimes et bien doux à nos cœurs. Je n'ai pas été surpris, mais j'ai été bien heureux que l'adorable duchesse de Devonshire ait pris part à mon sort, et aux démarches relatives à ma délivrance; présentez-lui, je vous prie, mes plus tendres respects.

La description de l'arrivée de ma femme et de mes filles à Olmütz, par M. Fox (1), ce qu'il a bien voulu en dire depuis et la manière dont vous, mon cher ami, avez parlé de madame de Lafayette, de son caractère, de sa tendresse, du bonheur de son époux, ont offert à mon cœur la plus douce consolation qu'il pût recevoir, et y retentiront à jamais.

Adieu, mon cher Fitz-Patrick, etc.

A M***

Wittmold, 11 octobre 1797 (2).

Il paraît que le meilleur parti sera de nous réunir dans un grand château à une heure et demie de Wittmold, où les familles et amis se trouveront fort

---

(1) Dans un discours à la chambre des communes.

(2) Voy. la note de la p. 301 de ce vol. — Le général Lafayette ne resta que très peu de jours à Hambourg. De là il se rendit avec sa famille à Wittmold près de la petite ville de Ploën en Holstein, dans une habitation appartenant à madame de Tessé et où se trouvait madame de Montagu, sœur de madame de Lafayette. Quelque temps après, les deux familles de M. de Maubourg et du général Lafayette s'établirent au château de Lemkhulen, situé dans le voisinage de Wittmold. M. de Pusy, retenu par quelques affaires, était resté à Altona.

bien, et où nous serons éloignés des visites étrangères. Le Holstein est hors de portée des puissances coalisées; il y a dans les villes et nommément parmi les professeurs, gens de lettres, etc., beaucoup d'amis de la liberté, qui, par conséquent, nous veulent du bien. Le gouvernement se mêle fort peu, dit-on, de ce pays-ci, et, quoique despotique, n'est pas, dans le moment actuel, inquisiteur ni méchant. Sa tolérance s'étendra sûrement sur nous qui serons tranquilles dans notre solitude. La Hollande eût été un asile convenable, surtout pour moi. C'est un état républicain; je suis un très ancien patriote batave; mais peut-être eût-il fallu subir l'alternative d'approuver les actes despotiques du gouvernement français, ou d'être tracassés par son influence dans la retraite que nous aurions choisie si près de lui. Je n'ai pas besoin de vous dire ce que pense du 18 fructidor l'homme qui a fait la déclaration des droits. Je dois avouer que, d'après le peu de nouvelles qui m'étaient parvenues, j'avais trouvé dans le ton du parti contraire au directoire une teinte de royalisme et d'aristocratie qui m'avait déplu, et je crois bien que la sottise contre-révolutionnaire étant en permanence, on a pu dans ce temps-ci, comme dans beaucoup d'autres, ramasser un véritable et futile complot pour s'en servir contre les meilleurs citoyens qui n'y avaient pas la moindre part. J'ajouterai que les émigrés dehors, et même plusieurs étrangers, étaient persuadés que la monarchie, ce qui dans leurs idées ne se sépare point de l'ancien régime, allait se rétablir en France; je voyais que les législateurs, assez faibles sur les grands principes pour tolérer le culte du 10 août, avaient en même temps du courage pour disputer sur des cloches, et aimaient mieux taquiner et embarrasser le gouvernement que d'affermir ouvertement la république sur des bases dignes d'elle, objet pour lequel ils auraient dû réserver toutes leurs forces. En un mot, j'apercevais quelques malintentionnés, plusieurs tièdes, et je pensais que les meilleurs patriotes, ceux que j'aime et j'estime le plus, ne prenaient pas toujours la manière la plus propre à bien diriger l'esprit public. Mais quoique je n'eusse pas, comme vous voyez, beaucoup de prévention en faveur de ce qu'on faisait, comment n'être pas indigné de la conspiration bien plus réelle du directoire contre la souveraineté nationale, la constitution, la représentation, contre tous les principes de liberté, d'humanité et de justice? Je n'ai jamais eu le malheur de penser que la liberté dût, ni même qu'elle pût être servie par de pareils moyens. La justification de quelques-uns des proscrits est dans leur noble et vertueux caractère, la justification de tous est dans la manière dont ils ont été accusés et condamnés, et ma gloire à moi est qu'après avoir cessé de me calomnier, à mesure que la liberté se rétablissait, on ait cru nécessaire de dire du mal de moi, le jour même où elle était violée de nouveau. (1) M. de Thugut avait écrit au ministre Autrichien à Hambourg, que ce n'était pas aux demandes de la France qu'il nous rendait, mais que notre délivrance était un égard pour les États-Unis;

(1) Voy. p. 365 de ce vol., le passage de la proclamation du directoire, le jour du 18 fructidor.

je l'ai démenti poliment dans notre entrevue chez M. Parish. Notre premier acte de liberté a été de nous rendre chez le ministre de la république ; il n'y était pas, mais il est venu le lendemain chez nous avec sa femme ; nous les avons rencontrés deux fois le jour suivant. Dans toutes ces occasions, nous avons établi bien authentiquement notre tribut de reconnaissance pour la liberté que nous devions aux victoires et à l'intérêt de la république. Nous avons pris tout simplement la cocarde qu'aucune classe d'émigrés ne porte. J'ai parlé aussi franchement au ministre qu'à tout le monde, du 10 août et du 18 fructidor ; je lui ai dit que je me glorifiais d'être le dernier Français qui fût resté debout pour défendre la constitution de 1791 ; que j'aurais eu, non plus d'obstination, parce que c'est impossible, mais plus de plaisir à défendre la constitution de l'an III, qui vaut beaucoup mieux. Cela ne l'a pas empêché d'être parfaitement honnête et obligeant pour moi, quoiqu'il soit ami de Sieyes, et qu'il excuse ce qui s'est fait. Les parens de sa femme ont été des défenseurs zélés de ma cause ; son oncle est M. d'Hennings, que mes amis connaissent bien (1).

Vous craignez que mes lettres et mes discours ne contiennent des impudences. En général, il m'est utile que pour me juger on voie l'ensemble et qu'on aille jusqu'au bout. Si vous relisiez ce que j'ai écrit de marquant depuis le commencement de ma vie politique, en y comprenant ce qui vous a fait le

---

(1) M. d'Hennings, rédacteur du *Génie du temps* et bailli de Ploën, à qui est adressée la lettre de la p. 219 du troisième vol.

plus de peine et le plus de plaisir, vous y verriez cette uniformité de principes, cette constance de sentimens, cette logique de liberté qui, j'ose dire, a été mon caractère distinctif. J'avoue que dans des conversations où, après m'avoir regardé, on veut tirer de moi quelques phrases marquantes pour celui qui m'interroge un instant, mais fort communes pour moi qui ne suis pas comédien, il est possible que le propos le plus simple soit entendu de travers. J'ai la passion de la liberté au plus haut degré qu'elle entrât jamais dans le cœur de l'homme, et toutes les inclinations aussi démocratiques qu'il soit possible; j'y joins la douleur inexprimable des maux qu'ont faits en France les violateurs de la doctrine que j'avais contribué à établir; j'ai la haine de l'anarchie, de l'intrigue, l'amour de la justice, ce qui forme un composé qui ne ressemble point au modérantisme des tièdes, puisque au contraire je ne suis modéré sur aucun de ces objets. Une réponse de moi, suivant la manière dont on me questionne, peut être mal interprétée; je conviens de cet inconvénient tenant à l'importance momentanée qu'on peut mettre à ce que je dis. Mais n'en concluez pas que je doive pour cela me composer, ou plutôt, me laisser composer un rôle qui peut-être vaudrait mieux que moi, mais qui ne serait pas moi. Ne faisons ni comme ces républicains ou soi-disant tels, qui, sachant que je n'avais pas de goût pour la royauté, ont cru que, pour la détruire sans réclamation de ma part, il n'y avait qu'à opposer mon inclination à mes devoirs; ni comme ces royalistes, qui, parce que j'ai défendu la constitution de 91 et la famille royale, ont trouvé tout simple de m'établir, contre leur propre opinion, anti-républicain. Rien n'a été si public que ma vie, ma conduite, mes opinions, mes discours, mes écrits. Cet ensemble, soit dit entre nous, en vaut bien un autre. Tenons-nous-y, sans caresser l'opinion quelconque du moment. Ceux qui veulent me perfectionner dans un sens ou dans un autre, ne peuvent s'en tirer qu'avec des erreurs, des inconséquences et des repentirs. J'ai fait beaucoup de fautes sans doute, parce que j'ai beaucoup agi, et c'est pour cela que je ne veux pas y ajouter ce qui me paraît fautif. Mais en même temps, il est impossible que cent années de vie, au milieu du léger et insouciant public, puissent diminuer la trace douloureuse et profonde des malheurs publics et personnels qui ont déchiré mon cœur. Il m'est impossible de fléchir jamais sur des principes et des intérêts que tous les partis semblent négliger. Je suis donc un composé fort impropre aux circonstances. Je le serais surtout, il faut en convenir, à toutes les combinaisons monarchiques que je puis soutenir quand mes principes de liberté et de justice l'exigent, mais pour le rétablissement desquelles je serais l'instrument du monde le moins propre, ayant toujours eu des inclinations peu conformes à ce qu'il faudrait en pareil cas. Ainsi je ne risque rien à dire ce que je pense, puisque je ne voudrais ni ne pourrais être employé à ce que je ne pense pas. Il en résulte, qu'à moins d'une très grande occasion de servir à ma manière la liberté et mon pays, ma vie politique est finie. Je serai pour mes amis plein de vie, et pour le public, une espèce de tableau de *Muséum*, ou de livre de bibliothèque

Je conviens que jamais je ne me sentis plus jeune sous tous les rapports politiques; que la liberté et tout ce qui y tient m'enflamme aujourd'hui comme à dix-neuf ans; que tout ce qui en a dégoûté les demi-amateurs, lui étant encore plus opposé que le despotisme, je n'y trouve que des motifs de plus de l'aimer davantage; mais comme presque tous les cœurs sont trop resserrés, trop timides, trop apathiques, pour le développement complet de la vérité, de la liberté, de la justice, ma raison me dit qu'il n'y aura jamais rien à faire pour moi, et que même ma réputation est intéressée à terminer ma vie politique; et cependant, mon instinct me dit que je ne suis pas destiné à l'expatriation.

Cette dissertation politique est bien longue; j'ai voulu répondre complètement à toutes les bonnes lettres où vous me parlez de ma situation passée, présente et future.

A M. ALEXANDRE LAMETH.

Lemkuhlen, 30 novembre 1797.

J'ai reçu, mon cher Alexandre, votre lettre du 19 octobre, et vous remercie bien de vos félicitations. Il m'est pénible de répondre froidement à des expressions affectueuses; mais je me reprocherais de n'y pas répondre franchement; je le dois à vous autant qu'à moi-même.

Nous fûmes amis dans les premiers mois de la révolution; celui d'octobre 1789 vit naître une brouillerie dont les circonstances, pendant sa longue durée, détruisirent toute possibilité d'une union intime entre nous. Il y eut pourtant, lorsque vous quittâtes la direction du club jacobin, une réconciliation qui nous eût rapprochés davantage, si votre nouvelle carrière ne vous avait pas éloigné de nous dans un autre sens.

Mais à l'époque du 10 août, vous fûtes fidèle au serment civique, et après notre rencontre à la frontière, vous fûtes pris et détenu avec mes amis et moi. Cette combinaison fortuite m'impose des sentimens et des devoirs que je suis loin de nier, quoiqu'ils aient été un peu allégés par notre séparation, dont nous n'eûmes pas l'injustice de nous plaindre, surtout en ayant l'empereur pour geôlier. Je n'ai appris, en sortant de prison, aucune démarche publique, et mes renseignemens particuliers ne m'ont donné aucun résultat qui dût resserrer notre liaison.

S'il n'était pas ridicule, dans notre situation, de parler de partis, je dirais qu'il n'y a pas entre nous de communauté politique. Je me borne à dire que nous ne pouvons nous regarder ni être regardés comme amis; mais je fais cette déclaration sans aigreur comme sans malveillance, et j'y joins des vœux pour votre bonheur, celui de vos frères et de Duport, qui ne pourra jamais me rendre indifférent à son sort. Je serais fâché de vous offenser, et je ne veux vous déplaire qu'autant qu'il le faut pour éclaircir nos rapports réciproques.

Nos santés s'améliorent sensiblement, excepté celle de ma femme, dont le rétablissement sera beaucoup plus lent; ce qui nous oblige à passer l'hiver dans une maison de campagne du Holstein. Adieu, je vous renouvelle mes excuses pour cette explication nécessaire, mes remercimens pour votre aimable lettre et mes souhaits bien sincères pour votre félicité.

A M. MASCLET (1).

Lemkuhlen, 15 décembre 1797.

La première gazette qui, à notre sortie de prison, nous soit tombée dans les mains, mon cher ami, nous a instruits sommairement d'une agression violente et inconstitutionnelle contre les deux chambres du corps législatif, et la déportation, proscription, expulsion de cent quatre-vingt-huit représentans du peuple et deux directeurs, le tout sans accusation formelle et sans jugement ; de l'exclusion de quarante-neuf départemens dans une législature qui continue à faire des lois obligatoires pour eux ; enfin de la destruction de la liberté de la presse, et de mesures arbitraires contre les journalistes : bien entendu que parmi les déportés et les exclus nous trouvions des hommes que nous aimions et que nous estimions. Rappelez-vous que ce ne fut, ni par tendresse pour la famille Bourbon, ni par dévotion à la royauté, ni par aveuglement sur les menées et les intentions aristocratiques, que je me sacrifiai à la doctrine de liberté que j'ai toujours professée, et que ma déclaration des droits n'a pas d'exceptions. Jugez donc, mon cher Masclet, dans quelles préven-

(1) Voyez la p. 362 de ce vol.

tions j'arrivai à Hambourg. J'y trouvai quelques apologies du 18 fructidor; mais plus j'y remarquai de l'esprit, moins elles me convertirent; et ce fut aux apologies du parti contraire que je dus, contre leur intention, la connaissance des provocations, des intrigues, du détestable ton des sociétés qui ont pu inquiéter pour la chose publique d'excellens citoyens, et pour eux-mêmes quelques directeurs. Mais quoique cet évènement commençât à s'expliquer pour moi, il ne me paraissait pas justifié. Je pensai qu'en écrivant au directoire actuel, mon silence sur la calomnie personnelle à moi serait une faiblesse, mon silence sur les proscrits qui s'intéressaient à nous une ingratitude, mon silence sur la révolution fructidorienne une approbation tacite, et que je ne pouvais parler de tout cela sans manquer à moi-même, en déguisant mes sentimens, ou sans manquer aux directeurs, en faisant, d'un bienfait reçu, l'occasion d'un procédé désagréable pour eux. Vous avouerez même que la délégation nationale et expresse des pouvoirs vient d'être bien arbitrairement dérangée. Mais je suis trop patriote, trop républicain, trop reconnaissant, pour n'avoir pas eu le besoin, peut-être même surabondant, d'embrasser tout ce qui me tenait collé à la France, de proclamer partout mon républicanisme, de parler à tout le monde de mes obligations à ma patrie, à son gouvernement. Je me suis aussi promis de faire pour les proscrits tout ce qu'ils avaient droit d'attendre de moi, et plus que je n'eusse fait s'ils étaient puissans, quoique j'eusse dû, dans tous les cas, amitié, estime, gratitude à plusieurs d'entre eux. Tel a été, mon cher ami, l'effet de ce premier instinct que j'ai presque toujours suivi dans le cours de ma vie, et je ne m'en suis presque jamais repenti.

Pardonnez-moi d'avoir, en riant de votre jolie citation, ri un peu aussi à vos dépens de votre supposition que M*** a pris sur mes pensées et mes actions un empire qu'aucun être dans ce monde n'a jamais eu. J'ai remarqué sur le théâtre des affaires publiques, que si la malveillance attribue souvent des souffleurs aux acteurs principaux, l'amitié très vive en fait tout autant. On aime mieux imputer à une tierce personne l'idée de son ami qu'on ne partage pas ou qu'on blâme. Je conviens qu'il est au moins inutile et peut-être dangereux de faire l'historien à chaque occasion, en déroulant les titres qui offusqueraient des hommes puissans, non Bonaparte, il est trop bien vêtu pour envier l'habit de son prochain, mais ceux dont la noblesse patriotique ne remplacerait pas l'ancienneté par l'éclat. Cette affectation, par exemple, était déplacée dans la lettre à Talleyrand, et je me suis soumis à votre jugement et au sien. Je crois pourtant que s'il est permis *magnè loqui*, comme l'écrivait Brutus, ce serait dans l'adversité plutôt que dans le succès, à une nation libre plutôt qu'à un despote chez qui tout tend au nivellement, non des droits, mais des ames. Au reste, le genre de *self-praise* n'est pas le mien, quoiqu'il me semble utile dans l'enfance républicaine, d'attacher à des caractères purs l'idée de la vraie liberté. Le *victrix causa diis* est, dites-vous, impopulaire et dangereux. Il en était de même à Rome, Caton ne triompha point; les despotes et les anarchistes ne haïrent personne tant que lui; et les meilleurs, les plus grands citoyens lui reprochèrent son inflexibilité. Mais leur complaisance à eux enhardit César, et nourrit Octave; l'ombre de Caton armant Brutus, fut invoquée par quiconque attaqua la tyrannie ou regretta la république.

On peut penser qu'une autre manière d'être me rendrait momentanément plus utile, ou que n'étant plus à portée d'être utile, je ne dois songer qu'à moi; mais ma nature se refuse à ces deux espèces de combinaisons. Je songe si peu à me conserver des chances, qu'en choquant le gouvernement républicain de mon pays, je me suis hâté de me couper à moi-même toute retraite vers les modifications monarchiques, et en même temps que je ne veux pas acheter ma rentrée en France par la plus légère déviation de mes principes et de mes sentimens, j'avoue naturellement que dans l'état d'expatriation je ne puis pas être heureux.

Après mes vingt années de vie publique dans les deux hémisphères, je ne puis plus être bon qu'à deux choses, l'une active, l'autre passive. Celle-ci ressemble beaucoup à l'état de mort, puisqu'il s'agit seulement de conserver un exemple irréprochable de la vraie doctrine de la liberté; l'autre supposerait le cas où des chefs républicains, qui auraient une portion de puissance et auraient besoin d'y ajouter la plus grande portion possible de confiance nationale, voudraient poser enfin la république sur de justes et solides bases, ce à quoi je contribuerais cordialement par mon contingent quelconque de bons principes et de bonne renommée, sous la condition de n'être que simple citoyen. L'espoir de servir aussi la liberté de ma patrie serait un motif de plus pour conserver, dans toute son intégrité, l'espèce d'autorité morale qui tient à mon caractère personnel; et si cet espoir est illusoire, comme c'est le seul qui puisse m'être approprié, je n'ai plus qu'à mettre en balance les avantages individuels de fortune ou de repos, avec l'avantage public qui peut encore se trouver dans mon état passif, et vous voyez qu'indépendamment de mes dispositions naturelles et invincibles, je devrais encore, par calcul, ne me permettre, en pareille matière, aucune complaisance.

Voilà, mon cher ami, ce que je voulais vous dire pour m'excuser de ce que, dans le peu que j'ai fait, il y a des choses que vous n'avez pas approuvées; je puis m'être trompé, mais du moins n'est-ce pas, comme vous voyez, par humeur et sans réflexion. Nous repasserons ensemble toute ma conduite et mes écrits depuis ma sortie d'Olmütz. L'examen ne sera pas long. Votre amitié craint que le gouvernement soit mécontent de moi; mais si mes amis ne le sont pas, le reste m'intéresse beaucoup moins.

A M. DE PUSY.

Lemkuhlen, 20 décembre 1797.

Avant de vous envoyer mes notes, mon cher ami, je veux vous dire tout chaud la nouvelle que Maubourg me porte à l'instant. Dumouriez a vu notre ami de Witch, le lieutenant-colonel de Deux-Ponts, que vous connaissez, et qui est dans ce pays-ci; il l'a prié de me raconter ce que je savais déjà, que le jeune d'Orléans (1) s'étant trouvé avec mon fils chez le général Washington, ils avaient fait connaissance et avaient été fort bien l'un pour l'autre; mais ce qu'il y a de plaisant, c'est que Dumouriez, qui a reçu ces détails par une lettre du jeune d'Orléans, a prié de Witch de m'en faire part, en ajoutant qu'il était bon que je les susse; et que c'était pour moi un exemple que je devais suivre, d'oublier les haines de partis. Pendant ce temps-là, on disait à Ploën qu'il était venu pour se battre avec moi... il n'y aura ni combat, ni réconciliation. Au reste, Dumouriez a été à Kiel tout à fait aristocrate.

J'ai vu sur la carte sa campagne contre le duc de Brunswick. Vous pouvez écrire, en toute assurance, que Dumouriez avait pris une bonne position, et qu'il y a du mérite dans son obstination à l'avoir gardée, lorsque l'armée des alliés était entre lui et Châlons; mais il est clair que, d'après l'imprudence avec laquelle les ennemis s'étaient enfournés, ils devaient perdre toute leur artillerie et tous leurs équipages (2).

Il a été publié une notice sur la vie de Sieyes qui mérite quelques observations. Il dit qu'au commencement de 1791, Lafayette avait des intelligences coupables *avec le tyran, qui ne fut jamais de bonne foi*, expression bien ridicule, même dans la bouche de ceux qui ont voté la mort du pauvre Louis XVI. Sieyes, d'ailleurs, savait fort bien que la place du maire et du commandant-général leur donnait des

---

(1) Aujourd'hui roi des Français.
(2) Voy. la p. 337 de ce vol. et la p. 499 du troisième.

rapports nécessaires avec la cour, il savait que ces rapports n'étaient pas fort intimes, et lui-même en avait fait l'expérience, car à cette époque du *commencement de* 1791, j'avais été invité chez Condorcet à des conférences où se trouvaient Sieyes et Mirabeau, et dont l'objet était de me presser vivement de concourir à faire rapporter le décret de l'assemblée qui empêchait de prendre les ministres dans son sein, et d'engager ensuite le roi à choisir son ministere dans cette société. Quoiqu'on ne m'ait pas trouvé, dit-on, suffisamment zélé pour leur projet, il en fut question dans une des visites que je devais faire aux Tuileries; je ne m'y opposai point; mais la reine, en correspondance secrète avec Mirabeau, fort lié alors avec Sieyes et Condorcet, fit jeter sur moi le mauvais succès de ce plan fort déraisonnable, puisqu'il était sûr que c'était en vain que Sieyes et Mirabeau se flattaient d'obtenir de l'assemblée le rapport du décret. Cette preuve, entre mille, de la haine de la cour contre moi, aurait dû convaincre ces messieurs que j'avais moins d'intelligence qu'eux-mêmes avec la reine, qui leur portait tous les jours ses plaintes secrètes contre le commandant-général. Le résultat fut de donner de l'humeur à cette société contre moi. Il y en eut aussi une autre cause. Sieyes et Condorcet, après avoir créé contre les jacobins le club de 1789, voyant que ce club avait peu de crédit, imaginèrent tout à coup d'en aller chercher aux jacobins, et voulurent y entraîner La Rochefoucauld et moi. Or nous ne crûmes pas devoir les accompagner dans cette démarche.

Si l'on avait suivi la conduite populaire, fraternelle et généreuse que nous proposions pour les pays étrangers, l'arbre de la liberté serait à présent établi dans toute l'Allemagne, et la révolution de l'Europe, retardée par les jacobins bien plus que par les rois, aurait été non seulement exempte de souillures, mais incomparablement plus rapide. Ne nous lassons pas de dire que les moyens indignes de la liberté ne font que lui nuire. On n'est libre que par des moyens vertueux, et on l'est beaucoup plus tôt. Voici à présent quelques notes (1) sur M. Bertrand de Moleville.

Bonjour, mon cher ami, mille tendresses à madame de Pusy.

A M. DE PUSY.

Lemkuhlen, 25 décembre 1797.

Vous verrez par les notes ci-jointes, mon cher ami, que je ne vous oublie pas (2). Vous allez rendre compte de notre doctrine à tous. C'est un grand ouvrage dans lequel tout le monde cherchera une solution à ces questions : que pensaient-ils? que voulaient-ils? que veulent-ils encore? qu'ont-ils fait? qu'ont-ils blâmé? à quoi se sont-ils opposés? à quoi s'opposeraient-ils, s'il avaient un avis à donner? On n'a entendu jusqu'à présent que des aristocrates, des

---

(1) Ce sont les notes de la p. 168 de ce volume. On voit qu'elles étaient adressées, ainsi que la plupart des autres notes de cette partie de l'ouvrage, à M. de Pusy, principal collaborateur dans l'entreprise historique dont nous avons parlé p. 391 du troisième vol.

(2) Voy. la note de la p. 191 du troisième vol.

anglicans, des girondins, des jacobins, des hommes qui n'ont pensé qu'à eux, et tout au plus à leur parti, qui ont trouvé plus commode de s'enflammer pour la monarchie ou la république, que de parler tout simplement liberté. Vous allez arriver. Vos principes fermes et uniformes, vos sentimens doux et vertueux prouveront à tous les gens impartiaux que nous avons raison, aux plus exaltés, s'ils sont honnêtes gens, que nous sommes de bonne foi, et à tous les amis de la liberté, de la justice et de l'ordre légal, que pour les républicains comme pour les monarchistes modérés, c'est à notre doctrine qu'il faut en revenir.

Il me semble que sur les explications, justifications, et même sur tout ce qui est personnel, nous devons prendre le style le plus simple. Il ne faut point éviter de parler des individus marquans, Mounier, Sieyes, Dumouriez, les Lameth, etc. Les uns nous ont attaqués, les autres ont attaqué nos amis, notre conduite. Nous pouvons franchement prêter le collet à tous, morts ou vivans, car les morts sont représentés par leurs écrits ou par leurs disciples. Mais nous devons, ce me semble, planer au-dessus de tous les partis, supprimer soigneusement les épithètes injurieuses, haineuses, en rappelant sans ménagement, quoique sans humeur, les anecdotes, les expressions, les contradictions, les intrigues qui placeront chacun sous son véritable point de vue sans que personne puisse se fâcher. On verra de grands docteurs remis sur les bancs... tant pis pour eux. Il faut que justice se fasse très poliment des prétentions exagérées, et très franchement des calomniateurs : le tout sans se mettre en colère et en les louant toutes les fois qu'ils ont mérité d'être loués.

Si nous sommes modérés dans les expressions relatives à nos amis et à nos ennemis, toute la chaleur possible ne doit-elle pas être déployée pour justifier notre doctrine, pour honorer notre portion de la révolution, en attaquant tous les paradoxes, tous les mensonges, tous les crimes qui l'ont souillée ou fait méconnaître ? Les amis de la liberté dans tous les pays vous en sauront gré ; ils respireront en retrouvant le fil qui doit les tirer de ce labyrinthe où les prétendus gouvernemens réguliers et le prétendu gouvernement républicain les ont entraînés à l'envi, et sans caresser ni flatter le peuple, en s'élevant avec toute l'indignation de ses vrais amis contre les scélérats et les intrigans qui l'ont égaré, en faisant sentir par tous les moyens possibles, tout ce qu'il lui en a coûté de malheurs, de crimes, de trésors et de sang, pour n'avoir pas su exercer le droit et remplir le devoir de résistance à l'oppression, combien la liberté de l'Europe en a été reculée, en prouvant mille fois plutôt qu'une cette assertion, qu'il n'y a pas eu une seule injustice, un seul attentat à la liberté, qui, bien loin d'être utile à la révolution, ne lui ait été évidemment nuisible. En disant tout cela avec l'austérité de gens qui se tiennent au-dessus d'une vaine ambition, il faut que nous fassions la part de l'aristocratie, du royalisme ; que nous la fassions bonne et entière, que nous rendions de plus en plus détestables les combinaisons des rois et de tous les ennemis de la liberté, et que nous remplissions le double objet de porter notre patrie à terminer vertueusement et solidement sa révolution, et de contribuer à rendre plus facile et plus honnête la révolution du reste de l'Europe.

Si je ne trompe, mon cher ami, tout ce que je connais de votre excellent travail doit produire cet effet. Il doit offrir des idées soulageantes à toutes les âmes dont la piété n'est pas étouffée par le fanatisme, à tous les aristocrates qui ne sont pas enragés de vengeance; à tous les exagérés en démocratie qui ont pu être long-temps jacobins, sans aimer le crime; à tous ces citoyens paisibles qui se croient divisés, parce que les uns parlent république et les autres constitution de 91, et qui au fond veulent tous la liberté sous un gouvernement franc, mais contenu par les lois démocratiques, mais fortement organisé. Sans annoncer d'autres prétentions que celle de donner des fragmens historiques, nous remplissons les objets que je viens de parcourir rapidement, et dont il est assez inutile de vous parler.

Adieu, mon cher ami, pardon de tout mon griffonnage; je vous embrasse de tout mon cœur.

A M. ÉMERY.

Lemkuhlen, 18 nivose, an vi,
7 janvier 1798.

Notre captivité, ses détails et sa terminaison ont été des objets d'un tel intérêt pour votre cœur, mon cher Émery, que je ne pourrais rien ajouter d'important à ce que vous savez. S'il n'y eût pas eu de 18 fructidor, je ne sais où j'eusse dû porter mes premiers pas. Ce qu'il y a de sûr, c'est que je n'aurais pas fléchi sur ce que je dois à la conduite et à la mémoire des défenseurs de la loi, et qu'en même temps j'aurais conjuré mes amis de ne pas se laisser confondre avec les adversaires de la liberté républicaine. Il me semble qu'on s'est plus occupé d'embarrasser le gouvernement et de harceler les gouvernans, que de rendre un hommage clair et utile aux vrais principes; que d'affermir enfin la chose publique sur des bases plus solides que ces émeutes et ces coups d'état qui ont plus de rapport à la politique des beys de l'Égypte, qu'à la doctrine de la déclaration des droits. Notre première constitution garantissait ces droits; la présidence héréditaire ne faisait ni assez de mal pour l'abolir en 97, ni assez de bien pour la regretter à présent. La constitution de l'an III, malgré quelques défauts, vaut mieux que la nôtre; et si les hommes ont fait tort aux constitutions républicaines, ne pourraient-elles pas être consolidées et popularisées par le suffrage de ceux dont le nom ne présente que des souvenirs purs et qui n'auraient eu qu'à suivre leurs propres inclinations?

Telles étaient mes espérances lorsqu'en sortant de prison nous apprîmes la révolution fructidorienne. Je n'examine ici ni les motifs des vainqueurs ni les torts ou les maladresses des vaincus; mais je n'ai jamais cru à la nécessité de l'injustice et au maintien de la liberté par sa violation. Le ministre Reinhardt fut le premier à qui je parlai sans détours de mon opinion sur cette mesure et de mon attachement à nos amis proscrits. Je fis d'ailleurs tous les autres actes de civisme, de dévouement à la république et tous ceux de reconnaissance que j'aime à répéter en toute occasion.

La gloire militaire de notre patrie et sa politique extérieure vont merveilleusement. Cette barrière du Rhin me charme; les établissemens et les espérances de liberté batave, italienne et grecque, me paraissent fort désirables; il m'est prouvé que c'est aux jacobins seuls qu'il faut attribuer non-seulement la destruction de la liberté chez nous, mais le retard de son extension ailleurs; je pense absolument avec Bonaparte que, pour que toute l'Europe devienne libre, il suffit que la France se gouverne elle-même par de bonnes lois.

Je ne vous parlerai, mon cher ami, de la politique intérieure que par rapport à celui qui, ayant concouru à la révolution de son pays, regardérait comme le plus sacré de ses devoirs de contribuer, s'il le pouvait, à la fermer d'une manière vertueuse, utile et solide.

Des pertes irréparables ont empoisonné les jouissances de sa vie. Mais de toutes les consolations, la plus ardemment désirée serait de rendre un grand service à la vraie liberté et à notre patrie avant de se renfermer dans l'état de retraite absolue qui convient à sa situation et à ses sentimens, et pour lequel une ferme française lui plairait mille fois mieux que l'habitation de toute autre contrée.

A M***.

Lemkuhlen, 7 janvier 1798.

Vous trouverez, j'en suis sûr, que je me suis montré trop républicain, et me suis aliéné beaucoup de gens qui, n'ayant éprouvé au nom de la république que des vexations et des malheurs, ont mis leurs espérances dans le retour d'une monarchie tempérée. Il y a de la vérité dans cette remarque : à quoi bon s'aliéner inutilement de bons citoyens auxquels on n'a pas le temps et le moyen d'expliquer ce que l'on veut, et comment on le veut ? Je déclare moi-même que, quoique j'aime mieux la république que la monarchie, j'aime mieux la liberté que la république, et je suis fort loin de croire que la liberté existe actuellement en France; mais quelques-uns de mes amis m'ayant établi royaliste décidé, il ne pouvait me convenir d'épouser un sentiment qui n'est pas le mien. Au reste, la déclaration contenant toute ma doctrine, est datée du 11 juillet 1789. Qu'on assure cela à tous les citoyens, et je suis content. Je crois qu'il ne peut plus y avoir de royalisme en France, sans de nouveaux malheurs. Ainsi mes amis les plus modérés dans leurs opinions doivent trouver simple que je donne à présent la préférence à une république dont les fondemens sont le principal tort et qu'il faudrait poser sur les bases de la justice et de l'ordre légal.

Vous me gronderez aussi de n'avoir pas écrit au directoire; mais l'idée de paraître abandonner dès amis proscrits, et applaudir à des mesures que je désapprouve, a fermé mes yeux à toute autre considération.

A M. CLARKSON (1).

Lemkuhlen, 27 janvier 1798.

Mon cher Monsieur,

J'étais bien sûr qu'un cœur tel que le vôtre avait pris part à nos malheurs. Votre bonne lettre du 5 janvier a été affectueusement reçue, et ma famille se joint à moi pour vous offrir le tribut de sa gratitude.

Dans le temps où je travaillais avec vous pour notre cause africaine, vous avez pu juger de l'opposition que nous rencontrions, particulièrement de la part des aristocrates français et des chefs jacobites de cette époque. Je vous assurais que vous deviez avoir foi dans les résultats de notre doctrine libérale, et prévoir avec confiance la prompte destruction de la traite des esclaves, dont je désirais

---

(1) Le docteur Clarkson, un des chefs de la société anglaise des *Amis des Noirs*, écrivit au général Lafayette pour le féliciter sur sa délivrance; en même temps il lui annonçait avec douleur que le parlement avait autorisé la continuation du commerce des esclaves. Le général Lafayette avait connu en France cet excellent et habile défenseur des noirs, et comme il le savait ami de M. Pitt, ainsi que de M. Wilberforce, il ne lui avait pas dissimulé que c'était au premier ministre anglais qu'il attribuait principalement les désordres ayant pour but de souiller la révolution française. Cette observation était nécessaire pour l'intelligence de la réponse suivante. — Voy. sur M. Clarkson la p. 290 du deuxième vol. et la p. 71 du troisième.

(*Note du général Lafayette.*)

l'affranchissement graduel. Vous avez vu de quelle manière cette mesure a été depuis précipitée, et quels en ont été les résultats. Dieu sait dans quelles intentions tout cela a été conduit. L'anarchie, que nous abhorrons, est le grand moyen de nos adversaires, et je n'ai pas besoin de vous rappeler, mon cher monsieur, quelques assertions que votre charité se croyait obligée de combattre. C'est au moins pour moi une consolation que dans une de nos colonies, où depuis quelques années le système d'émancipation graduelle avait été introduit sur une habitation, ce qui amenait de proche en proche de plus douces habitudes, la révolution, parmi les noirs, n'ait pas été accompagnée des atrocités commises ailleurs. Mes compatriotes ont à présent pour mission de panser des blessures qu'on eût pu éviter, et d'assurer à tous les colons blancs et noirs la jouissance de la liberté et de l'ordre légal.

Je suis fâché, d'un autre côté, de trouver votre parlement si arriéré sur cet objet. Je suis loin d'en accuser la nation, je sais trop bien qu'elle est mal représentée; mais je m'afflige de voir que M. Pitt, si régulièrement soutenu par les deux chambres dans toutes ses mesures, soit assez malheureux pour être sur ce seul point combattu, tout aussi régulièrement, par beaucoup de ses plus fidèles amis. Je m'abstiens, ainsi que vous, de chercher à découvrir dans les secrets de la Providence comment elle écartera les obstacles; il est un moyen pourtant que j'appelle de mes vœux ardens, c'est une paix prochaine. Presque toutes les puissances maritimes s'y trouvent intéressées. Ce serait une belle réparation pour les calamités et les crimes de cette guerre, si l'on insérait dans le traité un article formel mettant un terme à l'infâme commerce, accélérant et amenant, autant que possible, la réhabilitation de nos frères noirs dans les droits de l'humanité? Quel gouvernement chrétien oserait s'y opposer? Ce ne serait assurément pas celui de la république française. Aucun orgueil national ne pourrait intervenir dans une convention qui devrait être universelle. Sur ce point, au moins, l'innovation ne sera pas, j'espère, jugée immorale ou impie, et l'interdiction de la plus horrible piraterie ne sera pas considérée comme le renversement du bon ordre. Que tous ceux qui ont été zélés pour cette cause, ceux même qui seulement voudraient le paraître, que tous, quelles que soient leurs croyances politiques, ou leurs affections nationales, s'efforcent avec une ardeur constante, de contribuer par de vigoureux efforts, et d'applaudir de tout leur cœur à un évènement pour lequel une occasion aussi favorable ne s'était jamais présentée!

Adieu, mon cher Monsieur, recevez l'assurance de mes vœux et de mes sentimens affectueux.

A MADAME DE T***.

Wittmold, 25 mars 1797.

Vous ne doutez pas, ma chère cousine, que je n'aie dès le premier instant donné beaucoup d'attention à votre lettre; elle exigeait que, pour y répondre, je ne me fasse pas aux premiers mouvemens de ma sensibilité. Ne croyez pas que je fasse aucun reproche à votre cœur; ma confiance en votre bonté pour moi fut toujours entière; la peine que j'éprouvais lorsque vous me blâmiez fut toujours tendre. Ce ne fut pas par hasard que, quittant pour la première fois ma carrière orageuse, je choisis pour mon premier lieu de repos l'habitation qui réunissait pour vous et pour moi tant de souvenirs. Non, ma chère cousine, j'ai quelquefois pensé que l'opinion exagérée que vous avez de mon esprit, et l'attachement très naturel que vous aviez pour vos idées, rendaient difficile d'expliquer à vos propres yeux la différence de ma conduite d'avec vos vues; mais je n'ai pas un instant cessé de trouver dans ma connaissance de votre cœur de quoi me rassurer complètement sur la continuité de votre tendresse pour moi. Ne croyez pas que je sois fâché de votre recommandation de ne pas me montrer tel que je suis ou tel que j'ai été; il me parait impossible que la confession complète d'un honnête homme, qui a joué un rôle considérable et qui n'est pas un sot, puisse avoir un fâcheux résultat sur la postérité, plus impartiale lorsqu'elle est fidèlement instruite que le moins passionné et le moins aigri des contemporains.

Je ne sais pourquoi vous craindriez de me fâcher en vous occupant de mon bonheur et de ma *gloire* plutôt que de mon *élévation*. Le bonheur, après les pertes douloureuses qui ont été les suites de la révolution, ne peut plus exister pour moi, et d'ailleurs, où qu'on le place, s'occuper de lui c'est s'occuper de ce qu'on préfère à tout. La gloire m'a toujours été plus chère que l'ambition; et depuis le jour où, comme vous savez, je refusai d'être royalisé par l'épée de connétable, jusqu'au 18 août où je refusai d'être républicanisé par l'épée de généralissime, mon élévation, si elle fut quelquefois un moyen de liberté publique et de gloire personnelle, ne fut jamais pour moi un objet principal. Mon ambition fut toujours d'être supérieur à l'ambition, et vous savez que d'être honoré dans une ferme de la France, *vraiment* libre, me paraîtrait un plus haut degré d'élévation que si j'étais président de la république.

Vous ne m'avez pas fâché non plus en me disant que je n'avais pas en 1792 une seule de mes liaisons politiques de 1789. 1° Le fait n'est pas exact, et je ne connais aucun homme, étant resté dans les affaires de ce temps, qui y ait conservé autant d'amis que moi. 2° Je vous prie de comparer les époques de mes brouilleries et de mes rapprochemens avec la conduite publique de ceux qui en étaient l'objet, et vous reconnaîtrez que mes rapports avec les individus ont toujours été déterminés par les principes politiques et moraux que j'avais hautement manifestés. Cette observation ne porte pas sur mes relations avec Mounier; nous n'étions pas du même avis et nous sommes restés chacun dans le nôtre; il a imprimé du mal de moi, je n'ai jamais dit un mot qui démentît l'estime et l'intérêt que j'ai professés pour lui dans tous les temps. La seule exception que vous faites à l'éloignement de mes amis, est pour La Rochefoucauld. J'ai rendu le plus constant hommage à sa vertu, et je n'ai jamais prétendu sur ce point m'égaler à lui. Il est des malheurs sur lesquels mes pensées solitaires sont bien cruelles. Vous savez que mes affections intérieures les plus fortes ne sont pas les plus expansives. Les personnes au nom desquelles vous me parlez me furent bien chères. Je ne puis finir ce cruel article sans observer que, si nos malheurs furent le fruit d'une révolution à laquelle la cour et l'aristocratie ont elles-mêmes tant contribué, vous la désirâtes avec moi, vous vous en réjouîtes comme moi; que si les crimes de cette révolution doivent être attribués à mes erreurs politiques comparées aux combinaisons politiques de vos autres amis, vous aurez pour contradicteurs tous les hommes qui remontent aux émeutes du Dauphiné, à la désobéissance des troupes, à la chaleur des communes, à l'insurrection de juillet; tous ceux qui, comme nous, fixent l'époque désastreuse au 10 août 1792, et ceux qui essaient de la fixer au 31 mai. Au milieu de ces opinions diverses, et en me supposant toutes les absurdités politiques que vous voudrez, j'ai au moins la consolation de penser qu'il n'y a pas eu dans la révolution un seul homme qui ait aussi constamment, aussi hardiment et souvent aussi fructueusement que moi, dans les premières années, employé ses efforts et risqué sa personne pour empêcher et prévenir les crimes de cette révolution que tant de partis avaient intérêt de souiller.

Blâmez-moi ensuite de ce qu'au lieu de prendre dans M. de Lolme une constitution que l'on voulait réformer sur le point le plus essentiel, la représentation des communes, comme si cette réforme elle-même n'eût pas été une expérience, comme si l'aristocratie et la cour ne lui eussent pas opposé les mêmes intrigues, les mêmes obstacles qu'à la nôtre; blâmez-moi, dis-je, de ce que j'ai trop favorisé les idées de la nation, décidée, comme vous l'observez, en faveur des institutions les plus démocratiques avec un fantôme de roi; blâmez-moi de ce qu'au lieu d'attendre que notre ouvrage fût terminé pour extraire de ce résultat des idées du comité constitutionnel, la déclaration des droits, j'ai osé souhaiter que l'ouvrage lui-même fût fondé sur ces droits, et de ce qu'ayant eu toute ma vie des inclinations, une réputation et des habitudes républicaines, je n'ai été royalisé que par mes principes sur la volonté nationale, prononcée pour un roi, par ma prévoyance des inconvéniens et des maux qu'entraînerait le renversement total du monarque, et peut-être par un sentiment d'intérêt pour sa situation personnelle; de ce que j'ai prévu sans peine que le pouvoir exécutif pourrait un jour se mieux organiser sans secousse et sans crimes; de ce que les combinaisons secondaires m'ont paru peu importantes, pourvu que la déclaration des droits ne se trouvât pas blessée par la constitution; ce sont à vos yeux des erreurs de mon esprit, mais non des fautes de mon cœur. J'ai pu me tromper, mais je n'ai trompé personne. La preuve en est que dans tous mes rapports avec le roi, je n'ai pas déguisé mes inclinations républicaines, comme dans mes rapports avec les jacobins, j'ai toujours professé ma détermination de défendre la royauté légale.

Je trouve dans votre lettre, ma chère cousine, plusieurs observations profondes et justes, applicables à ma situation; j'y ai réfléchi, et j'y réfléchirai dans toute la reconnaissance de mon cœur. Il y en a dont je ne suis pas moins touché, mais qui ne me sont pas applicables, et par exemple, bien loin que pour montrer ma répugnance à toute tyrannie passée, présente et future, il faille dissimuler ma conduite et mes sentimens; c'est, au contraire, en disant tout que je puis démontrer à quel point je cherche à dégager les noms chers à mon cœur, des souillures qui les ont dépopularisés. Au reste, je ne suis point décidé à faire une déclaration, et je vous réponds que, si je la fais, vous ne me taxerez pas d'y avoir mis de la complaisance pour aucune sorte de gouvernement arbitraire, surtout pour celui de ma patrie.

Vous n'avez pas attribué à ses véritables motifs ma répugnance pour les débats politiques. Mes idées sur quelques principes et sur quelques devoirs sont invariablement fixées. Je ne me suis jamais refusé à éclaircir les faits. Les nouvelles qui m'affligent quand je suis seul, me rendent impatient en présence des personnes qui ne pensent pas comme moi; je l'ai toujours été d'entendre blâmer mon pays devant les étrangers. Il résulte de tout cela que la politique de société n'a plus de charmes pour moi. Cette disposition tient aux choses et non aux personnes.

Adieu, ma chère et excellente cousine; peut-être trouverez-vous que ma lettre, quoique longue, ne répond pas complètement à la vôtre. Ce n'est pas pour éluder aucune partie de vos observations; mais vous m'offrez d'en causer avec moi, je l'accepte de tout mon cœur. Mes idées détachées et expliquées à moitié sont quelquefois choquantes; je pense que l'ensemble a du moins le mérite d'être bien intentionné et de n'être pas inconséquent.

Je vous remercie tendrement et vous demande pardon si, dans les effusions de ma sensibilité, il y a quelque expression qui vous déplaît. J'en aurais un vif repentir. Je vous embrasse et je vous aime de toute la tendresse de mon cœur.

DE M. HAMILTON AU GÉNÉRAL LAFAYETTE (1).

New-York, 28 avril 1798.

J'ai été bien heureux, mon cher marquis, de recevoir dernièrement une lettre de vous. Elle confirme ce que j'avais déjà appris de vos dispositions, que si vos engagemens ne vous ont pas permis de suivre la fortune de la république française, vous n'avez jamais cessé de lui rester attaché. J'avoue franchement que mes sentimens sur ce point diffèrent des vôtres : la suspension du roi et les massacres de septembre m'ont guéri de toute sympathie pour la révolution française; je n'ai jamais cru qu'on pût faire de la France une république, et je suis convaincu que cet essai, tant qu'il se prolongera, ne peut amener que des malheurs.

Parmi les tristes suites de la révolution, je m'afflige extrêmement des discussions qui se sont élevées entre

(1) M. Hamilton, aide-de-camp du général Washington en 1777; membre du congrès en 1787, l'un des principaux rédacteurs du *Fédéraliste*, fut nommé secrétaire de la trésorerie en 1789 et reprit en 1797 son état d'avocat. L'année suivante il fut choisi par Washington pour commander en second l'armée dont celui-ci devint le généralissime lorsque les États-Unis se préparèrent à repousser les hostilités de la France. En 1804, M. Hamilton succomba dans un duel avec le colonel Burr, alors vice-président du gouvernement américain.

nos patries et qui semblent menacer d'une rupture complète. Il serait inutile de remonter aux causes de l'état actuel; je dirai seulement que le projet d'alliance avec la Grande-Bretagne, dont on nous accuse, n'en fait pas partie, quoique nos adversaires aient cru utile à leurs vues de répandre cette opinion en France (1). Je vous donne cette assurance sur la foi de notre ancienne amitié. La suite prouvera que mon assertion est vraie. La base de la politique du parti auquel j'appartiens, est d'éviter toute liaison intime ou exclusive avec aucune puissance étrangère.

Mais laissons là la politique. Le reste de ma lettre sera consacré à vous assurer que mon amitié pour vous survivra à toutes les révolutions et à toutes les vicissitudes. Personne plus que moi ne sent combien notre pays a de motifs pour vous aimer, souhaiter votre bonheur, et désirer d'y contribuer. Je ne l'aimerais pas comme je fais si sa sensibilité pour vous ne se montrait pas d'une manière non équivoque. Dans l'état actuel de nos relations avec la France, je ne puis vous presser de venir ici, et jusqu'à ce qu'un changement radical se soit opéré en France, je serais fâché d'apprendre que vous y soyez rentré. Si la prolongation d'un mauvais ordre de choses dans votre pays vous faisait songer à chercher ailleurs un asile permanent, vous pouvez être assuré de trouver en Amérique une réception tendre et cordiale. La seule chose dans laquelle nos partis s'accordent, c'est dans l'affection que tous vous portent également.

(1) Voy. la p. 377 de ce vol.

A M. LOUIS ROMEUF.

Witimold, 23 mai 1798.

Je ne puis vous exprimer, mon cher ami, à quel point je me trouve instruit et éclairé par votre excellente correspondance, et combien je suis content de tout ce que vous avez fait et dit sur nos affaires. Vous observez, vous agissez, et vous sentez exactement comme mon esprit et mon cœur en ont besoin.

Je ne vois que trop que tous les partis comptent la liberté pour rien, que l'énergie civique est perdue, que le peuple est méprisé et ne s'en embarrasse point, que puissance et rapine pour les uns, repos et frivolité pour les autres, sont les seuls objets des vœux et de l'attention. Aristocrates, royalistes, patriotes, jacobins passent tour à tour dans la balance arbitraire du gouvernement; le républicanisme et le royalisme sont encore des mots de ralliement, mais la liberté est usée pour tout le monde. Le nouvel ordre de choses est à présent généralement apprécié en Europe. La destruction de la liberté de la presse y a beaucoup contribué, parce que ce sont les écrivains qui forment l'opinion; la représentation nationale des Français est devenue un sujet de plaisanterie; leur conduite en Suisse alarme les Allemands. Vous avez déjà pu voir la dégradation de l'opinion publique en pays étranger sur notre liberté; ses progrès me font un véritable mal; le peu de patriotes, de gens de lettres que je vois ou avec lesquels j'ai quelques rapports, ont pris tout naturellement un ton si différent sur la politique intérieure de la France, que, sans qu'ils cherchent à critiquer, on voit seulement que notre patrie ne réveille en eux aucune des idées qu'on a sur un pays libre. — J'avoue qu'ils ont raison, et néanmoins je m'en sens aussi choqué que si je n'étais pas de leur avis.

Ne parlons donc pas de liberté, de morale, et de tous les sentimens qui ne sont plus même nominalement à l'ordre du jour; mais il me paraît évident que les deux sections de nos concitoyens qui cherchent, les uns la puissance, les autres le repos, ne se conduisent pas de manière à s'assurer l'une et l'autre. Le repos a besoin d'être consolidé, car ce n'est pas le repos qu'une servitude agitée; la puissance a besoin d'être consacrée, car au milieu des haines contre-révolutionnaires, patriotiques et jacobines qui conspirent contre les gouvernans, il est possible que le système actuel se soutienne long-temps, mais il est probable que le pouvoir changera souvent de mains, jusqu'à ce qu'un parti armé de la force ait le bon esprit de s'appuyer de l'opinion, et de fixer la chose publique et son existence particulière sur des bases légales, nationales, et durables.

Lorsqu'on est contrarié dans ses vœux par l'intérêt d'autrui et par les efforts qui en sont la suite, il est tout simple de combattre ou de patienter; mais rien n'est plus désagréable que de trouver des oppositions manifestement contraires à l'intérêt de ceux qui les font.

Il était possible après le 9 thermidor et avant le 18 fructidor de faire un bien solide. Le nom des chefs fut dans le premier cas un obstacle presque insurmontable ; vous savez par quelles fautes on a gâté la seconde circonstance. Les gouvernans auraient dans ce moment une occasion de rétablir la liberté, de faire oublier leurs torts, de consolider tout ce qu'ils craignent de perdre. Je sais que l'expérience de l'année passée a dû les inquiéter; mais les circonstances ne sont pas les mêmes, et la sortie des prisonniers d'Olmütz y apporte quelque changement. Nos intentions, nos sentimens, nos principes sont tellement connus, qu'en nous déclarant sur les hommes et sur les mesures, nous n'avons de ménagemens à garder qu'avec notre conscience; et sans mettre à notre influence personnelle plus de valeur qu'elle n'en a; il est bien sûr que trois citoyens ne sont pas un nombre indifférent dans un pays et dans un temps où il est difficile d'en trouver une douzaine qui préfèrent de bonne foi des combinaisons patriotiques à des combinaisons ambitieuses et la religion pure de la liberté aux contemplations et aux minuties de l'égoïsme.

Quoi qu'il en soit, puisqu'il s'agit de moi dans cette lettre, il faut bien que je m'y compte pour quelque chose, et je dis que, pour peu que mes compatriotes aient conservé quelque souvenir de moi, mon caractère inspire assez de confiance, et mon nom rappelle assez de popularité pour que je puisse ne pas être inutile à la consolidation tranquille et bénévole d'un ordre de choses libre et honnête, qui assurerait à moi la satisfaction d'avoir servi ma patrie et la liberté générale qui dépend de la nôtre, aux puissances du jour l'affermissement, la prolongation de cette puissance accompagnée de tous les avantages qu'elles recherchent aujourd'hui par des moyens arbitraires, et des avantages d'existence morale qu'elles ne peuvent recouvrer qu'en reprenant la route de la liberté et de la justice. Cela sera fait tôt ou tard par eux ou par d'autres. Mieux vaut, pour notre pays et pour eux-mêmes, qu'ils en aient le mérite et le profit ; car les ajournemens ne font que rendre la république odieuse, et leurs individus de moins en moins populaires. Il y a, dites-vous et disent leurs partisans, deux obstacles à ma rentrée : l'un, que l'on veut encore servir la république par des moyens contraires à la liberté. Il suffit pour se passer de ce terrible et dangereux système, que l'on fortifie le parti de la république sans que l'augmentation du nombre des républicains nuise aux intérêts personnels des hommes qui ne sont oppresseurs aujourd'hui que par la crainte d'être opprimés demain. Je m'honore de convenir que, pour des despotes de tout genre et de toute dénomination, je suis mauvais voisin ; mais il n'est pas un seul Français qui concourût plus volontiers, et à meilleur marché que moi, à l'établissement, au maintien d'un gouvernement libre, à la satisfaction personnelle des gouvernans. Le second obstacle est l'idée que je convoiterais des places et du pouvoir. Ceux qui me connaissent comme vous savent que la seule existence que j'ambitionne, et qu'on ne peut pas m'ôter, est tout-à-fait à part des ambitions de ce genre. Ceux qui connaissent mes vues et mes désirs doivent être bien convaincus que les services que je voudrais rendre à ma patrie sont de nature à s'amalgamer à la manière de vivre qui convient à ma position, à ma femme, à toute ma famille et à moi-même, c'est-à-dire à un établissement tranquille et philosophique dans une bonne ferme assez éloignée de la capitale pour n'être pas importuné dans ma solitude et n'y voir que mes intimes amis. Ils doivent être convaincus que si je souhaite voir les citoyens que j'aime et j'estime le plus associés aux moyens de servir activement leur patrie, je ne crois pas que cet état durable d'activité me convienne à moi, et je crois même que je puis être plus utile par mes opinions et mon exemple dans la retraite que par un rôle plus actif. Enfin, il suffit d'avoir la plus légère idée de mon caractère pour être bien sûr que lorsque j'aurais déclaré positivement que je ne veux pas quelque chose, ce ne seraient pas les vicissitudes du moment qui me détourneraient de mes engagemens avec moi-même et avec les autres.

Vous me parlez, et il est question partout d'un projet de changement dans la constitution d'après lequel les directeurs seraient plus long-temps en place, et passeraient ensuite au conseil des anciens qui seraient eux-mêmes élus pour un temps beaucoup plus long, tandis qu'on ferait un amendement du même genre au conseil des cinq cents. La dernière partie me paraît défectueuse, et si l'on ne veut avoir d'élections que tous les trois ans, j'aimerais mieux que cette chambre de représentans se renouvelât pour lors en entier, car il faut que cette branche de la législature soit la portion la plus démocratique du système. Quant au conseil des anciens, au directoire, je ne vois aucun inconvénient, je vois même des avantages à lui donner plus de stabilité ; et le renouvellement par tiers, qui m'a toujours paru un défaut dans le conseil des cinq cents, me semble une combinaison utile pour celui des anciens. Au reste, il faut convenir que l'organisation représentative des sociétés n'a pas été soumise à des expériences assez nombreuses, ni assez sincères, pour qu'un homme de bonne foi puisse avoir à cet égard des idées certaines sur les modifications secondaires. Ce qu'il y a d'indubitable, c'est que la constitution doit garantir, et par conséquent ne doit pas violer la déclaration des droits; c'est que le gouvernement doit avoir toute la force nécessaire pour en maintenir l'exercice sans pouvoir y porter impunément atteinte; qu'il doit y avoir dans le pouvoir exécutif beaucoup d'énergie, dans le pouvoir judiciaire beaucoup d'indépendance, dans le conseil des anciens beaucoup de maturité, dans celui des cinq cents beaucoup de démocratie. J'ajouterai que l'hérédité, bien loin d'être nécessaire, serait à présent aussi nuisible dans l'application qu'étrange dans le principe. Ces bases étant posées, et en convenant que la constitution de l'an III est beaucoup meilleure que celle de 89, et que son principal défaut est d'avoir été violée, je ne crois pas que les bons citoyens doivent répugner à aucune modification républicaine qui assurerait la liberté, l'égalité et l'ordre public; je crois que le droit de faire ces modifications appartient imprescriptiblement à la nation; et je pense de plus que, si les deux sortes de constitutionnels qui peuvent se réunir pour le bien public formaient une coalition sincère contre les jacobins, les aristocrates et les royalistes, il serait utile, et ils devraient s'empresser d'y encourager les gouvernans actuels, non par augmentation de pouvoir, puisqu'ils sont toujours tout-puissans, mais par toutes les dispositions constitutionnelles qui leur assureraient une plus longue jouissance de l'autorité, suivie d'une existence où ils trouveraient à la fois dignité et sûreté.

Au reste, je ne parle point de ce bruit public par aucune envie qu'il s'accomplisse, ni en conséquence d'aucune réflexion de ma part sur les moyens d'y arriver légalement; mais seulement pour vous dire que, dans le cas où les dépositaires actuels de l'autorité trouveraient utile à l'intérêt public ou à leur intérêt personnel, de proposer à la nation la réforme de quelques points de la constitution, pourvu que celle-ci restât représentative, républicaine, et conforme aux principes de la déclaration des droits, toutes les modifications secondaires seraient, selon moi, beaucoup moins importantes que le rétablissement de la liberté, et l'union de la majorité des citoyens sous un gouvernement légal; car à moins que le gouvernement ne prenne volontairement un grand parti, ou n'y soit forcé par des mesures dont je ne vois aucun élément, il n'y aura de long-temps en France ni légalité, ni majorité, ni liberté. On tournera continuellement dans le cercle vicieux du despotisme nécessité par le despotisme; on brouillera les idées, et l'on aliénera de plus en plus les cœurs de tous les partis en bornant la politique intérieure à des fusillades d'émigrés, des expulsions de terroristes, ou des embastillemens de patriotes; en croyant mettre les scellés sur l'opinion publique en même temps que sur les presses, on ôtera de la liberté des républicains tout Français qui ne veut pas une république arbitraire, et l'on en fera des royalistes malgré eux, comme on persuadait dans notre département aux paysans qu'ils étaient des aristocrates; tandis que je suis convaincu qu'il est de l'intérêt des gouvernans, qu'il est de notre devoir de concourir à tout ce qui réparerait les maux de la révolution, rectifierait les injustices, nommément les dernières vexations, et qu'on en saurait gré comme si c'étaient des bienfaits. Je suis aussi convaincu qu'il est encore temps de rapprocher les hommes qui jouissent du pouvoir et les hommes qui jouissent de la confiance publique; que c'est le seul moyen qu'aient les directeurs de conserver ce qui leur plaît dans la situation à laquelle ils se trouvent élevés; et de se délivrer de ce qui, malgré cette situation, est pour eux quelquefois dangereux, et toujours pénible; je suis convaincu, que, puisque la nation n'a pas eu l'énergie de maintenir ses droits, on doit se prêter à toute composition qui les lui rendrait, sans acception de personnes; et, quant à moi, si j'étais à portée d'y influer, je sacrifierais tout à cette idée, excepté mes principes, mes amis, et la mémoire des morts.

Si cette lettre devait être lue par des adversaires, et même par des indifférens, je sentirais l'inconvenance de supposer des arrangemens auxquels personne ne pense, d'offrir une influence dont personne ne veut, de me donner une importance que je n'ai point. Mais cependant, puisque le directoire en met à mon éloignement; puisque non-seulement des ennemis, mais plusieurs amis même, croient que ma rentrée immédiate pourrait donner des inquiétudes fondées; puisqu'il est une doctrine, fort négligée à présent, mais dont les sectateurs ne m'ont pas oublié; il doit m'être permis de croire qu'il importe non-seulement au public, mais aux gouvernans eux-mêmes, de se rapprocher de cette pure doctrine de la liberté, et de dire que, dans tout ce qui ne lui est pas contraire, je puis servir plus utilement ma patrie en dedans qu'au dehors. En un mot si, dans le mouvement intérieur de la France, et dans le mouvement général de l'Europe, je dois, moi, me confiner dans un coin d'État despotique, ou me transporter dans un autre hémisphère, il faut du moins que j'aie la consolation de causer avec mes amis sur les chances de fermer patriotiquement le cercle révolutionnaire, et que je leur dise ce que je me dis tous les jours à moi-même, qu'il n'y a pas un moyen honnête quelconque d'y contribuer, depuis le plus hardi jusqu'au moins signifiant, auquel je ne sois prêt à me livrer, dussé-je n'avoir qu'une infiniment petite part au succès et pourvu qu'elle me parût y être nécessaire, dussé-je enfin mourir une heure après avoir rendu à ma patrie un genre de service auquel je me croirais particulièrement appelé.

Je ne vous parle ici que de moi, mon cher ami, parce qu'après avoir reçu de vos nouvelles, je vous écrirai une lettre relative à vous, et à votre situation présente et future, dont mon cœur est sans cesse occupé avec toute la tendresse de l'amitié qui l'unit à vous, mon cher Louis, et qui l'animera jusqu'à son dernier soupir.

A M. MASCLET.

Wittmold, juillet 1798.

.... Au milieu des réflexions que je fais sans amertume, mais avec une profonde tristesse, je trouve une consolation bien douce dans le tableau que vous me tracez de la prospérité intérieure qui, à plusieurs égards, a suivi l'impulsion que la révolution lui avait d'abord donnée. Que serait-elle à présent si tant de maux, de folies et de dilapidations n'en avaient pas arrêté la marche ? que deviendrait-elle d'ici à peu d'années si l'on voyait complètement s'établir la confiance et la liberté? Celles-ci décupleraient les fruits des premières semences que le jacobinisme n'a pu extirper du sol préalablement conquis par nous, sur l'aristocratie de toutes les espèces, et sur la bureaucratie royale.

Ne nous aveuglons cependant pas sur le degré de cette prospérité. Le prix des effets nationaux et des terres patrimoniales, la nullité de toute hypothèque française aux yeux des étrangers, l'intérêt de l'argent, prouvent que l'ajournement de la liberté et de la justice est aussi celui de la fortune publique, et, en économie comme en politique, l'effet d'une suspension ne se borne pas au temps qu'elle dure. Ces produits de la terreur passée et de la crainte actuelle, n'appartiennent point aux premières années de la révolution, ils sont inséparables d'un système inquiétant et arbitraire. Comment voulez-vous de la sécurité quand on proclame que l'injustice est à l'ordre du jour? Comment voulez-vous des lumières, et des lumières utiles, quand toute discussion est interdite par la police, toute moralité méprisée par le gouvernement? Comment pouvez-vous dire que l'institution existe, qu'elle est solide, lorsque tous les principes fondamentaux, lorsque l'esprit et la lettre de cette institution, toutes les conséquences qui en dérivent, sont journellement foulés aux pieds par ceux qui s'en déclarent exclusivement les gardiens? Ceux-ci, au lieu de dire : *Nous commençons mal afin de finir bien*, seraient plus sincères en avouant qu'ils vivent au jour le jour, parce que, ne pouvant se fier ni au parti royaliste, ni au parti jacobin, et étant dégoûtés plus que jamais du parti national, qui a eu des torts récens envers eux, ils ne savent comment concilier les institutions démocratiques, représentatives et libérales, avec le despotisme dont ils croient que des chefs impopulaires ont besoin, pour défendre contre tous les partis ces mêmes institutions auxquelles, au moment même où ils les violent, leur propre existence est attachée.

Et ne pensez pas que j'aie la niaiserie de supposer que l'on puisse *tout vaincre*, *tout sauver*, *tout persuader*, en se bornant à la proclamation des droits de l'homme. Non, je crois qu'il faut une police active, un gouvernement vigoureux, des lois sévères et sévèrement exécutées; mais si l'on veut fonder une république, il faut que ces lois soient justes et que l'exécution en soit imperturbable. Je conviens que de notre temps il y eut trop de douceur et d'impunité; et cependant il ne faut pas comparer nos difficultés sous un pouvoir exécutif, dont l'inertie était malveillante, avec la situation plus avantageuse d'un directoire, plus intéressé que qui que ce soit à réprimer les factions. Je ne pense pas que le gouvernement doive mettre de côté l'expérience qu'il a acquise, abandonner à ses ennemis la tactique dont ils se servent contre lui, et se mettre lui-même à la merci de ses adversaires, ou même des indifférens; mais je suis convaincu que la balance qu'il prétend tenir vacillera toujours dans ses mains jusqu'à ce qu'il l'ait posée sur une base réellement constitutionnelle de liberté et de justice; que rien n'encourage et ne fortifie davantage les factieux qu'un système incertain de réactions, un mélange d'actes d'indulgence achetés par l'intrigue, et d'actes de tyrannie commandés par la haine ou la peur, par un mécontentement général, et une méfiance réciproque entre les gouvernans et les gouvernés ; je crois que les uns et les autres doivent consolider leur sûreté mutuelle, et que, pourvu que la tactique des premiers s'arrête enfin au point où le despotisme et l'iniquité commencent, ils trouveront dans les bons citoyens le seul appui solide qu'un gouvernement républicain puisse se donner.

Il faut avouer, mon cher ami, que de part et d'autre les préliminaires de fructidor n'ont pas été encourageans. Quelque décidée que soit ma désapprobation des attentats de cette journée et des mesures qui en ont été la suite, je conviens que les renseignemens successifs que je reçois me prouvent qu'indépendamment des conspirateurs, le directoire n'a pas trouvé dans la plupart des patriotes influens les dispositions et l'énergie propres à le rassurer. Quelques-uns, mais en trop petit nombre, ont tâché de combattre la pitoyable magie des salons. Je regrette que ceux-là ne se soient pas expliqués plus nettement à la tribune, sur les principes, les faits, les sentimens, et les intentions, de manière à tout dire sans détour, et à prononcer leur opposition à tous les ennemis de la constitution républicaine et jurée, en donnant assistance sincère et autant de considération qu'il était possible, aux gouvernans qu'ils avaient trouvés là, pourvu que ceux-ci les aidassent cordialement à faire respecter et aimer la république, que tous avaient le devoir de maintenir.

"Le gouvernement est aujourd'hui bien loin de ces intentions conciliatoires et libérales, et soit que les royalistes ou les jacobins prennent le dessus, sa méfiance actuelle, fût-elle justifiée par des circonstances antérieures, pourra lui être individuellement nuisible. Je crois, au contraire, que la république et eux-mêmes n'auraient rien à craindre et auraient beaucoup à gagner à l'adoption d'un plan fort différent de toute réaction, puisqu'il réunirait les républicains de cœur, les républicains d'intérêt, les républicains de devoir dans une route de liberté, d'égalité et de justice, que la grande masse du peuple français, dont le nom est traité avec tant de mépris par les partisans de l'oppression provisoire, regarderait bientôt comme la seule route du bonheur.

"Mais comme les hommes qui ont le pouvoir ne renonceront à leur système que lorsqu'ils s'y croiront personnellement intéressés, et comme ce moment, qui ne dépend pas de nous, doit venir tôt ou tard, il me suffit de vous dire que ma manière de considérer notre situation publique n'est point changée; et j'en reviens à ma situation personnelle.

On parle de brouillerie avec le Danemark; quel est le pays neutre où je pourrais alors me retirer? quelle est la république alliée où je puis espérer du repos? Il me semble que votre ancienne idée de Hollande serait dans ce cas préférable à toute autre. Je sais qu'on m'y verrait avec bienveillance; Maubourg et moi y vivrions très frugalement dans une solitude écartée; nous serions moins éloignés de nos familles, qui, après avoir terminé leurs affaires, viendraient nous y joindre; nous aurions plus souvent et plus sûrement des nouvelles de nos amis, et notre cher Masclet viendrait peut-être nous y embrasser.

Voilà donc lord Cornwallis occupé à conquérir et pacifier l'Irlande comme autrefois l'Amérique? Le choix de Kilmaine pour commander sur nos côtes annonce un projet de secours à ses compatriotes. Il serait important de leur inspirer de la confiance, et surtout de la justifier. Nous venons d'apprendre la prise de Malte. Après de vives anxiétés sur le sort de notre armée flottante, elle est à présent en sûreté, et nous devons espérer de grandes choses.

Adieu, mon cher Masclet, je ne veux pas entamer une autre page; je sens que je ne finirais pas.

A. M. HAMILTON.

Wittmold, 12 août 1798.

Votre lettre du 28 avril m'est heureusement parvenue, mon cher Hamilton; vous me parlez avec une touchante amitié, de la bienveillante réception qui m'attend en Amérique; mais vous ne pouvez, dites-vous, me presser de hâter mon départ, dans les circonstances actuelles. Vraiment, mon cher ami, c'est bien contre mes désirs que j'ai été forcé de le différer si long-temps. Aussitôt après ma délivrance, j'aurais voulu aller à bord; mais, il était impossible que ma femme s'embarquât dans l'état où elle se trouvait, et je ne pouvais me résoudre à la quitter. J'ai été retenu jusqu'au moment où elle a pu entreprendre un voyage en France, nécessaire à ses affaires. J'attends de ses nouvelles; puissé-je en recevoir aussi qui me donnent l'espoir d'une réconciliation entre les États-Unis et le gouvernement français!

Vous savez que si mon attachement à mon pays natal n'est pas altéré, les mesures des gouvernans répugnent en général à mes sentimens; et malgré les obligations que j'ai à quelques-uns d'eux, pour ma délivrance, je ne puis être considéré comme leur ami personnel. Vous savez aussi que l'indépendance, la dignité, le bonheur des États-Unis me sont plus chers qu'à personne; mon opinion devrait donc avoir quelque poids auprès de vous. Or je crois être assuré, autant que j'en puis juger à la distance où je suis, des meilleures dispositions où se trouve à cet égard le directoire.—Dans cette hypothèse, mon cher ami, au moment où aucune puissance du continent européen ne peut résister à la république française, je crois très conforme à l'honneur et à l'intérêt des États-Unis de faire la moitié du chemin, pour arriver à une réconciliation. Jamais, et encore moins depuis vos déclarations, je ne serai assez injuste envers quelques-uns de mes meilleurs amis, pour supposer que l'esprit de parti, des préventions ou des rancunes particulières, puissent dans cette grave circonstance influencer leur conduite. Que l'Amérique, lorsqu'elle est outragée, maintienne sa dignité et ses droits; mais si une ancienne alliée, qui n'a pas de prétentions à regretter ni à faire valoir, veut se rapprocher d'elle, j'ai la confiance que les deux partis qui divisent le pays se réuniront pour effectuer une réconciliation.

Puisque vous m'avez parlé de la différence de nos opinions sur la révolution européenne, je remonterai au temps où, suivant ce que je vous avais souvent prédit, je me suis engagé dans la lutte, jusqu'au 10 août, lorsque malgré les offres d'une faction puissante, j'ai cru de mon devoir de résister ou de tomber, en restant toujours fidèle à mon serment constitutionnel.

L'amour passionné de la liberté qui m'a conduit en Amérique, me disposait naturellement à adopter son système démocratique et républicain. En restant pénétré de tous les dangers d'une royauté et d'une aristocratie anglaises, je reconnaissais aussi les défauts de nos premières expériences; j'en avais conclu que la science de l'organisation sociale n'avait pas été suffisamment étudiée, et je souhaitais qu'il pût y avoir une épreuve universelle. — Les premiers principes cependant me paraissaient indubitables. Cette doctrine fondamentale des droits de l'homme et du citoyen, réduite à ce que je croyais nécessaire et suffisant, fut proclamée par moi, et après le triomphe national du 14 juillet 1789, une milice civique fut instituée pour se mesurer contre les armées permanentes de l'Europe.

Bientôt après, tous les abus anciens, toutes les prétentions héréditaires disparurent. Cependant une présidence héréditaire du pouvoir exécutif fut établie dans la famille royale; et cette décision était si conforme à la volonté du peuple, à l'opinion de ses représentans, et aux circonstances d'alors, qu'au mois de juin 1791, la presque unanimité de notre assemblée constituante, quelque mécontente qu'elle fût du roi, aima mieux le replacer sur le trône constitutionnel que de compléter l'établissement du gouvernement républicain. L'étendue de la prérogative anglaise fut jugée inadmissible, particulièrement à cause de notre situation militaire. Si on croyait ne pouvoir qualifier de monarchie une constitution telle que la nôtre, ou si elle devait graduellement conduire à l'adoption d'un gouvernement entièrement électif, on jugeait cet inconvénient moins fâcheux que celui des usurpations sur le droit de la souveraineté nationale ou sur la liberté des citoyens. C'est d'après cette manière de voir qu'au milieu des orages populaires, des intrigues des factions, des machinations étrangères, une constitution a été librement discutée et adoptée par la nation. Elle avait à la vérité des défauts, mais elle ne contenait rien de contraire aux droits des hommes, et elle renfermait des moyens légaux et faciles d'améliorations.

C'est contre cette constitution que les vieux gouvernemens se sont coalisés; c'est à eux autant qu'aux jacobins qu'on doit attribuer son renversement. — Jusqu'alors les excès, trop souvent impunis, n'avaient pas été officiels; lorsque l'anarchie et l'assassinat eurent abattu le patriotisme honnête, les rois eurent la satisfaction de voir s'éteindre tout désir d'imitation en Europe.

Leurs espérances de conquêtes furent cependant désappointées; les gardes nationales désarmées à l'intérieur, coururent aux frontières et combattirent avec une force irrésistible pour l'indépendance nationale. Pendant trois ans, la république n'a été en France qu'un nom souillé par une extravagante et sanguinaire tyrannie. A ces malheurs succéda l'établissement d'une constitution, celle qui a été violée au 18 fructidor. Je ne prétends pas que la France jouisse à présent de la liberté. Mais quoique la première constitution et celle de l'an III, préférable sous plusieurs rapports (en particulier par l'établissement de deux chambres), ne soient considérées par moi que comme des objets secondaires comparés à l'importance de la doctrine fondamentale, je suis persuadé que la liberté peut être consolidée en France et dans les autres pays, sur la base des gouvernemens électifs plutôt que sur celle des présidences héréditaires. Cette opinion n'est pas seulement le résultat de mes inclinations républicaines, elle tient aussi à la situation des hommes et des choses; elle a été même adoptée par beaucoup de patriotes monarchistes, qui trouvent que la résurrection de la monarchie française, lorsqu'il s'agirait de déterminer le choix et les pouvoirs d'un roi, causerait plus de troubles qu'elle n'aurait d'avantages.

Comment, dans cette situation, moi le vieil ami des principes américains, ne reconnaîtrais-je pas avec joie, qu'il serait impolitique de rétablir une magistrature héréditaire, dont la destruction avait été illégale, mais dont je n'ai jamais souhaité l'éternité? Pourquoi n'espérerais-je pas que des gouvernemens électifs, avec des différences de formes et une similitude de principes, pourront être assez bien combinés pour assurer l'établissement d'une vertueuse liberté? Est-il donc indispensable, pour être libre, d'avoir un roi? Cette obligation serait-elle attachée nécessairement à un territoire vaste et peuplé? Je ne le pense pas; et jusqu'à ce que l'expérience ait été tentée, je trouverai qu'il vaut mieux suivre les principes américains que de nous mettre à la mode anglaise.

Mais c'est trop parler politique, mon cher Hamilton; je n'ai pas la prétention de croire que, sur un pareil sujet, des amis qui ont une opinion arrêtée puissent se persuader l'un l'autre. J'ai voulu seulement vous montrer les motifs de ma conduite.

Je vous remercie bien tendrement de la manière vive et affectueuse dont vous exprimez les bienveillantes dispositions de l'Amérique en ma faveur, et vos propres sentimens. Je suis pénétré de mes obligations envers ce pays bien-aimé, dont je serai toujours prêt à payer de ma vie la prospérité. Je suis heureux et fier des sentimens que ses vertueux et constans citoyens m'ont conservés, de ceux de mes plus intimes compagnons, des vôtres particulièrement, mon cher Hamilton. J'espère que vous êtes assuré que notre ancienne amitié n'a souffert dans mon cœur aucune diminution, et que depuis les premiers instans où s'est formée notre union fraternelle, jusqu'au dernier moment de ma vie, je serai pour toujours votre ami bien tendre.

AU GÉNÉRAL WASHINGTON.

Wittmold, 26 avril 1798.

Mon cher général,

Quelque incertain que je sois sur le sort de mes lettres, je suis heureux de toutes les occasions qui se présentent de vous donner de mes nouvelles, et quoique les sentimens qui depuis ma jeunesse ont animé mon cœur n'aient pas besoin de vous être rappelés, je trouverai à vous les exprimer, tant que je serai bien involontairement loin de vous, une consolation aussi douce qu'elle m'est nécessaire. J'ai pris soin de vous tenir au courant de tous mes intérêts de famille, et, il suffit aujourd'hui de vous dire que ma femme, après avoir été fort malade ce printemps, est assez bien rétablie pour nous quitter, et faire une course indispensable en France; ses deux filles et son gendre l'ont accompagnée; l'aînée restera en Hollande avec son mari, Charles Maubourg. Je suis ici avec George, dans une propriété qui appartient à ma tante, madame de Tessé, et nous y attendons avec inquiétude les nouvelles de la chère voyageuse.

Il m'a semblé, par une lettre d'Hamilton, où il parle bien affectueusement de mon projet de départ pour l'Amérique, qu'il craignait que la malheureuse dissension entre les deux républiques n'amenât quelques inconvéniens pour moi. Il est inutile dans ce moment de discuter cette opinion, puisqu'il m'est impossible avant d'avoir des nouvelles de la santé et des affaires de ma femme, d'entreprendre un voyage où bientôt peut-être elle pourrait nous accompagner mon fils et moi.

Vous savez trop bien, mon cher général, que l'affection, le devoir, la convenance, m'indiquent les rivages bien-aimés de l'Amérique comme le lieu naturel où je dois fixer ma retraite, pour qu'il ne soit pas superflu de vous dire que tous ces délais me sont fort pénibles; mais je compte sur vous pour expliquer à mes amis, lorsque l'occasion se présente, les raisons qui, d'un mois à l'autre, m'ont retenu sur le continent. Je vous en aurai d'autant plus d'obligation que j'ignore encore si les expressions de mon respect et de ma reconnaissance sont parvenues aux États-Unis.

Vous recevez sans doute régulièrement les nouvelles de la politique européenne. S'il est à souhaiter, pour le bonheur du monde, que le nord et le sud de l'Amérique parviennent à adopter graduellement les principes sur lesquels l'indépendance et la liberté des États-Unis ont été heureusement fondés, il est probable que la destinée de la révolution, j'en ai toujours exprimé l'espoir, sera de parcourir l'ancien monde, et que la coalition des rois contre notre première constitution, leur mépris pour nos institutions militaires, doivent, par les communications mêmes que la guerre amène, accélérer l'émancipation de leurs sujets. C'est encore là une espérance ancienne et avouée, mais les promoteurs en Europe d'une liberté vertueuse, vraiment américaine, et d'une égalité légale, craignaient plus de les voir souiller et défigurer, que les anciens gouvernemens à qui l'on doit attribuer, en grande partie, l'encouragement secret des excès révolutionnaires; ils étaient loin de prétendre que l'imitation de leur conduite dans les occasions que leur procuraient les agressions royales ou nobiliaires, lorsqu'ils avaient à aider leurs voisins dans la conquête de leurs droits, pussent jamais autoriser la moindre prétention contre l'indépendance des autres peuples. Sans revenir sur les évènemens dans lesquels j'ai à déplorer la perte d'amis chers et de proches parens, sans même examiner la situation actuelle autrement que pour juger indépendamment des chances de monarchie arbitraire, de despotisme militaire, ou d'anarchie jacobine, quelles seraient les meilleures conditions pour établir la liberté, il me paraît, non seulement à moi, que des inclinations et des habitudes américaines pourraient égarer, mais aussi à des patriotes plus monarchiques, il paraît, dis-je, évident que ces conditions se trouvent toutes à présent dans le système des gouvernemens électifs. Quand, comment pourront-ils se consolider? Dieu seul le sait! Mais si l'on y travaillait avec ardeur, sans aucun doute on arriverait au but.

Tous les rois de ce continent tremblent, maintenant, sous l'irrésistible pouvoir de la France. On a dernièrement tenté d'entraîner les cours de Suède, de Danemarck et de Prusse, dans une nouvelle coalition contre nous; ces efforts ont été vains. Les rois de Sardaigne et de Naples portent encore leurs couronnes, la paix à Rastadt n'est pas conclue, mais les dernières nouvelles sont favorables. M. Pitt, personnellement intéressé à souffler le feu de la guerre, et l'empereur russe, dont la folie a pris un caractère anti-gallican, espèrent encore décider l'Autriche à reprendre les armes; elle paraît s'y refuser. L'incertitude sur ce point ne peut se prolonger. — L'esprit d'insurrection en Irlande, excité par le despotisme craintif des ordres ministériels, paraît assoupi sous l'administration plus humaine de lord Cornwallis. Tous les yeux sont à présent fixés sur la Méditerranée. L'idée de posséder l'Égypte n'est pas nouvelle, et sous le ministère de MM. de Vergennes et de Castries, j'avais remis des documens et fait des propositions sur cet objet.

L'occupation de Candie entrait dans ce plan, et Dumas, à son retour d'Amérique, alla reconnaître cette île. D'après le talent et les forces de Bonaparte, nous pouvons conclure que cette expédition sera conduite sur le plan le plus vaste, et que le sort de l'Asie sera fort intéressé dans la suite de ses opérations. A la prise de Malte, les chevaliers français, espagnols et italiens ont refusé de combattre contre leurs concitoyens ou leurs alliés. Jusqu'à présent on n'a pas appris que la flotte ait été rencontrée par Nelson. Parmi les amis qui pourraient m'apprendre quelques nouvelles, se trouve Louis Romeuf, mon ancien aide-de-camp. Après avoir passé l'hiver avec moi, il est à présent dans l'état-major de Bonaparte.

Je suis sûr, mon cher général, que votre cœur paternel a souffert pour moi des déplorables dissensions survenues entre l'Amérique et la France. Il faudra pour les terminer agir avec une généreuse prudence. Je suis loin de blâmer cet esprit de vigueur avec lequel l'indépendance et la dignité des États-Unis sont unanimement soutenues. J'en suis fier; et comment n'éprouverais-je pas de tels sentimens? Depuis vingt-deux ans, je les ai partagés avec une vive et, j'ai droit de le dire, une patriotique ardeur; mais j'espère que tout s'arrêtera au point exigé par l'honneur et les intérêts du pays. Si l'esprit de parti, les préjugés personnels, la rancune et l'orgueil venaient ajouter aux difficultés, ma consolation est de penser que votre caractère et votre situation si élevés, vous donnent le pouvoir, comme vous avez, j'en suis sûr, le désir de terminer cette déplorable querelle entre deux nations dont les troupes furent heureusement unies sous vos ordres.

Mes moyens d'avoir des nouvelles sont très bornés; cependant le 17 juin, un ancien député, sur l'honnêteté et l'amitié duquel je puis compter, m'a écrit pour me rappeler que j'étais parti, à l'époque de mon premier voyage en Amérique, non seulement sans permission, mais contre la défense du gouvernement, et me conseiller vivement de m'embarquer comme volontaire, pour aller travailler à la réconciliation de mes deux patries. Je ne sais si cette proposition est connue des gouvernans actuels. Mon correspondant m'annonce aussi une prochaine réforme des lois sur les vaisseaux neutres. J'ai répondu que lorsque je m'étais engagé au service de la cause américaine, mon but était positif et précis; qu'ici tout était obscur pour moi; qu'avant de chercher à profiter de la confiance des États-Unis, il faudrait, pour avoir les moyens de les convaincre, que je fusse convaincu moi-même de l'intention où serait le gouvernement français de traiter avec cette générosité et cette bienveillance que j'ai toujours jugé être la meilleure politique dans les relations de deux sœurs républiques. Tout cela peut être insignifiant; j'ai cru cependant devoir vous le communiquer. J'ai depuis entendu parler de quelques mesures prises pour restreindre les corsaires dont les déprédations, très souvent ignorées du gouvernement, ont été, je le crois, fort au-delà de ses intentions. Plusieurs personnes, parfaitement disposées pour l'Amérique et ennemies du directoire, m'ont assuré qu'il y avait eu aussi de réels sujets de plaintes contre la conduite de quelques capitaines de vaisseaux américains. Je ne puis juger de la vérité de ces assertions; mais, dans le cas où il y aurait des torts à réparer, je dois vous instruire de tous les renseignemens qui me parviennent.

Enfin, mon cher général, d'après les nouvelles que je reçois, je suis tout-à-fait persuadé que le directoire français désire être en paix avec les États-Unis. Le parti aristocrate, dont la haine pour l'Amérique date du commencement de la révolution européenne, et le gouvernement anglais qui, depuis la déclaration d'indépendance, n'a rien oublié ni pardonné, se réjouissent, je le sais, de la perspective d'une rupture entre deux nations autrefois unies pour la cause de la liberté, et ils s'efforcent, par tous les moyens en leur pouvoir, de nous précipiter dans une guerre. Je ne redoute nullement les moyens de corruption que les puissances étrangères voudraient employer en Amérique; il n'en est pas de même de leurs artifices pour remuer à leur profit les différentes passions des hommes; les plus honnêtes, les plus éclairés ne sont pas toujours les moins disposés à subir cette influence. Mais vous êtes là, mon cher général, indépendant des partis, vénéré par tous, et si, comme je l'espère, vos renseignemens vous portent à juger favorablement les dispositions des gouvernans français, votre influence doit empêcher que la brèche soit agrandie, et assurer une noble et durable réconciliation.

Offrez, je vous prie, mon cher général, mes tendres respects à madame Washington, à miss Éléonore (1). J'ai le plaisir de parler sans cesse avec George, de Mount-Vernon, de ses chers et vénérés habitans, des douces obligations si profondément senties, contractées par le père et le fils envers celui qui est devenu un père pour tous deux. — Adieu, mon général vénéré, agréez avec votre affection accoutumée les expressions bien insuffisantes de tous les sentimens que vous a voués votre filial ami.

(1) Miss Custis, petite-fille de madame Washington.

DU GÉNÉRAL WASHINGTON AU GÉNÉRAL LAFAYETTE.

Mount-Vernon, 25 décembre 1798.

Je dois d'abord vous remercier de vos différentes lettres.

Convaincu comme vous devez l'être de ce que j'éprouve, il est bien superflu de vous témoigner la satisfaction que j'ai ressentie en apprenant non-seulement votre délivrance, mais de meilleures nouvelles de votre santé qu'on ne devait s'y attendre après une si longue et si rigoureuse captivité, que madame de Lafayette a également pu supporter. Parmi vos nombreux amis, aucun ne peut vous offrir des félicitations plus vives que les miennes, aucun n'adresse au ciel des vœux plus sincères que moi pour le parfait rétablissement de votre femme.

Il est également inutile d'expliquer les raisons de mon long silence. En recourant à vos lettres, vous trouverez mon excuse; car si vous vous étiez embarqué à l'époque que vous annonciez, aucune lettre n'aurait pu parvenir en Europe avant votre départ. Ce n'est que par celle du 20 août que j'ai eu la première idée que mes nouvelles pourraient encore vous y trouver. Elle (1) m'est arrivée à Philadelphie, où je m'étais rendu afin de régler quelques arrangemens militaires, qui ne m'ont laissé aucun loisir.

(1) Nous ne possédons pas plusieurs autres lettres adressées à la même époque au général Washington.

J'entre dans ces détails pour effacer de votre esprit, si jamais un doute avait pu s'y élever, la pensée que mon amitié pour vous ait éprouvé aucune diminution. Personne ne vous recevra plus à bras ouverts, et avec une plus ardente affection que moi, lorsque l'harmonie sera rétablie entre ce pays et la France. Mais il serait peu sincère et tout à fait contraire à l'amitié que je vous porte de dire que je désire vous voir arriver avant cette époque. Assurément, mon cher Monsieur, les scènes dont vous seriez témoin, la part que vous vous empresseriez d'y prendre en cas de rupture et lors même que les affaires resteraient *in statu quo*, vous mettraient dans une position où aucune prudence humaine ne saurait vous tirer d'embarras. En un mot, vous perdriez la confiance de l'un ou de l'autre parti, peut-être de tous deux, si vous vous trouviez ici en de telles conjonctures.

Ce serait dépasser les bornes d'une lettre que d'essayer de vous faire un tableau complet de la politique et de l'état actuel de ce pays. C'est avec le temps qu'on pourra la tracer avec fidélité. Voici pourtant, en peu de mots, ce qu'on en peut dire.

Il existe aux États-Unis un parti formé par la combinaison de différentes causes, opposé à toutes les mesures du gouvernement, déterminé (ainsi que le prouve toute sa conduite) à contrarier les rouages de la constitution, à en changer la nature d'une manière détournée ou à la renverser. Pour arriver à un tel but, il n'est pas de moyens dont on n'ait tenté l'emploi. Les amis du gouvernement qui veulent maintenir la neutralité, et conserver leur pays en paix, ont été accusés d'être monarchistes, aristocrates, infracteurs de la constitution. Mais la constitution eût été annulée si d'autres interprétations avaient été admises et si le peuple n'avait ouvert les yeux sur les intolérables injures faites par le directoire à notre commerce. Les mêmes hommes qui attaquaient leurs adversaires attachés à des principes purement américains, les accusaient d'agir sous l'influence de l'Angleterre, d'être dirigés par ses avis, et même d'être ses pensionnaires, se faisaient un mérite d'être les amis exclusifs de la France, quoiqu'ils n'eussent pas plus d'attachement pour cette nation que pour le Grand Turc.

Ceci n'est qu'une courte esquisse; il faudrait beaucoup de temps pour donner des preuves. J'ai voulu seulement vous faire juger quelle serait votre situation au milieu d'une semblable crise. Quant au désir bien digne de votre cœur, que je fasse tous mes efforts pour détourner les désastreux effets d'une rupture entre nos patries, croyez-moi, mon cher ami, personne ne peut considérer une telle rupture avec plus d'horreur que moi; personne, durant tout le cours de mon administration, n'a travaillé plus constamment, avec plus de sincérité et de zèle que je ne l'ai fait, à détourner ce malheur, à rendre non-seulement justice à la France, mais à la favoriser dans tout ce qui s'accordait avec la neutralité proclamée à la face du monde, sanctionnée par le congrès, approuvée par les législatures des États et par tout le peuple dans les réunions de villes et de comtés; mais ce n'était pas la neutralité que la France voulait obtenir. Tandis que ses agens répétaient toujours le mot de paix, et prétendaient qu'ils ne voulaient pas nous envelopper dans leur querelle avec la Grande-Bretagne, ils prenaient ici des mesures qui devaient inévitablement amener la guerre; et lorsqu'ils virent le gouvernement déterminé à maintenir constamment son plan de neutralité, ils essayèrent de lui enlever la confiance du peuple, secondés qu'ils étaient par quelques hommes agissant, je le répète, non par attachement pour la France, mais pour détruire notre gouvernement.

De là sont venues toutes les accusations de ces hommes contre les amis de la paix et de l'ordre. On ne doute pas qu'il ne faille leur attribuer l'infraction des traités, la violation des lois des nations, l'oubli des règles de la justice et même d'une saine politique. Ils n'ont pas seulement trompé la France, ils se sont trompés eux-mêmes, comme l'évènement l'a prouvé; car dès que les citoyens de ce pays ont eu une juste connaissance de la nature de la querelle, ils se sont levés comme un seul homme, ils ont offert leurs services, leurs vies, leurs fortunes pour défendre le gouvernement de leur choix. Ce mouvement a été suivi, de la part de nos adversaires, d'une déclaration dont d'autres apprécieront la sincérité. Ils s'engagent, dans le cas où les Français tenteraient une invasion, à être les premiers qui marcheraient pour repousser une attaque.

Vous ajoutez que le directoire est disposé à accommoder tous nos différends... S'il est sincère dans cette déclaration, qu'il le prouve par ses œuvres; de simples paroles ne peuvent plus faire beaucoup d'effet à présent. Je puis affirmer que le gouvernement et

le peuple des États-Unis accueilleront de grand cœur une négociation loyalement conduite, que leur plus ardent désir est de vivre en paix avec tout le monde, pourvu qu'on ne les trouble pas dans l'exercice de leurs justes droits. Leur patience, leurs sollicitations pour le redressement des torts et des insultes dont ils avaient à se plaindre, en sont d'irrécusables preuves; mais il ne faut pas en conclure que tant qu'ils conserveront le sentiment de leur dignité et de leur indépendance, ils puissent impunément permettre qu'on les opprime, ni laisser diriger ou influencer leurs affaires intérieures par un pouvoir étranger.

La tactique de la France et de l'opposition a été de faire supposer que ceux qui travaillaient à conserver la paix, agissaient par attachement à la Grande-Bretagne. Vous pouvez être assuré que cette assertion n'est appuyée sur aucun fondement, et n'a en d'autre but que d'exciter les clameurs populaires contre les hommes pacifiques qu'on voudrait écarter.

Il n'est pas douteux cependant qu'il n'y ait parmi nous plusieurs personnes qui voudraient voir leur pays s'engager dans la cause de l'Angleterre, de même que d'autres désirent qu'il s'allie avec la France. — Mais soyez encore bien certain que les pouvoirs constitués et une portion considérable du peuple ne sont attachés qu'à un intérêt national; qu'ils ne voudraient, dans aucune circonstance, prendre part à la politique et aux querelles de l'Europe, moins que jamais assurément, depuis que la France, ayant renoncé au principe établi par elle-même, intervient dans les affaires de toutes les nations neutres ou belligérantes et met le monde en combustion.

Après mon adresse d'adieu au peuple des États-Unis, vous aurez été surpris que j'aie consenti à reprendre l'épée (1). Puisque j'avais combattu huit ou neuf ans contre l'invasion de nos droits par une puissance, je ne pouvais rester spectateur indifférent des tentatives d'un autre gouvernement qui, pour arriver au même but d'une manière différente, ne peut pas même alléguer le moindre motif à l'appui de ses prétentions.

Je n'exprimerai aucune opinion sur la politique de l'Europe, n'ayant pas à démêler qui a tort ou raison. Je souhaite du bien à tous les peuples, à tous les hommes, et ma politique est très simple : je crois que chaque nation a le droit d'établir la forme de gouvernement dont elle attend le plus de bonheur, pourvu qu'elle n'enfreigne aucun droit et ne soit pas dangereuse pour les autres pays. Je pense qu'aucun gouvernement n'a le droit d'intervenir dans les affaires intérieures d'un peuple étranger, si ce n'est pour sa propre sécurité.

J'espère que madame de Lafayette atteindra le but qu'elle se propose dans son voyage en France, et qu'elle reviendra près de vous dans un meilleur état de santé. Recevez mes félicitations sur le mariage de

---

(1) Plusieurs envoyés extraordinaires des États-Unis avaient essayé inutilement de mettre un terme aux difficultés dont nous avons parlé page 377 de ce volume. — Le 7 juillet 1798, leur gouvernement déclara que tous les traités qui le liaient avec la république française étaient annulés. En même temps, le général Washington fut appelé au commandement de toutes les troupes destinées à repousser l'invasion dont l'Amérique était menacée par le directoire.

votre fille aînée. Offrez à toutes deux et à Virginie l'assurance du respect le plus affectueux. J'ai écrit à George ; madame Washington se joint à moi bien cordialement, ainsi que ferait le reste de la famille si elle était ici. Nous vous souhaitons tout le bonheur que cette vie peut procurer, en compensation de vos longues souffrances.

J'ajouterai, ce que vous savez déjà, que je suis avec la plus sincère amitié et la plus tendre estime, votre, etc.

APPENDICE.

SUR LE DUC DE BRUNSWICK (1).

Le parti *constitutionnel* n'a jamais voulu, au commencement de la guerre, donner le commandement des armées françaises au duc de Brunswick, encore moins voulait-il donner un roi étranger à la France. Ce parti, formant l'immense majorité de la nation, s'unissait à l'assemblée constituante, qui avait bien prouvé, nommément au retour de Varennes, qu'elle souhaitait de conserver Louis XVI sur le trône constitutionnel. L'idée d'un changement en faveur du duc d'Orléans, dans les premiers temps de la révolution, n'avait appartenu qu'à une coterie accusée d'avoir cherché à remuer dans ce sens les passions populaires. L'idée d'un changement en faveur d'un prince étranger fut plus restreinte encore, parce qu'elle déplaisait davantage à l'opinion nationale. On en trouve des traces, non dans le parti constitutionnel, mais parmi les chefs jacobins des premiers six mois de 92, non Robespierre, Collot d'Herbois et autres devenus depuis terroristes, mais plutôt les girondins, si l'on en juge par la motion que fit Carra, un de leurs membres, aux jacobins, en faveur du duc d'York et qu'on retrouverait dans les journaux du temps. Il est possible que la proposition au duc de Brunswick ait été inspirée dans des intentions ultérieures à Custine et à Narbonne, qui ont eu quelques liaisons avec plusieurs girondins, ou que des intrigues étrangères aient eu de l'influence sur ces divers projets. Mais dans la société intime dont Custine et Narbonne faisaient partie, l'idée de faire le duc de Brunswick généralissime, tout étrange qu'elle paraît, avait été adoptée de bonne foi. Le jeune Custine, très aimable, et excellent patriote, avait été enchanté de la conversation et des prévenances du duc de Brunswick, prince peu sincère, mais fort séduisant, et dont la réputation militaire était immense. On se monta la tête sur cette idée; on écrivit au duc. Nous ignorons, si la lettre fut communiquée aux généraux Luckner et Rochambeau; leur situation politique donnait moins d'importance à leur assentiment que celle de leur collègue. Ce-

(1) Voy. la page 317 de ce volume.

lui-ci répondit qu'il lui paraissait fort imprudent de mettre à la tête des armées un despote allemand, beau-frère du roi de Prusse et du roi d'Angleterre, le chef de la contre-révolution batave, mais que si une résolution si étrange était, contre son avis, adoptée par l'assemblée et par le roi, chef compétent en telle matière, le duc de Brunswick trouverait en lui un subalterne zélé et soumis en même temps qu'un surveillant prêt, au premier signe contre-révolutionnaire, à devenir son ennemi déclaré. Toute cette petite négociation, que personne n'appuyait, tomba d'elle-même ; il n'en resta qu'une réponse très polie du duc de Brunswick, où son refus reconnaissant et plein de respect pour la nation française, contrastait singulièrement avec les expressions du fameux manifeste qui parut après. Cette réponse aurait pu engager une réplique ; mais tout cela fut abandonné par le peu de personnes qui avaient eu cette bizarre idée.

FIN DU TOME QUATRIÈME.

TABLE DES MATIÈRES
CONTENUES DANS LE TOME QUATRIÈME.

Pages.

Avertissement des Éditeurs.	1
RÉVOLUTION FRANÇAISE. — Notice sur la vie de Sieyes.	1
Sur Mirabeau	39
Sur plusieurs ouvrages monarchiens. — M. Necker.	49
M. Mounier.	72
M. Malouet.	85
Sur les Mémoires du marquis de Bouillé.	98
Sur les Mémoires de madame Roland.	118
Sur le Mémoire de Carnot.	137
Sur les Mémoires du marquis de Ferrières.	145
Sur les Mémoires particuliers de M. Bertrand de Moleville.	168
Journal des États-Généraux.	179
Sur l'ouvrage de l'abbé de Montgaillard.	185
Sur l'Histoire de la Révolution française, par M. Thiers.	196
CORRESPONDANCE DE PRISON. 1792-1797. — A madame d'Hénin.	213
A madame d'Hénin.	216
A madame d'Hénin.	219
A M. d'Archenoltz.	224
A madame d'Hénin.	231
A M. Pinkney, ministre des États-Unis à Londres.	239
A madame d'Hénin.	245
A madame de Lafayette.	248
A madame d'Hénin.	250
A M. de La Colombe.	252
A madame d'Hénin.	255
A M. de La Colombe.	256
Au roi de Pologne.	258
A madame d'Hénin.	Ibid.

TABLE DES MATIÈRES.

	Pages.
A M. de Maubourg.	261
A madame d'Hénin.	262
A mes Amis.	265
A M. Bollmann.	267
De madame de Lafayette à madame de Tessé.	270
De madame de Lafayette à l'Empereur d'Autriche.	285
De madame de Lafayette à M. le commandant d'Olmütz.	286
Note confidentielle écrite sous la dictée du général Lafayette à ses aides-de-camp, en Angleterre.	287
De madame de Lafayette à madame d'Hénin.	290
Lettre du Directoire au général Bonaparte, plénipotentiaire de la République française.	293
Sur la visite du marquis de Chasteler aux prisonniers d'Olmütz.	294
Déclaration remise à M. de Chasteler.	297
De M. Louis Romeuf au général Lafayette.	298
SOUVENIRS EN SORTANT DE PRISON.	302
CORRESPONDANCE. 1797 — Du général Washington au général Lafayette.	372
A M. Huger.	375
Au général Fitz-Patrick.	378
A M.***	380
A M. Alexandre Lameth.	386
A M. Masclet	388
A M. de Pusy.	392
A M. de Pusy.	395
A M. Émery.	398
A M.***	401
A M. Clarkson.	402
A madame de T***.	404
De M. Hamilton au général Lafayette.	410
A M. Louis Romeuf.	412
A M. Masclet.	421
A M. Hamilton.	425
Au général Washington.	431
Du général Washington au général Lafayette.	438
APPENDICE.	443

FIN DE LA TABLE.

ERRATA DU TOME QUATRIÈME.

Page 34, ligne 2, *an IV*, lisez : *an V*.
— 62, 1re ligne, *qu'il avait*, lisez : *qu'il les avait*.
— 65, ligne 14, *législation*, lisez : *législature*.
— 130, note, l. 2, *Ch. Jefferson*, lisez : *Th. Jefferson*.
— 212, ligne 2, *1791*, lisez : *1792*.
— 240, dernière ligne : *agrandi les cantons*, lisez : *agrandi les municipalités*.
— 274, ligne 15, *procura*, lisez : *lui procura*.
— 293, ligne 7, *amie*, lisez : *ami*.
— 308, ligne 18, *de Polignas*, lisez : *des Polignac*.
— 367, ligne 5, *9 septembre*, lisez : *19 septembre*.

www.ingramcontent.com/pod-product-compliance
Lightning Source LLC
Chambersburg PA
CBHW051822230426
43671CB00008B/797